張大可
韓兆琦 等 注譯

新譯資治通鑑

(三十二)

唐紀五十—五十六

三民書局 印行

國家圖書館出版品預行編目資料

新譯資治通鑑(三十二) / 張大可,韓兆琦等注譯.－－初版一刷.－－臺北市: 三民, 2017
冊; 公分.－－(古籍今注新譯叢書)
ISBN 978-957-14-6251-6 (平裝)

1. 資治通鑑 2. 注釋

610.23　　105022866

注譯者	張大可　韓兆琦等
責任編輯	陳榮華
美術設計	李唯綸
發行人	劉振強
著作財產權人	三民書局股份有限公司
發行所	三民書局股份有限公司 地址　臺北市復興北路386號 電話　(02)25006600 郵撥帳號　0009998-5
門市部	(復北店) 臺北市復興北路386號 (重南店) 臺北市重慶南路一段61號
出版日期	初版一刷　2017年1月
編號	S 034340

行政院新聞局登記證局版臺業字第〇二〇〇號

ISBN 978-957-14-6251-6 (平裝)

http://www.sanmin.com.tw 三民網路書店

新譯資治通鑑 目次

第三十二冊

卷第二百三十四

唐紀五十

起玄黓涒灘（壬申 西元七九二年），盡閼逢閹茂（甲戌 西元七九四年）五月，凡二年有奇。

【題解】本卷記事起西元七九二年，迄西元七九四年五月，凡兩年又五個月。當唐德宗貞元八年到貞元十年五月。此時期陸贄拜相，繼李泌推動政治改革步上正軌。陸贄建言，由各部門長官推舉部屬升遷，不由宰相包辦，用人要考核實際才能，不憑巧言，要給被懲官吏留下自新之路。又奏政府賑濟災民要及時。國際貿易不宜徵稅，招徠商人繁榮經濟。陸贄還提出均平賦稅與節用開支共六條措施，上奏邊防體制六大失誤，調整邊防駐軍，充實國家糧食儲備。陸贄憂國憂民，有言必發，他的奏議直切明快，針砭與建言都能切中要害。陸贄缺乏李泌以柔克剛的手腕，所提善言大多不被採納，只做了兩年多的宰相，最終被貶逐。德宗信讒自用，本性不移。德宗雖能用李泌、陸贄，可是更信賴奸人盧杞、裴延齡等，所以政治清濁混流，時好時壞。

德宗神武聖文皇帝九

貞元八年（壬申 西元七九二年）

春，二月壬寅❶，執夢衝❷，數其罪而斬之，雲南之路始通。

三月丁丑❸，山南東道節度使曹成王皋薨。

宣武節度使劉玄佐有威略❹，每李納使至，玄佐厚結之，故常得其陰事❺，先為之備，納憚之。其母雖貴，日織絹一匹，謂玄佐曰：「汝本寒微，天子富貴汝❻至此，必以死報之。」故玄佐始終不失臣節。庚午❼，玄佐薨。

山南東道節度判官李實❽知留後事，性刻薄，裁損❾軍士衣食。鼓角將❿楊清潭帥眾作亂，夜，焚掠城中，獨不犯曹王皋家。實踰城走免。明旦，都將徐誠縋城而入，號令禁遏，然後止，收清潭等六人斬之。實歸京師，以為司農少卿⓫。實，元慶⓬之玄孫也。丙子⓭，以荊南節度使樊澤為山南東道節度使。

初，竇參為度支轉運使，班宏副之。參許宏，俟一歲⓮以使職歸之。歲餘，參無歸意，宏怒。司農少卿張滂，宏所薦也，參欲使滂分主江、淮鹽鐵，宏不可。滂知之，亦怨宏。及參為上所疏，乃讓度支使於宏，又不欲利權專歸於宏，乃薦滂於上⓯，以宏判度支[1]，以滂為戶部侍郎、鹽鐵轉運使，仍隸於宏以悅之。

竇參陰狡而愎⓰，恃權而貪⓱，每遷除⓲，多與族子給事中申議之。申招權⓳受賂，時人謂之「喜鵲」⓴。上頗聞之，謂參曰：「申必為卿累㉑，宜出之以息物議㉒。」參再三保其無它，申亦不悛㉓。左金吾大將軍㉔虢王則之㉕，巨之子也，與申善。左諫議大夫、知制誥㉖吳通玄㉗與陸贄不叶㉘，竇申恐贄進用，陰與通玄、則之作謗書以傾㉙贄。上皆察知其狀。夏，四月丁亥㉚，貶則之昭州㉛司馬，通玄泉州㉜司馬，申道州㉝司馬，尋賜通玄死。

劉玄佐之喪，將佐匿之，稱疾請代，上亦為之隱，遣使即軍中問「以陝虢觀察使吳湊為代可乎？」監軍孟介、行軍司馬盧瑗皆以為便，然後除之。湊行至汜水㉞，玄佐之柩將發，軍中請備儀仗，瑗不許，又令留器用以俟新使，將士怒。玄佐之壻及親兵皆被甲㉟，擁玄佐之子士寧㊱釋衰絰㊲，登重榻㊳，自為留後。執城將㊴曹金岸、浚儀㊵令李邁，曰：「爾皆請吳湊者！」遂冎之㊶。盧瑗逃免。士寧以財賞將士，劫孟介以請於朝。上以問宰相，竇參曰：「今汴人㊷指㊸李納以邀制命，不許，將合於納。」庚寅㊹，以士寧為宣武節度使。士寧疑宋州刺史翟良佐不附己，託言巡撫，至宋州㊺，以都知兵馬使劉逸準㊻代之。逸準，正臣㊼之子也。

【章　旨】以上為第一段，寫山南東道、宣武兩鎮節度易帥。宰相竇參貪瀆、擅權、忌才，與班宏、陸贄不睦，為其被誅張本。

【注　釋】❶壬寅　二月十七日。❷夢衝　勿鄧酋長苴夢衝，暗通吐蕃，阻斷雲南使者，故韋皋發兵執之。❸丁丑　三月二十三日。❹有威略　既有威嚴，又有謀略。❺陰事　隱祕事。❻富貴汝　使你富貴。❼庚午　三月十六日。❽李實　官至司農卿、京兆尹。傳見《舊唐書》卷一百三十五、《新唐書》卷一百六十七。❾裁損　裁減；剋扣。❿鼓角將　官名，掌軍中戰鼓號角用以報時傳令之事。⓫司農少卿　官名，司農寺掌糧食倉儲、祿米供應等事。其正副長官為卿、少卿。⓬元慶　李元慶（？—西元六六四年），唐高祖第十六子，始封漢王，貞觀十年（西元六三六年）改封道王。歷官滑、徐、沁、衛四州刺史。傳見《舊唐書》卷六十四、《新唐書》卷七十九。⓭丙子　三月二十二日。⓮俟一歲　等到一年以後。⓯薦滂於上　竇參向德宗推薦張滂。⓰陰狡而愎　陰險狡詐而又固執。⓱恃權而貪　依仗權勢肆行貪賄。⓲遷除　升遷與任命官員。⓳招權　攬權。⓴時人謂之喜鵲　當時的人們送給竇申一個外號「喜鵲」。朝士每有遷除，竇申先行通報受賂，如同有喜事，喜鵲噪叫於門，以此譏諷竇申。㉑為卿累　成為你的牽累。㉒物議　眾人的非議。㉓悛　改過。㉔左金吾大將軍　左金吾為唐代十六衛之一，置上將軍、大將軍各一人，將軍二人，掌京城巡警。㉕虢王則之　虢王李則之，為虢王李巨之子。李巨為唐高祖子虢王李鳳之曾孫，歷仕玄宗、肅宗兩朝，出為方鎮，入為判尚書省事，後貶遂州刺史，在肅宗上元二年（西元七六一年）為叛臣梓州刺史段子璋所殺。李則之，官至左金吾衛大將軍。父子同傳，見《舊唐書》卷一百十二、《新唐書》卷七十九。㉖左諫議大夫知制誥　諫議大夫，言官，分左、右，左隸門下省。知制誥，掌起草詔令。㉗吳通玄　傳見《舊唐書》卷一百九十下、《新唐書》卷一百四十五。㉘不叶　不諧。㉙傾　陷害。㉚丁亥　四月初三日。㉛昭州　州名，治所在今廣西平樂西。㉜泉州　州名，治所在今福建泉州。㉝道州　州名，治所在今湖南道縣南。㉞汜水　縣名，縣治在今河南滎陽西北汜水鎮。㉟被甲　穿著甲冑。㊱士寧　劉玄佐之子劉士寧，自為留後，朝廷命為宣武節度使。性殘暴，為部將所逐，流配郴州。傳見《舊唐書》卷一百四十五、《新唐書》卷二百十四。㊲釋衰絰　脫去喪服。㊳登重榻　登上節鎮主帥的座位。㊴城將　巡城武官。㊵浚儀　縣名，為汴州治所，縣治在今河南開封。㊶咼之　亂刀砍死曹金岸、李邁。㊷汴人　指宣武軍將士。㊸指　指望。這裡為挾持、依仗。句意謂汴人劉士寧將依仗李納索求朝廷的任命。㊹庚寅　四月初六日。㊺宋州　州名，宣武軍巡屬。在今河南商丘。㊻劉逸準　懷州武陟（今河南武陟南）人，官至宣武節度使，賜名全諒。傳見《舊唐書》卷一百四十五、《新唐書》卷一百五十一。㊼正臣　劉正臣，官至平盧節度使。事附兩《唐書·劉全諒傳》。

【校　記】①以宏判度支　原無此句。據章鈺校，乙十六行本、乙十一行本、孔天胤本皆有此句，張瑛《通鑑校勘記》同，今據補。

【語 譯】德宗神武聖文皇帝九

貞元八年（壬申 西元七九二年）

春，二月十七日壬寅，西川節度使韋皋擒獲苴夢衝，歷數他的罪狀後殺了他，唐朝與雲南的通路這才暢通。

三月二十三日丁丑，山南東道節度使曹成王李皋去世。

宣武軍節度使劉玄佐既有威望又具謀略，每當李納的使者到來，劉玄佐都著意結交，所以經常能瞭解到一些李納的隱祕之事，先行對李納做好了防備，李納因此對劉玄佐也有所忌憚。劉玄佐的母親雖然地位尊貴，仍然每天親手織絹一匹，她對劉玄佐說：「你原本出身寒微，天子讓你富貴到如此程度，你一定要以死來報答天子。」所以劉玄佐始終都沒有缺失做臣子的節操。三月十六日庚午，劉玄佐去世。

山南東道節度判官李實主持留後事務，他秉性刻薄，經常剋扣軍士的衣食供給。鼓角將楊清潭率眾作亂，入夜，作亂的軍士在城中燒殺搶掠，惟獨不去侵擾曹王李皋的家。李實翻越城牆逃走，幸免一死。第二天清晨，都將徐誠抓著繩子攀爬入城，發布號令加以制止，變亂這才停了下來，徐誠把楊清潭等六人抓起來殺了。李實回到京城，德宗任命他為司農少卿。李實，是唐高祖的兒子道王李元慶的玄孫。三月二十二日丙子，德宗任命荊南節度使樊澤為山南東道節度使。

當初，宰相竇參擔任度支轉運使，班宏做他的副手。竇參向班宏許諾，等到一年以後會把度支轉運使這一職務交給班宏。過了一年多，竇參卻並無把這一職務交給班宏的意思，班宏十分惱怒。司農少卿張滂，是班宏推薦的，竇參打算讓張滂分管江東、淮南的鹽鐵事務，班宏不同意。張滂知道這件事後，也對班宏怨恨起來。等到竇參被德宗疏遠之後，才把度支轉運使職務讓給班宏，但又不想讓這一職務所帶來的利益和權力全都歸於班宏，於是向德宗推薦張滂，任命班宏主管度支，任命張滂為戶部侍郎、鹽鐵轉運使，仍然隸屬於班宏，以使班宏高興。

竇參為人陰險狡猾又十分固執，依仗權勢，肆意貪賄，每當升遷任命官員的時候，多半會與本家姪子給事中竇申商議謀劃。竇申藉此攬權受賄，當時的人稱他為「喜鵲」。德宗對此情況聽到了不少，便對竇參說：「竇申一定會成為你的牽累，最好把他外放出朝，以平息人們的非議。」竇參向德宗再三保證竇申沒有做什麼不當的事，竇申也毫無悔改之意。左金吾大將軍虢王李則之，是李巨的兒子，與竇申關係很好。左諫議大夫、知制誥吳通玄與陸贄關係不好，竇申擔心陸贄會受提拔任用，便暗中與吳通玄、李則之一起編造誹謗陸贄的書信來陷害陸贄。德宗對此都有所瞭解。夏，四月初三日丁亥，德宗把李則之貶為昭州司馬；把吳通玄貶為泉州司馬，把竇申貶為道州司馬，不久，德宗賜吳通玄自盡。

劉玄佐去世以後，部將佐吏隱瞞實情，謊稱劉玄佐病重，請求朝廷派人代替，德宗也有意替他們隱瞞，便派使者到宣武軍中去詢問「用陝虢觀察使吳湊來代替劉玄佐可以嗎？」朝廷派駐宣武的監軍孟介、行軍司馬盧瑗都覺得這樣很好，德宗這才下達任命。吳湊赴任到達汜水縣的時候，劉玄佐的靈柩要出殯，軍中將士請求置辦出殯的儀仗，盧瑗不允許，又下令把前節度使的器物用具留下以等待新任節度使的到來，將士們對此十分憤怒。劉玄佐的女婿和親兵們都身披鎧甲，簇擁著劉玄佐的兒子劉士寧脫下喪服，登上節鎮主帥的寶座，自命為宣武節度留後。他們拘捕了巡城將領曹金岸、浚儀縣令李邁，對他們說：「你們都是主張迎請吳湊的人！」於是把他們亂刀砍死。盧瑗逃跑，得免一死。劉士寧把錢財賞給將士們，劫持監軍孟介，讓他上奏朝廷請求任命劉士寧。德宗就此事詢問宰相的意見，竇參說：「如今汴人倚仗李納的聲勢強求朝廷的任命，如果不答應，他們將會與李納聯合。」四月初六日庚寅，德宗任命劉士寧為宣武軍節度使。劉士寧懷疑宋州刺史翟良佐不會歸附自己，藉口到境內各地巡察撫慰，來到宋州，讓都知兵馬使劉逸準代替了翟良佐的職務。劉逸準，是前平盧節度使劉正臣的兒子。

乙未❶，貶中書侍郎、同平章事竇參為郴州❷別駕，貶竇申錦州❸司戶。以尚書左丞趙憬❹、兵部侍郎陸贄並為中書侍郎、同平章事。憬，仁本❺之曾孫也。

張滂請鹽鐵舊簿❻於班宏，宏不與。滂與宏共擇巡院❼官，莫有合者，闕官甚多。滂言於上曰：「如此，職事必廢，臣罪無所逃。」丙午❽，上命宏、滂分掌天下財賦，如大曆故事❾。

壬子❿，吐蕃寇靈州，陷水口⓫支渠，敗營田⓬。詔河東、振武救之，遣神策六軍二千戍定遠、懷遠城⓭，吐蕃乃退。

陸贄請令臺省長官各舉其屬⓮，著其名於詔書，異日⓯考其殿最⓰，并以升黜舉者⓱。五月戊辰⓲，詔行贄議。

未幾，或言於上曰：「諸司⓳所舉皆有情故⓴，或受貨賂，不得實才。」上密諭㉑贄：「自今除改，卿宜自擇，勿任諸司。」贄上奏，其略曰：「國朝㉒五品以上，制敕㉓命之，蓋宰相商議奏可㉔者也。六品以下則旨授㉕，蓋吏部銓材署職㉖，詔旨畫聞而不可否者也㉗。開元中，起居、遺、補、御史等官猶並列於選曹㉘。其後倖臣專朝㉙，捨僉議而重己權㉚，廢公舉而行私惠，是使周行庶品㉛，苟不出時宰㉜之意，則莫致㉝也。」又曰：「宣行㉞以來，纔舉十數㉟，議其資望，既不愧於班行㊱，考其行能，又未聞於闕敗㊲。而議者遽以騰口㊳，上煩聖聰㊴。道之難行，亦可知矣。請使所言之人指陳其狀，某人受賄，某舉有情，付之有司，覈其虛實㊵，謬舉者必行其罰，誣善者亦反其辜㊶。何必貸其姦贓，不加辯詰㊷，私其公議㊸，不出主名㊹，使無辜㊺見疑，有罪獲縱㊻，枉直同貫，人何賴焉㊼！又，宰相不過數人，豈能徧諳多士㊽。若今悉命羣官㊾，理須展轉詢訪㊿，是則變公舉為私薦，易明揚以闇投(51)，情故必多，為弊益甚。所以承前命官，罕不涉謗(52)。雖則秉鈞不一，或自行情，亦由私訪所親，轉為所賣(53)。其弊非遠，聖鑒明知(54)。」又曰：「今之宰相則往日臺省長官，今之臺省長官乃將來之宰相，但是職名暫異，固非行舉頓殊(55)。豈有為長官之時則不能舉一二屬吏，居宰相之位則可擇千百具僚(56)！物議悠悠，其惑斯甚(57)。蓋尊者領其要(58)，卑者任其詳(59)，是以人主擇輔臣，輔臣擇庶長(60)，庶長擇佐僚(61)，將務得人，無易於此。夫求才貴廣，考課貴精。往者則天(62)欲收人心，進用不次(63)，非但人得薦士，亦得自舉其才。然而課責(64)既嚴，進退皆速，是以當代謂知人之明，累朝賴多士之用(65)。」又曰：「則天舉用之法傷易而得人，陛下慎簡之規太精而失士(66)。」上竟追前詔不行(67)。

【章　旨】以上為第二段，寫陸贄拜相，建言臺省長官推舉部屬升遷，不由宰相包辦，因遭物議，未能推行。

【注　釋】❶乙未　四月十一日。❷郴州　州名，治所郴縣，在今湖南郴縣。❸錦州　州名，治所盧陽縣，在今湖南麻陽西南。❹趙憬　（西元七三五—七九六年）字退翁，天水隴南（今甘肅隴西縣東南）人，歷任湖南觀察使、給事中、尚書左丞，官終宰相。傳見《舊唐書》卷一百三十八、《新唐書》卷一百五十。❺仁本　趙仁本，太宗時任殿中侍御史，高宗朝官至同東西臺三品。後為右相許敬宗所構陷，降為尚書左丞，罷知政事。傳見《舊唐書》卷八十一。❻舊簿　往年財務帳簿。❼巡院　官署名，唐於諸道設置鹽鐵巡院，主持該道鹽鐵事務，隸屬於鹽鐵轉運使。❽丙午　四月二十二日。❾如大曆故事　大曆元年（西元七六六年），分天下財賦置轉運、鹽鐵二使，東都畿內、河南、淮南、江東、江西、湖南、荊南、山南東道，以轉運使劉晏領之，京畿、河東、劍南、山南西道，以判度支第五琦領之。事見本書卷二百二十四代宗大曆元年。❿壬子　四月二十八日。⓫水口　水名，當在靈州境內。⓬營田　屯田。⓭定遠懷遠城　皆城名。定遠城在今寧夏平羅南。懷遠城即懷遠縣城，在今寧夏銀川。⓮屬　屬官。⓯異日　他日。⓰殿最　猶言優劣。考核政績上等為最，下等為殿。⓱升黜舉者　所舉得人，則升舉薦之人；所舉非人，則黜降舉主。⓲戊辰　五月十四日。⓳諸司　各主管部門，指臺省長官。⓴有情故　有人情請託，弄虛作假。㉑密諭　暗中曉示。㉒國朝　本朝，即唐朝。㉓制敕　詔書。㉔宰相商議奏可　唐制，五品以上官員，是通過詔書來任命的，先由宰相商議後上奏，皇帝認可，下詔任命。㉕旨授　由皇上批轉公文授官。㉖銓材署職　權衡選取，量才授職。㉗詔旨畫聞而不可否者也　六品以下的官員由批轉的聖旨授官，也就是由吏部銓選人才，署任職務，聖上在詔旨上寫一個「聞」字，而不寫可否字樣。㉘開元中二句　謂在開元年間起居郎及起居舍人、拾遺、補闕、御史，皆由吏部銓選上報。選曹，指由吏部銓選。㉙倖臣專朝　寵臣專擅朝政。㉚捨僉議而重己權　拋開眾人的議論而加重自己的權力。僉，眾。㉛是使周行庶品　這樣一來，使宰相奏任官員的辦法遍及各級官員。㉜時宰　當時宰相。㉝莫致　不能任命。指任人授官，如果不經過當時宰相同意，就不能任命。㉞宣行　指由各臺省長官各舉其屬的辦法舉薦官員。㉟纔舉十數　才舉薦十幾個人。㊱班行　班列；同僚。㊲闕敗　過失。㊳遽以騰口　突然間眾口沸騰，議論紛紛。㊴上煩聖聽　向上打擾皇上的視聽。㊵覈其虛實　核實反映情況的真假。㊶反其辜　指對誣告的人，反過來也要治他的罪。㊷何必貸其姦贓二句　為什麼一定要寬大那些奸佞與貪贓的人，而不加以分辨與追究呢。貸，寬大。姦贓，指奸佞貪贓的人。辯詰，問難；追究。辯，通「辨」。㊸私

其公議　對貪官奸吏不審理追究，依靠揭舉揭發定案，等於是把公論變成了私議。陸贄不贊成這種辦法。㊹不出主名　不揭出舉告人的姓名。主名，舉告者之名。此指誣告人之名。㊺無辜　無罪的人。指被誣告的人。㊻有罪獲縱　有罪的人得到放縱。㊼枉直同貫二句　對無理與有理的人都一樣對待，人們還有什麼依靠。枉，無理。直，正直；有理。貫，例。㊽徧諳多士　一一瞭解眾多的士人。㊾羣官　百官。㊿展轉詢訪　反覆的詢問訪求。51是則變公舉為私薦二句　這樣一來，便將公開舉用變成私下推薦，變察舉賢良換成了暗中投靠。明揚，指公開推薦的察舉制度，而不是請託。52所以承前命官二句　因此，沿用過去宰相議選的辦法任命官員，很少有不受指責的。謗，指責。53雖則秉鈞不一四句　意謂雖然宰相也有把握標準不一，有的會送人情，但也由於私訪自己的親故，反而被他們出賣了。秉鈞不一，指也有宰相把握標準不一的。秉，把持；掌握。行情，徇私作弊。賣，指被蒙蔽捉弄。54其弊非遠二句　這樣的弊端，並不是很久以前的事，聖明的皇上察視一下就可明白。55職名暫異二句　謂臺省長官與宰相只是職銜的暫時區別，本來並不是在推舉任用官員上立刻就有天差地別。行舉，指任用與舉薦官員。56具僚　各種職任的官員。57物議悠悠二句　眾人的議論紛紛，人們最大的疑惑就在這裡。58尊者領其要　地位尊貴的人統領事物的綱要。59卑者任其詳　在下位的人負責具體事宜。60是以人主二句　謂因此人主要選擇宰相，宰相要選擇各部門的長官。庶長，眾官之長。61佐僚　部門長官的下屬官員。62則天　指武則天皇太后。63進用不次　不依階級破格選用人才。64課責　對官員的考核與督責。65是以當代謂知人之明二句　因此，當代認為武則天有知人之明，以後連續幾代都依賴她選出的眾多士人為朝廷效力。66則天舉用之法傷易而得人二句　意謂武則天用人，失誤之處在於升降過於容易，但能夠得到人才；陛下慎重選擇人才的規矩過於精細，反而失去了有能之士。傷，傷害，引申為失誤、弊端。易，太隨便，指隨便任用與罷退，即前文進退皆速。慎簡，慎重地簡選人才。67上竟追前詔不行　指德宗最終還是追回前令，不讓臺省長官舉薦屬官。

【語　譯】四月十一日乙未，德宗貶中書侍郎、同平章事竇參為郴州別駕，貶竇申為錦州司戶。任命尚書左丞趙憬、兵部侍郎陸贄同為中書侍郎、同平章事。趙憬，是趙仁本的曾孫。

張滂向班宏要以前鹽鐵事務的帳簿，班宏不給他。張滂和班宏共同選擇各道鹽鐵巡院的官員，兩人所選擇的人沒有一個是相合的，以致巡院官缺員很多。張滂對德宗說：「這樣下去，鹽鐵轉運事務必定會荒廢，我就罪責難逃了。」四月二十二日丙午，德宗下令班宏、張滂分別掌管各地的財稅事務，仿效大曆年間第五琦、劉晏分管的舊例。

四月二十八日壬子，吐蕃軍隊侵犯靈州，毀壞了水口的支渠，破壞了當地的屯田。德宗下詔命令河東、振武兩鎮救援靈州，還派了神策六軍二千人去戍守定遠城和懷遠城，吐蕃軍隊這才撤退。

陸贄請求下令御史臺和中書、門下、尚書三省的長官各自推舉自己的屬官，把他們的名字登錄在詔書上，日後考察屬官的政績優劣，並以此來升遷或貶黜舉薦者。五月十四日戊辰，德宗下詔推行陸贄的建議。

不久，有人對德宗說：「各個部門所推舉的屬官都是有私情或原先有各種關係的，有的還接受了賄賂，得不到有真實才幹的人。」德宗暗中告訴陸贄說：「從今以後授職和改官，你應親自去選擇，不要交給各部門。」陸贄上奏德宗，大意是說：「本朝五品以上的官員，都是皇上下詔令任命的，這是因為這些官員都是先由宰相們商議後上奏皇上，然後由皇上來批准的。六品以下的官員，則是皇上批轉公文來除授的，先由吏部來權衡選擇，量才授職，皇上的詔旨只寫一個『聞』字而不寫可否字樣。開元年間，起居郎及起居舍人、拾遺、補闕和御史等官職，還是與其他官員一起由吏部銓選上報的。此後寵臣專擅朝政，拋開眾議而一味加重自己的權力，放棄出於公心的推舉而專行私自的小惠，這樣才使宰相奏任官員的辦法遍及各級官員，如果不是出於當時宰相的同意，那就不能得到任命。」又說：「自從推行由各部門長官推舉屬官的辦法以來，總共才推舉出十幾個人，評議他們的資歷和聲望，既不遜於朝中同僚，考察他們的德行和能力，也沒有聽說有什麼因失誤而把事情做壞的情況。而說三道四的人突然間議論紛紛，攪擾陛下的視聽。正確的辦法難以施行，也就可想而知了。請求讓那些說三道四的人指出、陳述具體情況，究竟哪個人是接受了賄賂，哪個人被推舉是因為有私情，把他們交給主管部門，審核事情的真假，對謬加推舉的人一定要實行懲罰，而對誣陷好人的人，也要反過來治他的罪。為什麼一定要寬容那些奸佞與貪贓的人而不加分辨與追究呢？如果把公論變成了私議，不揭示舉告人的姓名，使無辜的人受到懷疑，而有罪的人得到放縱，曲直同例，那麼人們還能有什麼依靠呢！再者，宰相不過幾個人，哪裡能夠一一瞭解眾多的士人。如果全讓宰相來任命朝廷百官，那麼他理應反覆探詢訪查，但這樣一來，則又把公開舉用變成了私下推薦，把察舉賢良換成了暗中投靠，其中私情和種種關係一定很多，造成的弊端更加嚴重。所以，沿用先前的那種方式來任命官員，相關的人很少有不受到指責的。雖然宰相把握選人標準不一，有的會私自送人情，但也有由於私訪自己所親近的人，反而被這些人蒙騙出賣了的。這樣的弊端距今不遠，聖明的皇上稍加鑑察，便會明白。」又說：「如今的宰相，就是往日中央各部門的長官，如今中央各部門的長官就是將來的宰相，二者之間只是職銜暫時不同，原本並非在推舉任用官員上立刻就有了巨大差別。哪有在擔任部門長官之時，不能夠推舉一二個屬下的官吏，而在位居宰相之後，就可以選擇、任命成百上千個各種職任官員的道理呢！人們議論紛紛，最大的疑惑就在這裡。說起來，地位尊貴的人統領事物的綱要，地位居下的人負責具體事務，所以君王選擇輔佐自己的宰輔大臣，宰輔大臣選擇各部門的長官，各部門的長官再選擇佐官、僚屬，如果努力想要得到合適的人員，沒有比這更好的辦法。說到尋求人才，貴在選擇範圍廣泛，而考核官員的優劣，貴在標準精細。以前則天皇太后當政時期，想要收買人心，提拔任用官員不拘資歷、等級，不但人人可以推薦有才能之士，個人也可以自薦才幹和能力。但是那時對官員的考核、督責嚴格，官員的升遷和降廢也很迅速，所以當時的人都認為則天皇太后有知人之明，以後幾朝都依靠她選拔出來的眾多士人為朝廷效力。」又說：「則天皇太后選用人才的辦法失誤在於升遷降廢過於輕易，但得到了人才，而陛下慎重選擇人才的規矩過於精細，反而失去有才能之士。」德宗最終還是追回了以前頒布的詔令，不再實行下去。

癸酉❶，平盧節度使李納薨，軍中推其子師古❷知留後。

六月，吐蕃千餘騎寇涇州，掠田軍❸千餘人而去。

嶺南節度使奏：「近日海舶珍異，多就安南市易，欲遣判官就安南收市❹，乞命中使一人與俱。」上欲從之。陸贄上言，以為「遠國商販，惟利是求，緩[1]

之斯來⑤，擾之則去。廣州素為眾船所湊，今忽改就安南，若非侵刻過深，則必招攜失所⑥，曾不內訟⑦，更蕩上心。況嶺南、安南，莫非王土，中使、外使，悉是王臣，豈必信嶺南而絕安南，重中使以輕外使！所奏望寢不行。」

秋，七月甲寅朔⑧，戶部尚書判度支班宏薨。陸贄請以前湖南觀察使李巽⑨權判度支，上許之。既而復欲用司農少卿裴延齡⑩。贄上言，以為「今之度支，準平⑪萬貨，刻吝則生患，寬假則容姦。延齡誕妄小人，用之交駭物聽⑫。尸祿⑬之責，固宜及於微臣⑭；知人之明，亦恐傷於聖鑒。」上不從，己未⑮，以延齡判度支事。

河南、北、江、淮、荊、襄、陳、許⑯等四十餘州大水，溺死者二萬餘人，陸贄請遣使賑撫。上曰：「聞所損殊少，即議優恤，恐生姦欺。」贄上奏，其略曰：「流俗之弊，多徇諂諛，揣所悅意則侈其言⑰，度所惡聞則小其事，制備⑱失所，恆病於斯。」又曰：「所費者財用，所收者人心。苟不失人，何憂乏用！」上許為遣使，而曰：「淮西貢賦既闕，不必遣使。」贄復上奏，以為「陛下息師含垢，宥彼渠魁⑲，惟茲下人，所宜矜恤。昔秦、晉雠敵，穆公猶救其饑⑳；況帝王懷柔㉑萬邦，唯德與義，寧人負我，無我負人㉒。」八月，遣中書舍人京兆奚陟㉓等宣撫諸道水災。以前青州刺史李師古為平盧節度使。○韋皋攻吐蕃[2]維州㉔，獲其大將論贊熱。

【章旨】以上為第三段，寫陸贄奏請對國際貿易不宜徵稅，又奏請德宗賑濟災民。

【注釋】❶癸酉　五月十九日。❷師古　李納長子，繼任淄青節度使。傳見《舊唐書》卷一百二十四、《新唐書》卷二百十三。❸田軍　屯田士兵。❹收市　收買。❺斯來　就來。斯，就。❻招攜失所　招引安撫失當。❼內訟　內省；自責。❽甲寅朔　七月初一日。❾李巽　（西元七四六－八〇九年）字合叔，趙州贊皇（今河北贊皇）人，歷仕德宗、順宗、憲宗三朝，官至吏部尚書、鹽鐵轉運使。傳見《舊唐書》卷一百二十三、《新唐書》卷一百四十九。❿裴延齡　（西元七二七－七九六年）河中河東（今山西永濟）人，官至戶部侍郎、判度支。傳見《舊唐書》卷一百三十五、《新唐書》卷一百六十七。⓫準平　即平準。平抑物價。⓬交駭物聽　震驚輿論。⓭尸祿　尸位素餐；受祿而不盡職。⓮微臣　小臣。陸贄自喻。⓯己未　七月初六日。⓰荊襄陳許　皆州名。荊州，治所江陵，在今湖北江陵。襄州，治所襄陽，在今湖北襄樊。陳州，治所宛丘，在今河南淮陽。許州，治所長社，在今河南許昌。⓱侈其言　誇大其辭。⓲制備　制定事宜以預為準備。制備失所二句，謂朝廷制定事宜以預作準備往往失當，問題就經常出在這裡。⓳渠魁　大頭目；首領。指淮西節度使吳少誠。⓴秦晉讎敵二句　事見《左傳》僖公十五年。晉饑，秦輸之粟。秦饑，晉閉之糴。晉又饑，秦穆公復輸之粟，曰：「吾怨其君，而矜其民。」㉑懷柔　招撫。㉒寧人負我二句　《三國志・武帝紀》裴注引孫盛《雜記》載，曹操東歸，誤殺故人呂伯奢，既而悽愴曰：「寧我負人，毋人負我。」陸贄此奏反其意而用之。㉓奚陟　（西元七四四－七九九年）字殷卿，亳州（今安徽亳州）人，官至刑、吏二部侍郎。為官公正，所任稱職。傳見《舊唐書》卷一百四十九、《新唐書》卷一百六十四。㉔攻吐蕃維州　代宗廣德元年（西元七六三年），維州沒入吐蕃。

【校記】[1]綏　張敦仁《通鑑刊本識誤》作「綏」，於義較長。[2]吐蕃　原無此二字。據章鈺校，乙十六行本、乙十一行本、孔天胤本皆有此二字，張敦仁《通鑑刊本識誤》、張瑛《通鑑校勘記》同，今據補。

【語　譯】五月十九日癸酉，平盧節度使李納去世，軍中將士推舉李納的兒子李師古主持留後事務。

六月，吐蕃的一千多名騎兵侵犯涇州，擄掠了一千多名屯田軍士後離去。

嶺南節度使上奏說：「近來裝載珍異物品的海上貨船大多開往安南進行交易，我打算派判官到安南去收購，請陛下派一名宮中的宦官使者與判官一起去。」德宗打算批准。陸贄上奏，認為「遠方各國商販，追求的只是贏利，寬待他們，他們就會前來交易，騷擾他們，他們就會離開。廣州素來是各國商船集中的地方，如今商船突然改道前往安南，如果不是這裡的官員對他們侵害剝奪過於厲害，那就一定是對這些商販的招引安撫方法失當，這些官員不去反省自責，反倒來迷惑陛下的心志。更何況嶺南、安南，都是陛下的國土，宮中的宦官使者和在當地的使者，都是陛下的臣子，怎麼能只相信在嶺南進行交易，而拒絕在安南進行交易，只重視宮中的宦官使者，而輕視在當地負責交易的使者！希望陛下將此奏議擱置起來，不予施行。」

秋，七月初一日甲寅，戶部尚書判度支班宏去世。陸贄請求任命前湖南觀察使李巽暫時代理判度支，德宗同意了。但不久德宗又想任用司農少卿裴延齡主管度支事務。陸贄上奏，認為「如今的度支一職，負責均平各種貨物的價格，如果苛刻慳吝則容易產生禍患，如果過於寬大縱容也會姑息養奸。裴延齡是個誇誕虛妄的小人，如果任用他，會使輿論震驚。尸位素餐之責本來就應有我這個卑微小臣一份，但說到知人之明，恐怕也會有損於陛下的明鑑。」德宗沒有聽從，初六日己未，任命裴延齡負責度支事務。

黃河南北、江、淮、荊、襄、陳、許等四十多個州大水氾濫，淹死的有二萬多人，陸贄奏請朝廷派使者前去賑濟安撫。德宗說：「聽說遭受的損失很少，如果立即商議加以優厚撫恤的話，恐怕會產生奸邪欺詐之事。」陸贄上奏，大意是說：「流俗的弊端，多半是去營求諂媚阿諛，揣測上頭心裡喜歡什麼就誇大其辭，估計上頭不喜歡聽的就大事化小，朝廷制定事宜以預作準備往往失當，問題就經常出在這裡。」又說：「朝廷派使者前去賑撫，所花費的是錢財，所收穫的卻是人心。如果不失去人心，那又何必擔心會缺乏用度呢！」德宗答應給受災地區派出使者，但卻說：「淮西地區既然不向朝廷繳納賦稅，就不必向那裡派遣使者了。」陸贄再次上奏，認為「陛下含垢忍辱停止用兵，寬恕了在那裡作惡的最大頭目，而對那些平民百姓，更應該憐憫撫恤。從前秦國、晉國是敵對之國，秦穆公尚且還救濟晉國的饑荒；何況帝王招撫、安定萬邦，所憑藉的惟有恩德和仁義，寧可別人辜負我，也不能讓我辜負別人。」八月，德宗派中書舍人京兆人奚陟等去宣撫各道遭受水災的人們。

德宗任命前青州刺史李師古為平盧節度使。〇西川節度使韋皋進攻吐蕃的維州，擒獲了吐蕃軍的大將論贊熱。

陸贄上言，以邊儲不贍❶，由措置失當，蓄斂乖宜❷。其略曰：「所謂措置失當者，戍卒不隸於守臣，守臣❸不總❹於元帥。至有一城之將，一旅之兵，各降中使監臨❺，皆承別詔委任❻。分鎮❼亙千里之地，莫相率從，緣邊列十萬之師，不設謀主❽。每有寇至，方從中覆❾，比蒙徵發赴援，寇已獲勝罷歸。吐蕃之比中國，眾寡不敵，工拙不侔❿，然而彼攻有餘，我守不足。蓋彼之號令由將，而我之節制在朝⓫，彼之兵眾合并，而我之部分離析故也。所謂蓄斂乖宜者，陛下頃設⓬就軍、和糴之法以省運，制與人加倍之價以勸農，此令初行，人皆悅慕。而有司競為苟且⓭，專事纖嗇⓮，歲稔⓯則不時斂藏，艱食⓰則抑使收糴。遂使豪家貪吏反操利權⓱，賤取於人以俟公私之乏。又有勢要⓲、近親⓳、羈遊之士⓴，委賤糴於軍城，取高價於京邑，又多支絺㉑紵㉒充直㉓。窮邊寒不可衣，鬻無所售，上既無信於下，下亦以偽應之，度支物估轉高㉔，軍城穀價轉貴。度支以苟售㉕滯貨為功利，軍城[1]以所得加價為羨餘。雖設巡院，轉成囊橐㉖。至有空申簿帳㉗，偽指囷倉㉘，計其數則億萬有餘，考其實則百十不足。」

又曰：「舊制以關中用度之多，歲運東方租米，至有斗錢運斗米之言。習聞見而不達時宜者，則曰『國之大事，不計費損，雖知勞煩，不可廢也。』習近利㉙而不防遠患者，則曰『每至秋成之時，但令畿內和糴㉚，既易集事㉛，又足勸農。』臣以兩家之論，互有長短，將制國用，須權重輕。食不足而財有餘，則弛於積財而務實倉廩㉜；食有餘而財不足，則緩於積食而嗇用㉝貨泉㉞。近歲關輔屢豐，公儲委積㉟，足給數年。今夏江、淮水潦㊱，米貴加倍，人多流庸㊲。關輔以穀賤傷農，宜加價以糴而無錢；江、淮以穀貴人困，宜減價以糶㊳而無米。而又運彼所乏，益此所餘，斯所謂習見聞而不達時宜者也。今江、淮斗米直百五十錢，運至東渭橋，僦直㊴又約二百，米糙且陳㊵，尤為京邑所賤。據市司㊶月估，斗糶三十七錢。耗其九而存其一㊷，餒彼人而傷此農，制事若斯，可謂深失矣。頃者每年自江、湖、淮、浙運米百一十萬斛，至河陰㊸留四十萬斛，貯河陰倉㊹，至陝州㊺又留三十萬斛，貯太原倉㊻，餘四十萬斛輸東渭橋。今河陰、太原倉見米㊼猶有三百二十餘萬斛，京兆諸縣斗米不過直錢七十，請令來年江、淮止運三十萬斛至河陰，河陰、陝州以次運㊽至東渭橋，其江、淮所停運米八十萬斛㊾，委轉運使每斗取八十錢於水災州縣糴之，以救貧乏，計得錢六十四萬緡，減僦直六十九萬緡。請令戶部先以二十萬緡付京兆，令糴米以補渭橋倉之缺數，斗用百錢以利農人㊿；以一百二萬六千緡付邊鎮，使糴十萬人一年之糧，餘十萬四千緡以充來年和糴之價。其江、淮米錢、僦直並委轉運使折市(51)綾、絹、絁(52)、綿以輸上都，償先貸戶部錢。」

九月，詔西北邊貴糴以實倉儲，邊備浸充。

【章旨】以上為第四段，寫陸贄上奏調整邊防駐軍，充實國家糧食儲備。

【注釋】❶贍　足。❷蓄斂乖宜　糧食的儲蓄和徵收辦法不合時宜。❸守臣　守邊大臣。❹總　統領。❺各降中使監臨　對各城各軍都派宦官監察。❻承別詔委任　指中使監軍按不同的詔旨被委任的。❼分鎮　劃分的各個軍鎮。❽謀主　主謀人物。❾方從中覆　才從朝中降旨。❿工拙不侔　優劣不等。⓫我之節制在朝　我軍的指揮調度由朝廷控制。⓬頃設　不久前制定的辦法。此李泌所建議，由邊兵屯田，政府出錢在屯田邊軍中就地加價購糧，既勸農，又省運費以充邊儲。事見本書卷二百三十二德宗貞元三年。⓭苟且　馬虎應付，不作長遠打算。⓮專事纖嗇　專做細微吝嗇之事。⓯歲稔　豐年。⓰艱食　糧食匱乏之年分。⓱反操利權　反而操縱了財利的權柄。⓲勢要　權勢之家。⓳近親　身邊親近之人。⓴羈遊之士　遊食之人。㉑絺　細葛布。㉒紵　紵麻。指麻布。㉓直　價值。又有四句，意謂勢要、近親、遊食等人，委託軍鎮低價收購糧食，再運往京城高價出售，又多半用葛布、麻布來支付糧價。㉔度支物估轉高　指度支規定提高換糧物品的價格。㉕苟售　採用不正當的手段出售。度支以苟售二句，謂度支利用不正當手段出售滯銷貨物得利，軍城把糧食加價部分當作盈餘。㉖雖設巡院二句　雖然設有巡院監察，實際上巡院倒成了填不滿的大口袋。巡院，巡迴訪察諸使徵收及轉運的監察機關，劉晏所置。囊橐，口袋，喻藏奸納汙之所。㉗空申簿帳　憑空申報帳目。即偽造收支帳簿。㉘困倉　糧倉。㉙習近利　習慣於只顧眼前利益。㉚和糴　政府以平價收購糧食以從軍用，稱和糴。㉛集事　辦成事。㉜弛於積財而務實倉廩　指國家放慢積聚錢財，而致力於充實倉庫的糧食儲備。弛，放慢。㉝嗇用　節約使用。㉞貨泉　錢幣。㉟公儲委積　公家的糧儲堆積。㊱潦　同「澇」。㊲流庸　流亡在外，為人傭作。㊳糶　賣糧。㊴僦直　運費。㊵米糙且陳　米糙，指米磨碾不精。且陳，而且是陳糧。江南水澇，所徵之米，多往年陳糧。米粗而陳，售價更低。㊶市司　官署名，掌市場物價，按月奏聞。㊷耗其九而存其一　耗費了米價的十分之九而僅得十分之一。江南米一斗為錢一百五十，加運價二百，合計三百五十，在京師售出只值三十七錢，是耗其九而存其一也。㊸河陰　縣名，縣治在今河南鄭州西北。㊹河陰倉　建於河陰的糧倉。漕運自江淮溯運河而入於此，再轉運至太原倉。㊺陝州　州名，河陰倉在其東，太原倉在其西。陝州是節制漕運黃河段的重要軍鎮，治所陝縣，在今河南三門峽市西。㊻太原倉　倉名，隋代所置常平倉，在陝州西。㊼見米　現存糧米。見，通「現」。㊽以次運　按站轉運。㊾停運米八十萬斛　指停止向京師運送，而調出八十萬斛至水災區按平價出售。㊿斗用百錢以利農人　斗米原價七十，現增至百錢收購，故曰利農。(51)折市　折合市價購買。(52)絁　粗綢。

【校　記】[1]軍城　據章鈺校，乙十六行本、乙十一行本、孔天胤本皆作「軍司」。

【語　譯】陸贄上奏，認為邊疆糧食等儲備不充足，是由安排處置失當，糧食的儲蓄和徵收不合時宜造成的。奏疏的大意是說：「所謂安排處置失當，是指戍邊的士兵不直接隸屬於守邊的將領，而守邊的將領也不由元帥統領。乃至出現同一城池的將領，同一編制的軍隊，朝廷分別派遣宦官使者去監軍，這些監軍都是受不同的詔旨被委任的。朝廷劃分的守邊各軍鎮橫跨千里，但彼此間不相統屬，沿邊布防著十萬大軍，但沒有設立一個主持謀略的人物。每當有入侵之敵到來的時候，才從朝中降旨，等到朝廷徵發的軍隊前去救援的時候，入侵之敵則已得勝回師了。吐蕃與大唐相比，我眾敵寡，軍力的優劣也根本不相匹敵，然而吐蕃發動進攻似乎尚有餘力，而我們進行防守卻總感到力量不足。原因在於敵軍的號令由前線將領發布，而我軍的指揮調度由朝廷控制，敵軍的兵力能合併使用，而我軍各部卻是分散的緣故。所謂糧食的儲蓄和徵收不合時宜，是指陛下不久前實行的讓邊軍屯田，然後由當地官府就地加價收購糧食供應駐軍的辦法，這樣可以節省運輸費用，並規定收購屯田所得的糧食價錢加倍，以獎勸農耕。這個法令剛開始實行的時候，人人都很高興嚮往。但主管部門馬虎應付，專做細微吝嗇之事，在豐收年景，不按時收購、儲藏糧食，而在糧食匱乏的時候，則採取強制手段收糧。這樣就讓那些有錢有勢的家庭、貪官汙吏反倒操縱了財利權柄，在糧食豐收的時候，他們低價從人們手中收購糧食儲存起來，等到官府和百姓缺糧時再高價賣出。另外，那些權勢之家、達官貴人身邊親近之人、四處遊食之人，託人用低價在邊防軍鎮收購糧食，再運往京城以高價出售，又多半用葛布、麻布向邊防軍鎮的人支付糧價。在貧窮的邊防軍鎮天氣寒冷，這些葛麻之布既不能做禦寒的衣服，想要賣掉卻又無處可賣。上邊既然失信於下邊，下邊也用虛假的東西來應付上邊，於是度支抬高了換糧物品的價格，而邊防軍鎮的糧價也在上漲。度支以不正當手段出售滯銷貨物謀利，而軍城也以所得到的糧食的加價部分當作盈餘。雖說度支在各地設立了負責監察的巡院，實際上巡院反倒成了填不滿的大口袋。甚至有在帳簿上憑空申報帳目，謊報糧倉的現象，統計他們所報的數目似乎過億過萬，但核實起來則還不到百分之十。」

陸贄又說：「過去的制度規定，因關中地區用度多，每年都要從東部地區運送糧食到關中來，運費很貴，甚至有一斗米的運費要一斗錢的說法。那些習慣於所聞所見而不懂得現實需要的人，就說『這是國家的大事，不應當計較費用和損耗，雖然也知道運糧勞累麻煩，但依然認為不能廢止。』那些習慣於只顧及眼前利益，而不預防長遠禍患的人，就說『每到秋天收穫季節，只要讓京畿地區的官府去收購糧食，就既容易把事情辦成，又能夠獎勸農耕。』我覺得這兩種人的議論，各有長短，要保障國家的用度，必須權衡輕重。在糧食不足而錢財有盈餘的時候，就應該放緩積聚錢財，而致力於充實倉庫的糧食儲備；在糧食有餘而錢財不足的時候，那就應該放緩儲積糧食，而節約錢幣。近年來，關中地區屢獲豐收，公家的糧儲堆積，足夠供應好幾年的用度。而今年夏天，江東、淮南地區洪澇成災，米價翻倍，人們流離在外，替人幫工為生。關中地區因穀價太低而傷害了農夫，官府原本應該提高糧價收糧卻沒有錢；江東、淮南地區因為糧價太貴而人多困窘，官府應該降低糧價賣糧卻又沒有庫存的米。朝廷反而要把江、淮地區所缺乏的糧食運到關中來，增加了關中地區原本有餘的糧食儲存，這就是所謂習慣於所見所聞而不懂得現實需要的人的做法啊。現在江東、淮南地區一斗米值一百五十錢，再運到關中的東渭橋，工錢運費每斗米又需約二百錢，運來的米既粗糙，而且還是陳米，在京城人的眼裡尤其不值錢。據掌管市場物價的市司每月上報的估價看，運來的米的賣價每斗大約三十七錢。米運到關中，損耗了成本的十分之九，而僅存十分之一，讓江、淮地區的人挨餓，同時又傷害了關中地區的農夫，如此辦事，可以說是重大失誤了。以往每年從江東、兩湖、淮南、兩浙地區運出糧米一百一十萬斛，運到河陰留下四十萬斛，貯存在河陰倉內，運到陝州又留下三十萬斛，貯存在太原倉內，其餘的四十萬斛運到東渭橋。如今河陰倉、太原倉現存的糧米還有三百二十多萬斛，京兆府各縣每斗米價不過七十錢，請陛下下令明年江東、淮南地區只運三十萬斛糧米到河陰倉，河陰倉和陝州的太原倉按順序將這三十萬斛糧米運抵東渭橋，而把江東、淮南地區停運朝廷的其餘八十萬斛糧米，交給轉運使以每斗米收取八十錢的價格在受水災的州縣貼錢出售，以救濟那裡貧困缺糧的百姓，估計此項可以收得錢六十四萬緡，又減省了停運那八十萬斛米所需要的工錢運費六十九萬緡。這筆錢，請陛下讓戶部先把二十萬緡錢交給京兆府，讓他們在關中地區購糧以補充東渭橋倉庫存糧的缺額，每斗用一百錢購進，這樣可使種田的百姓得利。再把一百零二萬六千緡錢交給各邊鎮，讓他們購買十萬名將士一年所需的糧食。剩下的十萬四千緡錢，用作來年購買糧食的款項。在江東、淮南等地出售糧米所得的錢和節省下來轉運糧米的工錢運費，一併交給轉運使折價購買綾、絹、絁、綿運到首都長安來，以抵償先前從戶部借的錢。」

九月，詔令西北邊鎮用高價購糧以充實倉儲，使邊鎮的糧食儲備漸漸充裕起來。

冬，十一月壬子朔❶，日有食之。

吐蕃、雲南日益相猜，每雲南兵至境上，吐蕃輒亦發兵，聲言相應，實為之

臣下的怨恨歸到君王身上的做法十分生氣，十一月十八日己巳，把姜公輔貶為吉州別駕，又派宦官使者去斥責竇參。

十一月十九日庚午，山南西道節度使嚴震上奏說在芳州和黑水堡一帶打敗了吐蕃人。

當初，李納因棣州蛤蜾這個地方有煮鹽之利，便在此築城據守。又在德州之南的三汊城派兵戍守，以使與魏博鎮田緒聯絡之路得以暢通。等到李師古繼承其父李納為平盧節度使之後，王武俊因李師古年輕，對他很輕視。於是在這個月，率軍屯駐在德州和棣州，準備攻取蛤蜾和三汊城，李師古派趙鎬率兵抵禦。德宗派宦官使者去曉諭制止，王武俊這才退回。

當初，節度使劉怦去世的時候，劉濟在莫州，劉濟的同母弟弟劉澭在父親身邊，以父親的遺命召回劉濟，把主持節度使軍府的大權交給了他。劉濟任命劉澭為瀛州刺史，許諾日後讓劉澭代替自己擔任節度使。不久，劉濟任用自己的兒子擔任軍府副大使，劉澭於是對劉濟心懷怨恨，自作主張上表朝廷，派遣一千兵馬去防秋。劉濟十分憤怒，發兵攻打劉澭，打敗了他。

左神策大將軍柏良器召募有才能又勇敢的人來替代軍中的買賣人，監軍竇文場十分厭惡這種做法。正好柏良器妻子的族人喝醉了酒，寄宿在宮中禁軍值宿的房舍中，十二月初五日丙戌，柏良器受牽連獲罪，降職擔任右領軍。從此宦官又開始掌管軍事大權。

九年（癸酉　西元七九三年）

春，正月癸卯❶，初稅茶❷。凡州、縣產茶及茶山外要路❸皆估其直，什稅一，從鹽鐵使張滂之請也。滂奏：「去歲水災減稅，用度不足，請稅茶以足之。自明年以往，稅茶之錢，令所在別貯，俟有水旱，以代民田稅。」自是歲收茶稅錢四十萬緡，未嘗以救水旱也。○滂又奏：「姦人銷❹錢為銅器以求贏❺，請悉禁銅器。銅山聽人開采❻，無得私賣❼。」

二月甲寅❽，以義武留後張昇雲❾為節度使。

初，鹽州既陷❿，塞外無復保障，吐蕃常阻絕靈武，侵擾鄜坊。辛酉⓫，詔發兵三萬五千人城⓬鹽州，又詔涇原、山南、劍南各發兵深入吐蕃以分其勢。城之二旬而畢，命鹽州節度使杜彥光⓭戍之，朔方都虞候楊朝晟戍木波堡⓮，由是靈武、銀夏[1]、河西獲安。

上使人諭陸贄，以「要重之事，勿對趙憬⓯陳論，當密封手疏以聞」；又「苗粲⓰以父晉卿往年攝政，嘗有不臣之言⓱，諸子皆與古帝王同名⓲，今不欲明行斥逐，兄弟亦各除外官，勿使近屯兵之地」；又「卿清慎⓳太過，諸道饋遺，一皆拒絕，恐事情不通⓴，如鞭靴㉑之類，受亦無傷㉒。」

贄上奏，其略曰：「昨臣所奏，惟趙憬得聞，陛下已至勞神，委曲防護㉓。是於心膂㉔之內，尚有形迹之拘㉕，迹同事殊㉖，鮮克以濟㉗。恐爽㉘無私之德，且傷不吝之明㉙。」又曰：「爵人必於朝，刑人必於市㉚，惟恐眾之不覩，事之不彰。君上行之無愧心㉛，兆庶㉜聽之無疑議，受賞安之無怍色㉝，當刑居之無怨言，此聖王所以宣明典章，與天下公共者也。凡是譖訴㉞之事，多非信實之言，利於中傷，懼於公辯。或云歲月已久，不可究尋；或云事體有妨㉟，須為隱忍；或云惡迹未露，宜假它事為名；或云但棄其人，何必明言責辱。詞皆近於情理，意實苞於矯誣㊱，傷善售姦，莫斯為甚。若晉卿父子實有大罪，則當公議典憲㊲；若被誣枉，豈令陰受播遷㊳？夫聽訟辨讒，必求情辨跡。情見跡著，辭服理窮，然後加刑罰焉。是以下無冤人，上無謬聽。」又曰：「監臨㊴受賄，盈尺有刑㊵。至於士吏之微，尚當嚴禁，矧㊶居風化之首㊷，反可通行！賄道一開，展轉滋甚，鞭鞾不已，必及金玉。目見可欲㊸，何能自窒于心㊹！已與交私㊺，何能中絕其意㊻！是以涓流㊼不絕，溪壑成災矣！」又曰：「若有所受，有所卻，則遇卻者疑乎見拒而不通矣；若俱辭不受，則咸知不受者乃其常理，復何嫌阻㊽之有乎！」

【章　旨】以上為第六段，寫陸贄上奏德宗，宰相議事要透明，懲罰臣下要按制度，主政的長官，尤其是宰相不得收禮，防微杜漸以拒貪。

【注　釋】❶癸卯　正月二十四日。❷初稅茶　始徵茶稅。榷茶之稅，建中三年（西元七八二年）趙贊始倡其議，令成於張滂，以救水旱之名而徵之。❸要路　交通要道。❹銷　銷毀。❺贏　贏利。❻聽人開采　銅山任憑人去開採。❼無得私賣　開採銅山所得銅不得私賣而輸於官。❽甲寅　二月初五日。❾張昇雲　義武節度使張孝忠之子，父死為留後，見上卷。❿鹽州既陷　事見本書卷二百三十二德宗貞元二年。鹽州城在今陝西定邊，靈武在其西，鄜坊在其東，故鹽州陷落，既阻絕靈武之路，又侵擾鄜坊之民。⑪辛酉　二月十二日。⑫城　築城。⑬杜彥光　《舊唐書》卷一百四十六下〈吐蕃傳下〉、《新唐書》卷一百五十六〈韓光瓌傳〉與卷二百十六〈吐蕃傳下〉皆作「杜彥光」，而《舊唐書》卷十三〈德宗紀下〉、卷一百四十四〈杜希全傳〉又作「杜希先」，未知孰是。⑭木波堡　戍鎮名，在今甘肅環縣東南。⑮趙憬　字退翁，時為中書侍郎、同中書門下平章事，與陸贄議政常相左，故德宗云爾。傳見《舊唐書》卷一百三十八、《新唐書》卷一百五十。⑯苗粲　肅宗朝左相苗晉卿之子，時為給事中。傳見《新唐書》卷一百四十。⑰不臣之言　不合臣道之言。⑱諸子皆與古帝王同名　苗晉卿有十子，其中有苗發、苗丕、苗堅、苗垂。古帝王有周武王姬發、魏文帝曹丕、前秦苻堅、後燕慕容垂，故云苗氏諸子與古帝王同名，德宗忌之。⑲清慎　清廉謹慎。⑳事情不通　拒之太過，人情上講不通。㉑鞭靴　馬鞭和皮靴。㉒受亦無傷　接受了也沒有什麼妨害。㉓委曲防護　輾轉曲折地多方提防。㉔心膂　心臟與脊梁骨。此喻親近的腹心之臣。㉕形迹之拘　行為舉止還有某種拘束。此為對德宗親此疏彼猜忌心的委婉批評。㉖迹同事殊　表面一樣，遇事對待不同。㉗鮮克以濟　少能成功。㉘爽失。㉙傷不吝之明　損傷不吝改過的英明。不吝，指「改過不吝」，語出《尚書・仲虺之誥》。㉚爵人必於朝二句　授人爵位一定要在朝廷上宣布，加刑於人一定要在鬧市中執行。㉛君上行之無愧心　君主要問心無愧地實行賞罰。㉜兆庶　天下萬民。㉝作色　慚愧的臉色。㉞譖訴　暗中進讒言。㉟事體有妨　因有各種妨礙，事體不宜公開。這是進讒者以莫須有罪名加害於人時，往往藉此為遁辭，不讓事情落實以售其奸。㊱意實苞於矯誣　心裡實際上包藏著欺詐誣陷。苞，同「包」。㊲公議典憲　公開審議按法律論處。典憲，典章；法令。㊳播遷　流離遷徙。不明不白地降職外放，實質相當於流放播遷。㊴監臨　指負有監察臨視責任的官員。㊵盈尺有刑　監臨官受賄，財物長度滿一尺，要受刑法制裁。㊶矧　況。㊷風化之首　指宰相。㊸可欲　足以引起欲念之物。㊹自窒于心　自己把可欲壓抑在心中。窒，堵塞；壓抑。㊺交私　私下交通，指受賄。㊻何能中絕其意　怎能中途拒絕行賄人的請託呢。㊼涓流　細小水流。㊽嫌阻　阻礙之嫌疑。

【校　記】①靈武銀夏　原無「武銀」二字。據章鈺校，乙十六行本、乙十一行本、孔天胤本皆有此二字，張敦仁《通鑑刊本識誤》、張瑛《通鑑校勘記》同，今據補。

【語　譯】九年（癸酉　西元七九三年）

春，正月二十四日癸卯，朝廷開始徵收茶稅。凡是產茶的州、縣和茶山外運茶的交通要道都要派人估算茶葉的價值，徵收十分之一的稅錢，這是德宗依從鹽鐵使張滂的奏請後決定的。張滂上奏說：「去年因遭受水災而減少了朝廷的稅收，以致用度不足，請求徵收茶稅來補足。從明年以後，徵收茶稅所得的錢，讓各地另外儲存，等有水旱之災時，用以代替百姓的田稅。」從此每年徵收茶稅錢四十萬緡，但是從來沒有用它來救濟過水災和旱災。○張滂又上奏說：「奸邪之人銷毀銅錢來製造銅器以獲取盈利，請下令禁止製造和銷售一切銅器。產銅的礦山聽任人們去開採，但他們不能私自售賣所採得的銅。」

二月初五日甲寅，任命義武軍留後張昇雲為義武軍節度使。

當初，鹽州被吐蕃人攻陷之後，塞外地區便不再有安全保障，吐蕃人經常阻斷通往靈武的道路，侵擾鄜坊。二月十二日辛酉，德宗下詔派三萬五千兵馬到鹽州築城，又詔令涇原、山南、劍南各軍鎮派兵深入吐蕃境內以分散吐蕃的軍勢。鹽州築城歷時二十天完成，下令鹽州節度使杜彥光戍守鹽州城，朔方軍的都虞候楊朝晟戍守木波堡，從此靈武、銀夏和河西地區才獲得安寧。

德宗派人告諭宰相陸贄說，「重要的事情，不要當著宰相趙憬的面陳說討論，應當寫成奏章密封起來呈報」；又說「苗粲因為其父苗晉卿當年代國君處理過國政，曾經有過一些不符合臣道的言論，而且苗晉卿的幾個兒子都與古代的帝王同名，如今朕不想公開驅走苗粲，讓他的幾個兄弟也都各自到外地去任職，不要讓他們靠近屯駐軍隊的地區」；又說「卿清廉謹慎也太過分了，各道贈送的物品，卿一概都拒收，只怕在事理人情上也講不通，像馬鞭、皮靴之類，卿接受了也沒有什麼妨害。」

陸贄上奏德宗，大意是說：「昨日臣上奏的事情，只因讓趙憬知道了，陛下就已經很勞神，輾轉曲折地設法對趙憬加以防範。這說明陛下在親近的心腹宰臣中，行為舉止方面尚有某種拘束，表面上一樣，遇事卻對待不同，這樣做很少能把事情辦好。只怕會失去陛下大公無私的聖德，而且還會損傷陛下不吝改過的英明。」又說：「授人爵位一定要在朝廷上舉行，加刑於人一定要在市集中執行，所擔心的只是大家沒有看到，事情未能彰顯。君王實行賞罰問心無愧，天下億萬百姓知道後也沒有疑問和異議，受賞的人心安理得地接受，並無慚愧之色，受刑的人接受懲處也沒有怨言，這樣做的目的是聖明的君王要向天下宣明朝廷的制度法令，讓天下的人共同遵行啊。凡是暗中讒毀攻訐的事情，說的多半不是真實的，這種進讒只利於中傷，而最怕進行公開辯論。在進讒的時候，有的會說時間久遠，難以再去追究了；有的會說此事因有各種妨礙，必須克制忍耐，不宜公開；有的會說惡行還沒有顯露，最好找別的藉口來加以處治；有的會說只須屏退此人就可以了，何必公開他的罪行加以斥責羞辱呢？這些說法似乎都近情近理，心裡實際上卻包藏著欺詐誣陷。傷害善良的人，施展陰謀詭計，沒有比這更厲害的了。如果苗晉卿父子確實犯有大罪，那就應當公開審議按法論處；如果他們是被誣陷冤枉的，怎麼能讓他們不明不白地受外放遷徙的懲處呢？說到聽理訴訟，辨別是否讒言，一定要尋求其實情辨識其形跡。如果實情清晰、形跡昭著，此人就無話可說而又無理可辯，然後再對他施以刑罰。這樣下面就不會有被冤枉的人，在上位的人也不會誤信讒言了。」又說：「負有監察臨視責任的官員接受了賄賂，受賄財物只要滿了一尺就要受刑法制裁。對於那些地位低微的官吏，尚且應嚴禁受賄，何況是位居端正風尚教化首要職位的宰相，怎麼反而可以接受賄賂呢！受賄之路一旦打開，發展下去就會越來越嚴重，不會停止在馬鞭、皮靴這類小物件上，一定會涉及到金玉之類的財物。眼睛看到了足以引起欲念之物，又怎麼能壓抑在心中而不去伸手呢！已經與行賄的人私下交往了，又怎麼能中途拒絕他的請託呢！所以不阻斷行賄的涓涓細流，貪欲發展就必然要成災了！」又說：「如果臣對別人的饋贈有的接受，有的拒絕，那麼遭到拒絕的人就會懷疑自己因被拒絕而要辦的事情辦不成了；如果全都不予接受，那麼他們就都知道不接受饋贈是常理，又怎麼會對臣生出從中阻礙的嫌疑來呢！」

初，竇參惡左司郎中李巽，出為常州❶刺史。及參貶郴州，巽為湖南觀察使。汴州節度使❷劉士寧遺參絹五十匹，巽奏參交結藩鎮。上大怒，欲殺參。陸贄以為參罪不至死，上乃止。既而復遣中使謂贄曰：「參交結中外❸，其意難測，社稷事重，卿速進文書處分❹。」贄上言：「參朝廷大臣，誅之不可無名。昔劉晏

願其被濫用。」三月，德宗把竇參再次貶職為驩州司馬，家中的男女都被發配流放。

德宗又命陸贄懲處竇參的親信黨羽，陸贄上奏說：「罪行有首惡和從犯之別，法律有重懲和輕罰之分，竇參既然已蒙陛下寬恕，他的親信黨羽也應該從輕論處或減刑。何況在竇參被判罪之初，其私黨都已受牽連而獲罪，現在人心安定已久，請陛下不要再追究了。」德宗採納了這個建議。德宗又想沒收竇參的家產，陸贄說：「按照法律規定，對叛逆的人，要全部沒收他的財產，對貪贓納賄的人，只沒收他犯罪所得部分，這都必須在定案判決，實施刑罰之後，才能沒收其家產。現在竇參的罪行和適用的法律都不明確，陛下對竇參已經施恩寬大。如果登記造冊沒收了他的家產，恐怕會因為這些財產而傷害了道義。」當時德宗身邊的宦官對竇參恨得尤其厲害，不斷地毀謗竇參。竇參還沒到達驩州，在半路上就被德宗賜死了。竇申被亂棍打死，竇參的財產和奴婢全部由驛站車馬遞送到京城長安。

海州團練使張昇璘，是易定節度使張昇雲的弟弟，李納的女婿，因為父親去世兩週年要舉行大祥之祭而回到了定州，曾在公開場合辱罵王武俊，王武俊將此事上奏朝廷。夏，四月二十九日丁丑，德宗下詔削去張昇璘官職，派宮中的宦官使者對張昇璘施以杖刑，並因禁了起來。定州很富庶，王武俊一直想得到它，因此派兵襲擊並攻佔了義豐，掠走安喜、無極兩縣一萬多人，把他們遷到德州和棣州。張昇雲緊閉城門，防守自衛，多次派使者去向王武俊謝罪，王武俊這才罷休。

德宗命令李師古拆毀三汊城，李師古執行了詔令。但他經常招集一些逃亡的人，其中還有對朝廷犯有罪行的人，李師古都招撫、任用他們。

五月甲辰❶，以中書侍郎趙憬為門下侍郎、同平章事，義成節度使賈耽為右僕射，右丞盧邁❷守本官，並同平章事。邁，翰之族子也。憬疑陸贄恃恩❸，欲專大政，排己置之門下❹，多稱疾不豫❺事，由是與贄有隙。

陸贄上奏論備邊六失，以為：「措置乖方，課責虧度，財匱於兵眾，力分於將多，怨生於不均，機失於遙制。

「關東❻戍卒，不習土風❼，身苦邊荒❽，心畏戎虜。國家資奉若驕子❾，姑息如倩人❿。屈指計歸，張頤待哺⓫。或利王師之敗，乘擾攘而東潰⓬；或拔棄⓭城鎮，搖遠近之心。豈惟無益，實亦有損。復有犯刑謫徙者⓮，既是無良⓯之類，且加懷土之情，思亂幸災，又甚戍卒。可謂措置乖方矣。

「自頃⓰權移於下，柄失於朝⓱。將之號令，既鮮克⓲行之於軍；國之典常⓳，又不能施之於將。務相遵養⓴，苟度歲時。欲賞一有功，翻慮㉑無功者反仄㉒；欲罰一有罪，復慮㉓同惡者憂虞㉔。罪以隱忍而不彰，功以嫌疑㉕而不賞，姑息之道，乃至於斯。故使忘身效節㉖者獲誚㉗於等夷㉘，率眾先登者取怨於士卒，僨㉙軍蹙國㉚者不懷於愧畏，緩救失期者自以為智能。此義士所以痛心，勇夫所以解體㉛。可謂課責虧度矣。

「虜㉜每入寇，將帥遞相推倚㉝，無敢誰何㉞，虛張賊勢上聞，則曰兵少不敵。朝廷莫之省察，唯務徵發益師，無裨㉟備禦之功，重增供億㊱之弊。閭井㊲日耗，徵求日繁，以編戶[38]傾家破產之資，兼有司榷鹽[39]稅酒[40]之利，總其所入，歲以事邊。可謂財匱於兵眾矣。

「吐蕃舉國勝兵之徒[41]，纔當中國十數大郡而已，動則中國懼其眾而不敢抗，靜則中國憚其強而不敢侵，厥理何哉[42]？良以中國之節制多門[43]，蕃醜之統帥專一故也。夫統帥專一，則人心不分，號令不貳，進退可齊，疾徐[44]如意，機會靡愆[45]，氣勢自壯。斯乃以少為眾，以弱為強者也。開元、天寶之間，控禦西北兩蕃[46]，唯朔方、河西、隴右三節度[47]。中興以來[48]，未遑外討，抗兩蕃[49]者亦朔方、涇原、隴右、河東四節度而已。自頃分朔方之地，建牙擁節[50]者凡三使[51]焉，其餘鎮軍，數且四十，皆承特詔委寄[52]，各降中貴[53]監臨，人得抗衡，莫相稟屬[54]。每俟邊書告急，方令計會用兵[55]，既無軍法下臨，惟以客禮相待。夫兵，以氣勢為用者也。氣聚則盛，散則消，勢合則威，析則弱。今之邊備，勢弱氣消，可謂力分於將多矣。

「理戎[56]之要，在於練覈優劣之科[57]，以為衣食等級之制，使能者企及[58]，否者息心[59]，雖有厚薄之殊，而無觖望[60]之釁。今窮邊之地，長鎮[61]之兵，皆百戰傷夷之餘[62]，終年勤苦之劇，然衣糧所給，唯止當身[63]，例為妻子所分，常有凍餒之色。而關東戍卒，怯於應敵，懈於服勞，衣糧所須，厚踰數等[64]。又有素非禁旅[65]，本是邊軍，將校詭為媚詞[66]，因請遙隸神策，不離舊所，唯改虛名[67][1]，其於稟賜之饒，遂有三倍之益。夫事業未異而給養有殊，苟未忘懷，孰能無慍！可謂怨生於不均矣。

「凡欲選任將帥，必先考察行能，可者遣之，不可者退之，疑者不使，使者不疑。故將在軍，君命有所不受[68]。自頃邊軍去就，裁斷多出宸衷[69]。選置戎臣[70]，先求易制，多其部[71]以分其力，輕其任[72]以弱其心。遂令爽於軍情亦聽命[73]，乖於事宜亦聽命[74]。戎虜馳突，迅如風飆，馹書[75]上聞，旬月方報。守土者以兵寡不敢抗敵，分鎮者以無詔不肯出師，賊既縱掠退歸[76]，此乃[77]陳功告捷。其敗喪則減百而為一[78]，其捃獲[79]則張百而成千。將帥既幸於總制在朝，不憂罪累[80]；陛下又以為大權由己，不究事情。可謂機失於遙制矣。

「臣愚謂宜罷諸道將士防秋之制，令本道但供衣糧[81]，募戍卒願留及蕃漢子弟以給[82]之。又多開屯田，官為收糴。寇至則人自為戰，時至[83]則家自力農[84]，與夫倏來忽往者，豈可同等而論哉！又宜擇文武能臣為隴右、朔方、河東三元帥，分統緣邊[85]諸節度使，有非要者，隨所便近而併之[86]。然後減姦濫虛浮之費[87]以豐財[88]，定衣糧等級之制以和眾[89]，弘[90]委任之道以宣其用，懸賞罰之典以考其成。如是，則戎狄威懷[91]，疆埸[92]寧謐[93]矣。」上雖不能盡從，心甚重之。

【章旨】以上為第八段，寫陸贄上奏論邊防體制六大失誤，德宗只是讚賞，而沒有認真採納。

【注釋】❶甲辰　五月二十七日。❷盧邁　字子玄，河南府（今河南洛陽）人，歷任諫議大夫、給事中，以守尚書右丞本官，並同平章事。德宗興元年間宰相盧翰之族子。傳見《舊唐書》卷一百三十六、《新唐書》卷一百五十。❸恃恩　依仗恩寵。❹排己置之門下　將自己排擠到門下省。❺豫　參與。❻關東　泛指潼關以東廣大中原地區。❼土風　當地環境。此指關東戍卒不熟悉邊地環境。❽邊荒　邊地荒寒，缺衣少食。❾驕子　嬌生慣養的兒子。❿倩人　女婿。⓫張頤待哺　張開嘴巴等待餵飯。比喻驕兵懶惰而需索多。⓬東潰　向東逃散。⓭拔棄　離去放棄。⓮犯刑謫徙者　觸犯刑法而被流放戍邊的人。⓯無良　不良。⓰自頃　近來。⓱柄失於朝　朝廷失去了權柄。⓲鮮克　很少能夠。⓳典常　常法；常制。⓴務相遵養　上下互相姑息。㉑翻慮　反而考慮。㉒反仄　即反側，動盪不安。㉓復慮　還要考慮。㉔憂虞　憂慮不安。㉕嫌疑　被懷疑會有某種行為產生。㉖效節　效忠盡節。㉗誚　嘲諷。㉘等夷　同輩。㉙僨　敗。㉚蹙國　喪失國土。㉛解體　人心渙散。㉜虜　泛指周邊各少數民族。德宗時，主要指吐蕃。㉝遞相推倚　互相推委。㉞無敢誰何　沒人敢查問。㉟無裨　無補。㊱供億　供應。㊲閭井　鄉村。㊳編戶　有戶籍的平民。㊴榷鹽　專賣食鹽。㊵稅酒　徵酒稅。㊶舉國勝兵之徒　全國能夠拿起武器當兵的人。㊷厥理何哉　其道理何在。厥，其。㊸良以中國之節制多門　大唐軍隊要接受許多部門的指揮調度，以致政令不一。良，實在是。㊹疾徐　快慢。㊺靡愆　不失。㊻兩蕃　指吐蕃、突厥兩邦。㊼三節度　指防禦西北的三個節度使。朔方節度使，鎮靈州（今寧夏靈武西南）；河西節度使，鎮甘州（今甘肅張掖）；隴右節度使，鎮鄯州（今青海樂都）。㊽中興以來　指肅宗平定安史之亂以來。㊾兩蕃　中興以來兩蕃，北則回紇，西則吐蕃。㊿建牙擁節　建立軍府擁有旌節，指節度使。[51]三使　指分朔方置河中、振武、邠寧三節度使。事見本書卷二百二十五代宗大曆十四年。[52]委寄　委任。[53]中貴　指宦官。[54]人得抗衡二句　指中貴監軍與節鎮統帥，互相抗衡，沒有隸屬。[55]計會用兵　議謀盤算用兵方略。[56]理戎　治軍。[57]練覈優劣之科　精細地考核優劣的等級。[58]企及　趕上；夠得上。[59]息心　不存奢望。[60]觖望　怨望。[61]長鎮　長期戍邊。[62]百

戰傷夷之餘　百戰後遍體鱗傷的幸存者。(63)當身　本身。(64)厚踰數等　給予關東的優厚糧餉超過邊兵好幾倍。(65)素非禁旅　本來不是禁軍。(66)詭為媚詞　耍花招編造逢迎之詞。(67)唯改虛名　只是更改了一個虛假的名稱。(68)將在軍二句　語出《孫子・九變》，原文作「將受命於君，……君命有所不受」。(69)宸衷　皇帝的心意。(70)戎臣　武將。(71)多其部　多置軍隊番號。(72)輕其任　降低他的職任。(73)爽於軍情亦聽命　不符合軍情的命令也要聽從。爽，失。與下句乖字為同義互文。(74)乖於事宜亦聽命　違反實際的事情也要遵守。乖，違離。(75)馹書　驛馬傳遞的公文。(76)縱掠退歸　放縱士兵搶掠以後退還。(77)此乃　這才。(78)減百而為一　把敗亡的損失隱瞞下來，減少到百分之一。(79)捃獲　收穫。(80)罪累　罪責累及自身。(81)令本道但供衣糧　停止關東各道秋季派兵戍邊的防秋制度，讓各道只是提供衣服與口糧。(82)給　供給。(83)時至　農時到來。(84)力農　致力農事。(85)緣邊　沿邊。(86)有非要者二句　對無必要設置節度使的地區，就近予以合併。非要，不重要；不必要。陸贄所言，要裁撤合併一些邊防軍鎮。(87)姦濫虛浮之費　用不正當手段虛報濫支的費用。(88)豐財　增加財政經費。(89)和眾　使軍隊諧和。(90)弘　弘揚；擴大。(91)威懷　畏威而歸順。(92)疆埸　邊疆。(93)寧謐　寧靜。

【校　記】[1]虛名　原作「舊名」。據章鈺校，乙十六行本、乙十一行本、孔天胤本皆作「虛名」，張敦仁《通鑑刊本識誤》、張瑛《通鑑校勘記》同，今據改。

【語　譯】五月二十七日甲辰，德宗任命中書侍郎趙憬為門下侍郎、同平章事，任命義成軍節度使賈耽為右僕射，右丞盧邁仍任原職，但也都一併擔任同平章事。盧邁，是盧翰的族姪。趙憬懷疑陸贄依仗德宗的恩寵，想獨攬朝廷大政，所以排擠自己，把自己安置在門下省任職，於是經常稱病而不參與政事，從此與陸贄有了嫌隙。

陸贄向德宗上奏，概論邊疆防備的六大問題，認為：「邊疆防備安排部署失當；考課督責有違法度；財稅被軍隊耗盡；將領眾多而分散了兵力；待遇不均而使士卒生怨；朝廷遙控而使戰機喪失。

「從潼關以東徵調到京城西北去戍守邊疆的士卒，不習慣當地的環境，身處荒寒的邊地深以為苦，對外族敵人心生畏懼。國家出資供養他們，就像對待嬌生慣養的兒子一樣；姑息、寬容他們，就像對待女婿一樣。而他們卻扳著手指頭計算回家的日期，張著嘴等著別人給他餵食。他們有的從朝廷軍隊戰敗中獲利，乘著混亂向東邊故鄉方向潰逃；有的離去放棄戍守的城鎮，動搖遠近各地的人心。安排這種人戍邊，哪裡只是無益，實際上還有害。還有一些觸犯刑法被貶謫、流放戍邊的人，本來就不是什麼善良之輩，再加上他們有懷念故土的情緒，所以他們希望發生變亂而幸災樂禍的心情，又比一般戍邊的士卒更顯嚴重。這可以說是邊疆防備安排部署失當了。

「近來權力下移，朝廷失去了掌控威權。將領的號令，很少能在軍中執行；國家的法令，又不能在將領身上施行。上下相互姑息，苟且安度時日。想要獎賞一個有功之人，反而要考慮那些無功之人會不會動盪不安；想要懲罰一個有罪之人，卻又要擔心與他同樣有罪過之人會不會憂慮不安。有人犯罪，卻要克制忍耐而不敢公開，有人立功，因為擔心會有不利後果而不敢獎賞，姑息的風氣，竟到了如此地步。所以使得奮不顧身、效忠盡節的人反而受到同輩的嘲諷，率領眾人帶頭衝鋒陷陣的人卻受到士兵們的怨恨，打了敗仗喪失國土的人竟毫無羞愧和恐懼，拖延救援以致誤期的人竟自以為明智能幹。這就是忠義之士所以痛心，勇敢之人所以鬥志渙散的原因。這可以說是考課督責有違法度了。

「寇虜每次入侵，將帥們彼此推委，無人敢於查問追究，他們虛張敵人的聲勢上報朝廷，聲稱兵力太少無法抵擋。朝廷對此不去仔細調查，只是一味地增派軍隊，這樣做根本無助於增強防備抵禦的效果，反而有嚴重增加供應負擔的弊端。村莊百姓的資財日益消耗，官府的索求卻日益增多，把戶籍百姓傾家蕩產上交的錢財，再加上主管部門專賣食鹽和徵酒稅所得的錢，全部合在一起，每年都拿來用在邊防開支上。這可以說是全國的財稅都被軍隊耗盡了。

「吐蕃全國能夠拿起武器當兵的人，只相當於大唐十幾個大郡而已，但他們一有出兵行動，我們大唐就畏懼他們人馬眾多而不敢抵抗，在他們沒有出兵行動的時候，我們大唐又害怕他們強大而不敢主動進攻，其道理何在呢？這實在是因為我們大唐軍隊的指揮調度出自多個部門，而吐蕃軍隊的統帥卻可以全權指揮的緣故。由統帥全權指揮，人心就不會分散，號令統一，軍隊的進退整齊劃一，行動的快慢都能按統帥的意志進行，這樣戰機就不會錯失，軍隊的氣勢自然就雄壯了。這就是把少化為多，把弱化為強的做法啊。開元、天寶年間，朝廷控制西北吐蕃、突厥兩族胡人，只有朔方、河西、隴右三個節度使。自從國家中興以來，朝廷還來不及對外討伐，抗禦吐蕃、回紇兩族胡人的也只是朔方、涇原、隴右、河東四個節度使而已。近年來朝廷把朔方地區分成幾塊，在那裡建立軍府、擁有旌節的共有三個節度使，其他地區的軍鎮數量將近四十個，主帥都是接受特別詔旨委任的，陛下又各派宮中宦官前去監督，他們彼此間地位相當，互不統屬。每當邊疆文書告急，朝廷才下令讓他們商量如何用兵，朝廷既然並無軍法頒下確定主從，他們彼此也只能以賓客之禮相待。說到用兵，所靠的是氣勢。士氣凝聚，軍力就壯盛，士氣四散，軍力就消滅。兵勢相合，軍力就威猛，兵勢分離，軍力就削弱。如今朝廷的邊疆防備，兵勢弱而士氣消，這可以說是將領眾多而分散了兵力。

「治理軍隊最重要的，在於精心考核將士優劣的類別，以此作為區分相應衣食待遇等級的依據，使能幹的將士可以夠上較高的等級，而沒有多少能力的將士則不會存有奢望，雖然彼此的待遇有厚薄的不同，但不會有因怨恨不滿而產生的爭端。如今窮困的邊塞地區，長期在那裡戍守的將士，都是經歷許許多多戰事而遍體傷痕的幸存者，終年辛勤勞苦已至極點，但供給他們的衣糧，僅能滿足本人需要，只是這些東西通常要被家中的妻兒老小分去一部分，所以他們常常不免受凍挨餓。而從關東地區調來戍邊的士兵，害怕迎擊來敵，懶於服事效勞，但朝廷供給他們的衣糧，比長期戍邊的士兵要優厚好幾等。又有一些原來並非禁軍，本是戍邊的部隊，因他們的將領虛情假意地向上面說些逢迎取悅的話，乘機請求遙遙隸屬於神策軍，儘管沒有離開駐守的舊地，只是改變了虛假的邊軍名號，而所得朝廷供給賞賜之豐厚，竟比原先增加了三倍之多。所要做的事並沒有變化，但朝廷所供給養卻大有不同，如果他們並未對此現象毫不介意的話，那誰又能不心懷憤怒呢！這可以說是怨恨產生於待遇不均了。

「凡是要選拔任命將帥，必須先考察他的品行、能力，合格的人就派去任職，不合格的人便摒棄不用，讓人有所懷疑的人就不要任用，對任用的人就不要懷疑。所以說將帥在作戰的軍隊中，對君王的命令有的可以不接受。近年來邊軍將領的更換任命，多數決定都出自陛下的心意。選拔任用武將時，首先要求他要容易被控制，然後多置番號以分散他的兵力，降低他的職任以削弱他的心氣。這樣一來使將帥們對朝廷的指揮即使不符合軍情也會聽命，即使背離了事理也會聽命。胡虜飛馬來襲，迅疾如同暴風，邊鎮用驛馬向朝廷上報軍情，十天半月才有回覆。在當地守衛的將領因為兵少而不敢抗敵，分鎮戍守的將帥因為沒有詔命而不肯出兵，等到敵人放肆搶掠後退了回去，邊將這才向朝廷報功告捷。說到自己兵敗損失時會把一百縮減為一，說到自己有所俘獲時則把一百誇大成一千。將帥們慶幸指揮、調度的大權在朝廷，不必擔憂戰敗獲罪累及自身；陛下又認為大權操在自己手中，對這類事的實情也不便深究。這可以說是朝廷遙控而致使戰機喪失了。

「臣下愚昧，認為應該廢除調派各道將士去京城西邊防秋的制度，命令各道只提供衣服和糧食，在戍邊士兵中招募自願留下的人以及其他胡族、漢族人的子弟，供給他們衣服和糧食。同時又讓他們多多地墾荒種田，官府向他們收購收穫的糧食。虜寇入侵的時候，他們人人各自都會起來抗擊，農時到了，家家各自都會致力於農事，這與那種一會兒來一會兒又走、不斷調防的士兵怎麼可以相提並論呢！另外，應該選擇在文韜武略方面能幹的大臣分別擔任隴右、朔方、河東三地的元帥，分別統領沿邊各節度使，對不重要的邊防軍鎮，按就近方便合併到其他軍鎮中。然後削減那些用不正當手段虛報濫支的費用，以充裕財政經費；制定供應衣糧的等級制度，以使軍隊和諧；弘揚朝廷委任將帥的正道，以顯示對他們的重用；公布獎懲的標準，以考核他們的成績。這樣做了，胡虜就會畏威而歸順，邊疆也就會寧靜了。」德宗雖然未能完全聽從陸贄的建議，但內心對陸贄十分推重。

韋皋遣大將董勔等將兵出西山❶，破吐蕃之眾，拔保柵五十餘。

丙午❷，門下侍郎、同平章事董晉罷為禮部尚書。

雲南王異牟尋遣使者三輩，一出戎州❸，一出黔州❹，一出安南❺，各齎生金❻、丹砂❼詣韋皋，金以示堅，丹砂以示赤心，三分皋所與書❽為信，皆達成都。異牟尋上表請棄吐蕃歸唐，并遣皁帛書，自稱唐故[1]雲南王孫、吐蕃贊普義弟日東王⑨。皁遣其使者詣長安，并上表賀。上賜異牟尋詔書，令皁遣使慰撫之。賈耽、陸贄、趙憬、盧邁為相，百官白事，更讓⑩不言。秋，七月，奏請依至德故事⑪，宰相迭秉筆⑫以處政事，旬日一易，詔從之。其後日一易之。

劍南、西山諸羌女王湯立志、哥鄰王董臥庭、白狗王羅陀忽、弱水王董辟和、南水王薛莫庭、悉董王湯悉贊、清遠王蘇唐磨、咄霸王董邈蓬及逋租王，先皆役屬吐蕃，至是各帥眾內附。韋皋處之於維、保、霸州⑬，給以耕牛種糧。立志、陀忽、辟和入朝，皆拜官，厚賜而遣之。

癸卯⑭，戶部侍郎裴延齡奏：「自判度支以來，檢責⑮諸州欠負錢⑯八百餘萬緡，收諸州抽貫錢⑰三百萬緡，呈樣物⑱三十餘萬緡，請別置欠負⑲耗賸⑳季庫㉑以掌之，染練物㉒則別置月庫以掌之。」詔從之。欠負皆貧人無可償，徒存其數者；抽貫錢給用隨盡；呈樣、染練皆左藏㉓正物。延齡徙置別庫，虛張名數以惑上。上信之，以為能富國而寵之，於實無所增也，虛費吏人簿書㉔而已。◯京城西汚濕地生蘆葦數畝，延齡奏稱長安、咸陽有陂澤數百頃，可牧廄馬㉕。上使有司閱視，無之，亦不罪也。

羅陀忽、董辟和進京朝見，都被封賜官職，朝廷給了他們十分優厚的賞賜，讓他們回去了。

七月二十七日癸卯，戶部侍郎裴延齡上奏說：「自從我負責度支事務以來，檢查追收各州拖欠應上繳朝廷的錢八百多萬緡，收取各州的抽貫錢三百萬緡，以及各州呈獻給陛下的貢品樣物三十多萬緡，請求另外設置季庫，以掌管所收各州拖欠的錢和損耗後剩餘的錢物，經過染色煮練的絲織品再另設月庫來掌管。」德宗下詔批准這個奏請。欠錢的都是無力償還的窮人，只是在帳上留下了一個數字而已；抽貫錢隨收隨用，都已用盡；呈獻的貢品樣物、染色煮練的絲織品原本就是國家左藏中應收藏的物品。裴延齡把這些東西轉存在別的倉庫裡，不過是空洞地羅列一些名目數字來矇騙德宗罷了。德宗卻相信裴延齡，認為他能使國家富裕起來而對他十分寵信，但在實際上朝廷並沒有增加任何收入，只是白白地耗費官吏的精力和浪費一些帳簿而已。○京城長安西邊一片汙穢的溼地裡長了幾畝蘆葦，裴延齡卻上奏說長安、咸陽附近有數百頃沼澤地，可以放牧皇家馬廄中的馬。德宗派有關部門去查看，根本就沒有這數百頃沼澤，但德宗也沒有治裴延齡的罪。

左補闕權德輿上奏，認為：「裴延齡把正常徵收上來的賦稅中沒有用完的部分充當盈餘，作為自己的功勞。官府先購買物品，再付給買東西的錢，以此充當需另外儲存的所謂盈餘物品。從今年春天以來，還沒有給守邊的軍隊支付過口糧。陛下一定以為裴延齡孤直忠貞，獨守節操，但當前的人，無論是奸邪，還是正直，都對裴延齡有許多議論，陛下何不派一位忠誠可靠的臣下去核實查看，探究事情的本末，公開實行賞罰。如今群情激憤，在朝廷、街市上對他議論紛紛，難道京城的官吏和百姓都結成朋黨了嗎？陛下也應該稍微改變一下對裴延齡的看法，好好觀察一下。」德宗沒有採納。

八月初四日庚戌，太尉、中書令、西平忠武王李晟去世。

冬，十月十八日甲子，韋皋派他的節度巡官崔佐時帶著德宗的詔書前往雲南，韋皋自己也在絹帛上寫了一封回信給雲南王異牟尋。

十一月初十日乙酉，德宗在圜丘祭天，大赦天下。

劉士寧既為宣武節度使，諸將多不服。士寧淫亂殘忍，出畋❶輒數日不返，軍中苦之。都知兵馬使李萬榮❷得眾心，士寧疑之，奪其兵權，令攝汴州事。十二月乙卯❸，士寧帥眾二萬畋于外野❹。萬榮晨入使府，召所留親兵千餘人，詐之曰：「敕徵大夫入朝，以吾掌留務❺，汝輩人賜錢三十緡。」眾皆拜。又諭外營兵，皆聽命。乃分兵閉城門，使馳白士寧曰：「敕徵大夫，宜速即路❻，少或遷延，當傳首以獻。」士寧知眾不為用，以五百騎逃歸京師。比至東都，所餘僕妾而已。至京師，敕歸第行喪❼，禁其出入。○淮西節度使吳少誠聞變，發兵屯郾城❽，遣使問故，且請戰。萬榮以言戲❾之，少誠慚而退。

上聞萬榮逐士寧，使問陸贄。贄上奏，以為今軍州已定，宜且遣朝臣宣勞，徐察事情，冀免差失❿。其略曰：「今士寧見逐，雖是眾情，萬榮典軍⓫，且非朝旨。此安危彊弱之機也，願陛下審之慎之。」上復使謂贄：「若更淹遲⓬，恐於事非便。今議除一親王充節度使，且令萬榮知留後，其制即從內出⓭。」贄復上奏，其略曰：「臣雖服戎角力諒匪克堪⓮，而經武伐謀⓯或有所見。夫制置之安危由勢，付授⓰之濟否⓱由才。勢如器焉，惟在所置，置之夷地⓲則平；才如負⓳焉，唯在所授，授踰其力則踣⓴。萬榮今所陳奏，頗涉張皇㉑，但露㉒徼求㉓之情，殊無退讓之禮。據茲鄙躁㉔，殊異循良。又聞本是滑人㉕，偏厚當州㉖將士，與之相得，纔止三千，諸營之兵已甚懷怨。據此頗僻㉗，亦非將材。若得志驕盈，不悖則敗。悖則犯上，敗則僨軍㉘。」又曰：「苟邀㉙則不順，苟允㉚則不誠，君臣之間，勢必嫌阻㉛。與其圖之於滋蔓㉜，不若絕之於萌芽。」又曰：「為國之道㉝，以義訓人㉞，將教事君，先令順長㉟。」又曰：「方鎮之臣，事多專制，欲加之罪，誰則無辭！若使傾奪之徒便得代居其任，利之所在，人各有心，此源潛滋㊱，禍必難救。非獨長亂之道，亦關謀逆之端㊲。」又曰：「昨逐士寧，起於倉卒㊳，諸郡守將固非連謀，一城師人亦未協志。各計度於成敗之勢，迴遑㊴於逆順之名，安肯捐軀與之同惡！」又曰：「陛下但選文武羣臣一人命為節度，仍降優詔，慰勞本軍。獎萬榮以撫定之功，別加寵任；褒將士以輯睦㊵之義，厚賜資裝。揆㊶其大情，理必寧息。萬榮縱欲跋扈，勢何能為！」又曰：「儻後事有愆素㊷，臣請受敗橈㊸之罪。」上不從。壬戌㊹，以通王諶㊺為宣武節度大使，以萬榮為留後。

丁卯㊻，納故駙馬都尉郭曖女為廣陵王淳㊼妃。淳，太子之長子。妃母，即昇平公主也。

【章　旨】以上為第十段，寫德宗姑息宣武都知兵馬使李萬榮驅逐主帥而委任為留後。

【注　釋】❶畋　打獵。❷李萬榮　原為宣武節度使劉玄佐部將。玄佐死，子士寧繼任。李萬榮逐士寧，遂被任為節度使。不久病死。傳見《新唐書》卷二百十四。❸乙卯　十二月初十日。❹外野　野外。❺掌留務　掌管留後事務。❻即路　就路；上路。❼行喪　即服喪。父死，子服喪三年。劉玄佐貞元八年卒，士寧此時尚在服喪期中。❽鄆城　縣名，縣治在今河南偃城。❾戲　嘲諷。❿冀免差失　希能免於差錯失誤。⓫典軍　指掌宣武軍務。⓬淹遲　遲緩；拖延。⓭從內出　從內廷發出。⓮服戎角力諒匪克堪　披掛戎裝去戰鬥，確實不能勝任。⓯經武伐謀　整治武備，以謀略勝敵。⓰付授　指授任、授官。⓱濟否　成功與失敗。⓲夷地　平地。⓳負　背負重物。⓴踣　跌倒。㉑張皇　張狂；猖狂。㉒露　顯露。㉓徼求　要求。㉔鄙躁　指李萬榮行為鄙陋浮躁。㉕滑人　李萬榮為滑州匡城（今河南長垣西南）人，與劉玄佐同鄉里。㉖當州　本州。㉗頗僻　偏頗不公正。㉘僨軍　使軍隊傾覆。㉙苟邀　非所求而求之。㉚苟允　非所允而允之。㉛嫌阻　嫌疑隔閡。㉜滋蔓　滋長蔓延。㉝為國之道　治理國家的原則。㉞以義訓人　用道義教誨人。㉟先令順長　先讓他順從長上。㊱此源潛滋　這種念頭暗中滋長。㊲亦關謀逆之端　還牽涉到謀逆的發端。謀逆，指朱泚稱帝一類逆謀。㊳倉卒　倉猝；突然。㊴迴遑　彷徨；徘徊。㊵輯睦　和睦；和諧。㊶揆　揣度；估量。㊷愆素　超出原先估計的失誤。㊸敗橈　失敗受挫。橈，同「撓」。㊹壬戌　十二月十七日。㊺通王諶　李諶，德宗第三子。傳見《舊唐書》卷一百五十、《新唐書》卷八十二。㊻丁卯　十二月二十二日。㊼廣陵王淳　李淳，或作「李純」。德宗太子李誦之長子。德宗死，李誦繼位，是為順宗。李淳冊為太子。永貞元年（西元八〇五年），順宗禪位於太子，是為憲宗。

【語　譯】劉士寧擔任宣武軍節度使以後，眾將中很多人都不服。劉士寧肆行淫亂，為人殘忍，他出城打獵，往往幾天不回，軍中將士深以為苦。宣武軍的都知兵馬使李萬榮受到將士們的擁護，劉士寧猜疑他，剝奪了他的兵權，讓他去代管汴州事務。十二月初十日乙卯，劉士寧率二萬將士到野外打獵。李萬榮清晨進入節度使軍府，召集劉士寧留下來的親兵一千多人，欺騙他們說：「皇上下敕徵召劉大夫入京朝見，讓我掌管留後事務，你們這些人每人賞賜三十緡錢。」大家全都下拜。李萬榮又曉諭外營中的士兵，他們也都表示聽命。李萬榮於是分派兵力，關閉城門，又派人騎馬跑去告訴劉士寧說：「皇上下敕徵召大夫，大夫應該速速上路，如果稍有拖延，我就要將大夫頭顱傳送到京城去了。」劉士寧知道部眾不為自己所用，帶著五百名騎兵逃回京城長安。等到達東都洛陽時，身邊所剩下的只有僕人和姬妾了。到了京城長安，德宗下敕讓劉士寧回自家住宅為父親劉玄佐服喪，禁止他隨便出入。〇淮西節度使吳少誠聽說宣武軍發生內變，發兵屯駐鄾城，派使者去質問李萬榮驅逐劉士寧的緣故，並且向李萬榮挑戰。李萬榮用言語嘲諷了吳少誠，吳少誠慚愧地退走了。

德宗得知李萬榮驅逐了劉士寧，派人去詢問陸贄如何處理。陸贄上奏，認為如今宣武軍和下屬各州已經安定，應該暫且派朝廷大臣前去宣旨慰勞，一步步觀察事態的發展，希望這樣可避免差錯失誤。奏疏的大意是說：「如今劉士寧被逐，雖然符合軍中眾人的情緒，但是李萬榮掌管宣武軍府，並非朝廷的旨意。這是關係國家安危強弱的關鍵之事，希望陛下處理時要十分仔細十分慎重。」德宗又派人對陸贄說：「如果再遲遲不作處理，恐怕對事情不利。現在商議任命一位親王去擔任節度使，暫且讓李萬榮掌管留後事務，這份制書馬上就要從內廷發出了。」陸贄再次上奏，奏疏的大意是說：「臣雖然身穿戎裝上陣，與人以武力決勝負，確實難以勝任，但是在整治武備，以謀略勝敵方面，也許還有一些見地。處裡一件事所帶來的安或危取決於形勢，授予一個人官職的成功與否取決於所任用者的才能。形勢就像是一件器物，就看你放在什麼地方，放在平地就會很平穩；人的才能就像是揹東西，就看你給他揹多大重量，給他揹的重量超過了他的力氣，他就會跌倒。李萬榮現在所上奏的表章，內容頗見猖狂，只是顯露了他要求任命的急迫心情，而毫不懂謙讓的禮節。從他這種鄙陋浮躁來看，他絕非奉公守法之人。又聽說他原本是滑州人，偏愛厚待本州的將士，與他相處得好的將士，才只三千人，而各營的士兵對他早已懷有很大的怨氣。從他這種不公正的做法來看，他也並非將才。如果他的慾望得到滿足，就會驕橫自滿，不是做出悖逆的事情，也會出戰自取失敗。悖逆就會犯上，出戰失敗就會損失朝廷的軍隊。」又說：「臣下不該要求卻要求了，那是不順從；君王不該答應卻答應了臣下的要求，那是不真誠；這樣在君臣之間，勢必會帶來猜疑和隔閡。與其在這種現象滋長蔓延後採取對策，不如在其萌芽時期就予以剷除。」又說：「治理天下的正確原則在於以道義教誨人，而要教人尊事君王，就得先讓他順從長上。」又說：「掌握一方軍鎮的大臣，處理事情大多專斷獨行，如果想要給他們加上一些罪名，在誰的身上找不到藉口呢！如果讓那些奪取上司權力的人很方便地就能取代上司的位置，既然有利可圖，人們就會各懷此心，這種念頭暗中滋長，所引起的禍患一定難以挽救。這不僅是助長動亂的做法，也牽涉到造成謀逆的發端。」又說：「日前驅逐劉士寧的事件，事起突然，各郡守將原本就沒有合謀，汴州城內的軍隊也並未與李萬榮同心。他們各自在盤算成敗的趨勢，徘徊在叛逆作亂還是順從朝廷兩種名義之間，他們怎麼肯捨棄性命而與李萬榮一起來叛逆呢！」又說：「陛下只需要在朝廷文武群臣中選擇一個人任命他為宣武軍節度使，再下一道嘉獎的詔令，慰勞宣武軍將士。獎賞李萬榮有安撫、穩定本軍之功，對他另加恩寵任用；褒揚宣武軍將士深識和睦之理，賜給他們豐厚的物資裝備。經過這樣處理，對宣武軍的基本情況作一估計，按理說他們一定會安寧平定下來。李萬榮即便想驕橫跋扈，從形勢看又能有什麼作為！」又說：「假若以後事態的發展超出預想而出現了問題，臣願承受失敗受挫之罪。」德宗沒有採納陸贄的建議。十二月十七日壬戌，德宗任命通王李諶為宣武軍節度大使，任命李萬榮為留後。

十二月二十二日丁卯，德宗為廣陵王李淳聘娶已故駙馬都尉郭曖的女兒為妃子。李淳，是皇太子的長子。這位妃子的母親就是昇平公主。

十年（甲戌　西元七九四年）

春，正月，劍南、西山羌、蠻二萬餘戶來降。詔加韋皋押近界羌、蠻及西山八國❶使。

崔佐時至雲南所都羊苴咩城❷，吐蕃使者數百人先在其國，雲南王異牟尋尚不欲吐蕃知之，令佐時衣牂柯服❸而入。佐時不可，曰：「我大唐使者，豈得衣小夷之服！」異牟尋不得已，夜迎之。佐時大宣詔書❹，異牟尋恐懼，顧左右失色。業已歸唐，乃歔欷❺流涕，俯伏受詔。鄭回密見佐時教之❻，故佐時盡得其情，因勸異牟尋悉斬吐蕃使者，去吐蕃所立之號，獻其金印❼，復南詔舊名，異牟尋皆從之，仍刻金契以獻。異牟尋帥其子尋夢湊等與佐時盟於點蒼山❽神祠。

先是，吐蕃與回鶻爭北庭❾，大戰，死傷甚眾，徵兵萬人於雲南。異牟尋辭以國小，請發三千人，吐蕃少之❿，益至五千，乃許之。異牟尋遣五千人前行，自將數萬人踵其後，晝夜兼行，襲擊吐蕃，戰于神川⓫，大破之，取鐵橋⓬等十六城，虜其五王，降其眾十餘萬。戊戌⓭，遣使來獻捷。

瀛州刺史劉澭為兄濟所逼，請西扞隴坻⓮，遂將部兵千五百人、男女萬餘口詣京師，號令嚴整，在道無一人敢取人雞犬者。上嘉之，二月丙午⓯，以為秦州刺史、隴右經略軍⓰使，理普潤⓱。軍中不擊柝⓲，不設音樂。士卒病者，澭親視之，死者哭之。

乙丑⓳，義成節度使李融⓴薨。丁卯㉑，以華州刺史李復㉒為義成節度使。復，齊物㉓之子也。復辟㉔河南尉㉕洛陽盧坦㉖為判官。監軍薛盈珍數侵軍政，坦每據理以拒之。盈珍常曰：「盧侍御所言公，我固不違也。」○橫海節度使程懷直入朝，厚賜遣歸。

夏，四月庚午㉗，宣武軍亂，留後李萬榮討平之。先是，宣武親兵三百人素驕橫，萬榮惡之，遣詣京西防秋，親兵怨之。大將韓惟清、張彥琳誘親兵作亂，攻萬榮，萬榮擊破之。親兵掠而潰，多奔宋州，宋州刺史劉逸準㉘厚撫之。惟清奔鄭州，彥琳奔東都。萬榮悉誅亂者妻子數千人。有軍士數人呼於市曰：「今夕兵大至，城當破。」萬榮收斬之，奏稱劉士寧所為。五月庚子㉙，徙士寧於郴州㉚。

欽州㉛蠻酋黃少卿㉜反，圍州城，邕管㉝經略使孫公器㉞奏請發嶺南兵救之。上不許，遣中使諭解之。

【章旨】以上為第十一段，寫雲南王附唐，大敗吐蕃軍。李萬榮討平宣武兵變。

【注釋】❶西山八國　即上文羌女王、哥鄰、白狗、南水、悉董、清遠、咄霸、逋租等八國。弱水最小，不在八國數中。❷羊苴咩城　南詔都城，在今雲南大理。❸衣牂柯服　穿牂柯族的衣服，讓唐使裝扮成夷人。牂柯，指牂柯蠻，居於今四川思南、甕安、黃平一帶。❹大宣詔書　崔時佐大聲宣讀詔書，讓吐蕃使者知道，皆鄭回教之。❺歔欷　抽泣。❻鄭回密見佐時教之　鄭回時為南詔執政清平官，他勸導異牟尋歸唐事見本書卷二百三十二德宗貞元三年。崔佐時不衣牂柯服，大聲宣讀詔書，皆是鄭回暗中教導的。❼獻其金印　將吐蕃所賜金印獻呈唐使。玄宗天寶十載（西元七五一年）四月，南詔王閣羅鳳臣於吐蕃，吐蕃命閣羅鳳為贊普鍾，號稱東帝，給以金印。❽點蒼山　山名，在今雲南大理。❾爭北庭　事見上卷德宗貞元五年、六年。❿少之　以三千人為少。⓫神川　水名，即今雲南之金沙江。⓬鐵橋　即鐵橋城，在今雲南中甸西南。城北有鐵橋跨金沙江，是南詔、吐蕃間交通要道。⓭戊戌　正月二十四日。⓮隴坻　又稱隴阪，在今陝西隴縣、寶雞與甘肅清水縣、

被攻下來。」李萬榮把這幾個人抓起來殺了，上奏朝廷說這一切都是劉士寧指使幹的。五月二十八日庚子，朝廷把劉士寧遷到了郴州。

欽州西原黃洞蠻的酋長黃少卿起來造反，包圍了欽州城，邕管經略使孫公器上奏朝廷，請求調派嶺南的軍隊前去救援。德宗沒有答應，派遣宮中的宦官使者去曉諭勸解造反的人。

陸贄上言：「郊禮赦下❶已近半年，而竄謫者❷尚未霑恩。」乃為三狀擬進❸。上使謂之曰：「故事，左降官❹準赦量移❺，不過三五百里。今所擬稍似超越，又多近兵馬及當路州縣❻，事恐非便。」贄復上言，以為：「王者待人以誠，有責怒而無猜嫌❼，有懲沮而無怨忌❽。斥遠以儆❾其不恪❿，甄恕⓫以勉其自新；不儆則浸及威刑⓬，不勉而復加黜削⓭。雖屢進退，俱非愛憎⓮。行法乃暫使左遷⓯，念材而漸加進敘⓰，又知復用，誰不增脩⓱！何憂乎亂常，何患乎蓄憾⓲！如或以其貶黜，便謂姦凶，恆處防閑之中⓳，長從擯棄⓴之例，則是悔過者無由自補㉑，蘊才者終不見伸㉒。凡人之情，窮則思變，含悽貪亂㉓，或起于茲。今若所移不過三五百里，則有疆域不離於本道，風土反惡於舊州㉔。徒有徙家之勞，實增移配之擾㉕。又，當今郡府，多有軍兵，所在封疆，少無館驛，示人疑慮，體又非弘㉖。乞更賜裁審㉗。」

上性猜忌，不委任臣下，官無大小，必自選而用之，宰相進擬[28]，少所稱可[29]。及羣臣一有譴責，往往終身不復收用。好以辯給取人[30]，不得敦實[31]之士。艱於進用[32]，羣材滯淹[33]。贄上奏諫，其略曰：「夫登進[34]以懋庸[35]，黜退以懲過。二者迭用[36]，理如循環[37]。進而有過則示懲，懲而改脩則復進，既不廢法，亦無棄人，雖纖介必懲[38]，而用材不匱。故能使黜退者克勵以求復，登進者警飭[39]而恪居[40]，上無滯疑，下無蓄怨[41]。」又曰：「明主不以辭盡人[42]，不以意選士[43]。如或好善而不擇所用，悅言而不驗所行，進退隨愛憎之情，離合[44]繫異同之趣，是由捨繩墨[45]而意裁曲直[46]，棄權衡[47]而手揣重輕，雖甚精微，不能無謬。」又曰：「中人以上，迭有所長[48]。苟區別得宜，付授當器[49]，各適其性，各宜其能，及乎合以成功，亦與全才無異。但在明鑒大度[50]，御之有道[51]而已。」又曰：「以一言稱愜為能[52]而不核虛實，以一事違忤[53]為咎而不考忠邪，其稱愜則付任逾涯[54]，不思其所不及，其違忤則罪責過當，不恕其所不能，是以職司之內無成功，君臣之際無定分[55]。」上不聽。

【章旨】以上為第十二段，寫陸贄上奏德宗，懲罰官吏應給予自新機會，用人要考核實際才能，不能只憑巧言善辯，德宗不聽。

【注釋】❶郊禮赦下　指貞元九年十一月十日德宗祀圜丘，赦天下。❷竄謫者　被貶謫流放的人。❸乃為三狀擬進　於是寫了三道奏狀，打算上呈。❹左降官　左遷降職官。❺準赦量移　允許被貶遠徙之官，遇赦移徙近地。移，徙。❻當路州縣　進京的要道州縣上。❼有責怒而無猜嫌　君王可以發怒斥責臣下，但不要猜疑。有，可以。❽有懲沮而無怨忌　君王可以懲罰臣下，處治他們敗壞事功的罪行，但不要怨恨。怨忌，結下仇怨。❾儆　警告。❿不恪　不恪盡職守。⓫甄恕　進行考察而加以寬恕。⓬不儆則浸及威刑　不加警告就會使臣下逐漸觸犯到刑法。浸，逐漸。⓭不勉而復加黜削　不加鼓勵就會使臣下再次受到貶黜。勉，勸勉；鼓勵。⓮雖屢進退二句　君王雖然對臣下多次進用或貶黜，都不是出於個人的愛與恨。⓯行法乃暫使左遷　執行法規而使臣下暫時降職。左遷，降職。⓰念材而漸加進敘　愛惜人才而逐漸加以提拔任用。⓱又知復用二句　降職的人知道還能再起用，誰還不努力加強修養呢。增脩，加強修養，爭取上進。⓲何憂乎亂常二句　何必發愁會打亂了常規，何必擔心會留下遺憾。⓳恆處防閑之中　永遠把他們置於防備猜疑之中。恆，長期；永遠。防閑，防備猜疑。⓴長從擯棄　長期被排斥拋棄。㉑自補　自我彌補；自新。㉒蘊才者終不見伸　使懷有才華的人始終沒有施展的機會。伸，展開，指個人才能伸展，得到任用的機會。㉓含悽貪亂　身處淒苦之境就喜歡圖謀作亂。㉔舊州　還是原來的州，指被貶所之州。上文今若所移三句，意謂現在如果內遷被貶官員不得超過三、五百里，那就有的仍留在所貶的本道本州疆域內，甚至風土環境比原來的還要惡劣。㉕徒有徙家之勞二句　空有遷徙家室之慰，實際增加了遷徙流配的騷擾。徒，只；空；白白地。移配，指內移流人。移，內移。配，被發配的流人。㉖體又非弘　指國家法制不夠寬宏。㉗乞更賜裁審　請求皇上再予以裁斷審核。㉘進擬　進呈所擬用的官員人選。㉙稱可　批准認可。皇帝認同則批曰「可」。㉚以辯給取人　用口才敏捷為標準選取人才。㉛敦實　敦厚實在。㉜艱於進用　難於提拔。㉝滯淹　滯留；積壓。㉞登進　進用；提升。㉟懋庸　獎勵功績。㊱迭用　交替使用。㊲理如循環　這道理就如同轉圜，周而復始。㊳纖介必懲　細小的過失必定懲處。㊴警飭　警惕整飭。㊵恪居　恪盡職守。㊶上無滯疑二句　在上位者沒有拘執和疑慮，在下位者沒有積蓄的怨氣。㊷不以辭盡人　不應依據言辭來使用人才。㊸不以意選士　不要用主觀的臆想去選拔士人。㊹離合　指疏遠或親近。㊺捨繩墨　丟廢法度標準。繩墨，木匠用以取直的墨線工具，喻法度標準。㊻意裁曲直　以個人意志來評斷是非曲直。㊼權衡　秤重量的工具。權，秤砣。衡，秤桿。㊽迭有所長　互有所長。㊾付授當器　委任的官職與其才能相當。㊿明鑒大度　善於鑑識，胸襟豁達。(51)御之有道　駕御有方。(52)以一言稱愜為能　因為一句話中意就認為有才能。稱愜，使人稱心快意。(53)違忤　違背自己心意。(54)付任逾涯　交給的重任，超過了他能力的極限。涯，邊遠；極限。(55)定分　固定的名分。此指確定的責任。

【語　譯】陸贄上奏說：「陛下舉行郊祀大禮頒下赦令至今已近半年，但被貶謫流放的人還沒蒙受到大赦的恩澤。」於是寫了三道奏狀打算進呈。德宗派使者對陸贄說：「按照舊制，對降職遠徙的官吏，允許根據赦令酌情向內地遷移，但距離不超過三、五百里。現在你擬定的方案似乎稍微超出了這個界限，而且安置的地點又多半靠近駐紮軍隊的處所以及進京交通要道上的州縣，這樣做恐怕不太妥當。」陸贄再次上奏，認為：「君王以真誠待人，對人可以斥責發怒，但不要猜疑，可以因人犯錯誤事而予以懲罰，但不要結下怨恨。把人斥退到邊遠之地，用以警告他們沒有恪盡職守，對他們再行考察予以寬恕，是為了鼓勵他們改過自新；不加以警告，就會使臣下逐漸觸犯到刑法；不加以鼓勵，就會使臣下再遭貶黜。雖然對臣下多次進用或貶黜，但都不是出於個人的愛憎。因必須依法辦事而暫時讓臣下降職，又因愛惜人才而逐漸對他加以提拔任用。降職的人知道還能再被起用，那誰還不努力加強修養呢！這樣做又何必發愁會打亂常規，又何必擔心會留下遺憾呢！如果因為臣下被貶黜，就覺得他們是奸邪兇惡之人，永遠把他們置於防備猜疑之中，長期成為被排斥拋棄之人，這就會讓悔過的人無從自己彌補過失，讓身懷才華的人始終沒有施展的機會。人之常情是，如果走投無路了就會想到要有所變化，身處淒苦之境就喜歡圖謀作亂，有的變亂也許就發生在這種情況下。現在，如果對降職遠徙的官吏內移不能超過三、五百里，那就有可能地域仍然沒有離開原先所遠徙的州道，甚至風土環境反而比原來的還要惡劣。這樣空有遷徙家室之慰，實際上卻增加了內移被發配官員的煩擾。另外，現在的郡府，大多駐有軍隊，他們所在的州縣境內，很少沒有驛站館舍，如果讓人看到朝廷的懷疑顧慮如此之重，顯得國家的法制實在不夠寬宏。懇請陛下對這一事情再加審核裁定。」

德宗生性喜歡猜忌，不肯把權力交給臣下，官員的官職無論大小，一定要親自去挑選任命，宰相呈進的所擬用的官員名單，很少有被德宗認可的。群臣中一旦有人犯有過失受到譴責，往往終身不會再被起用。德宗喜歡以能言善辯作為選取人才的標準，所以選不到敦厚實在的人士。這種敦實之士難以得到提拔，使得許多人才都被積壓。陸贄對此上奏勸說德宗，大意是說：「對官員進用提拔，是為了獎勵他們立下的功勞；對官員貶黜斥退，是為了懲罰他們所犯的罪過。這兩種方式交替使用，其道理就如同轉圜，周而復始。進用提拔的官員如果有了罪過，就要對他作出懲罰，懲罰之後如果能改過自新，修養德行，那麼就再度進用，這樣做既不會使法令廢弛，也不會棄失人才，即使對官員細小的過失都要懲處，而需要的人才卻不會感到匱乏。所以，這樣可以使被貶黜斥退的官員懂得自勵以求重新起用，受重用提拔的官員則時刻自警自勵而恪盡職守。這樣在上位者就不會有拘執和疑慮，在下位者不會有蓄積的怨氣。」又說：「聖明的君主不會只依據言辭來使用人才，也不會用主觀的臆想去選拔士人。如果因為個人喜好就不加選擇地去任用他，因為一個人說的話動聽就不去檢驗他的所作所為，官職的升降隨個人的愛憎進行，與人疏遠或親近都取決於愛好是否與自己相同，這好比是放棄了木匠用以取直的工具繩線、墨斗而憑個人的心意來判斷曲直，拋掉了稱量的秤錘秤桿而憑手中掂量的感覺來估計重輕，這樣做即便十分精細，也不能沒有差錯。」又說：「中等才能以上的人，互有所長。如果能恰當分辨出他們各自才能之所長，委任的官職與他們的才能相當，適合他們各自的性情，能分別發揮他們各自的才能，等到把大家的力量結合起來成就了一番事業，他們所發揮的作用也與一個才能全面的人沒有差別。這些只在於要善於鑑識而又胸襟豁達，並駕御有方罷了。」又說：「因為他一句話說得自己稱心快意就覺得他有才能，而不去核查他才能的虛實；因為他一件事辦得違背了自己的心意就覺得他有罪過，而不去考察他是忠誠還是奸邪。對話說得讓自己稱心快意的人，就交給他超越他能力極限的重任，而不去考慮這是他所不能勝任的；對辦事違背自己心意的人，對他的懲罰往往超過合適的限度，而不能寬恕他在這一事情上實際上是無能為力的，這樣就使得人們在職務範圍內無法成就事功，而使君臣之間也沒有確定的責任。」德宗聽不進陸贄的勸說。

贄又請均節財賦❶，凡六條：

其一，論兩稅之弊。其略曰：「舊制賦役之法，曰租、調、庸❷。丁男❸一人受田百畝，歲輸粟二石，謂之租。每戶各隨土宜出絹若綾❹若絁❺共二丈，綿❻三兩，不蠶之土輸布二丈五尺，麻三斤，謂之調。每丁歲役，則收其庸，日準❼絹三尺，謂之庸。天下為家，法制均一。雖欲轉徙，莫容其姦❽。故人無搖心❾，而事有定制。及羯胡亂華❿，黎庶雲擾⓫，版圖隳於避地⓬，賦法壞於奉軍⓭。建中之初，再造百度⓮，執事者⓯知弊之宜革而所作兼失其原，知簡之可從而所操不得其要。凡欲拯其弊，須窮致弊之由，時弊則但理其時，法弊則全革其法，所為必當，其悔乃亡⓰。兵興以來，供億無度，此乃時弊，非法弊也。而遽更租、庸、調法，分遣使者，搜擿⓱郡邑，校驗簿書⓲，每州取大曆中一年科率⓳最多者以為兩稅定額⓴。夫財之所生，必因人力。故先王之制賦入，必以丁夫㉑為本。不以務穡㉒增其稅，不以輟稼㉓減其租，則播種多㉔。不以殖產厚其征㉕，不以流寓免其調㉖，則地著固㉗。不以飭勵重其役㉘，不以窳怠蠲其庸㉙，則功力勤㉚。如是，故人安其居，盡其力矣。兩稅之立，惟以資產為宗㉛，不以丁身為本，曾不寤資產之中，有藏於襟懷囊篋，物雖貴而人莫能窺㉜，其積於場圃囷倉㉝，直雖輕而眾以為富㉞。有流通蕃息之貨㉟，數雖寡而計日收贏㊱；有廬舍器用之資㊲，價雖高而終歲無利。如此之比，其流實繁㊳，一概計估算緡㊴，宜其失平長偽㊵。

由是務輕資而樂轉徙者[41]，恆脫於傜稅[42]，敦本業而樹居產者，每困於徵求[43]。此乃誘之為姦，驅之避役，力用不得不弛[44]，賦入不得不闕。復以創制之首[45]，不務齊平[46]，供應有煩簡之殊，牧守有能否之異，所在傜賦，輕重相懸，所遣使臣，意見各異，計奏一定，有加無除[47]。又大曆中供軍[48]、進奉[49]之類，既收入兩稅，今於兩稅之外，復又並存，望稍行均減，以救凋殘[50]。」

其二，請二稅以布帛為額[51]，不計錢數。其略曰：「凡國之賦稅，必量人之力，任土之宜，故所入者惟布、麻、繒[52]、纊[53]與百穀而已。先王懼物之貴賤失平，而人之交易難準，又定泉布之法，以節輕重之宜[54]，斂散弛張，必由於是[55]。蓋御財[56]之大柄，為國之利權[57]，守之在官，不以任下。然則穀帛者，人之所為也；錢貨者，官之所為也。是以國朝著令，租出穀，庸出絹，調出繒、纊、布，曷嘗有禁人鑄錢而以錢為賦者也！今之兩稅，獨異舊章[58]，但估資產為差[59]，便以錢穀定稅，臨時折徵雜物[60]，每歲色目[61]頗殊，唯計求得之利宜，靡論[62]供辦之難易。所徵非所業，所業非所徵[63]。遂或增價以買其所無，減價以賣其所有，一增一減，耗損已多。望勘會[64]諸州初納兩稅年絹布，定估[65]比類[66]當今時價，加賤減貴[67]，酌取其中[68]，總計合稅之錢，折為布帛之數[69]。」又曰：「夫地力之生物[70]

有大限(71)，取之有度，用之有節，則常足。取之無度，用之無節，則常不足。生物之豐敗由天，用物之多少由人。是以聖王立程(72)，量入為出，雖遇災難，下無困窮。理化(73)既衰，則乃反是，量出為入，不恤所無。桀用天下而不足，湯用七十里而有餘(74)，是乃用之盈虛在節與不節耳(75)。」

其三，論長吏(76)以增戶、加稅、闢田為課績(77)。其略曰：「長人(78)者罕能推忠恕易地(79)之情，體(80)至公徇國(81)之意。迭行小惠(82)，競誘姦甿(83)。以傾奪(84)鄰境為智能，以招萃逋逃(85)為理化。捨彼適此者(86)既為新收而有復(87)，倏往忽來者(88)又以復業而見優(89)。唯懷土安居，首末不遷者，則使之日重，斂之日加(90)。是令地著之人恆代惰遊(91)賦役，何異驅之轉徙，教之澆訛(92)！此由牧宰(93)不克弘通(94)，各私所部之過也。」又曰：「立法齊人(95)，久無不弊(96)。理之者若不知維御損益之宜，則巧偽萌生，恆因沮勸(97)而滋矣。請申命有司(98)，詳定考績(99)。若當管之內(100)，人益阜殷(101)，所定稅額有餘，任其據戶口均減，以減數多少為考課等差(102)。其當管稅物通比(103)，每戶十分減三者為上課(104)，減二者次焉，減一者又次焉。如或人多流亡，加稅見戶(105)，比校(106)殿罰(107)亦如之。」

其四，論稅限迫促(108)。其略曰：「建官立國，所以養人(109)也；賦人取財，所以資國[110]也。明君不厚其所資而害其所養，故必先人事[111]而借其暇力[112]，先家給[113]而斂其餘財[114]。」又曰：「蠶事方興，已輸縑稅[115]；農功未艾，遽斂穀租[116]。上司之繩責既嚴，下吏之威暴愈促，有者急賣而耗其半直[117]，無者求假[118]而費其倍酬[119]。望更詳定徵稅期限。」

其五，請以稅茶錢置義倉[120]以備水旱。其略曰：「古稱九年、六年之蓄[121]者，率土臣庶[122]通為之計耳，固非獨豐公庾[123]，不及編甿[124]也。近者有司奏請稅茶，歲約得五十萬貫[125]，元[126]敕令貯戶部，用救百姓凶饑。今以蓄糧，適副前旨[127]。」

其六，論兼并之家[128]，私斂[129]重於公稅。其略曰：「今京畿之內，每田一畝，官稅五升，而私家收租殆[130]有畝至一石[131]者，是二十倍於官稅也。降及中等，租猶半之[132]。夫土地王者之所有，耕稼農夫之所為，而兼并之徒，居然[133]受利。」又曰：「望凡所占田，約所條限[134]，裁減租價，務利貧人。法貴必行，慎在深刻[135]，裕其制[136]以便俗，嚴其令以懲違，微損有餘[137]，稍優不足[138]。損不失富[139][1]，優可賑窮[140]。此乃古者[2]安富恤窮[141]之善經，不可捨也。」

【章　旨】以上為第十三段，寫陸贄上奏建言均平賦稅與節用開支六條議案。

【注釋】❶均節財賦　平均賦稅，節省財用。❷租調庸　按田畝所徵之稅叫租，按戶所徵之賦叫調，按丁所徵之役以錢物折代叫庸。租調庸是伴隨均田制實行的賦役制度。❸丁男　成人男子。唐制，二十一至五十九歲為丁男。❹綾　輕薄的綢。❺絁　粗綢。❻綿　絲絮。❼準　標準。每天交納三尺絹為標準代役，稱為庸。❽雖欲轉徙二句　因天下一家，法令均一，即使有人想輾轉遷徙，也無處容他偷奸耍滑，逃避租庸調。❾搖心　動盪不安之心。❿羯胡亂華　指胡人安祿山、史思明叛亂。⓫雲擾　如雲般擾動不安。⓬版圖墮於避地　指唐玄宗幸蜀，避於一隅，因而使戶籍簿冊與地圖遭到破壞。⓭賦法壞於奉軍　因供應軍需而使正常的稅法受到破壞。⓮再造百度　重新建立各種制度。⓯執事者　指主持變革法度的宰相楊炎。⓰其悔乃亡　即沒有悔恨。語見《周易・革卦・彖辭》：「革而當，其悔乃亡。」⓱搜擿　搜刮。⓲校驗簿書　核實校驗賦役簿籍。⓳科率　稅率。⓴兩稅定額　楊炎實行兩稅法，確定定額。事見本書卷二百二十六德宗建中元年。㉑丁夫　即丁男。㉒務穡　盡力務農；努力耕種。㉓輟稼　停止種地。㉔則播種多　這樣耕種田地多。㉕不以殖產厚其征　不因產業擴大而加重徵稅。殖產，增殖產業。厚，加重稅額。㉖不以流寓免其調　不因流寓他鄉而免收戶調。㉗則地著固　這樣人們就牢固地附著在一地。㉘不以飭勵重其役　謂不因勤勉自勵而加重勞役。飭勵，勤勉自勵。㉙不以窳怠蠲其庸　謂也不因懶惰懈怠而免除納庸。窳怠，懶惰懈怠。㉚功力勤　指農民致力於辛勤勞作。㉛宗　根本；依據。㉜曾不寤三句　意謂人們竟不想一想，在資產之中，有的可以收藏在懷裡、口袋裡或箱子裡，物品雖然貴重，但人們無法查看。寤，通「悟」。懂得；明白。窺，查看。㉝積於場圃囷倉　指農人耕田而積穀，屯儲於場院、田圃和穀倉中的收穫物。場圃，堆積收穫農作物的場院。囷，儲糧的圍屯。倉，糧倉。㉞直雖輕而眾以為富　價值很低廉而人們認為他很富有。直，通「值」。㉟流通蓄息之貨　便於流通與增值的財貨。蓄息，生息；增值。例如錢幣，可放貸而增值。㊱計日收贏　按日收取利息。贏，利息。㊲廬舍器用之資　房屋和器用等固定資產。㊳如此之比二句　諸如此類，情況實在繁多。比，類。流，品類。㊴計估筭緡　統計估算，折其納稅的緡錢。筭，同「算」。㊵失平長偽　失去公平，助長欺偽。㊶務輕資而樂轉徙者　專門致力於細軟的財貨而樂於輾轉遷徙的人。即商人。輕資，金銀珠寶布帛等細軟貨物。㊷恆脫於傜稅　經常逃脫傜役和賦稅。由於商人轉徙無常，既有錢卻逃避了傜役和稅收。㊸困於徵求　受困於徵稅服役。㊹弛　指傜役的運用鬆弛。㊺創制之首　立法之初。㊻齊平　指立法制度整齊劃一而公平。㊼有加無除　只有增加，沒有減除。指朝廷徵求，總是就高不就低。㊽供軍　供應軍用的專稅。㊾進奉　進貢皇上的專徵。㊿凋殘　凋零殘破。(51)額　稅收額定物。(52)繒　絲織品總稱。(53)纊　絲綿。(54)又定泉布之法二句　又制定了錢幣制度，用來調節交易中的價錢高低，使之適宜。泉布，即錢幣。(55)斂散弛張二句　貨物的聚積與流散，廢弛與興盛，必定遵守價錢高低適宜平衡的規律。56御財　控制財貨；治理財利。57利權　財政大權。58舊章　舊典。59差　等級。60折徵雜物　將錢穀之價折合成所徵的其他雜物。雜物，指國家所徵各種土產。61色目　指所徵雜物的種類、名目。62靡論　不論；不管。63所徵非所業二句　國家所徵收的不是農民所生產的，農民所生產的不是國家所要徵收的。業，生產之業。64勘會　審核。65定估　切實估價。66比類　比照。67加賤減貴　有的地方布帛太賤應加價定估，有的地方太貴要減價定估。68酌取其中　斟酌取適中的平價。69折為布帛之數　將以錢計徵的稅額折算成徵收布帛的總額。70生物　生長出產的農作物。71大限　極限。72立程　建立章程。此指徵稅限額。73理化　治理國家，教化人民。74湯用七十里而有餘　商湯王只用七十里地方的物資還有剩餘。《孟子・公孫丑上》孟子說：「王者不待大，湯以七十里。」75用之盈虛在節與不節耳　使用物資是否有盈餘或虧虛，在於有無節制罷了。76長吏　主事的長官。77課績　考核科目的成績。78長人　即長吏。79易地　變化所處的地位，交換位置。指長官變換位置站在平民位置考慮問題。80體　體現。81至公徇國　大公無私為國獻身。82迭行小惠　不斷施加小恩小惠。83姦甿　奸民。84傾奪　傾，排擠。奪，爭奪。85招萃逋逃　招集流亡。86捨彼適此者　離開原居住地而遷到新地的人。彼，指原居住地。此，指新居地。87復　免除賦稅傜役。88倏往忽來者　遷徙無定的流民。89復業而見優　恢復故業而受到優待。這是一項鼓勵歸農土著的政策，優待新編戶，復故業的人，往往被遊民鑽空子。90唯懷土安居四句　意謂只有那些依戀故土安心定居，自始至終都不遷徙的人，對他們的役使一天天加重，徵收的賦稅也一天天加多。91惰遊　懶惰遊走之人。92澆訛　浮薄詐偽。93牧宰　泛指州縣長官。州官稱牧，縣官稱宰。94不克弘通　不能具有宏大通達的見識。不克，不能。95齊人　治民。96久無不弊　時間一久，沒有不產生弊端的。97沮勸　阻止惡行，勉勵善事。98申命有司　向主管部門發布命令。99詳定考績　詳細制定考核成績的辦法。100當管之內　轄境之內。101人益阜殷　人口增加，百姓富足。102以減數多少為考課等差　以減少老百姓負擔的稅額多少來評定考績的等差。103通比　全盤比較；全面衡量。指把徵收的各種稅額全部加起來與以往作比較。104上課　考績上等。105加稅見戶　在現成戶口上增加稅收。見，通「現」。106比校　考核。107殿罰　考績劣等而受罰。殿，最末等。108論稅限迫促　議論徵稅限期緊迫急促的問題。109養人　養民。110資國　供給國用。111先人事　首先安排好人事，即做好老百姓的事。112借其暇力　借用他的餘力。暇，空閒的；多餘的。指老百姓的餘力。113家給　家家豐給。114斂其餘財　徵收他多餘的財物。115蠶事方興二句　養蠶的事剛剛開始，就已經要百姓交納縑帛之稅。116農功未艾二句　農活還沒有結束，就急忙徵收穀租。117耗其半直　損失一半價值，即半價售出。118求假　告債；借貸。119費其倍酬　花費高出一倍的價錢來償還。即借高出本錢一倍的高利貸。120義倉　儲糧備荒的公共糧倉。(121)九年六年之蓄　語見《禮記・王制》曰：「三年耕必有一年之食，九年耕必有三年之食。以三十年之通制國用，量入以為出。國無九年之蓄曰不足；無六年之蓄曰急；無三年之蓄曰國非其國也。」(122)率土臣庶　全國的官員百姓。(123)公庾　公家糧倉。(124)編甿　編戶平民。(125)貫　緡。五十萬貫，即五十萬緡。(126)元　原。(127)今以蓄糧二句　現在用茶稅這筆錢來儲備糧食，正好符合立茶稅時所下的旨意。(128)兼并之家　佔有大量土地的豪民之家。(129)私斂　指地主所收的田租。(130)殆　差不多。(131)一石　為十斗，一百升。官稅每畝五升，是私租的二十分之一，即百分之五。(132)降及中等二句　降低田租至中等土地，私租還保有一半，即半石。(133)居然　竟然。(134)望凡所占田二句　希望對一切被佔有的田地，規定一個限制性的條款。約，制定。(135)深刻　苛刻嚴峻。(136)裕其制　法令制度要有寬鬆精神。裕，寬鬆。(137)損有餘　抑制富有的人。語出《老子》第七十七章：「天之道損有餘而補不足。」(138)稍優不足　略微照顧一下貧窮人家的利益。(139)損不失富　意謂損傷一點富有人家的收入，並不影響他們的富足。(140)優可賑窮　照顧一下貧窮人家卻可以賑濟困窮。(141)安富恤窮　安定富人，照顧貧窮。語出《周禮・地官・司徒》：「以保息六養萬民：一曰慈幼，二曰養老，三曰振窮，四曰恤貧，五曰寬疾，六曰安富。」

【校　記】[1]損不失富　原誤作「失不損富」。據章鈺校，乙十六行本、乙十一行本皆作「損不失富」，張敦仁《通鑑刊本識誤》、張瑛《通鑑校勘記》同，今據校正。[2]古者　此二字原無。據章鈺校，乙十六行本、乙十一行本皆有此二字，張敦仁《通鑑刊本識誤》同，今據增。

【語　譯】陸贄又上奏請求平均賦稅、節省財用，一共有六條：

其一，論述實行兩稅法的弊病。其大意是說：「本朝以前制定的賦稅徭役之法，稱作租、調、庸。成年男子每人可以得到田地一百畝，每年要向朝廷交納糧食二石，這個稱為租。每戶分別根據本地出產的物品，向朝廷交納絹或綾或絁共二丈，另交絲綿三兩，不養蠶的地方交納布二丈五尺，另交麻三斤，這個稱為調。每個成年男子每年要為國家服徭役，則是採取徵收傭金以雇人代替的辦法，每天以交納絹三尺為代役的標準，這個稱為庸。天下如同一家，法制均平統一。即使有人輾轉遷移，也無處容他偷奸耍滑逃避租、調、庸。所以當時的人沒有動盪不安的心思，而辦事也都有固定的規矩。後來羯胡安祿山、史思明攪亂我中華，百姓如雲般擾動難安，戶籍簿冊和地圖都在轉移避難中遭到損毀，徵收賦稅的辦法也因為大量供應軍需而遭到破壞。

在建中初年，重新建立各種制度，主持其事的人知道弊端應該革除，但所制定的新的制度中卻把原有制度的優點都丟掉了，知道政令簡明，人們容易遵從，但所制定的新的制度卻沒有抓住要害。凡是想要糾正弊病，必須徹底弄清產生弊病的根源，如果是當時形勢造成的弊病，那麼只需要針對當時形勢加以治理，如果是法令不當造成的弊病，那麼就需要全部更改這種法令，採取措施一定要得當，這樣就不會有悔恨。自從發生戰爭以來，對軍隊的供應沒有限度，這是時勢造成的弊病，而不是法令本身造成的弊病。主持朝政的人卻匆忙改變租庸調這種徵收辦法，向各地分別派遣使者，搜刮郡縣，查點檢驗徵收賦稅的簿籍，在每個州裡，選擇大曆年間稅率最高的一年作為實行兩稅法的基本定額。說起來，財富的產生，一定要依靠人力。所以先王們在制定徵收賦稅數額時，一定要以成年男子作為主體。不會因為一個人努力耕種而增加他的賦稅，也不會因為一個人停種莊稼就減免他的田租，這樣耕種田地多。不會因為一個人擴充了產業而加重對他徵稅，也不會因為一個人流寓他鄉而免除他應交的戶調，這樣人們就會牢牢地附著在一地。不會因為一個人勤勉自勵而加重他的勞役，也不會因為一個人懶惰懈怠而免除他納庸，這樣人們就會辛勤勞作。採取了上述措施，人們就會安心居住在一地，盡力做好他應做的事了。設立兩稅法之後，只以人們的資產作為徵稅的依據，不以成年男丁的數量作為徵稅的主體，竟然不懂得在資產中，有的可以藏在懷中或箱袋之中，東西雖然貴重，別人卻無法看到，而堆積在場院、田圃、倉庫中的，價值雖然低廉，但人們認為他很富有。有的是便於流通產生利息的財貨，數量雖少，但能夠按日數收取利息；也有房屋、器具用品這一類的資產，價值雖高，但終年都不會產生利息。諸如此類，各種情況確實很多，一律對它們統計估價折算成需納稅的錢，自然會有失公平，而助長欺偽。從此那些致力於細軟輕便的財貨而樂於輾轉遷徙的人，就經常逃脫國家的傜役和賦稅，那些勤勉於農事而在故土置辦產業的人，每每被徵稅服役弄得困苦不堪。這樣做，是在誘使別人去做奸詐的事，促使他們去逃避勞役，於是勞役的使用不得不有所鬆弛，賦稅的徵收不得不有所缺乏。再加上創立新制之初，不去努力追求均一、公平，以至各地的供應有煩瑣與簡便的差別，而各地州縣長官也有能幹與否的不同，各地的傜役、賦稅，輕重相差懸殊，朝廷派去徵稅的使臣，意見也各不相同，他們根據自己的估計上奏朝廷後額度一旦確定，其數量只有增加而沒有減少的。另外，大曆年間徵收的供軍與進奉之類，既然都已歸入兩稅之中，而現在在兩稅之外，卻又恢復這兩種稅，希望陛下能逐漸地予以公平削減，以救濟處於凋零殘破中的百姓。」

其二，請求徵收兩稅時以布帛作為額定物，不再以錢數來計算。其大意是說：「大凡國家徵收賦稅，一定要估量百姓的承受能力，依據當地適宜出產什麼來規定應繳納的物品，因此國家徵收的只有布、麻、絲織品、絲綿和各種穀物而已。以前的君王害怕物品的價錢高低會有失公平，人們在交易中難以把握標準，又制定了錢幣制度來調節物品交易中價錢的高低使之做到適宜，財貨的聚集與流散，廢弛與興盛，一定要遵守價錢高低適宜平衡的規律。駕御財貨之權，屬於國家的財政大權，只能由官府掌管，不能交給普通人去辦理。穀物、布帛之類的物品，是百姓生產出來的；而錢幣則是由官府鑄造的。所以本朝的法令明確規定：用穀物交田租，用絹交庸稅，用絲織品、絲綿和布交調稅，何曾有過既然禁止人們私鑄錢幣而又用錢來交賦稅的事呢！現在實行的兩稅，獨獨與以往的制度不同，這種辦法只估算資產來定下不同的等級，按其錢穀數量確定稅金，再臨時換算為所徵的其他雜物，每年的名目差別很大，官府只考慮自己徵收起來有利方便，而根本不管備辦這些物品的難易。官府所徵收的物品不是百姓所生產的，百姓所生產的又不是官府所要徵收的。於是百姓有時要加價買進他們不生產的東西，降價賣出他們所生產的物品，這樣一加價、一減價，百姓的耗損就已經很多了。希望陛下能下令審核各州最初交納兩稅那一年的絹和布的數量，切實估價，並與現今的時價比較，價格偏低就加一些，價格偏高就減一些，斟酌選取一個適中的價格，然後統計總共需要納稅的錢額，再折算成布和帛的數額。」陸贄又說：「土地肥力所能生長出產的農作物在數量上是有極限的，索取這些出產物有一定的限度，消費它也有節制，那麼它就能經常充足。如果索取它沒有限度，消費起來不知節制，那麼它就會經常缺乏。這些出產物的豐收或歉收由老天決定，消費這些物品的多少由人來控制。因此聖明的君王建立章程，估量收入的多少以確定支出的多少，這樣，即使遇到災難，百姓也不會困窮。而治理和教化衰敗以後，做法就與此相反，估量支出的多少來制定徵收的數額，完全不考慮百姓根本拿不出這麼多。夏桀使用全天下出產的物品卻仍然感覺不足，商湯只使用方圓七十里出產的物品卻還有盈餘，這就說明使用物品是有盈餘還是有虧虛，在於節制還是不節制罷了。」

其三，論述用增加戶口、增加稅收、廣開田地作為考核主事長官政績的標準。其大意是說：「擔任長吏的人很少能夠推行盡心做事，推己及人及仁愛之道，變換地位設身處地為百姓著想的，也很少能夠體現公正無私，為國獻身的精神。他們不斷施加小恩小惠，爭相引誘奸民。把排擠爭奪相鄰地境看作是富有智謀才能，把招集逃亡人口看作是善於治理地方教化百姓。那些離開原居住地而遷移到新地的人，既然成了新收納的人戶，就可以免除賦稅和徭役，那些忽來忽去的人，又因為是回歸故業而在徵收賦稅方面受到優待。只有那些依戀故土，安心定居，自始至終沒有外遷的人戶，對他們的役使卻日益沉重，對他們徵收的賦稅也日益增加。這樣做就是讓長期定居於一地的百姓總是代替那些懶惰遊走的人承擔賦役，這和驅趕人們輾轉遷徙，唆使人們浮薄詐偽有什麼不同！這都是由於州縣長官不能具有宏大通達的見識，各自只關心自己所掌管地區的政績而造成的過錯啊。」陸贄又說：「設立法令治理百姓，時間長了沒有不產生弊端的。負責治理的官員如果不知道掌控駕御並隨著時勢的變化而適當地有所廢止和增加，那麼就會使取巧詐偽的事情萌生，並常常利用那些原本為了沮惡勸善的措施而滋長起來。請陛下下令給主管部門，詳細制定考核政績的辦法。如果在官員所轄區域內，人口增加，百姓富足，完成朝廷所定稅額之後還有盈餘，那就聽憑官員根據戶口數量，平均減少每戶應交的稅額，以每戶減少數額的多少來確定考核政績等級的不同。在官員所轄區域之內，把各種賦稅全部加起來通盤加以比較，每戶比原來減少稅額十分之三的，官員的政績是上等，每戶能夠減少十分之二的，官員的政績向下降一等，每戶能夠減少十分之一的，官員的政績再向下降一等。如果人口很多都流亡了，對現存戶口增加賦稅的，官員考核政績成為劣等並要受罰，其等次也依照上述辦法實行。」

其四，論述收稅期限過於緊迫急促。其大意是說：「建立國家，設置百官，是為了教養百姓；向百姓徵收賦稅財物，是為了供給國家的用度。賢明的君王不會為了增加國家的用度，而損害所教養的百姓，所以一定會先辦好百姓的事情，然後借用百姓的餘力，一定會先讓百姓家庭富足，然後才徵收他們多餘的財物。」

陸贄又說：「養蠶的事剛剛開始，就已經要百姓交納縑帛稅；農事還沒有結束，官府就急忙來徵收穀租了。既然上級官員的督責十分嚴厲，那麼下級官吏對百姓施威施暴，催逼也就更加急迫，百姓家中還存有一些物品的，為了交稅就急忙出賣，以致損失了一半的價值，家中沒有物品可賣的，就要向別人借貸交稅，以致日後要加倍償還。希望陛下重新審定徵稅的期限。」

其五，請求用徵收的茶葉稅錢設置義倉，以防備水旱災害。其大意是說：「古代所謂國家需要有九年、六年的糧食儲蓄，是全國的官員百姓合在一起加以考慮的，原本就不是說只是要公家的糧倉充足，而不包括編戶平民。近來主管部門上奏請求徵收茶葉稅，每年大概可以徵得稅錢五十萬緡，陛下原先敕令把這筆錢存在戶部，用以救濟百姓遇到的災荒。現在用這筆錢購買糧食儲存起來，正好也符合陛下先前所下的旨意。」

其六，論述兼併窮人土地的豪民之家，他們收取的田租竟重於官府徵收的賦稅。其大意是說：「現在京城周邊地區，每種一畝田，官府徵的稅是糧食五升，而豪民之家收的田租，差不多有每畝高達糧食一石的，這是官府徵稅的二十倍。等而下之的中等田地的田租，也有半石之多。說起來，土地是君王所有的，耕種收穫的事是農夫們在承擔，但是，兼併窮人土地的豪民之家，居然坐收利益。」陸贄又說：「希望對一切被佔有的田地，都要制定一個限制性的條款，裁減田租的數量，務必讓窮人得到好處。法令制度的可貴在於必須執行，需要慎重的是不能過於苛刻嚴峻，法令制度應有適度的寬鬆以方便普通人，法令制度又要嚴厲以懲罰違法的人，對富裕人家的利益應徵加減損，而對貧窮人家則應稍有照顧。富裕人家受一點損失並不會影響他們的富足，而對貧窮人家的照顧則可以賑濟貧窮。這是古代安定富人而照顧窮人的好辦法，是不能捨棄的啊。」

【研　析】本卷專題研析陸贄，評說陸贄拜相、不收禮品、上奏邊防積弊、均節財賦，以及各種超前思想的建議。陸贄是一個優秀的政治家。

陸贄拜相。德宗貞元八年（西元七九二年）四月十一日，德宗罷李泌所薦宰相竇參，陸贄入相。早在德宗蒙塵奉天、山南之時，陸贄就很受器重。當時政務艱難而繁重，德宗狼狽，六神無主，引陸贄為翰林，事無巨細，都依靠陸贄籌辦畫計。德宗從奉天逃往山南，君臣二人行止都在一起。有一天，兩人在山路上失散，德宗像丟了魂一樣，整夜涕泣不眠，懸賞千金尋找陸贄。第二天，陸贄趕到，德宗大喜，太子以下都來慶賀。但是陸贄好直諫，德宗只是依靠陸贄辦事，表面親近，內心不喜歡，所以陸贄只有宰相之實，而無宰相之名，時人稱之為內相。嗣後李泌入相，陸贄受冷落。李泌病重，德宗要李泌推薦繼任者，李泌推薦竇參。竇參貪瀆，又陰狡自用，被德宗罷官，一時沒有更好的人選，勉強用陸贄為相。李泌為何沒有推薦陸贄，因為陸贄不被推薦，明擺著是不用陸贄。以李泌之明，為何推薦非人。德宗認為竇參不宜為相，李泌兩次力薦，竇參才被任職為宰相。李泌固執地推薦一個不稱職的宰相，是否用此辦法給陸贄留相位呢，這是一個謎，史不細載，如今是無法考究了。總之，陸贄遲遲才被拜相，德宗只是藉陸贄的聲望來穩定政局罷了，所以對陸贄的建議很少採納。

陸贄不收禮品。德宗貪財，求索諸道進奉。地方進奉，稍帶一點土特產給宰相，也在情理之中。陸贄一概不受。君貪臣廉，德宗在面子上很不好受，就手詔陸贄說：「卿太廉潔謹慎，不通人情，像馬鞭、靴子之類小物品，收一點有什麼關係。」陸贄上奏說：「按法律，各監察官和各部門長官，接受賄賂折合成一尺布，就要受到懲罰，而位居移風化俗的宰相，怎麼可以受賄呢？接受賄賂之門一打開，那就不是皮鞭、靴子這類小東西，送金送玉的都來了。接受了賄賂，怎麼能拒絕別人的請託呢！如果不阻斷行賄的涓涓細流，那就會氾濫成溪成壑而為災了。」陸贄詞嚴義正，很不合德宗心意，難怪德宗念念不忘盧杞了。

陸贄上奏邊防積弊。吐蕃與大唐相比，敵寡我眾，策略敵低我高，勢力相差懸殊，敵弱我強。但是吐蕃進攻，總有餘力，大唐防守，疲於奔命，這是什麼原因呢？陸贄總結邊防積弊有六。其一，邊疆防備部署不當。沿邊軍鎮各守一方，綿延千里的邊防，沒有統一的指揮。不僅神策軍與地方軍隊互不統屬，而且同一座城，同一個編制的軍隊，朝廷卻分別派宦官去監軍，按不同的詔書委任，命令不一，邊將手腳被綁束。其二，考核賞罰沒有法度。有功不得獎，有罪不受罰，姑息怠惰，軍隊喪失戰鬥力。其三，邊兵過多，耗盡財稅。特別是關東士兵到西北防秋，水土不服，軍無鬥志。戰鬥一來，就敗潰東逃。其四，將領眾多，兵力分散。

其五，神策軍與地方兵待遇不均而使士卒心懷怨恨，渙散鬥志。其六，朝廷遙控兵權而使戰機喪失。每當敵人入侵，要由朝廷商議對策，調派援兵。等到朝廷命令到達，援兵到來，敵人早已大掠而去。陸贄建議，廢除每年由各道派兵防秋的制度，下令各道只供應衣服和糧食，招募自願兵戍守，帶家屬屯田邊地，官府供給衣糧，屯兵生產的糧食由政府收購。這樣，戍邊兵士，農忙耕種，敵人入侵，拿起武器抗擊。設立統一指揮的將領，嚴格考核制度，獎有功，罰有罪。這樣一來，胡人異族就會畏懼大唐不敢入侵，邊疆就會安然無事了。陸贄奏議的核心是取消監軍與朝廷遙控，德宗自然不會答應。陸贄的辦法雖好，只是空談。

陸贄上奏均節財賦六條。戰爭期間，施行各種苛捐雜稅，搜刮民財以足軍用，尚可理解。戰爭結束，各種苛捐雜稅成了慣例，民貧財盡，應當立即剎車，停止搜刮，使民休養生息。陸贄上奏提出均節財賦六條建議。其一，改進兩稅法，消除其弊端。其二，請求兩稅徵收布帛，不徵錢幣。其三，不以戶口增加、稅額增加、墾田多為官吏考核標準，而改為徵稅總額不變，每戶減少納稅多少為考核標準。每戶比原來減稅十分之三的為上等，減稅十分之二的為中等，減稅十分之一的為下等。人口逃亡流散的地區，官吏考核為劣等。其四，放寬收稅時限，不要過於迫促。其五，徵收的茶葉稅，專用於購糧，設置義倉，以備水旱之災。其六，限制土地兼併，限制富人收取田租。陸贄的六條建議，有的不合時宜。陸贄留戀租庸調制度，批評兩稅制度，不合時宜，租庸調制度已經一去不復返，兩稅法以財戶多少徵稅是時代的進步，不可否定。苛捐雜稅應當免除，但與兩稅法無關，不容混為一談。有的無法操作，例如以減少每戶稅收為考績之法，只能是一種理想。限制土地兼併，限制田租，歷朝歷代都沒有行通。陸贄的均節財賦六條建議，流於空論。

陸贄確實是一位憂國憂民的宰相。他時時處處都在關心民瘼，關心社會，不停地上奏德宗提建議。陸贄主張國際貿易不徵稅，招徠外商，繁榮經濟；陸贄主張及時賑濟災民，防止民眾流失；陸贄主張由各級行政長官推薦人才，反對宰相包辦，實質是反對德宗包辦用人；陸贄主張用人要考核實績，不能只憑巧言；陸贄還主張要給受懲罰的人留一條自新之路，珍惜人才。今天來看，陸贄有許多超前的思想，可以說他是一個有思想的政治家。

卷第二百三十五

唐紀五十一

起閼逢閹茂（甲戌 西元七九四年）六月，盡上章執徐（庚辰 西元八〇〇年），凡六年有奇。

【題 解】本卷記事起西元七九四年六月，迄西元八〇〇年，凡六年又七個月。當唐德宗貞元十年六月到貞元十六年。此時期是德宗的晚年政治，陸贄被逐，朝中再無賢相，德宗貪婪本性肆無忌憚。德宗還京施行兩大弊政：一是寵信宦官，不斷加重護軍中尉軍權，宦官權勢傾動朝野，為唐代後期皇權受制於家奴埋下禍根；二是聚斂財貨，大盈庫向戶部索要鉅資，又向藩鎮求索貢奉，開宮市強奪民財。德宗回報地方貢奉，濫授加官，所用多為奸佞，裴延齡、李齊運等大受詬病。淮西吳少誠反叛，德宗竟用一個被士兵逐走的夏綏銀宥節度使韓全義為帥，官軍慘敗可想而知。這時只有一個叫陽城的諫官，平時慎言慎行，危難時挺身而出，陽城為陸贄辯護，揭發奸人裴延齡，被貶外任，造福一方。韓弘鎮宣武，盡誅倡亂者，安定了一鎮。而德宗放任諸鎮監軍為所欲為，各地兵變不斷。個別官吏的清廉，無補昏君帶來的滿朝混濁。

德宗神武聖文皇帝十

貞元十年（甲戌　西元七九四年）

六月壬寅朔❶，昭義節度使李抱真薨。其子殿中侍御史緘❷與抱真從甥元仲經謀，祕不發喪，詐為抱真表，求以職事❸授緘。又詐為其父書，遣裨將陳榮詣王武俊假貸財❹。武俊怒曰：「吾與乃公❺厚善，欲同獎王室❻耳，豈與汝同惡邪！聞乃公已亡，乃敢不俟朝命而自立，又敢告我，況有求也！」使榮歸，寄聲質責緘❼。

昭義步軍都虞候王延貴❽，汝州梁人也，素以義勇聞。上知抱真已薨，遣中使第五守進往觀變，且以軍事委王延貴。守進至上黨❾，緘稱抱真有疾不能見。三日，緘乃嚴兵❿詣守進。守進謂之曰：「朝廷已知相公捐館⓫，令王延貴權知軍事，侍御宜發喪行服⓬。」緘愕然，出謂諸將曰：「朝廷不許緘掌事，諸君意如何？」莫對。緘懼，乃歸發喪，以使印⓭及管鑰⓮授監軍。守進召延貴，宣口詔令視事⓯，趣緘赴東都⓰。元仲經出走⓱，延貴悉歸罪於仲經，捕斬之。詔以延貴權知昭義軍事。

雲南王異牟尋遣其弟湊羅棟獻地圖、土貢及吐蕃所給金印，請復號南詔⓲。癸丑⓳，以祠部郎中袁滋⓴為冊南詔使，賜銀窠金印㉑，文曰「貞元冊南詔印」。

滋至其國，異牟尋北面跪受冊印，稽首再拜，因與使者宴，出玄宗所賜銀平脫馬頭盤二以示滋。又指老笛工、歌女曰：「皇帝所賜龜茲樂㉒，惟二人在耳。」滋曰：「南詔當深思祖考，子子孫孫盡忠於唐。」異牟尋拜曰：「敢不謹承使者之命！」

賜義武節度使張昇雲名茂昭。◯御史中丞穆贊㉓按度支吏贓罪㉔，裴延齡欲出之㉕。贊不從，延齡譖之，貶饒州㉖別駕。朝士畏延齡側目㉗。贊，寧㉘之子也。◯韋皋奏破吐蕃於峨和城㉙。

秋，七月壬申朔㉚，以王延貴為昭義留後，賜名虔休。◯昭義行軍司馬、攝洺州刺史元誼聞虔休為留後，意不平，表請以磁、邢、洺別為一鎮。昭義精兵多在山東㉛，誼厚賚以悅之。上屢遣中使諭之，不從。

臨洺守將夏侯仲宣以城歸虔休，虔休遣磁州刺史馬正卿督裨將石定蕃等將兵五千擊洺州，定蕃帥其眾二千叛歸誼，正卿退還。詔以誼為饒州刺史，誼不行。虔休自將兵攻之，引洺水以灌城。

黃少卿陷欽、橫、潯、貴等州，攻孫公器於邕州。

九月，王虔休破元誼兵，進拔雞澤㉜。

【章　旨】以上為第一段，寫昭義軍節度使李抱真死後，洛州刺史不聽朝命發動叛亂。

【注　釋】❶壬寅朔　六月初一日。❷緘　即李緘，李抱真子，寄祿殿中侍御史。抱真死欲襲節度使，不果，歸東都私第。傳附〈李抱真傳〉，見《舊唐書》卷一百三十二、《新唐書》卷一百三十八。❸求以職事　請求朝廷授給昭義節度使之職任。❹假貨財　借用錢財。❺乃公　你父親。乃，汝；你。公，猶翁。❻同獎王室　共同輔佐朝廷。❼寄聲質責緘　寄聲，口頭帶信。指王武俊託陳榮帶口信質問責備李緘所為不義。❽王延貴　原名延貴，賜名虔休，汝州梁（今河南汝州）人，官至昭義節度使。傳見《舊唐書》卷一百三十二、《新唐書》卷一百四十七。❾上黨　縣名，潞州治所，亦為昭義軍節鎮。縣治在今山西長治。❿嚴兵　指警衛森嚴。⓫捐館　棄其館舍而逝。死亡的委婉說法。捐，棄也。⓬行服　服喪服守孝。⓭使印　節度使之印。⓮管鑰　府庫鑰匙。⓯宣口詔令視事　宣達口諭，讓王延貴主持軍務。口詔，口頭詔令。視事，上任辦事。⓰趣緘赴東都　催促李緘回東都洛陽私宅。趣，通「促」。⓱出走　出逃。⓲復號南詔　恢復南詔稱號。夷語「詔」即為王。⓳癸丑　六月十二日。⓴袁滋　字德深，陳郡汝南（今河南汝南縣西）人，憲宗朝宰相，官終湖南觀察使。其時任禮部第二司祠部郎中。傳見《舊唐書》卷一百八十五下、《新唐書》卷一百五十一。㉑銀窠金印　以銀作底座的金印。㉒龜茲樂　樂舞名。據《新唐書》卷二十一〈禮樂志十一〉載，演奏時，有彈箏、豎箜篌、琵琶、五絃、橫笛、笙、簫、觱篥、答臘鼓、都曇鼓、侯提鼓、雞婁鼓、腰鼓、齊鼓、檐鼓、貝，皆一；銅鈸二。舞者四人。㉓穆贊　字相明，懷州河內（今河南沁陽）人，憲宗時官至宣歙觀察使。傳見《舊唐書》卷一百五十五、《新唐書》卷一百六十三。㉔贓罪　貪贓之罪。㉕出之　開脫罪責。㉖饒州　州名，治所在今江西鄱陽。㉗側目　畏懼而不敢正眼相看的樣子。㉘寧　即穆寧，穆贊父，天寶末起兵討安祿山，官至太子右庶子。與穆贊同傳。㉙峨和城　即峨和縣城，在今四川松潘境永橋鎮。㉚壬申朔　七月初一日。㉛山東　指磁、邢、洺三州地，在太行山之東。㉜雞澤　縣名，屬洺州，縣治在今河北雞澤南。

【語　譯】德宗神武聖文皇帝十

貞元十年（甲戌　西元七九四年）

六月初一日壬寅，昭義軍節度使李抱真去世。寄祿殿中侍御史的他的兒子李緘與李抱真的外甥元仲經密謀，不公布李抱真去世的消息，偽造了李抱真的奏表，請求朝廷把節度使的職位授給李緘。李緘又偽造他父親的書信，派裨將陳榮到王武俊那裡去借錢財。王武俊憤怒地說：「我與你父親交情深厚，我們只是想要共同輔佐朝廷罷了，怎麼能與你共同作惡呢！聽說你父親已經去世，你竟敢不等候朝廷的任命便自立為節度使，又竟敢來告訴我，還求我幫助！」王武俊打發陳榮回去，要陳榮帶口信質問、責備李緘。

昭義軍步軍都虞候王延貴，是汝州梁縣人，素來以重義氣和勇敢而聞名。德宗知道李抱真已經去世，便派宮中的宦官使者第五守進前去昭義軍觀察事態的變化，並且把昭義軍的軍中事務交給王延貴掌管。第五守進到了上黨，李緘謊稱李抱真病重不能來見。過了三天，李緘才警衛森嚴地到第五守進那裡去。第五守進對李緘說：「朝廷已經知道李相公去世了，下令王延貴暫時管理軍中事務，侍御史最好還是發喪，為你父親服喪服守孝。」李緘大吃一驚，出門對各位將領說：「朝廷不讓我掌管軍中事務，各位意見如何？」各位將領都不回答。李緘害怕了，於是回去發喪，把節度使的印信和府庫的鑰匙都交給了監軍。第五守進召見王延貴，宣布德宗的口頭詔旨，命令王延貴上任治事，催促李緘前往東都洛陽。元仲經出逃，王延貴把所有罪過全都歸到元仲經身上，逮捕後殺了元仲經。德宗下詔讓王延貴暫時代理昭義軍的軍中事務。

雲南王異牟尋派他的弟弟湊羅棟進京獻上雲南地圖、土產貢品和吐蕃人給他的金質印信，請求恢復南詔這一稱號。六月十二日癸丑，德宗任命祠部郎中袁滋為冊封南詔的使者，賜給異牟尋以銀作底座的金印，印文刻著「貞元冊南詔印」。袁滋到了南詔，異牟尋面朝北方下跪接受了朝廷的冊封和賜給的印信，磕頭再拜，然後設宴招待使者，拿出當年玄宗皇帝所賜的兩個銀平脫馬頭盤給袁滋看。又指著已經年老的吹笛人和歌女說：「皇帝當年所賜的〈龜茲樂〉樂班，只有這兩個人還在了。」袁滋說：「南詔應該深思祖先們與唐朝的關係，子子孫孫都要對唐朝竭盡忠誠。」異牟尋下拜行禮說：「我怎敢不恭謹地接受使者的教導呢！」

德宗賜義武軍節度使張昇雲改名為張茂昭。〇御史中丞穆贊查辦度支部門官吏的貪贓罪行，裴延齡想為他們開脫罪責。穆贊不同意，裴延齡在德宗面前誣陷穆贊，穆贊被貶職為饒州別駕。朝中官員害怕裴延齡，都不敢正眼看他。穆贊，是穆寧的兒子。〇西川節度使韋皐上奏說在峨和城打敗了吐蕃人。

秋，七月初一日壬申，德宗任命王延貴為昭義軍留後，賜名為王虔休。〇昭義軍行軍司馬、代理洺州刺史元誼聽說王虔休擔任了節度使留後，心中憤憤不平，向朝廷上奏表，請求把磁州、邢州、洺州劃出來另外設一個軍鎮。昭義軍的精銳兵馬大多駐紮在太行山東邊的磁州、邢州、洺州，元誼用豐厚的賞賜來取悅這些軍隊。德宗多次派宮中的宦官使者前去曉諭開導，但元誼沒有聽從。

臨洺的守城將領夏侯仲宣率領全城歸附了王虔休，王虔休派磁州刺史馬正卿督統裨將石定蕃等人率軍五千攻打洺州，石定蕃卻帶著部下二千人叛變，投奔了元誼，馬正卿只得率軍退了回去。德宗下詔任命元誼為饒州刺史，元誼不去赴任。王虔休親自率軍攻打元誼，還引來洺水淹灌洺州城。

黃少卿攻佔了欽、橫、潯、貴等州，又在邕州向邕管經略使孫公器發起進攻。

九月，王虔休打敗了元誼的兵馬，進而攻下了雞澤縣。

裴延齡奏稱官吏太多，自今缺員請且勿補，收其俸以實府庫。上欲修神龍寺，須五十尺松，不可得，延齡曰：「臣近見同州❶一谷木數千株，皆可八十尺。」上曰：「開元、天寶間❷求美材於近畿猶不可得，今安得有之？」對曰：「天生珍材，固待聖君乃出，開元、天寶何從得之！」

延齡奏：「左藏庫司多有失落，近因檢閱，使置簿書，乃於糞土之中得銀十三萬兩，其匹段雜貨❸百萬有餘。此皆已棄之物，即是羨餘❹，悉應移入雜庫以供別敕支用❺。」太府少卿❻韋少華不伏❼，抗表❽稱：「此皆每月申奏見在之物❾，請加推驗❿。」執政請令三司詳覆⓫。上不許，亦不罪少華。延齡每奏對，恣為詭譎⑫，皆衆所不敢言，亦未嘗聞者，延齡處之不疑。上亦頗知其誕妄，但以其好詆毀人⑬，冀聞外事，故親厚之。

羣臣畏延齡有寵，莫敢言，惟鹽鐵轉運使張滂、京兆尹李充、司農卿李銛以職事相關⑭，時證其妄⑮。而陸贄獨以身當之，日陳其不可用⑯。十一月壬申⑰，贄上書極陳延齡姦詐，數其罪惡。其略曰：「延齡以聚斂為長策⑱，以詭妄⑲為嘉謀，以掊克斂怨為匪躬⑳，以靖譖服讒為盡節㉑，總典籍之所惡以為智術㉒，冒聖哲之所戒以為行能㉓，可謂堯代之共工㉔，魯邦之少卯㉕也。跡其姦蠹㉖，日長月滋，陰祕者固未盡彰，敗露者尤難悉數。」又曰：「陛下若意其負謗㉗，則誠宜亟為辯明㉘。陛下若知其無良㉙，又安可曲加容掩㉚！」又曰：「陛下姑欲保持，曾無詰問㉛。延齡謂能蔽惑㉜，不復懼思㉝。移東就西，便為課績㉞；取此適彼，遂號羨餘。愚弄朝廷㉟，有同兒戲。」又曰：「矯詭之能㊱，誣罔之辭㊲，遇事輒行，應口便發，靡日不有㊳，靡時不為，又難以備陳也。」又曰：「昔趙高指鹿為馬㊴，臣謂鹿之與馬，物理猶同；豈若延齡掩有為無，指無為有！」又曰：「延齡凶妄㊵，流布寰區㊶。上自公卿近臣，下逮輿臺賤品㊷，諠諠談議㊸，億萬為徒㊹，能以上言，其人有幾㊺！臣以卑鄙，任當台衡㊻，情激于衷㊼，雖欲罷而不能自默也。」書奏，上不悅，待延齡益厚。

十二月，王虔休乘冰合度壕[48]，急攻洺州。元誼出兵擊之，虔休不勝而返，日暮冰解，士卒死者太半。

中書侍郎、同平章事陸贄以上知待之厚，事有不可，常力爭之。所親或規其太銳[49]，贄曰：「吾上不負天子，下不負所學，它無所恤[50]。」裴延齡日短贄於上。趙憬之入相也，贄實引之，既而有憾[51]於贄，密以贄所譏彈[52]延齡事告延齡，故延齡益得以為計[53]。上由是信延齡而不直贄。贄與憬約至上前極論延齡姦邪，上怒形於色，憬默而無言。壬戌[54]，贄罷為太子賓客[55]。

初，勃海[56]文王欽茂卒，子宏臨早死，族弟元義立。元義猜虐，國人殺之，立宏臨之子華嶼，是為成王，改元中興。華嶼卒，復立欽茂少子嵩鄰，是為康王，改元正曆。

【章　旨】以上為第二段，寫德宗寵信佞臣裴延齡，陸贄被罷相。陸贄貞元八年四月拜相，任職兩年又八個月罷相。

【注　釋】❶同州　今陝西大荔。❷開元天寶間　唐玄宗開元、天寶年間。開元為唐代盛世，裴延齡故意抑彼揚此來討好德宗。❸匹段雜貨　各種布帛綢緞。❹羨餘　額外收入。❺以供別敕支用　拿來供皇上額外的頒敕支用。❻太府少卿　官名，太府寺次官。太府寺與司農寺分掌金穀之事。京都四市、左藏、右藏、常平署等，均屬太府寺。❼不伏　即不服，不認同裴延齡的說法。伏，「服」之借字。❽抗表　針對裴延齡的奏章，直言駁斥，寫成表章上奏。❾此皆每月申奏見在之物　這些都是每月申報上奏的現存庫物。即並非棄於糞土之中的羨餘。❿推驗　審核檢驗。⓫執政請令三司詳覆　主持政務的宰相請求三司會同詳加複查。三司，指由中書省、門下省、御史臺聯合組成的合議庭。⓬恣為詭譎　任意編造奇異荒唐之事。⓭好詆毀人　喜歡說人壞話。⓮職事相關　職內事務與裴延齡有聯繫。裴氏掌判度支，為主要財政大臣，而張滂、李充、李銛三人亦分掌財務，故職事相關。⓯時證其妄　三人時常指證裴延齡虛妄。⓰陸贄獨以身當之二句　陸贄獨自挺身而出與裴延齡對抗，每天都向德宗陳說他不可任用。⓱壬申　十一月初三日。⓲長策　最好的策略。⓳詭妄　詭詐虛妄。⓴以掊克斂怨為匪躬　以搜刮民財、聚集怨恨當做盡忠而不顧自身。掊克，巧取豪奪，苛斂民財。匪躬，盡忠不是為自己打算。㉑以靖譖服讒為盡節　以專事誣陷、進獻讒言當做盡臣節。靖譖，致力於譖言。靖，治。引申為專力、致力。服讒，進獻讒言；打小報告。服，事；從事；致力於。靖與服，皆同義互文。㉒總典籍之所惡以為智術　彙總書籍中記載的惡行用來作為自己的智謀權術。㉓冒聖哲之所戒以為行能　敢於違犯聖賢哲人的告誡作為自己的品行才能。冒，違犯；反其道而行之。㉔共工　傳說堯時的奸人。㉕少卯　即少正卯，春秋時魯國邪佞人，孔子當司寇時殺之。㉖跡其姦蠹　考察他的奸惡行為。跡，追尋其跡，即考察、調查。㉗負謗　蒙受誹謗。㉘宜亟為辯明　應當趕快替裴延齡分辯明白。亟，趕快；立即。㉙無良　不是一個善良的人。㉚安可曲加容掩　怎麼可以替裴延齡曲意容忍掩飾。㉛詰問　責問。㉜蔽惑　指蒙蔽迷惑皇上。㉝懼思　有所戒懼而反省。㉞課績　考核官吏的成績。㉟愚弄朝廷　愚惑玩弄朝廷。㊱矯詭之能　虛偽和詭詐的才能。㊲誣罔之辭　誣衊不實的言辭。㊳靡日不有　沒有哪一天沒有。㊴趙高指鹿為馬　秦朝宦官趙高為了欺罔秦二世，控制朝臣，故意把鹿說成馬，強使群臣隨聲附和。事見本書卷八秦二世三年。㊵凶妄　兇惡虛妄。㊶流布寰區　流傳到全宇宙、全國。㊷輿臺賤品　底層的平民百姓。輿，古代製車的匠人，又指官奴。臺，在臺下服役的官奴。這裡輿、臺皆泛指普通平民。賤品，賤類。㊸諠諠談議　吵吵嚷嚷議論紛紛。㊹億萬為徒　意謂在全國範圍內譴責裴延齡罪惡的人有千千萬萬。億，小數十萬為億，大數萬萬為億。這裡億萬，泛言其多。㊺其人有幾　謂敢於進言皇上揭發裴延齡罪惡的人卻沒有幾個。㊻台衡　喻宰輔大臣。台，三台星。衡，玉衡，北杓三星。皆位於紫微宮帝座前。㊼情激于衷　心緒激盪於胸懷。㊽乘冰合度壕　因水面冰凍而越過護城河。冰合，整個水面結冰。㊾太銳　太尖銳，即鋒芒畢露。㊿它無所恤　其他的就沒有什麼可顧及的。(51)有憾　有矛盾而不滿。貞元九年（西元七九三年）趙憬以中書侍郎左遷為門下侍郎，他懷疑是陸贄排擠他，因而懷恨。事見上卷貞元九年。(52)譏彈　譏刺抨擊。53益得以為計　更加便於設計應對之策。54壬戌　十二月二十三日。55太子賓客　東宮屬官，掌侍從規諫太子，為閒散官。56勃海　國名，唐武后時靺鞨人大祚榮所建，初號震國，唐玄宗冊拜為勃海郡王，代宗升為勃海王。

【語　譯】裴延齡上奏說官吏人數太多，從現在起官吏中如果有缺員，請暫且不要補充，把他的俸祿收回以充實府庫。德宗打算修建神龍寺，需要五十尺高的松樹，但是無法弄到，裴延齡說：「我最近見到同州的一個山谷裡有松樹幾千棵，都高約八十尺。」德宗說：「開元、天寶年間在京城近郊尋找上好的樹材尚且找不到，現在怎麼會有呢？」裴延齡回答說：「天生的珍貴樹材，原本就是要等有了聖君才會出現的，開元、天寶年間到哪裡去弄到這些呢！」

裴延齡上奏說：「左藏庫掌管的財物多有遺失，最近因前往檢查，讓他們把財物登記造冊，竟然在骯髒的垃圾中找到白銀十三萬兩，其他如布帛雜貨等價值百萬有餘。這些都是已經丟掉了的東西，可以算作額外收入，應該把它們全部移入雜庫，以供陛下額外的頒敕支用。」太常府少卿韋少華不認同這種說法，上奏表駁斥裴延齡說：「這些都是每月申報上奏的現存庫藏物品，請加審核檢驗。」主持政務的宰相請求德宗下令御史臺等三司會同詳加複查。德宗沒有答應，但也沒有給韋少華加罪。裴延齡每次上奏和回答德宗的提問，總是任意編造些奇異荒唐的事，都是大家所不敢說、也從沒有聽說過的，裴延齡卻毫不猶豫地說了起來。其實德宗也很瞭解他說的那些事荒誕虛妄，但因為裴延齡喜歡說別人的壞話，德宗又想多聽到些外邊的事，所以就親近他，厚待他。

群臣因裴延齡深受恩寵而對他有所畏懼，沒有人敢指出裴延齡所言不實，只有鹽鐵轉運使張滂、京兆尹李充、司農卿李銛因為職務內所管事務與裴延齡相關，所以時常指證裴延齡所言虛妄。宰相陸贄挺身而出，與裴延齡對抗，每天都向德宗陳說裴延齡不可任用。十一月初三日壬申，陸贄上書德宗，極力陳說裴延齡奸邪狡詐，歷數裴延齡的罪惡。其大意說：「裴延齡把搜刮錢財當做最好的策略，把詭詐虛妄當做最好的計謀，把苛斂民財、積聚怨恨當做盡忠而不顧自身，把專事誣陷、進獻讒言當做盡臣節，他匯集典籍中記載的惡行作為自己的智謀權術，敢於違犯聖賢先哲的告誡作為自己的品行才能，可以說他就是唐堯時的共工，春秋時期魯國的少正卯。考察裴延齡的奸惡行為，每天每月都在滋長，他那些隱祕的事情自然尚未完全顯露，而已經敗露了的事情更是難以全部數說。」陸贄又說：「陛下如果認為裴延齡是蒙受誹謗，那麼實在應該趕快為他分辯明白。陛下如果知道他不好，那又怎麼可以曲意容忍、掩飾呢！」陸贄又說：「陛下如果暫時想要保全裴延齡，對他一直不加責問。裴延齡自以為能夠蒙蔽、迷惑陛下，不再有所戒懼而進行反省。他把東邊的東西移放到西邊，就成了自己的政績；把這裡的東西拿到了那裡，就稱作是額外收入。愚弄朝廷，就像兒戲一樣。」陸贄又說：「裴延齡虛偽詭詐的才能，誣衊不實的言辭，一遇到事情就能施展出來，隨口就能講出來，這種情形沒有哪一天沒有，沒有哪一刻不做，又難以一一陳述了。」陸贄又說：「從前趙高在秦二世面前指鹿為馬，臣覺得鹿和馬，還可以說是同一類東西；哪裡像裴延齡把有的掩蓋起來說成沒有，把不存在的東西說成是存在的呢！」陸贄又說：「裴延齡兇惡虛妄，已經傳遍天下。上自公卿近臣，下至普通百姓乃至身分低賤的人，都對裴延齡議論紛紛，人數簡直有億萬之多，但能夠向陛下陳說的，又有幾人！臣以卑微之身，位居宰相之職，心緒激盪胸懷，雖然不想說，但又覺得不能就這樣沉默下去啊。」這份奏疏奏上後，德宗很不高興，對裴延齡反而更好了。

十二月，王虔休乘水面全都結上冰的時候率軍越過護城河，猛攻洺州。元誼出兵迎戰，王虔休不能獲勝而退了回去，傍晚時分河冰融解了，王虔休的士兵大半被淹死。

中書侍郎、同平章事陸贄因為皇帝賞識他，待他很好，如果遇到事情有不該這麼做的，常常竭力爭辯。跟陸贄親近的人有時規勸他言辭不要太鋒芒畢露了，陸贄說：「只要我對上不辜負天子，對下不辜負自己平生的所學，其他的就沒有什麼可顧及的了。」裴延齡每天在德宗面前說陸贄的壞話。趙憬當初擔任宰相的時候，實際上是陸贄引薦了他，不久，因為改任門下侍郎而怨恨陸贄，暗中把陸贄在德宗面前譏刺、抨擊裴延齡的事告訴裴延齡，所以裴延齡更加便於設計應對之策。德宗由此也更信任裴延齡，而不覺得陸贄說的是有道理的了。陸贄與趙憬相約到德宗面前去極力論說裴延齡的奸詐邪惡，德宗滿臉怒色，趙憬沉默著一句話都不說。十二月二十三日壬戌，陸贄被免去宰相而改任太子賓客。

當初，勃海國的文王欽茂去世，其子宏臨早已死去，由同族的堂弟元義繼位。元義生性猜忌暴虐，勃海國的人殺了元義，擁立宏臨的兒子華嶼為王，他就是勃海國的成王，年號改為中興。華嶼死後，又擁立欽茂的小兒子嵩鄰為王，他就是勃海國的康王，年號改為正曆。

十一年（乙亥　西元七九五年）

春，二月乙巳❶，冊拜嵩鄰為忽汗州都督、勃海王。

陸贄既罷相，裴延齡因譖京兆尹李充、衛尉卿張滂、前司農卿李銛黨於贄。會旱，延齡奏言：「贄等失勢怨望，言於眾曰：『天下旱，百姓且流亡，度支多欠諸軍芻糧，軍中人馬無所食，其事奈何❷！』以動搖眾心，其意非止❸欲中傷臣而已。」後數日，上獵苑中，適有神策軍士訴云：「度支不給馬芻。」上意延齡言為信，遽還宮。夏，四月壬戌❹，貶贄為忠州❺別駕，充為涪州❻長史，滂為汀州❼長史，銛為邵州❽長史。

初，陽城自處士徵為諫議大夫❾，拜官不辭。未至京師，人皆想望風采❿，曰：「城必諫諍死職下。」及至，諸諫官紛紛言事細碎，天子益厭苦之。而城方與二弟及客日夜痛飲，人莫能窺其際⓫，皆以為虛得名耳。前進士河南韓愈⓬作爭臣論以譏之，城亦不以屑意⑬。有欲造城⑭而問者，城揣知其意，輒強與酒。客或時先醉仆席上⑮，城或時先醉臥客懷中，不能聽客語。及陸贄等坐貶，上怒未解，中外⑯惴恐，以為罪且不測⑰，無敢救者。城聞而起曰：「不可令天子信用姦臣，殺無罪人！」即帥拾遺⑱王仲舒⑲、歸登⑳、右補闕熊執易㉑、崔邠㉒等守延英門㉓，上疏論延齡姦佞，贄等無罪。上大怒，欲加城等罪。太子為之營救，上意乃解，令宰相諭遣之。於是金吾將軍㉔張萬福㉕聞諫官伏閤諫，趨往至延英門，大言賀㉖曰：「朝廷有直臣，天下必太平矣！」遂遍拜城與仲舒等，已而連呼：「太平萬歲！太平萬歲！」萬福，武人，年八十餘，自此名重天下。登，崇敬之子也。時朝夕相延齡，陽城曰：「脫以延齡為相，城當取白麻㉗壞之，慟哭於庭。」有李繁者，泌之子也。城盡疏延齡過惡，欲密論之。以繁故人子，使之繕寫，繁徑以告延齡。延齡先詣上，一一自解。疏入，上以為妄，不之省㉘。

【章　旨】以上為第三段，寫諫議大夫陽城，平時裝糊塗，在危急時刻挺身而出，犯顏揭發裴延齡奸佞，疏救陸贄。

【注　釋】❶乙巳　二月初七日。❷其事柰何　這樣下去怎麼辦才好。事，事勢。❸非止　不僅僅是到此為止。意謂陸贄不僅僅是中傷裴延齡，其意在動搖社稷。❹壬戌　四月二十五日。❺忠州　州名，治所臨江縣，在今重慶市忠縣。❻涪州　州名，治所涪陵，在今重慶市涪陵。⑦汀州　州名，治所長汀，在今福建汀州。⑧邵州　州名，治所邵陽，在今湖南邵陽。⑨陽城自處士徵為諫議大夫　陽城為李泌所薦。事見本書卷二百三十二德宗貞元二年。⑩風采　風度神采。⑪人莫能窺其際　沒有人能夠看透他的心思。⑫韓愈　（西元七六八—八二四年）唐文學家、哲學家，字退之，河南河陽（今河南孟州南）人，自謂郡望昌黎，世稱韓昌黎。貞元中進士，時為監察御史。歷仕德宗、順宗、憲宗、穆宗四朝，好直諫，數度遭貶。終官吏部侍郎。有《韓昌黎文集》行於世。傳見《舊唐書》卷一百六十、《新唐書》卷一百七十六。⑬不以屑意　毫不介意。⑭造城　登門拜訪陽城。⑮醉仆席上　醉倒在酒席上。⑯中外　朝廷內外。⑰罪且不測　加罪不可測度，意謂罪至死。⑱拾遺　又稱左拾遺，與右補闕均為諫官。左拾遺隸門下省，右補闕隸中書省。拾遺、補闕均可上封事駁議，也可當皇帝之面言得失，稱為廷爭。⑲王仲舒　歷任德、順、憲、穆四朝，終官江西觀察使。傳見《舊唐書》卷一百九十下、《新唐書》卷一百六十一。⑳歸登　歷仕玄、肅、代、德四朝，禮學家歸崇敬之子。代宗大曆年間舉孝廉高第，貞元初策賢良為右拾遺，憲宗時官至工部尚書。傳見《舊唐書》卷一百四十九、《新唐書》卷一百六十四。㉑熊執易　兩《唐書》無傳。以上四人因疏論裴延齡奸而知名於世。㉒崔邠　官至吏部侍郎。傳見《舊唐書》卷一百五十五、《新唐書》卷一百六十三。㉓守延英門　守候在延英殿門疏救陸贄。延英門在宣政殿門西上閤門之西，門之左即為延英殿。㉔金吾將軍　禁軍十六衛之一左右金吾衛將領。㉕張萬福時為右金吾將軍。傳見《舊唐書》卷一百五十二、《新唐書》卷一百七十。㉖大言賀　大聲祝賀。㉗白麻　唐制詔書用白、黃兩種麻紙書寫，重大事件用白麻書寫，如冊立皇后太子、施赦、討伐、任免宰相三公等皆用白麻。下白麻詔書，先宣示於朝。陽城聲言，若德宗委任裴延齡為相，他要當眾撕毀詔書。㉘不之省　不閱視，束之高閣。

【語　譯】十一年（乙亥　西元七九五年）

春，二月初七日乙巳，德宗冊封嵩鄰為忽汗州都督、勃海王。

陸贄被罷免相位後，裴延齡乘機誣陷京兆尹李充、衛尉卿張滂、前任司農卿李銛與陸贄結黨營私。正好這時天旱，裴延齡上奏說：「陸贄等人失去權勢後心懷怨恨，曾經對眾人說：『天下乾旱，百姓都快要流亡了，度支拖欠各軍許多糧草，軍中的將士與馬匹都沒有吃的，這樣下去該怎麼辦才好！』他們用這些話來動搖人心，其用意不僅是想中傷臣一個人而已。」過了幾天，德宗在禁苑中打獵，正好有個神策軍的士兵上訴說：「度支不發給我們馬料。」德宗覺得裴延齡說的那些是確有其事的，於是急忙回宮。夏，四月二十五日壬戌，德宗把陸贄貶為忠州別駕，把李充貶為涪州長史，把張滂貶為汀州長史，把李銛貶為邵州長史。

當初，陽城從一個普通士人被徵聘為諫議大夫，他對任命並不推辭。人還沒有到京城，人們對他都十分仰慕，渴望一睹他的風度神采，並認為：「陽城必定會向皇帝直言規勸，拼死盡職的。」等到陽城到了京城後，各位諫官在朝堂上紛紛進言，說的都是些瑣碎事情，德宗對此更加厭煩苦惱。而陽城卻正與他的兩個弟弟以及客人們日夜暢飲，沒有人能看透他的心思，都認為他是徒有虛名而已。前進士河南人韓愈寫了一篇〈爭臣論〉來譏諷陽城，陽城對此也毫不介意。有想登門拜訪陽城而探問他心意的人，陽城揣摩到來客的心思，就強行邀客人飲酒。有時是來客先醉倒在酒席上，有時是陽城先醉了，躺在客人的懷中，無法聽到客人在說什麼。等到後來陸贄等人獲罪被貶，德宗的怒氣仍未消解，朝廷內外的人都心懷恐懼，認為罪不可測，沒有人敢出面營救。陽城聽說之後起身說道：「不能讓天子相信任用奸臣，殺害無罪之人！」立即帶領拾遺王仲舒、歸登、右補闕熊執易、崔邠等人守候在延英門外，向德宗上疏論說裴延齡奸邪諂媚，陸贄等人無罪。德宗大怒，打算對陽城等人治罪。太子出面營救陽城等人，德宗的怒氣才有所緩解，讓宰相前去曉諭並打發他們離開。這時金吾將軍張萬福聽說諫官們跪在殿外勸諫德宗，急忙趕到延英門，大聲祝賀道：「朝廷中有正直的大臣，天下就一定會太平了！」於是一個個地向陽城、王仲舒等人下拜，接著又連聲高呼：「太平萬歲！太平萬歲！」張萬福，是一員武將，年齡已有八十多歲，從此以後，他們的名聲為天下人所推重。歸登，是歸崇敬的兒子。當時德宗隨時都可能任命裴延齡為宰相，陽城說：「如果任命裴延齡為宰相，我就會把寫在白麻紙上的任命詔書拿過來毀掉，在朝廷上痛哭一場。」有一個叫李繁的人，是已故宰相李泌的兒子。陽城寫奏疏羅列了裴延齡的所有過失和罪惡，打算祕密彈劾裴延齡。因為李繁是老朋友的兒子，就讓他謄抄一遍，李繁卻把這件事逕直告訴了裴延齡。裴延齡於是先到德宗那裡，一一自我辯解。陽城的奏疏進呈後，德宗覺得陽城彈劾的內容虛妄不實，根本不看。

丙寅❶，幽州奏破奚❷王啜利等六萬餘眾。

回鶻奉誠可汗卒，無子，國人立其相骨咄祿為可汗。骨咄祿本姓跌跌氏，辯慧有勇略，自天親❸時典兵馬用事，大臣諸酋長皆畏服之。既為可汗，冒姓藥葛羅氏，遣使來告喪。自天親可汗以上子孫幼稺者，皆內之闕庭❹。

五月丁丑❺，以宣武留後李萬榮、昭義左司馬領留後王虔休皆為節度使。◯甲申❻，河東節度使李自良❼薨。戊子，監軍王定遠奏請以行軍司馬李說❽為留後。說，神通之五世孫也。◯庚寅❾，遣祕書監❿張薦⓫冊拜回鶻可汗骨咄祿為騰里邏羽錄沒密施合胡祿毗伽懷信可汗。◯癸巳⓬，以李說為河東留後，知府事。說深德王定遠，請鑄監軍印，從之[1]。監軍有印自定遠始。

秋，七月丙寅朔⓭，陽城改國子司業⓮，坐言裴延齡故也。

王定遠自恃有功於李說，專河東軍政，易置諸將。說不能盡從，由是有隙。定遠以私怒拉殺大將彭令茵，埋馬矢中⓯，將士皆憤怒。說奏其狀，定遠聞之，直詣說，拔刀刺之，說走免。定遠召諸將，以箱貯敕⓰及告身⓱二十餘通示之曰：「有敕，令說詣京師，以行軍司馬李景略⓲為留後，諸君皆遷官。」眾皆拜。大將馬良輔竊視箱中，皆定遠告身及所受敕也，乃麾眾曰：「敕告皆偽，不可受也。」

定遠走登乾陽樓⑲，呼其麾下，莫應，踰城而墜，為枯枿⑳所傷而死。

八月辛亥㉑，司徒兼侍中北平莊武王馬燧薨。

閏月戊辰㉒，元誼以洺州詐降。王虔休遣裨將將二千人入城，誼皆殺之。

九月丁巳㉓，加韋皐雲南安撫使。

橫海節度使程懷直不恤士卒，獵於野，數日不歸。懷直從父兄懷信㉔為兵馬使，因眾心之怨，閉門拒之，懷直奔歸京師。冬，十月丁丑㉕，以懷信為橫海留後。

南詔攻吐蕃昆明城㉖，取之，又虜施、順二蠻王㉗。

【章旨】以上為第四段，寫陽城直諫被貶官，河東監軍王定遠跋扈自斃。

【注釋】❶丙寅　四月二十九日。❷奚　東胡之一，居於今遼寧西部與內蒙古東部一帶，在唐幽州之北。❸天親　回鶻天親可汗。❹內之闕庭　送交給唐朝。內，通「納」。❺丁丑　五月十一日。❻甲申　五月十八日。❼李自良　曾為馬燧軍候，有戰功。德宗解除馬燧兵權，以自良代燧，自良辭讓，乃授右龍武大將軍，以檢校工部尚書充河東節度使，有政績。傳見《舊唐書》卷一百四十六、《新唐書》卷一百五十九。❽李說　唐高祖從弟淮安王李神通第五代孫，官至河東節度使。傳見《舊唐書》卷一百四十六、《新唐書》卷七十八。❾庚寅　五月二十四日。❿祕書監　祕書省長官，掌著作、圖籍。⓫張薦　歷官左拾遺、祕書監，至工部侍郎，三次出使回鶻、吐蕃。傳見《舊唐書》卷一百四十九、《新唐書》卷一百六十一。⓬癸巳　五月二十七日。⓭丙寅朔　七月初一日。⓮國子司業　國子監（京師太學）副長官，從四品下。陽城為諫議大夫，正五品上，改國子司業是左遷。⓯埋馬矢中　埋在馬糞堆中。⓰敕　皇帝手詔。⓱告身　賜官的委任文書。⓲李景略　原為朔方節度使李懷光巡官，不從懷光反唐，為河東節度使馬燧所救。⑲乾陽樓　晉陽宮城南門樓。⑳枯枿　枯樹樁。㉑辛亥　八月十七日。㉒戊辰　閏八月初四日。㉓丁巳　九月二十三日。㉔懷信　程懷直堂兄，奪懷直橫海節鎮，初為留後，一年後轉為節度使。傳見《新唐書》卷二百十三。㉕丁丑　十月十四日。㉖昆明城　在今四川鹽源。㉗施順二蠻王　施蠻居於鐵橋城西北，在今雲南中甸西。順蠻居於施蠻之南。

【校　記】①從之　原無此二字。據章鈺校，乙十六行本、乙十一行本、孔天胤本皆有此二字，張敦仁《通鑑刊本識誤》、張瑛《通鑑校勘記》同，今據補。

【語　譯】四月二十九日丙寅，幽州向朝廷上奏說打敗了奚王啜利等人的部眾六萬多人。

回鶻的奉誠可汗去世，沒有兒子，回鶻國的人擁立相國骨咄祿為可汗。骨咄祿本姓跌跌氏，聰慧而富辯才，勇敢而有謀略，從天親可汗時開始掌管兵馬處理政事，回鶻的大臣和各部落的酋長都畏懼而服從他。骨咄祿當上可汗之後，冒用前可汗的姓氏藥葛羅氏，派使者到朝廷來報喪。還把天親可汗以前可汗們年幼的子孫全部都送到朝廷來。

五月十一日丁丑，德宗任命宣武軍留後李萬榮、昭義軍左司馬兼留後王虔休各為本軍節度使。○十八日甲申，河東節度使李自良去世。二十二日戊子，河東監軍王定遠上奏朝廷請求任命行軍司馬李說為留後。李說，是李神通的五世孫。○二十四日庚寅，德宗派祕書監張薦去冊封回鶻可汗骨咄祿為騰里邏羽錄沒密施合胡祿毗伽懷信可汗。○二十七日癸巳，德宗任命李說為河東軍鎮留後，掌管河南府事務。李說深深感激王定遠，請求朝廷鑄造監軍的印信，德宗聽從了。監軍有印信是從王定遠開始的。

秋，七月初一日丙寅，陽城改任國子監的司業，這是因為陽城上疏彈劾裴延齡的緣故。

王定遠仗著自己對李說有功，獨攬河東鎮的軍權，重新安排了眾將的職務。對此李說不能全都依從，由此兩人間的關係出現了裂痕。王定遠因私事生怒而擊殺了大將彭令茵，把他的屍體埋在馬糞中，將士們都很憤怒。李說把這件事上奏給了朝廷，王定遠聽說以後，逕直闖到李說那裡，拔刀刺向李說，李說趕緊逃走，這才免於一死。王定遠召集眾將，把放在箱子裡的皇帝的敕書和賜官的委任文書二十多通拿出來給大家看，說：「皇帝有敕書，令李說前往京城，任命行軍司馬李景略為留後，各位將軍都升官晉級。」眾人全都下拜。大將馬良輔偷偷看了一下箱子裡的東西，發現都是王定遠的委任書和所受的敕書，於是就招集眾人說：「敕書和委任書都是假的，我們不能接受啊。」王定遠見此情形立刻逃了出去，登上乾陽樓，呼喊他的部下，但沒有一個人響應，王定遠在翻越城牆出逃時摔了下來，被枯樹樁戳傷而死。

八月十七日辛亥，司徒兼侍中北平莊武王馬燧去世。

閏八月初四日戊辰，元誼詐稱以洺州歸降王虔休。王虔休派裨將率二千名軍士進入洺州城，元誼把這些人全都殺了。

九月二十三日丁巳，德宗加封西川節度使韋皋為雲南安撫使。

橫海軍節度使程懷直不體恤士兵，在野外打獵，一連幾天都不回城。程懷直的堂兄程懷信擔任兵馬使，利用將士們心中的怨恨，關閉城門，不讓程懷直進城，程懷直只得逃回京城長安。冬，十月十四日丁丑，德宗任命程懷信為橫海軍留後。

南詔進攻吐蕃的昆明城，佔領了該城，又俘虜了施、順這兩個部落的蠻王。

十二年（丙子　西元七九六年）

春，正月庚子❶，元誼、石定蕃等帥洺州兵五千人及其家人萬餘口奔魏州，上釋不問，命田緒安撫之。

乙丑❷，以渾瑊、王武俊並兼中書令。○己巳❸，加嚴震、田緒、劉濟、韋皋並同平章事❹。天下節度、觀察使，悉加檢校官❺以悅其意。

三月甲午❻，韋皐奏降西南蠻高萬唐等二萬餘口。

乙巳❼，以閑廄、宮苑使李齊運❽為禮部尚書，戶部侍郎裴延齡為戶部尚書，使職如故❾。齊運無才能學術，專以柔佞❿得幸於上，每宰相對罷，則齊運次進決其議⓫。或病臥家，上欲有所除授，往往遣中使就問之。◯丙辰⓬[1]，韶王暹⓭薨。

魏博節度使田緒尚嘉誠公主⓮，有庶子三人，季安最幼，公主子之⓯，以為副大使。夏，四月庚午⓰，緒暴薨，左右匿之，使季安領軍事，年十五。乙亥⓱，發喪，推季安為留後⓲。

庚辰⓳，上生日。故事，命沙門⓴、道士講論於麟德殿㉑。至是始命以儒士參之。四門博士㉒韋渠牟㉓嘲談辯給㉔，上悅之，旬月遷右補闕，始有寵。

五月丙申㉕，邠寧節度使張獻甫暴薨，監軍楊明義請都虞候楊朝晟權知留後。甲辰㉖，以朝晟為邠寧節度使。

【章　旨】以上為第五段，寫德宗對地方各道諸使濫授加官，在朝中則又偏愛巧言令色之徒李齊運、裴延齡等六部長官置於宰相之上，荒悖如此。

【注　釋】❶庚子　正月初七日。❷乙丑　正月甲子朔，無乙丑。乙丑，應為二月初三日。❸己巳　在乙丑日之後，當為二月初七日。❹加嚴震田緒句　加，加官。嚴震，山南西道節度使。田緒，魏博節度使。劉濟，幽州節度使。韋臯，西川節度使。並加官同平章事，帶宰相銜。❺檢校官　地方節鎮帶臺省官，並不在中央任職稱檢校官。❻甲午　三月初二日。❼乙巳　三月十三日。❽閑廄宮苑使李齊運　太宗子蔣王李惲之孫。閑廄使掌宮馬，宮苑使掌宮苑，二職為李齊運所兼。❾使職如故　仍兼原有的判度支使。❿柔佞　柔媚諂諛。⓫次進決其議　在宰相之後進言裁斷是非。⓬丙辰　三月二十四日。⓭詔王暹　德宗弟。⓮嘉誠公主　代宗女。⓯公主子之　嘉誠公主養以為子。⓰庚午　四月初九日。⓱乙亥　四月十四日。⓲推季安為留後　軍中因季安為公主子，故推為留後，朝廷因授節度使。田季安傳見《舊唐書》卷一百四十一、《新唐書》卷二百十。⓳庚辰　四月十九日。⓴沙門　和尚。㉑麟德殿　大明宮內殿名。㉒四門博士　四門館學博士教官，正七品上。㉓韋渠牟　巧佞人，官至太常卿。傳見《舊唐書》卷一百三十五、《新唐書》卷一百六十七。㉔嘲談辯給　善於詼諧，機敏有口才。㉕丙申　五月初六日。㉖甲辰　五月十四日。

【校記】①丙辰　原誤作「丙子」。三月無丙子。據章鈺校，乙十六行本、乙十一行本皆作「丙辰」，當是，今據改。

【語譯】十二年（丙子　西元七九六年）

春，正月初七日庚子，元誼、石定蕃等人帶著洺州的軍隊五千人及其家屬一萬多人投奔魏州，德宗沒有追究他們的罪過，命令魏博節度使田緒安撫他們。

乙丑日，德宗任命渾瑊、王武俊一起兼任中書令。〇己巳日，德宗加封嚴震、田緒、劉濟、韋臯全都為同平章事。全國各地的節度使、觀察使，全都加封檢校官，以使他們心中高興。

三月初二日甲午，韋臯上奏說降服了西南蠻高萬唐等二萬多人口。

三月十三日乙巳，德宗任命閑廄、宮苑使李齊運為禮部尚書，任命戶部侍郎裴延齡為戶部尚書，仍兼任原有的判度支使。李齊運並無才能和學問，專門以柔媚諂媚取得了德宗的寵愛，每當宰相回答完德宗的提問，接著就讓李齊運進言以裁斷是非。有時候李齊運臥病在家，德宗打算任命什麼人，往往派宮中的宦官使者到他家裡去詢問他的意見。〇二十四日丙辰，詔王李暹去世。

魏博節度使田緒娶嘉誠公主為妻，田緒有三個庶出的兒子，田季安年齡最小，嘉誠公主把田季安當成自己的兒子，幫助他當上了魏博節度副使。夏，四月初九日庚午，田緒突然去世，親信們把消息隱瞞下來，讓田季安統領軍中事務，當時田季安才十五歲。十四日乙亥，他們才發喪，推舉田季安為節度留後。

四月十九日庚辰，是德宗的生日。按照以前的慣例，要讓僧人、道士在麟德殿講經論道。到這時，開始讓儒學之士也參與進來。四門博士韋渠牟在講論中語言詼諧，機敏而口才很好，德宗很喜歡韋渠牟，過了一個多月，就提升他為右補闕，他開始受到寵信。

五月初六日丙申，邠寧節度使張獻甫突然去世，監軍楊明義請求朝廷任命都虞候楊朝晟暫時代理留後之職。十四日甲辰，德宗任命楊朝晟為邠寧節度使。

六月乙丑❶，以監句當左神策竇文場、監句當右神策霍仙鳴皆為護軍中尉❷，監左神威軍使張尚進❸、監右神威軍使焦希望皆為中護軍。初，上置六統軍❹，視六尚書❺，以處節度使罷鎮❻者，相承❼用麻紙寫制。至是文場諷宰相比統軍降麻❽。翰林學士鄭絪❾奏言：「故事惟封王命相用白麻，今以命中尉，不識❿陛下特以寵文場邪，遂為著令⓫也？」上乃謂文場曰：「武德、貞觀時⓬，中人不過員外將軍同正耳，衣緋⓭者無幾。自輔國⓮以來，墮壞制度。朕今用爾，不謂無私。若復以麻制宣告天下，必謂爾脅我為之矣！」文場叩頭謝。遂焚其麻，命并統軍自今中書降敕⓯。明日，上謂絪曰：「宰相不能違拒⓰中人，朕得卿言方悟耳。」是時竇、霍勢傾中外，藩鎮將帥多出神策軍，臺省清要亦有出其門者矣。

宣武節度使李萬榮病風，昏不知事，霍仙鳴薦宣武押牙劉沐可委軍政。辛巳⓱，以沐為行軍司馬。○宣歙觀察使劉贊⓲卒。

初，上以奉天窘乏，故還宮以來，尤專意聚斂。藩鎮多以進奉市恩⓳，皆云「稅外方圓⓴」，亦云「用度羨餘」，其實或割留常賦，或增斂百姓，或減刻吏祿㉑[1]，或販鬻蔬果，往往私自入，所進纔什一二。李兼㉒在江西有月進，韋皐在西川有日進。其後常州刺史濟源裴肅㉓以進奉遷浙東觀察使，刺史進奉自肅始。及劉贊卒，判官嚴綬㉔掌留務，竭府庫以進奉，徵為刑部員外郎，幕僚進奉自綬始。綬，蜀人也。

【章旨】以上為第六段，寫德宗還京兩大弊政：其一，寵信宦官，加重護軍中尉權勢，傾動朝野；其二，聚斂財貨，向藩鎮求索貢奉。兩大弊政，留下無窮後患。

【注釋】❶乙丑　六月初六日。❷護軍中尉　分左、右，以宦官竇文場、霍仙鳴分領之。德宗以竇、霍護駕山南功始置中尉以寵之，仿西漢謁者隨何下淮南拜中尉故事。從此，護軍中尉成為唐代宦官最權重的幸臣。中尉下又置中護軍。❸張尚進與下文焦希望同為神策軍左右中護軍，宦官。兩人傳見《新唐書》卷二百七。❹六統軍　即左右羽林、左右龍武、左右神武六軍統軍。統軍，官名，設置統軍事見本書卷二百二十九德宗興元元年。❺視六尚書　比同六部尚書。❻罷鎮　免除節度使之職。❼相承　相沿。❽比統軍降麻　即任命護軍中尉與中護軍，也比照六軍統軍的任命用白麻紙書寫詔書。❾鄭絪　字文明，德宗時為翰林學士、中書舍人，憲宗時拜宰相，出為嶺南、河中節度使，文宗時入為御史大夫。傳見《舊唐書》卷一百五十九、《新唐書》卷一百六十五。❿不識　不知。⓫著令　定著為法令。⓬武德貞觀時　指唐高祖、唐太宗時。武德，唐高祖年號。貞觀，唐太宗年號。⑬衣緋　穿紅色三品官服。⑭輔國　指李輔國，宦者，本名靜忠，更名護國，再改名輔國。曾事高力士，為肅宗所倚重。代宗立，輔國有定策功，握有兵權，愈跋扈，帝畏之，尊為尚父。傳見《舊唐書》卷一百八十四、《新唐書》卷二百八。⑮中書降敕　通過中書省宣布皇帝敕書，不用白麻。⑯違拒　違抗。⑰辛巳　六月二十二日。⑱劉贊　劉知幾之孫，官至宣歙觀察使。傳見《舊唐書》卷一百三十六、《新唐書》卷一百三十二。⑲市恩　換取恩寵。⑳稅外方圓　巧立名目在稅外加徵的貢奉錢。意謂折則成方，轉則成圓，在常稅之外轉折而致貨財。㉑減刻吏祿　削減官吏俸祿。㉒李兼　時任江西觀察使。㉓裴肅　宣宗朝宰相裴休之父，因進奉由刺史遷浙東觀察使。傳附《舊唐書》卷一百七十七〈裴休傳〉。㉔嚴綬　歷宣歙、荊南、山南三鎮觀察使、節度使。傳見《舊唐書》卷一百四十六、《新唐書》卷一百二十九。

【校　記】1吏祿　原誤作「利祿」。據章鈺校，乙十六行本、乙十一行本皆作「吏祿」，當是，今據校正。

【語　譯】六月初六日乙丑，德宗任命監句當左神策竇文場、監句當右神策霍仙鳴都擔任護軍中尉，任命監左神威軍使張尚進、監右神威軍使焦希望都擔任中護軍。當初，德宗設置六軍的統軍職務，類似於朝廷中的六部尚書，以安置被免去了軍鎮節度使職務的人，按照流傳下來的習慣要用麻紙書寫委任他們的文書。至此，竇文場暗示宰相要比照統軍給他們頒發用白麻紙書寫的委任文書。翰林學士鄭絪上奏說：「按照慣例，只有封王、任命宰相用白麻紙書寫委任文書，現在要用白麻紙來任命護軍中尉，不知陛下是要特別用來表示對竇文場的恩寵呢，還是要就此定下來成為法令？」德宗於是對竇文場說：「本朝武德、貞觀年間，宮中宦官的職位不過是與員外將軍同品級而已，能穿緋色朝服的人沒有幾個。自從李輔國以來，這一制度受到了毀壞。朕現在任用你，不能說沒有私情。如果再用白麻紙書寫委任文書公告天下，那麼天下的人一定會說是你脅迫朕這樣做的了！」竇文場向德宗磕頭謝罪。於是德宗把白麻紙寫的委任文書燒了，下令從今以後連同統軍在內都由中書省頒下敕書加以任命。第二天，德宗對鄭絪說：「宰相都不能違背、拒絕宦官們的要求，朕聽了你的話以後這才醒悟過來。」此時竇文場、霍仙鳴的權勢壓倒朝廷內外的官員，各藩鎮的將帥大多出自神策軍，朝廷各臺省的重要官員也有出自他們兩人門下的。

宣武節度使李萬榮中風，昏迷不醒，不能處理軍鎮事務，霍仙鳴推薦宣武軍的押牙官劉沐可以受委任來處理軍鎮事務。六月二十二日辛巳，德宗任命劉沐為行軍司馬。〇宣歙觀察使劉贊去世。

當初，德宗在奉天城時曾財用窘迫匱乏，所以回京還宮以後，尤其著意於聚斂財物。各地藩鎮大多用進獻財物的辦法來換取德宗的恩寵，這種進獻都被稱為「稅外方圓」，也稱作「用度羨餘」。實際上，這種進獻有的是截留正常上繳的賦稅，有的是增加對百姓的搜刮，有的是削減、剋扣官吏們的俸祿，有的是販賣蔬菜瓜果而得的，這些所得往往進入官員自己的腰包，所進獻的不過是所得數量的十分之一二。李兼在江西任職時每月都向德宗進獻，韋皋在西川任職時則每天都向德宗進獻。後來，常州刺史濟源人裴肅通過進獻而升任浙東觀察使，刺史向德宗進獻即是從裴肅開始的。劉贊去世後，判官嚴綬掌管留後事務，竭盡府庫中的財物來向德宗進獻，此後被徵召入朝擔任刑部員外郎，幕僚向德宗進獻是從嚴綬開始的。嚴綬，是蜀地人。

李萬榮疾病，其子迺為兵馬使。甲申❶，迺集諸將，責李湛、伊婁說、張丕❷以不憂軍事，斥之外縣。上遣中使第五守進至汴州，宣慰始畢，軍士十餘人呼曰：「兵馬使勤勞無賞，劉沐何人，為行軍司馬！」沐懼，陽中風❸，舁出❹。軍士又呼曰：「倉官劉叔何給納有姦！」殺而食之。又欲斫守進，迺止之。迺又殺伊婁說、張丕。都虞候匡城鄧惟恭❺與萬榮鄉里相善，萬榮常委以腹心，迺亦倚之。至是惟恭與監軍俱文珍謀，執迺，送京師。秋，七月乙未❻，以東都留守董晉同平章事，兼宣武節度使，以萬榮為太子少保❼，貶迺虔州❽司馬。丙申❾，萬榮薨。

鄧惟恭既執李迺，遂權軍事，自謂當代萬榮，不遣人迎董晉。晉既受詔，即與傔從⑩十餘人赴鎮，不用兵衛。至鄭州⑪，迎者不至。鄭州人為晉懼，或勸晉且留觀變。有自汴州出者，言於晉曰：「不可入。」晉不對，遂行。惟恭以晉來之速，不及謀；晉去城十餘里，惟恭乃帥諸將出迎。晉命惟恭勿下馬，氣色甚和，惟恭差自安⑫。既入，仍委惟恭以軍政。

初，劉玄佐增汴州兵至十萬，遇之厚，李萬榮、鄧惟恭每加厚焉。士卒驕，不能御⑬，乃置腹心之士，幕於公庭廡下⑭，挾弓執劍以備之，時勞賜酒肉。晉至之明日，悉罷之。

戊戌⑮，韓王迥⑯薨。○壬子⑰，詔以宣武將士鄧惟恭等有執送李迺功，各遷官賜錢⑱，其為迺所脅⑲，邀逼制使者⑳，皆勿問。

八月己未朔㉑[1]，日有食之。○己巳㉒，以田季安為魏博節度使。

丙子㉓，以汝州刺史陸長源㉔為宣武行軍司馬。朝議以董晉柔仁多可㉕，恐不能集事㉖，故以長源佐之。長源性剛刻，多更張舊事㉗。晉初皆許之，案成㉘則命且罷，由是軍中得安。○丙戌㉙，門下侍郎、同平章事趙憬薨。

初，上不欲生代節度使㉚，常自擇行軍司馬以為儲帥㉛。李景略為河東行軍司馬，李說忌之。回鶻梅錄㉜入貢，過太原，說與之宴，梅錄爭坐次㉝，說不能遏。景略叱之，梅錄識其聲，趨前拜之，曰：「非豐州李端公㉞邪！」又拜，遂就下坐。座中皆屬目於景略。說益不平，乃厚賂中尉竇文場，使去之。會有傳回鶻將入寇者，上憂之，以豐州當虜衝，擇可守者，文場因薦景略。九月甲午㉟，以景略為豐州都防禦使。窮邊氣寒，土瘠民貧。景略以勤儉帥眾，二歲之後，儲備完實，雄於北邊。

盧邁得風疾，庚子㊱，賈耽私忌㊲，宰相絕班㊳，上遣中使召主書㊴承旨㊵。○丙午㊶，戶部尚書、判度支裴延齡卒。中外相賀，上獨悼惜之。○壬子㊷，吐蕃寇慶州。

冬，十月甲戌㊸，以諫議大夫崔損㊹、給事中趙宗儒㊺並同平章事。損，玄暐之弟孫也，嘗為裴延齡所薦，故用之。

十一月乙未㊻，以右補闕韋渠牟為左諫議大夫。上自陸贄貶官，尤不任宰相，自御史、刺史、縣令以上，皆自選用，中書行文書而已。然深居禁中，所取信者裴延齡、李齊運、戶部郎中王紹、司農卿李實、翰林學士韋執誼㊼及渠牟，皆權傾宰相，趨附盈門。紹謹密無損益，實狡險掊克。執誼以文章與上唱和，年二十餘，自右拾遺召入翰林。渠牟形神恌躁㊽，尤為上所親狎㊾。上每對執政，漏不過三刻㊿，渠牟奏事率至六刻，語笑款狎，往往聞外，所薦引咸不次遷擢(51)，率皆庸鄙之士。

宣武都虞侯鄧惟恭內不自安，潛結將士二百餘人謀作亂。事覺，董晉悉捕斬其黨，械惟恭送京師。己未(52)，詔免死，汀州(53)安置。

【章　旨】以上為第七段，寫宣武鎮的動盪。

【注　釋】❶甲申　六月二十五日。❷李湛伊婁說張丕　皆宣武大將。李萬榮病，故忌殺諸將。❸陽中風　假裝中風病倒。❹昇出　抬出。❺鄧惟恭　宣武大將都虞侯，與李萬榮同鄉里，故得親任。傳見《新唐書》卷二百十四。據傳，李迺欲殺李湛、伊婁說、張丕等未果。萬榮死，是夜鄧惟恭與監軍俱文珍共謀執李迺械送京師，杖死於京兆府，與此記載略異。❻乙未　七月初六日。❼太子少保　此為加官，檢校太子少保。❽虔州　州名，治所在今江西贛州。❾丙申　七月初七日。❿傔從　隨從。⓫鄭州　在汴州西一百五十里。⓬差自安　自己稍稍安下心來。⓭禦　控制。⓮幕於公庭廡下　在官府走廊裡紮下衛隊的帳篷。⓯戊戌　七月初九日。⓰韓王迥　德宗弟。⓱壬子　七月二十三日。⓲遷官賜錢　升官並頒賞錢。⓳脅　強力脅迫。⓴邀遏制使者　那些攔截威逼朝廷使者的人。制使，欽差使者。㉑己未朔　八月初一日。㉒己巳　八月十一日。㉓丙子　八月十八日。㉔陸長源　字泳，吳（今江蘇蘇州）人，為宣武行軍司馬，董晉死後繼任留後。欲以法繩驕兵，僅八日為亂兵所殺。傳見《舊唐書》卷一百四十五、《新唐書》卷一百五十一。㉕多可　遇事多遷就贊同。㉖集事　把事情辦好。㉗多更張舊事　往往改變慣例。㉘案成　改變舊制度的新方案制定出來。㉙丙戌　八月二十八日。㉚生代節度使　在節度使生前就確定繼任的人。㉛自擇行軍司馬以為儲帥　行軍司馬輔佐軍政，平時訓練士卒，戰時申明攻守之法，負責器械、糧備、軍籍、賞賜，其權往往重於副使。德宗自擇節鎮，多以行軍司馬代之。㉜梅錄　即「梅錄大將軍」，回紇高級將領名號。梅錄，加在官名前的美稱。㉝爭坐次　爭上座，即爭首席。㉞李端公　唐人呼侍御為端公。李景略前拜侍御史，領豐州刺史。梅錄入朝路過豐州，為李景略所折服。事見本書卷二百三十三德宗貞元六年。㉟甲午　九月初六日。㊱庚子　九月十二日。㊲私忌父母、祖父母、曾祖父母死日為私忌。㊳絕班　無人值班。㊴主書　官名，尚書省主書，從八品下，中書省主書，從七品上，值勤官員。㊵承旨　承接詔令。㊶丙午　九月十八日。㊷壬子　九月二十四日。㊸甲戌　十月十七日。㊹崔損　崔玄暐之弟崔升之孫，德宗朝備員宰相，柔順帝意，在位八年。傳見《舊唐書》卷一百三十六、《新唐書》卷一百六十七。㊺趙宗儒　（西元七四六—八三二年）字秉文，歷仕德、順、憲、穆、敬、文諸朝，出為方鎮，入為臺省。傳見《舊唐書》卷一百六十七、《新唐書》卷一百五十一。㊻乙未　十一月初八日。㊼韋執誼　京兆（今陝西西安）人，順宗朝官至宰相。傳見《舊唐書》卷一百三十五、《新唐書》卷一百六十八。㊽形神恌躁　形貌神態輕佻浮躁。㊾親狎　親昵。㊿漏不過三刻　古代用銅壺滴漏記時，每晝夜為一百刻。德宗與宰相大臣論政事，每次不過三刻。(51)不次遷擢　不按臺階遷升，即破格晉升。(52)己未　十一月戊子朔，無己未。己未，應為十二月初二日。(53)汀州　州名，治所在今福建長汀。

【校　記】 ①己未朔　原誤作「乙未朔」。按，八月己未朔，無乙未，嚴衍《通鑑補》改作「己未朔」，當是，今據改。

【語　譯】 李萬榮病情加重，他的兒子李迺擔任兵馬使之職。六月二十五日甲申，李迺召集眾將，當眾斥責李湛、伊婁說、張丕，說他們不關心軍事，把他們貶斥到汴州城以外的縣裡去了。德宗派宮中的宦官使者第五守進到汴州，宣撫慰勞剛結束，軍士中就有十幾個人呼喊道：「兵馬使勤勉勞苦，朝廷卻沒有獎賞，劉沐是什麼人，竟要擔任行軍司馬！」劉沐非常害怕，假裝中風病倒，被抬了出去。軍士們又呼喊道：「倉官劉叔何在物品發放收納上有舞弊貪汙！」大家上前殺了劉叔何，還吃了他的肉。軍士們又打算殺第五守進，李迺制止了他們。李迺又殺了伊婁說、張丕。都虞候匡城人鄧惟恭與李萬榮是同鄉，關係很好，李萬榮常把他當成心腹，李迺也很依賴他。到了這時候，鄧惟恭與監軍俱文珍謀劃，把李迺抓了起來，押送到京城。秋，七月初六日乙未，德宗任命東都留守董晉為同平章事，兼任宣武軍節度使，任命李萬榮為太子少保，把李迺貶為虔州司馬。初七日丙申，李萬榮去世。

鄧惟恭把李迺抓起來以後，便代理軍鎮事務，自以為應當代替李萬榮擔任節度使，所以沒有派人前去迎接董晉。董晉受詔以後，立即帶著十多個隨從趕赴軍鎮，沒有使用軍隊護衛。到了鄭州，迎接的人沒有到來。鄭州的人都替董晉感到害怕，有的人勸董晉暫且留下以觀察事態的發展。有從汴州城出來的人，對董晉說：

「您不可進入汴州城。」董晉沒有回答，便出發了。因為董晉來得很快，鄧惟恭還來不及謀劃；董晉一行離汴州城還有十幾里的時候，鄧惟恭才帶著眾將出城迎接。董晉讓鄧惟恭不必下馬，其神態面色也十分平和，鄧惟恭這才稍稍安下心來。董晉入城就職以後，仍然把軍政大事交給鄧惟恭處理。

當初，劉玄佐把汴州的軍隊增加到十萬人，對待他們很優厚，李萬榮、鄧惟恭掌權之後常常對他們更加優待。士兵們因此驕縱起來，無法控制，李萬榮等於是安排親信的士兵，在官署的走廊下紮下帳篷，帶著弓、拿著劍以作防備，還經常賜酒肉給這些警衛的士兵加以慰勞。董晉到任的第二天，就把這些警衛士兵全都撤走了。

七月初九日戊戌，韓王李迥去世。○二十三日壬子，德宗下詔：因為宣武軍的將士鄧惟恭等人有把李迺抓起來送到京城的功勞，所以分別提升官職，頒賜賞錢，對那些受李迺脅迫，攔截、威逼朝廷使者的人，一概不加追究。

八月初一日己未，發生日蝕。○十一日己巳，德宗任命田季安為魏博節度使。

八月十八日丙子，德宗任命汝州刺史陸長源為宣武軍的行軍司馬。朝中的意見認為董晉柔和仁慈，別人有所要求大多遷就贊同，恐怕難以把事情辦好，所以派陸長源去協助他。陸長源為人剛直、嚴厲，往往改變舊例。董晉在開始時都答應下來，但等新的方案制定出來以後，董晉就會命令先暫停執行，這樣軍中才得以安定。○二十八日丙戌，門下侍郎、同平章事趙憬去世。

當初，德宗不打算在各軍鎮節度使生前就確定繼任的人，所以經常自己挑選各軍鎮的行軍司馬，以作為節度使去世後準備繼任的人選。李景略擔任河東鎮的行軍司馬，節度使李說對李景略十分討厭。回鶻的梅錄來向朝廷進貢，路過太原，李說設宴招待，梅錄在宴會上與人爭座位的上下，李說無法制止。李景略對此大聲呵斥，梅錄聽出是李景略的聲音，連忙快步向前下拜道：「這不是豐州的李端公嗎！」並再次向李景略下拜，然後就坐了下座。滿座的人都把目光移向了李景略。這樣李說心中更加憤憤不平，於是用重禮賄賂護軍中尉竇文場，讓他把李景略調走。正好當時有傳言說回鶻人將要入侵，德宗對此十分憂慮，認為豐州正在回鶻人入侵的要道上，需要選擇一位可以擔當防守重任的人，竇文場乘機向德宗推薦了李景略。九月初六日甲午，德宗任命李景略為豐州都防禦使。豐州地處邊塞，天氣寒冷，土地貧瘠，百姓窮困。李景略引導眾人克勤克儉，兩年以後，這裡的各項儲備完善充實，稱雄於北部邊塞。

宰相盧邁得了中風病，九月十二日庚子，是宰相賈耽親人的忌日，這一天宰相中無人值班，德宗派中使召低級官員主書來承接詔令。〇十八日丙午，戶部尚書、判度支裴延齡去世。朝廷內外的人都互相祝賀，只有德宗一個人悼念、痛惜他。〇二十四日壬子，吐蕃人侵犯慶州。

冬，十月十七日甲戌，德宗任命諫議大夫崔損、給事中趙宗儒一起擔任同平章事。崔損，是崔玄暐弟弟的孫子，曾經得到裴延齡的推薦，所以德宗任用了他。

十一月初八日乙未，任命右補闕韋渠牟為左諫議大夫。德宗從陸贄被貶職以後，對宰相尤其不信任，從御史、刺史、縣令以上的官員，都親自挑選、任用，中書省不過是頒發委任文書而已。但德宗深居宮中，所信任的人是裴延齡、李齊運、戶部郎中王紹、司農卿李實、翰林學士韋執誼以及韋渠牟，他們都權勢很大，甚至超過了宰相，投靠、依附他們的人擠滿門庭。王紹為人謹慎周密，無所興革。李實狡詐陰險，工於搜刮。韋執誼用文辭與德宗唱和，年齡不過二十來歲，就從右拾遺的職位上被召進翰林院。韋渠牟形貌神態輕佻浮躁，特別受德宗親昵。德宗每次與主理朝政的大臣談論政事，時間不會超過三刻，但遇韋渠牟上奏事情時間一般都要長達六刻，親昵的談笑聲往往連外邊都能聽到，韋渠牟所引薦的人都能破格遷升，但都是些平庸鄙俗的人。

宣武軍都虞候鄧惟恭內心深感不安，暗中聯絡二百多名將士陰謀作亂。事情被發覺，董晉把鄧惟恭的黨羽全都抓起來殺了，把鄧惟恭套上刑具押送京城。己未日，德宗下詔免鄧惟恭一死，流放到汀州安置。

十三年（丁丑　西元七九七年）

春，正月壬寅❶，吐蕃遣使請和親。上以吐蕃數負約，不許。

上以方渠❷、合道❸、木波❹皆吐蕃要路，欲城之，使問邠寧節度使楊朝晟「須幾何❺兵？」對曰：「邠寧兵足以城之，不煩它道。」上復使問之曰：「鄉城鹽州，用兵七萬，僅能集事。今三城尤逼虜境，兵當倍之，事更相反，何也？」對曰：「城鹽州之眾，虜皆知之。今發本鎮兵，不旬日至塞下，出其不意而城之。虜謂吾眾亦不減七萬，其眾未集，不敢輕來犯我。不過三旬，吾城已畢，留兵戍之，虜雖至，無能為也。城旁草盡，不能久留，虜退則運芻❻糧❼以實之，此萬全之策也。若大集諸道兵，踰月始至。虜亦集眾而來，與我爭戰，勝負未可知，何暇築城哉！」上從之。

二月，朝晟分軍為三，各築一城。軍吏曰：「方渠無井，不可屯軍。」判官孟子周曰：「方渠承平之時，居人成市，無井何以聚人乎！」命浚眢井❽，果得甘泉。三月，三城成。夏，四月庚申❾，楊朝晟軍還至馬嶺❿，吐蕃始出兵追之，相拒數日而去。朝晟遂城馬嶺而還，開地⓫三百里，皆如其素⓬。

庚午⓭，義成節度使李復薨。庚辰⓮，以陝虢觀察使姚南仲⓯為義成節度使。監軍薛盈珍方大會，聞之，言曰：「姚大夫書生，豈將才也！」判官盧坦私謂人曰：「姚大夫外雖柔，中甚剛，監軍侵之，必不受，軍府之禍，自此始矣，吾恐為所留⑯。」遂自它道潛去。南仲果以牒請之⑰，不遇，得免⑱。既而盈珍與南仲有隙，幕府多以罪貶，有死者。

吐蕃贊普乞立贊卒，子足之煎立。

六月壬午⑲，韋皋奏吐蕃入寇，巂州刺史曹高仕破之於臺登城⑳下。

光祿少卿同正㉑張茂宗㉒，茂昭之弟也，許尚義章公主㉓。未成昏，茂宗母卒，遺表請終嘉禮㉔，上許之。秋，八月癸酉㉕，起復㉖茂宗左衛將軍同正。左拾遺興蔣乂㉗上疏諫，以為兵革之急，古有墨衰從事者，未聞駙馬起復尚主也。上遣中使諭之，不止，乃特召對於延英㉘，謂曰：「人間㉙多借吉成昏㉚者，卿何執此之堅？」對曰：「昏姻、喪紀，人之大倫，吉凶不可瀆㉛也。委巷之家㉜，不知禮教，其女孤貧無恃，或有借吉從人，未聞男子借吉娶婦者也。」太常博士㉝韋彤㉞、裴堪復上疏諫。上不悅，命趣㉟下嫁之期。辛巳㊱，成婚。

九月己丑㊲，中書侍郎、同平章事盧邁以病罷為太子賓客。

【章旨】以上為第八段，寫邠寧節度使楊朝晟用智計築邊城，不戰而推進邊塞數百里，有力地抑制了吐蕃勢力。德宗違禮嫁公主。

【注　釋】❶壬寅　正月十五日。❷方渠　縣名，縣治在今甘肅環縣。❸合道　鎮名，在今甘肅環縣西南。❹木波　堡名，在今甘肅環縣東南。❺幾何　幾多；多少。❻芻　馬料。❼糧　軍糧。❽浚眢井　疏浚枯井。❾庚申　四月初五日。❿馬嶺　縣名，縣治在今甘肅環縣東南。⓫開地　拓地；擴展土地。⓬皆如其素　完全實現了預期的計畫。⓭庚午　四月十五日。⓮庚辰　四月二十五日。⓯姚南仲　（西元七二九－八〇三年）華州下邽（今陝西渭南市）人，四遷御史中丞，出鎮陝虢、義成二鎮，終官尚書右僕射。傳見《舊唐書》卷一百五十三、《新唐書》卷一百六十二。⓰留　留任。⓱南仲果以牒請之　姚南仲果然發出公文請盧坦留任。⓲不遇二句　由於公文遲到沒遇上盧坦，盧坦得以免被徵召。⓳壬午　六月二十八日。⓴臺登城　巂州治所在今四川西昌，臺登城在州城之北。㉑光祿少卿同正　官名，光祿寺掌祭祀及朝會供饌，長官為卿，次官為少卿，員外官稱同正。高宗時，始於員外置同正員。㉒張茂宗　義武節度使張孝忠次子，茂昭之弟。敬宗時終官左龍武統軍。傳見《舊唐書》卷一百四十一、《新唐書》卷一百四十八。㉓義章公主　德宗女。㉔嘉禮　完婚。㉕癸酉　八月二十日。㉖起復　守喪期間被起用，稱起復、奪情。㉗蔣乂　字德源，常州義興（今江蘇宜興南）人，歷官左拾遺、起居舍人、祕書監。傳見《舊唐書》卷一百四十九、《新唐書》卷一百三十二。㉘特召對於延英　唐中葉以後，召對宰輔之臣，乃開延英殿，今蔣乂以左拾遺召對延英，屬於特例。㉙人間　民間。㉚借吉成昏　喪為凶禮，婚為吉禮，在喪期中成婚稱為借吉。㉛瀆　褻瀆；輕視。㉜委巷之家　貧民家庭。委巷，彎曲小巷。委，曲。㉝太常博士　太常寺屬官，定員四人，掌祭祀及大禮司儀。㉞韋彤　傳見《新唐書》卷二百四十一。㉟趣　催促。㊱辛巳　八月二十八日。㊲己丑　九月初七日。

【語　譯】十三年（丁丑　西元七九七年）

春，正月十五日壬寅，吐蕃派使者來請求和好。德宗因吐蕃曾多次背棄約定，沒有答應。

德宗認為方渠、合道、木波等地都是吐蕃東向的要道，打算在那裡築城防守，於是派使者去問邠寧節度使楊朝晟「築城需要多少兵力？」楊朝晟回答說：「邠寧現有的兵力就足以在那裡築城，不用煩勞其他地方了。」德宗又派使者問他道：「前不久在鹽州築城，動用兵力七萬，才剛能把事情辦成。如今要建的這三座城更加逼近吐蕃邊境，需要動用的兵力應該比修鹽州城翻倍才是，而你說的情況卻正好相反，這是什麼道理？」楊朝晟回答說：「在鹽州築城的軍隊的數量，吐蕃人都知道。如今我調派本鎮的兵馬，用不了十天就能到達邊塞附近，出其不意地築城。吐蕃人覺得我們的兵力也不會少於七萬，而他們的兵馬還沒有調集起來，不敢輕易來侵犯我們。不超過三十天，我方的城堡就已修築好了，留下兵力戍守，吐蕃人儘管來了，也不能把我們怎麼樣了。城堡附近的草被吃光以後，吐蕃的兵馬就不能久留，敵人退走之後，我們就立即把馬料、軍糧等運進城堡去充實儲備，這是一個周到穩妥、萬無一失的辦法。如果大規模地調集各地兵力，一個月以後他們才會到達。敵人也會調集他們的兵馬來，與我們交戰，誰勝誰負還不知道，哪裡還有時間來築城呢！」德宗採納了楊朝晟的意見。

二月，楊朝晟把部下軍隊一分為三，各修築一座城堡。軍中的小吏說：「方渠那裡沒有水井，無法屯駐軍隊。」判官孟子周說：「方渠在太平的時候，有很多人定居，形成了一個市集，沒有水井怎麼能聚集人口呢！」於是下令疏淘枯井，果然湧出了甘泉。三月，三座城堡都修好了。夏，四月初五日庚申，楊朝晟的軍隊撤回到馬嶺時，吐蕃才派出軍隊來追，與楊朝晟的軍隊對峙了幾天後就離開了。楊朝晟於是在馬嶺又築起一座城堡，然後回到邠寧。楊朝晟在那一帶拓展土地三百里，完全實現了預期的計畫。

四月十五日庚午，義成軍節度使李復去世。二十五日庚辰，德宗任命陝虢觀察使姚南仲擔任義成軍節度使。監軍薛盈珍正召集眾將商議事情，聽到這一消息後，說：「姚大夫是書生，哪裡會是將帥之才呢！」判官盧坦私下對人說：「姚大夫表面雖然顯得柔弱，骨子裡卻很剛強，監軍如有冒犯，他一定不會忍受，軍府的禍亂，從此就要開始了，我擔心要被姚大夫留用。」於是走另外一條路悄悄離開了義成軍。姚南仲果然發出公文請盧坦留任，但沒有遇上盧坦，所以盧坦得以免被徵召。不久，薛盈珍與姚南仲間的關係產生了裂痕，許多幕僚都獲罪被貶，甚至有為此而喪命的。

吐蕃的贊普乞立贊死了，兒子足之煎繼任。

六月二十八日壬午，韋皋上奏說吐蕃入侵，巂州刺史曹高仕在臺登城打敗了吐蕃。

光祿少卿同正張茂宗，是義武軍節度使張茂昭的弟弟，已經獲准娶德宗之女義章公主為妻。還沒有成婚時，張茂宗的母親去世了，她去世前留下表章奏請德宗讓她兒子與公主完成婚禮，德宗答應了。秋，八月二十日癸酉，德宗起用在居喪期間的張茂宗為左衛將軍同正。擔任左拾遺的義興人蔣乂上疏勸諫德宗，認為在軍情危急時，古代有身穿黑麻喪服上戰場的，但沒有聽說駙馬在居喪期間起用來聘娶公主的。德宗派中使去開導他，但他依然為此事勸諫不止。於是德宗特地把他召到延英殿來，對他說：「民間往往有在居喪期間借吉成婚的，你為什麼如此堅決地上疏勸諫呢？」蔣乂回答說：「婚姻和喪事，是人世最重要的倫理，吉禮和凶禮是不可以褻瀆的。居住在僻陋曲折小巷中的貧苦人家，不懂得禮儀教化，家中孤苦貧困而無依無靠的女孩子，也許有在居喪期間借吉嫁人的，但沒有聽說男子在居喪期間借吉娶妻的。」太常博士韋彤、裴堪又上疏勸諫。德宗很不高興，命令趕緊定下公主下嫁的日期。二十八日辛巳，張茂宗與義章公主成婚。

九月初七日己丑，中書侍郎、同平章事盧邁因病被免去宰相職務，改任太子賓客。

冬，十月，淮西節度使吳少誠擅開刀溝入汝❶，上遣中使諭止之，不從。命兵部郎中盧羣❷往詰之。少誠曰：「開此水，大利於人。」羣曰：「君令臣行，雖利，人臣敢專乎！公承天子之令而不從，何以使下吏從公之令乎！」少誠遽為之罷役。

十二月，徐州節度使張建封入朝。先是，宮中市外間物，令宮吏主之，隨給其直❸。比歲以宦者為使，謂之宮市❹，抑買人物，稍不如本估❺。其後不復行文書，置白望❻數百人於兩市及要鬧坊曲，閱人所賣物❼，但稱宮市，則斂手付與❽，真偽不復可辯，無敢問所從來❾及論價之高下者，率用直百錢物買人直數千物❿，多以紅紫染故衣⓫敗繒⓬，尺寸裂而給之，仍索進奉門戶⓭及腳價錢⓮。人將物詣市⑮，至有空手而歸⑯者。名為宮市，其實奪之。商賈有良貨，皆深匿⑰之。每敕使出，雖沽漿⑱賣餅者皆撤業閉門。嘗有農夫以驢負柴，宦者稱宮市取之，與絹數尺，又就索門戶⑲，仍邀驢送柴至內⑳。農夫啼泣，以所得絹與之㉑，不肯受，曰：「須得爾驢㉒。」農夫曰：「我有父母妻子，待此然後食㉓。今以柴與汝，不取直而歸㉔，汝尚不肯，我有死㉕而已！」遂毆㉖宦者。街吏擒以聞㉗。詔黜宦者㉘，賜農夫絹十匹。然宮市亦不為之改，諫官御史數諫，不聽。建封入朝，具奏之㉙，上頗嘉納，以問戶部侍郎判度支蘇弁㉚。弁希㉛宦者意，對曰：「京師游手萬家，無土著生業㉜，仰宮市取給。」上信之，故凡言宮市者皆不聽。

【章　旨】以上為第九段，寫德宗興宮市之弊。

【注　釋】❶開刀溝入汝　開鑿刀溝渠，與汝水相連。汝水，淮水支流，在河南境內流經寶義、襄城、上蔡、汝南等地。吳少誠鎮蔡州，治所即今河南汝南。刀溝渠當在汝南境。❷盧羣　字載初，范陽（今北京城區西南）人，官至鄭滑節度使。傳見《舊唐書》卷一百四十、《新唐書》卷一百四十七。❸隨給其直　隨物按價付錢。❹宮市　宮廷採辦。❺抑買人物二句　壓價購買人們的物品，逐漸低於本錢。本估，本錢；成本；原價。估，價也。❻白望　使人於市中左選右挑，白取其物，不給本價。❼閱人所賣物　到處查看別人所賣的物品。❽斂手付與　拱手相送。❾無敢問所從來　沒人敢問宮市購貨人從哪裡來。❿率用直百錢物買人直數千物　他們大都用價值一百錢的物品換取人家價值數千錢的物品。率，大體；大都。直，價值。⓫以紅紫染故衣　用紅色、紫色給舊衣染上色彩冒充新衣。故衣，舊衣。⓬敗繒　變質的絲帛。⓭進奉門戶　索取進奉門戶錢，即收取入門費。⓮腳價錢　腳力費，即運送費。⓯將物詣市　帶貨物到市場上去。⓰空手而歸　貨物被宮市宦官所奪。

⑰深匿　深深隱藏起來。⑱沽漿　賣湯水。⑲索門戶　即上文索以進奉門戶錢。凡入宮經由門戶皆要抽錢。⑳仍邀驢送柴至內　還攔下驢子讓農夫把柴送到宮內。㉑與之　退還給宦官。㉒須得爾驢　必須要你的驢。㉓待此然後食　依靠這頭驢子幹活吃飯。㉔不取直而歸　不收柴的本錢而空手回去。㉕死　指拼命而死。㉖毆　毆打。㉗街吏擒以聞　管理街市的小吏捉拿農夫並報告到內廷。街吏，指金吾左右街使下面的小吏。㉘詔黜宦者　下詔廢免了強取農夫柴薪的宦官。㉙具奏之　將宮市擾民的情況詳細報告德宗。㉚蘇弁　字元容，由奉天主簿累官至戶部侍郎判度支，終官滁州刺史。傳見《舊唐書》卷一百八十九下、《新唐書》卷一百三。㉛希　迎合。㉜無土著生業　沒有固定住所和為生的職業。

【語　譯】冬，十月，淮西節度使吳少誠擅自開鑿刀溝，與汝水相連，德宗派宮中宦官使者去勸阻，但吳少誠沒有聽從。於是又命兵部郎中盧羣前去責問吳少誠。吳少誠說：「開鑿刀溝這條水渠，對百姓十分有利。」盧羣說：「君王下令臣子執行，即使有利，做臣子的敢擅自行事嗎！你接到天子的命令卻不聽從，那你又如何讓部下將吏聽從你的命令呢！」吳少誠聽後趕快把這項工程停了下來。

十二月，徐州節度使張建封入京朝見。此前，宮中採買外面的物品，都是讓官吏來主持其事，採買中隨物按價付錢。近年來改由宦官作為採買的使者，稱之為宮市，壓低價錢購買別人的物品，逐漸低於本錢。後來，再也不拿宮中採買的文書，在長安東、西兩市和各繁華熱鬧場所、大街小巷安置幾百個白望人，到處察看百姓們出賣的物品，只要聲稱是宮廷採買，百姓就只得拱手把東西相送，人們無法分辨這些採買人是真是假，不敢詢問他們從哪裡來，也不敢討論價錢的高低，這些人大都用價值百錢的物品換取別人價值幾千錢的物品，還多半用重新染了紅色、紫色的舊衣服和變質的絲帛，按照尺寸撕下來給賣主充抵價款，還要索取所謂的進奉門戶錢和腳夫錢。人們帶著物品到市場上去賣，甚至有兩手空空回家去的。名義上是宮市，實際上是在搶奪物品。商人們有了好的貨物，都深深藏好。每當宮中使者出來的時候，即使是賣湯水、賣餅食的人，都不做生意而關上了門。曾經有一個農夫用驢子馱著柴禾去賣，宦官聲稱宮中要採買，拿走了柴禾，給了農夫幾尺絹充抵價款，又向農夫索要進奉門戶錢，還攔下驢子讓農夫送柴禾進宮。農夫哭了起來，把所得的幾尺絹又退還給宦官，但宦官不肯接受，說：「必須要你的驢子。」農夫說：「我還有父母和妻兒，全家都要靠這匹驢子幹活吃飯。現在我把柴禾送給你，不收柴禾錢就回去，你還不肯，那我只有一死了！」於是毆打了這個宦官。管理街市的小吏把農夫抓起來並上報朝廷。德宗下詔黜免了這個宦官，賞賜給農夫十匹絹。但是，宮中宦官們的採買也並沒有因此而改變，諫官、御史們多次上諫，德宗都不聽。張建封入京朝見，把宮市的情況詳細上奏，德宗很是讚許並聽了進去，於是就此事來詢問戶部侍郎、負責度支事務的蘇弁。蘇弁一味迎合宦官們的心思，回答說：「京城裡閒蕩而不務正業的有上萬戶人家，他們沒有固定的住所和職業，都依靠宮市來養活家小。」德宗信了蘇弁的話，所以後來凡是有關取消宮市的勸諫，一概不聽。

十四年（戊寅　西元七九八年）

春，二月乙亥❶，名申、光、蔡軍曰彰義❷。

夏，閏五月庚申❸，以神策行營節度使韓全義❹為夏、綏、銀、宥節度使。全義時屯長武城❺，詔帥其眾赴鎮。士卒以夏州磧鹵❻，又盛夏，不樂徙居。辛酉❼，軍亂，殺大將王栖巖，全義踰城走❽。都虞候高崇文❾誅首亂者，眾然後定。崇文，幽州人也。丙子❿，以崇文為長武城都知兵馬使，不降敕，令中使口宣授之⓫。

秋，七月壬申⓬，給事中、同平章事趙宗儒罷為右庶子⓭，以工部侍郎鄭餘慶⓮為中書侍郎、同平章事。

八月，初置左、右神策統軍。時禁軍戍邊，稟賜優厚⑮，諸將多請遙隸神策軍，稱行營，皆統於中尉，其軍遂至十五萬人。

京兆尹吳湊⑯屢言宮市之弊，請委之府縣[1]。宦者言湊屢奏宮市，皆右金吾都知趙洽、田秀嵒之謀也。丙午⑰，洽、秀嵒坐流天德軍⑱。

九月丙申⑲，以陝虢觀察使于頔⑳為山南東道節度使。○丁卯㉑，杞王倕㉒薨。○彰武㉓節度使吳少誠遣兵掠壽州霍山㉔，殺鎮遏使謝詳，侵地五十餘里，置兵鎮守。

太學生薛約師事司業陽城，坐言事，徙連州㉕，城送之郊外。上以城黨罪人，己巳㉖，左遷城道州㉗刺史。城治民如治家，州之賦稅不登㉘，觀察使數加誚讓㉙，城自署其考㉚曰：「撫字心勞，徵科政拙，考下下㉛。」觀察使遣判官督其賦㉜，至州，城先自囚於獄。判官大驚，馳入，謁城於獄，曰：「使君何罪！某奉命來候安否耳！」留一二日未去，城不復歸㉝。館門外㉞有故門扇橫地，城晝夜坐臥其上㉟。判官不自安，辭去。其後又遣他判官往按㊱之，他判官載妻子中道逸去㊲。

冬，十月丁酉㊳，通王諶㊴薨。○庚子㊵，夏州節度使韓全義奏破吐蕃於鹽州㊶西北。○明州㊷鎮將栗鍠殺刺史盧雲，誘山越㊸作亂，攻陷浙東州縣㊹。

【章　旨】以上為第十段，寫韓全義不武，就任夏綏銀宥節度使為士兵所逐，為討吳少誠兵敗張本。陽城為官，在朝危言直行，外任為官，造福一方。

【注　釋】❶乙亥　二月二十四日。❷彰義　方鎮名，即淮西。肅宗至德元載（西元七五六年）置，代宗大曆十四年（西元七七九年）賜號淮寧軍，至是改彰義軍。治所蔡州。❸庚申　閏五月十一日。❹韓全義　家貧寒，起於卒伍，以巧佞事宦者竇文場，累遷夏綏銀宥節度使。傳見《舊唐書》卷一百六十二、《新唐書》卷一百四十一。❺長武城　長武城在邠州，在今陝西長武西北。❻夏州磧鹵　夏州地方為沙磧鹽鹼地。夏州治所朔方城，為夏綏銀宥四州節度使鎮所，在今內蒙古烏審旗南。❼辛酉　閏五月十二日。❽踰城走　翻城牆逃走。史言韓全義懦弱無御眾的才略。❾高崇文　（西元七四五—八〇九年）憲宗時官至邠寧節度使。傳見《舊唐書》卷一百五十一、《新唐書》卷一百七十。❿丙子　閏五月二十七日。⓫令中使口宣授之　派中使宣諭口詔任命高崇文為長武城都知兵馬使。史言德宗信重宦官而輕詔命。⓬壬申　七月二十五日。⓭右庶子　東宮屬官，掌侍從啟奏。⓮鄭餘慶　（西元七四五—八二〇年）字居業，滎陽（今河南滎陽東北）人，仕德、順、憲、穆四朝。出鎮山南、鳳翔兩鎮。終官太子少師。傳見《舊唐書》卷一百五十八、《新唐書》卷一百六十五。⓯稟賜優厚　所得供給和賞賜優厚。禁軍稟給為地方軍的三倍。⓰京兆尹吳湊　京兆尹，京師行政長官。吳湊，唐肅宗吳皇后之弟，故敢屢言宮市之弊，宦官不便加罪，而以巡警京都的金吾都知趙洽、田秀嵓二人為替罪羊。⓱丙午　八月二十九日。⓲坐流天德軍　獲罪流放天德軍。天德軍，邊防軍鎮，故城在今山西大同東北。⓳丙申　九月丁未朔，無丙申，疑為丙寅，九月二十日。⓴于頔　字允元。傳見《舊唐書》卷一百五十六、《新唐書》卷一百七十二。㉑丁卯　九月二十一日。㉒杞王倕　唐肅宗第十子。㉓彰武　胡三省注：「當作『彰義』。」㉔壽州霍山　壽州所屬霍山縣，縣治在今安徽霍山縣。德宗興元元年（西元七八四年）壽州別置觀察使。㉕連州　州名，治所桂陽，在今廣東連州。㉖己巳　九月二十三日。㉗道州　州名，治所營道，在今湖南道縣西。㉘賦稅不登　賦稅收不上來。㉙誚讓　申斥。㉚城自署其考　陽城自己給自己寫上考績鑑定。㉛撫字心勞三句　此為陽城自我調侃的考評語。意謂撫育百姓，心力勞苦，徵收賦稅，政績拙劣，考績為下下等。撫字，撫養。㉜督其賦　督責徵稅。㉝城不復歸　判官不離州，陽城就不回歸府舍。㉞館門外　判官所居館門之外。㉟故門扇橫地二句　即陽城在判官下榻的館門外放一塊舊門板，日夜睡在門板上。故門扇，舊門板。㊱按　查辦。㊲中道逸去　半路逃走。㊳丁酉　十月二十一日。㊴通王諶　德宗第三子。㊵庚子　十月二十四日。㊶鹽州　州名，治所九原，在今陝西定邊。㊷明州　州名，治所鄮縣，在今浙江春，正月初九日甲寅，雅王李逸去世。

二月初三日丁丑，宣武軍節度使董晉去世。十一日乙酉，德宗任命宣武軍的行軍司馬陸長源為節度使。陸長源秉性嚴厲、急躁，自負其才，傲慢待人。判官孟叔度為人輕佻，淫亂放縱，喜歡輕慢、欺侮軍中的將士，將士們都憎恨他。董晉去世後，陸長源主持留後事務，揚言道：「將士軍紀鬆弛、懶散已久，該用軍法來整頓一下了！」大家都很害怕。有人勸陸長源發放錢財來慰勞將士，陸長源說：「我難道要效法黃河北邊的賊人，用錢來收買將士以求朝廷任命我為節度使嗎！」按以前的慣例，軍中的主帥去世後，要給軍士發放布匹以製作喪服。陸長源下令改為發放與布等值的食鹽之類物品。孟叔度於是抬高鹽價，壓低布價，每名士兵不過只得到兩三斤鹽。軍中將士心中充滿了怨恨、憤怒，陸長源對此也沒有作什麼防備。這一天，軍士們起來作亂，殺了陸長源、孟叔度，把他們切成肉塊來吃，頃刻吃盡。監軍俱文珍覺得宋州刺史劉逸準長期擔任宣武軍的大將，深得人心，便暗中派人送信召他前來。劉逸準帶兵逕直進入汴州，叛亂的士兵這才被平定下來。

德宗任命常州刺史李錡為浙西觀察使和各道鹽鐵轉運使。李錡，是李國貞的兒子。擔任閑廄、宮苑使的李齊運接受李錡賄賂的錢高達幾十萬緡，於是把李錡推薦給德宗，所以德宗任用了他。李錡侵奪盤剝百姓，搜刮財物，以向德宗進獻，德宗因此非常喜歡李錡。

二月初六日庚辰，浙東觀察使裴肅在台州擒獲叛亂的栗鍠，押送京城，把他殺了。〇十五日己丑，德宗任命劉逸準為宣武軍節度使，賜名為劉全諒。

三月初十日甲寅，吳少誠派兵襲擊唐州，殺了監軍邵國朝和鎮遏使張嘉瑜，擄掠了一千多名百姓才回去。〇十四日戊午，昭義軍節度使王虔休去世。二十四日戊辰，德宗任命河陽、懷州節度使李元淳為昭義軍節度使。

夏，四月初九日癸未，德宗任命安州刺史伊慎為安州、黃州等州節度使。〇十九日癸巳，山南西道節度使嚴震去世。〇南詔王異牟尋派使者到西川來，與韋皋相約一起進攻吐蕃，韋皋以兵馬、糧草尚未聚集為由，請等到來年。

山南西道都虞候嚴礪對嚴震諂媚奉迎，嚴震病了以後，便讓嚴礪主持留後事務，去世前留下表章向朝廷推薦嚴礪。秋，七月初三日乙巳，德宗任命嚴礪為山南西道節度使。

八月丙申❶[1]，陳許節度使曲環薨。乙未❷，吳少誠遣兵掠臨潁，陳州刺史上官涚知陳許留後，遣大將王令忠將兵三千救之，皆為少誠所虜。九月[2]丙午❸，以涚為陳許節度使，少誠遂圍許州❹。涚欲棄城走，營田副使❺劉昌裔❻止之，曰：「城中兵足以辦賊，但閉城勿與戰，不過數日，賊氣自衰。吾以全制其弊，蔑不克矣❼。」少誠晝夜急攻，昌裔募勇士千人鑿城出擊❽少誠，大破之，城由是全。昌裔，兗州❾人也。少誠又寇西華❿，陳許大將孟元陽⓫拒卻之。陳許都知兵馬使安國寧與上官涚不叶，謀翻城應少誠，劉昌裔以計斬之。召其麾下，人給二縑，伏兵要巷⓬，見持縑者悉斬之，無得脫者。

庚戌⓭[3]，宣武節度使劉全諒薨。軍中思劉玄佐之恩，推其甥都知兵馬使匡城韓弘⓮為留後。弘將兵，識其材鄙勇怯⓯，指顧必堪其事⓰。

丙辰⓱，詔削奪吳少誠官爵，令諸道進兵討之。○辛酉⓲，以韓弘為宣武節度使。先是，少誠遣使[4]與劉全諒約共攻陳許，以陳州歸宣武。使者數輩猶在館，弘悉驅出斬之。選卒三千，會諸軍擊少誠於許下。少誠由是失勢。

冬，十月乙丑[19]，邕王謜[20]薨。太子之子也，上愛而子之，及薨，諡曰文敬太子。

山南東道節度使于頔、安黃節度使伊慎、知壽州事王宗與上官涚、韓弘進擊吳少誠，屢破之。十一月壬子[21]，于頔奏拔吳房、朗山[22]。

十二月辛未[23]，中書令、咸寧王渾瑊薨于河中。瑊性謙謹，雖位窮將相，無自矜大之色。每貢物必躬自閱視，受賜如在上前[24]，由是為上所親愛。上還自興元，雖一州一鎮有兵者，皆務姑息。瑊每奏事，不過[25]，輒私喜曰：「上不疑我。」故能以功名終。

六州党項[26]自永泰[27]以來居于石州，永安鎮將[28]阿史那思暕侵漁不已，党項部落悉逃奔河西[29]。

諸軍討吳少誠者既無統帥，每出兵，人自規利，進退不壹。乙未[30]，諸軍自潰於小溵水[31]，委棄器械資糧，皆為少誠所有。於是始議置招討使。

吐蕃眾五萬分擊南詔及巂州，異牟尋與韋皋各發兵禦之，吐蕃無功而還。

【章　旨】以上為第十二段，寫朝廷大發兵征討淮西吳少誠。諸鎮官兵不設統帥，潰敗於小溵水。

【注　釋】❶丙申　八月二十五日。❷乙未　八月二十四日。❸丙午　九月初五日。❹許州　州名，治所在今河南許昌。❺營田副使　官名，主管屯田的副長官。❻劉昌裔　字光後，太原陽曲（在今山西陽曲西南）人，官至陳許節度使。傳見《舊唐書》卷一百五十一、《新唐書》卷一百七十。❼蔑不克矣　沒有不取勝的。❽鑿城出擊　從城牆穿洞出擊。❾兗州　州名，治所瑕丘縣，在今山東兗州。兩《唐書》劉昌裔本傳皆云太原陽曲人，此言兗州，當另有所據。❿西華　縣名，陳州巡縣，縣治在今河南西華西。⓫孟元陽　憲宗時官至河陽節度使。傳見《舊唐書》卷一百五十一、《新唐書》卷一百七十。⓬要巷　交通必經的街巷。⓭庚戌　九月初九日。⓮韓弘　滑州匡城（今河南長垣）人，歷仕德宗、憲宗兩朝，終官河中節度使。傳見《舊唐書》卷一百五十六、《新唐書》卷一百五十八。⓯識其材鄙勇怯　能識別部下有才與無才，勇敢與懦弱。⓰指顧必堪其事　委派調遣的人一定能勝任他承擔的工作。⓱丙辰　九月十五日。⓲辛酉　九月二十日。⓳乙丑　十月辛未朔，無乙丑。疑「十月」二字衍文。乙丑，九月二十四日。⓴邕王謜　本太子李誦（即唐順宗）之子，德宗孫，德宗愛而子之。㉑壬子　十一月十二日。㉒吳房朗山　皆縣名，淮西蔡州巡縣。吳房縣治在今河南遂平，朗山縣治在今河南確山縣。㉓辛未　十二月初二日。㉔受賜如在上前　雖然身在外地，受到德宗賞賜如同在德宗跟前一樣誠惶誠恐。㉕不過　唐制，節鎮奏事，凡經皇帝稱可者，皆轉發中書、門下二省。渾瑊奏事，德宗表示贊同後，留中不再下達二省，稱為不過。渾瑊認為這是德宗對他的信任，完全相信他的奏事。㉖六州党項　即野利越詩、野利龍兒、野利厥律、兒黃、野海、野窣等六部党項，原居於慶州、夏州等六州。自永泰以後移居於石州。石州治所在今山西離石，大河之東。㉗永泰　代宗的第二個年號（西元七六五—七六六年）。㉘永安鎮將　唐置永安鎮將於石州，控制六州党項。㉙河西　地區名，指今陝北黃河西岸地區。㉚乙未　十二月二十六日。㉛小溵水　溵又作濦。潁水東至今河南臨潁西，分為大、小二溵水，小溵水在大溵水之北，東流至郾城東入大溵水，久湮。官軍潰於小溵水，當在臨潁一帶。此為官軍的後勤基地。

【校　記】[1]丙申　原無此二字。據章鈺校，乙十六行本、乙十一行本、孔天胤本皆有此二字，張敦仁《通鑑刊本識誤》、張瑛《通鑑校勘記》同，今據補。[2]九月　原無此二字。據張敦仁《通鑑刊本識誤》，當有此二字，今據補。[3]庚戌　原誤作「庚辰」。張敦仁《通鑑刊本識誤》作「庚戌」，當是，今據校正。九月壬寅朔，無庚辰。[4]遣使　原無此二字。據章鈺校，乙十六行本、乙十一行本、孔天胤本皆有此二字，張敦仁《通鑑刊本識誤》同，今據補。

【語譯】八月二十五日丙申，陳許節度使曲環去世。二十四日乙未，吳少誠派兵搶掠臨潁，陳州刺史上官涚主持陳許節度使留後事務，派大將王令忠率三千兵馬前去救援，這些人都被吳少誠所俘虜。九月初五日丙午，德宗任命上官涚為陳許節度使，吳少誠於是帶兵圍攻許州城。上官涚打算丟下許州城逃跑，營田副使劉昌裔制止上官涚，說：「城中兵力足以打敗敵人，只要緊閉城門，不與他們交戰，過不了幾天，敵人的氣燄自然就會衰減。我們以全盛的兵力來攻擊疲憊的敵人，沒有不取勝的。」吳少誠日夜猛攻，劉昌裔召募一千名勇士鑿穿城牆出擊，把吳少誠的軍隊打得大敗，許州城因此得以保全。劉昌裔，是兗州人。吳少誠又侵犯西華縣，陳許節度使大將孟元陽率軍抵禦，擊退了吳少誠。陳許都知兵馬使安國寧與上官涚關係不好，圖謀在許州城內造反以策應吳少誠，劉昌裔用計殺了安國寧。並召集安國寧的部下，每人發給細絹兩匹，同時在他們必經的街巷中設下伏兵，見到手拿細絹的士兵就全都殺掉，結果這些人沒有一個能逃脫的。

九月初九日庚戌，宣武軍節度使劉全諒去世。軍中將士思念劉玄佐的恩德，推舉他的外甥、擔任都知兵馬使的匡城人韓弘為節度使留後。韓弘帶兵，能識別部下才能的大小，是勇敢還是怯懦，凡是委派調遣的人一定能勝任他所承擔的工作。

九月十五日丙辰，德宗下詔剝奪吳少誠的官職和爵位，命令各道進軍討伐吳少誠。○二十日辛酉，德宗任命韓弘為宣武軍節度使。此前，吳少誠派使者與劉全諒相約共同攻打陳許地區，事成之後把陳州劃歸宣武軍。吳少誠派出的幾批使者這時還在宣武軍的館舍中，韓弘把他們全部趕出來殺了。韓弘還挑選了三千名士兵，與各道的軍隊會合，在許州城下向吳少誠發起進攻。吳少誠從此勢力大受削弱。

冬，十月乙丑日，邕王李謜去世。李謜是太子的兒子，德宗很喜歡他，把他當自己的兒子一樣對待，他去世後，德宗賜諡號為文敬太子。

山南東道節度使于頔、安黃節度使伊慎、主持壽州事務的王宗與上官涚、韓弘等人率軍進擊吳少誠，屢次把他打敗。十一月十二日壬子，于頔上奏說攻下了吳房和朗山。

十二月初二日辛未，中書令、咸寧王渾瑊在河中府去世。渾瑊生性謙虛謹慎，雖然位居作為臣子頂點的將相，但毫無驕矜自大的神色。每次向德宗進貢物品，一定要親自察看，接受德宗的賞賜，雖身在外地，但就像在德宗的面前一樣誠惶誠恐，因此他深得德宗的親近和寵愛。德宗從興元府還朝以後，對一州一鎮手中握有兵權的人所上奏的事，都一味姑息。但渾瑊每次奏事，德宗總是把奏章留在宮中不轉發下去，渾瑊私下對此高興地說道：「皇上不懷疑我。」所以渾瑊能夠保持功名直到去世。

六州党項部落從永泰年間以來一直居住在石州，永安鎮將阿史那思暕對他們不停侵擾掠奪，於是党項部落全都逃到黃河以西去了。

各道軍隊討伐吳少誠，沒有一個共同的統帥，每次出兵，大家都各自謀求私利，軍隊的進退不能統一。十二月二十六日乙未，各路兵馬在小溵水自我潰散了，丟下的器械、糧食，都被吳少誠拿去了。從這時開始，朝廷才商議設置招討使。

吐蕃的軍隊五萬人分頭攻打南詔和巂州，異牟尋和韋皋各自發兵抵禦，吐蕃人一無所獲而退了回去。

十六年（庚辰　西元八〇〇年）

春，正月乙巳❶[1]，恆、冀、易、定、陳、許、河陽四軍與吳少誠戰，皆不利而退。

夏綏節度使韓全義本出神策軍，中尉竇文場愛厚之，薦於上，使統諸軍討吳少誠。二月乙酉❷，以全義為蔡州四面行營招討使，十七道兵皆受全義節度。

宣武軍自劉玄佐薨，凡五作亂❸，士卒益驕縱，輕其主帥。韓弘視事數月，皆知其主名❹。有郎將劉鍔，常為唱首。三月，弘陳兵牙門❺，召鍔及其黨三百人，數之以數預於亂，自以為功，悉斬之，血流丹道❻。自是至弘入朝二十一年❼，士卒無一人敢讙呼於城郭者。

義成監軍薛盈珍為上所寵信，欲奪節度使姚南仲軍政，南仲不從，由是有隙。盈珍譖其幕僚馬總[8]，貶泉州[9]別駕。福建觀察使柳冕[10]謀害總以媚盈珍，遣幕僚寶鼎薛戎[11]攝泉州事，使按致總罪。戎為辯析其無辜，冕怒，召戎，囚之，使守卒恣為侵辱。如此彌月，徐誘之使誣總，戎終不從，總由是獲免。冕，芳之子也。

盈珍屢毀南仲於上，上疑之。盈珍又[2]遣小吏程務盈乘驛誣奏南仲罪。牙將曹文洽亦奏事長安，知之，晨夜兼行，追及務盈於長樂驛[12]，與之同宿，中夜[13]，殺之，沈盈珍表於廁中，自作表雪南仲之冤，且首專殺[14]之罪，亦作狀白南仲[15]，遂自殺。明旦，門不啟[16]，驛吏排[17]之入，得表、狀[18]於文洽尸旁。上聞而異之，徵盈珍入朝。南仲恐盈珍讒之益深，亦請入朝。夏，四月丙子[19]，南仲至京師，待罪於金吾[20]，詔釋之，召見。上問：「盈珍擾[21]卿邪？」對曰：「盈珍不擾臣，但亂陛下法耳。且天下如盈珍輩，何可勝數！雖使羊、杜[22]復生，亦不能行愷悌之政[23]，成攻取之功也。」上默然，竟不罪盈珍，仍使掌機密。

盈珍又言於上曰：「南仲惡政，皆幕僚馬少微贊之也。」詔貶少微江南官，遣中使送之，推墜江中[24]而死。

【章　旨】以上為第十三段，寫韓弘鎮宣武盡誅唱亂者，一方始安。德宗放縱各鎮中使監軍為所欲為，義成軍監軍薛盈珍罪惡昭著，德宗釋而不問。

【注　釋】❶乙巳　正月初六日。❷乙酉　二月十七日。❸凡五作亂　貞元八年（西元七九二年）劉玄佐卒，至貞元十四年，七年之間，總計有五次兵變。貞元八年玄佐卒時，汴兵拒吳湊而立其子士寧，此其一；接著李萬榮逐士寧，十年，韓惟清等亂，此其二；十二年李萬榮死，其子迺以兵亂，此其三；董晉入汴，鄧惟恭復謀亂，此其四；十四年，董晉卒，兵又亂，殺留後陸長源，此其五。❹主名　為首鬧兵變的人名。❺牙門　節鎮衙門。❻血流丹道　流血染紅了道路。❼二十一年　韓弘貞元十五年主汴，至憲宗元和十四年（西元八一九年）入朝，凡二十一年。❽馬總　字會元，扶風（今陝西扶風）人，歷官嶺南都護、桂管觀察使，以及淮西、忠武、天平等節度使。傳見《舊唐書》卷一百五十七、《新唐書》卷一百六十三。❾泉州　州名，治所在今福建泉州。❿柳冕　字敬叔，肅宗朝史官，集賢殿學士柳芳之子。傳見《舊唐書》卷一百四十九、《新唐書》卷一百三十二。⓫薛戎　字元夫，河中寶鼎（今山西萬榮西南）人，官至浙東觀察使。傳見《舊唐書》卷一百五十五、《新唐書》卷一百六十四。⓬長樂驛　在長安城東滻水西岸。⓭中夜　半夜。⓮專殺　擅自殺人。⓯作狀白南仲　寫下情由稟報姚南仲。⓰門不啓　門不開。⓱排　撞開館門。⓲表狀　表，指上奏朝廷的奏章。狀，指寫給姚南仲的報告。⓳丙子　四月初八日。⓴待罪於金吾　在金吾仗院等候治罪。唐制，凡內、外官待罪者，皆詣金吾仗院。金吾仗院在西京大明宮丹鳳門內，含元殿前，分左、右。㉑擾　干擾政事。㉒羊杜　西晉名將羊祜、杜預。㉓愷悌之政　和樂平易的政治。愷悌，語出《詩經·旱麓》：「愷悌君子，福祿攸降。」《左傳》僖公十二年傳引用為：「《詩》云：『愷悌君子，神所勞矣。』」㉔江中　長江中。

【校　記】①乙巳　原無此二字。據章鈺校，乙十六行本、乙十一行本、孔天胤本皆有此二字，張敦仁《通鑑刊本識誤》、張瑛《通鑑校勘記》同，今據補。②又　原作「乃」。據章鈺校，乙十六行本、乙十一行本、孔天胤本皆作「又」，義長，今據改。

【語　譯】十六年（庚辰　西元八〇〇年）

春，正月初六日乙巳，恆冀、易定、陳許、河陽四鎮的軍隊與吳少誠交戰，全都不利而退回。夏綏節度使韓全義原本出自神策軍，護軍中尉竇文場十分喜歡他，對他很好，並把他推薦給德宗，讓他統帥各軍討伐吳少誠。二月十七日乙酉，德宗任命韓全義為蔡州四面行營招討使，十七個軍鎮的兵馬都受韓全義調度指揮。

宣武軍從劉玄佐去世以後，總共五次作亂，士兵們越來越驕橫放縱，輕視他們的主帥。韓弘上任主政幾個月以後，掌握了為首作亂的人的名字。有一名郎將叫劉鍔，經常倡導作亂。三月，韓弘在軍府的牙門外布置重兵，把劉鍔及其黨羽三百人召來，歷數他們多次參與作亂，還自以為有功，把他們全都殺了，血流染紅了道路。從此以後，直到韓弘入朝，在這二十一年中，沒有一個將士敢在城內外喧譁呼叫的。

義成軍的監軍薛盈珍受到德宗的寵信，想奪取節度使姚南仲統軍的大權，姚南仲不肯答應，於是兩人間的關係有了裂痕。薛盈珍誣陷姚南仲的幕僚馬總，把他貶為泉州別駕。福建觀察使柳冕企圖陷害馬總以討好薛盈珍，派幕僚竇鼎人薛戎去代理主持泉州事務，讓他調查羅織馬總的罪名。薛戎為馬總辯解，認為馬總無罪，柳冕大怒，召回薛戎，把他囚禁起來，還讓看守監獄的士兵肆意侵犯侮辱他。這樣過了一個多月，柳冕又慢慢誘導薛戎，讓他誣陷馬總，薛戎始終不答應，馬總因此得免一劫。柳冕，是柳芳的兒子。

薛盈珍屢次在德宗面前詆毀姚南仲，德宗開始對姚南仲有了懷疑。薛盈珍又派一名小吏程務盈乘驛車去朝廷誣奏姚南仲有罪。義成軍的牙將曹文洽也要到長安城去奏事，知道了這件事，便日夜兼程，在長安城附近的長樂驛追上了程務盈，與他一起住宿，半夜時分，把程務盈殺了，把薛盈珍誣陷姚南仲的奏表沉入廁所之中，自己寫了一份奏表為姚南仲洗雪冤枉，並且自首了擅自殺死程務盈的罪過，還寫了一份狀文把事情經過稟告姚南仲，然後自殺。第二天早上，曹文洽住的房門打不開，驛站的官吏撞開門進去，在曹文洽的屍體旁發現了曹文洽寫的奏表和狀文。德宗聽說這件事後，感到很驚異，徵召薛盈珍入京朝見。姚南仲擔心薛盈珍會變本加厲地誣陷自己，也請求入京朝見。夏，四月初八日丙子，姚南仲到了京城，在金吾仗院內等候德宗治罪，德宗下詔開釋了姚南仲，並且召見他，德宗問：「薛盈珍干擾了你嗎？」姚南仲回答說：「薛盈珍沒有干擾我，只是擾亂了陛下的法度而已。而且，天下像薛盈珍這樣的人，哪裡能數得過來！即便是晉朝的羊祜、杜預這種賢臣復活，也不能推行和樂平易的政治，成就開疆拓土的功業啊。」德宗默不作聲，但最終還是沒有治薛盈珍的罪，繼續讓薛盈珍掌管機密事務。

薛盈珍又對德宗說：「姚南仲政績惡劣，都是幕僚馬少微在幫助他。」德宗下詔把馬少微貶到江南為官，並派宮中宦官使者押送，宮中的使者把馬少微推落到長江中淹死了。

黔中❶觀察使韋士宗❷，政令苛刻。丁亥❸，牙將傅近等逐之，出奔施州❹。

○新羅王敬則❺卒。庚寅❻，冊命其嫡孫俊邕為新羅王。

韓全義素無勇略，專以巧佞貨賂結宦官得為大帥，每議軍事，宦者為監軍者數十人坐帳中爭論，紛然莫能決而罷。天漸暑，士卒久屯沮洳之地❼，多病疫，全義不存撫[1]，人有離心。五月庚戌❽，與吳少誠將吳秀、吳少陽❾等戰于溵南❿廣利原，鋒鏑纔交，諸軍大潰。秀等乘之，全義退保五樓⓫。少陽，滄州清池人也。

山南東道節度使于頔因討吳少誠，大募戰士，繕甲厲兵，聚斂貨財，恣行誅殺，有據漢南之志，專以慢上陵下為事。上方姑息藩鎮，知其所為，無如之何。頔誣鄧州⓬刺史元洪贓罪，朝廷不得已流洪端州⓭，遣中使護送至棗陽⓮。頔遣兵劫取歸襄州，中使奔歸。頔表洪責太重，上復以洪為吉州⓯長史，乃遣之。又怒判官薛正倫，奏貶峽州⓰長史。比敕下，頔怒已解，復奏留為判官。上一一從之。

【章　旨】以上為第十四段，寫官軍招討使韓全義無勇無謀，被吳少誠叛軍大敗於溵水南。山南東道節度使于頔以討逆為名大募戰士以圖割據，德宗姑息不問。

【注　釋】❶黔中　方鎮名，代宗大曆十二年（西元七七七年）置黔中觀察使。治所黔州，在今重慶市彭水苗族土家族自治縣。❷韋士宗　原名韋士伋，貞元十六年改名士宗，又名士及。❸丁亥　四月十九日。❹施州　州名，治所清江縣，在今湖北恩施。❺敬則　《舊唐書》卷一百九十九上、《新唐書》卷二百二十〈東夷傳〉皆作「敬信」。❻庚寅　四月二十二日。❼沮洳之地　低窪潮溼之地。❽庚戌　五月十三日。❾吳少陽　滄州清池（今河北滄州東南）人，吳少誠養弟。少誠死，吳少陽殺其子，自稱留後，朝廷遂命為淮西節度使。傳見《舊唐書》卷一百四十五、《新唐書》卷二百十四。❿溵南　溵水之南。⓫五樓　地名，在今河南商水縣西南。⓬鄧州　州名，治所在今河南鄧州。⓭端州　州名，治所在今廣東肇慶。⓮棗陽　縣名，縣治在今湖北棗陽。⓯吉州　州名，治所在今江西吉安。⓰峽州　州名，治所在今河南陝縣。

【校　記】[1]全義不存撫　原無此句。據章鈺校，乙十六行本、乙十一行本皆有此句，張敦仁《通鑑刊本識誤》同，今據補。孔天胤本亦有此句，「撫」作「恤」。

【語　譯】黔中觀察使韋士宗，實施政令嚴厲刻薄。四月十九日丁亥，牙將傅近等趕走了他，他逃到施州去了。

○新羅王敬則去世。二十二日庚寅，德宗冊封敬則的嫡孫俊邕為新羅王。

韓全義平素無勇無謀，專門靠花言巧語奉承和行賄與宦官結上關係，才得以擔任統攝各路兵馬的大帥，每次討論軍事時，擔任監軍的宦官幾十人坐在大帥帳中爭論，意見紛紛，沒有誰能做出決斷，只好作罷。天氣漸漸炎熱起來，士兵們長期屯駐在低窪潮溼之地，很多人得了瘟疫，韓全義不加撫恤，人們逐漸產生了背離之心。五月十三日庚戌，朝廷各軍在溵水南面的廣利原與吳少誠的將領吳秀、吳少陽等人的軍隊交戰，雙方才一交鋒，朝廷各軍就紛紛潰散。吳秀等人乘勝進擊，韓全義只得退守到五樓。吳少陽，是滄州清池縣人。

山南東道節度使于頔利用討伐吳少誠，大規模召募士兵，修整鎧甲兵器，搜刮百姓的錢財，肆無忌憚地實施誅殺，有佔據漢水以南地區的意圖，專門做些輕慢朝廷、欺陵屬下的事情。德宗這時對各軍鎮正一味姑息，雖然知道于頔的所作所為，但也沒採取什麼措施來對付。于頔誣陷鄧州刺史元洪貪贓受賄，朝廷迫不得已，把元洪流放到端州，派宮中的宦官使者護送元洪到棗陽。于頔派兵把元洪搶回到襄州，護送的宮中宦官使者逃回長安。于頔上表稱對元洪的責罰太重，德宗只得又把元洪改貶為吉州長史，于頔這才放元洪走。于頔又對判官薛正倫心懷憤怒，上奏朝廷把薛正倫貶為峽州長史。等到朝廷批准的敕令頒下時，于頔的怒氣已消，他又上奏讓薛正倫繼續留任判官。德宗對此都一一依從。

徐、泗、濠節度使張建封鎮彭城十餘年❶，軍府稱治。病篤，累表[1]請除代人。辛亥❷，以蘇州❸刺史韋夏卿❹為徐、泗、濠行軍司馬。敕下，建封已薨。夏卿，執誼之從祖❺兄也。徐州判官鄭通誠知留後，恐軍士為變，會浙西兵過彭城，通誠欲引入城為援。軍士怒，壬子❻，數千人斧庫門，出甲兵擐執之，圍牙城，劫建封子前虢州參軍愔❼令知軍府事，殺通誠及大將段伯熊等數人，械繫監軍。上聞之，以吏部員外郎李鄘❽為徐州宣慰使❾。鄘直抵其軍，召將士宣朝旨，諭以禍福，脫監軍械，使復其位，凶黨不敢犯。愔上表稱兵馬留後，鄘以非朝命，不受❿，使削去，然後受之以歸⓫。

靈州破吐蕃於烏蘭橋⓬。

丙寅⓭，韋士宗復入黔中⓮。

湖南觀察使河中呂渭⓯奏發永州⓰刺史陽履贓賄，履表稱所斂物皆備進奉。

上召詰長安，丁丑⑰[2]，命三司使鞫之⑱，詰其物費用所歸⑲。履曰：「已市馬進之矣⑳。」又詰馬主為誰？馬齒幾何？對曰：「馬主，東西南北之人，今不知所之。按禮，齒路馬有誅㉑，故不知其齒㉒。」所對率如此。上悅其進奉之言，釋之，但免官而已。

丙戌㉓，加淄青節度使李師古同平章事。

徐州亂兵為張愔表求旄節，朝廷不許。加淮南節度使杜佑㉔同平章事，兼徐、濠、泗節度使，使討之。佑大具舟艦，遣牙將孟準為前鋒。濟淮而敗，佑不敢進。泗州刺史張伾㉕出兵攻埇橋㉖，大敗而還。朝廷不得已除愔徐州團練使，以伾為泗州留後，濠州刺史杜兼㉗為濠州留後，仍加佑兼濠泗觀察使。

【章　旨】以上為第十五段，寫徐泗濠軍鎮因換帥而引發動亂，德宗不得已任命張愔為留後，杜佑只為名義觀察使。

【注　釋】❶張建封鎮彭城十餘年　貞元四年（西元七八八年）德宗置徐泗濠節度使，以張建封為節鎮，至此十二年。❷辛亥　五月十四日。❸蘇州　州名，治所吳縣，在今江蘇蘇州。❹韋夏卿　字雲客，翰林學士韋執誼堂兄。授徐泗濠行軍司馬，因徐州軍亂，召還為吏部侍郎。官至東都留守。傳見《舊唐書》卷一百六十五、《新唐書》卷一百六十二。❺從祖　叔祖或伯祖。❻壬子　五月十五日。❼愔　即張愔，張建封子，以蔭補虢州參軍。建封死後，徐州軍擁為留後，德宗宣慰失效，割濠、泗分治，以張愔為徐州留後，俄進為武寧軍節度使，領徐一州。傳見《舊唐書》卷一百四十、《新唐書》卷一百五十八。❽李

鄘　字建侯，性剛直，德宗拜為宣慰使。順宗時進御史中丞，憲宗時為京兆尹，以檢校禮部尚書為鳳翔、隴右節度使，後又為淮南節度使。傳見《舊唐書》卷一百五十七、《新唐書》卷一百四十六。❾宣慰使　朝廷派出大臣巡撫災區或亂兵地區恢復秩序的特使，全稱宣慰安撫使，省稱宣慰使，或安撫使。❿不受　李鄘不接受張愔自署「兵馬留後」的奏表。⓫受之以歸　李鄘接受張愔刪去「兵馬留後」的奏表回到朝廷。⓬烏蘭橋　浮橋名，在今甘肅靖遠西北黃河上。⓭丙寅　五月二十九日。⓮韋士宗復入黔中　本年四月為牙將傅近所逐，出奔施州。⓯呂渭　字君載，河中府（今山西永濟西）人，官至禮部侍郎，終官潭州刺史兼湖南觀察使。傳見《舊唐書》卷一百三十七、《新唐書》卷一百六十。⓰永州　州名，治所零陵縣，在今湖南零陵。⓱丁丑　五月戊戌朔，無丁丑。下文有丙戌，上下對照，疑丁丑前脫「六月」二字。丁丑，六月初十日。⓲命三司使鞫之　命中書、門下、御史臺三司會審陽履。⓳詰其物費用所歸　責問陽履搜刮的物資費用到哪裡去了。⓴市馬進之矣　買成馬匹進奉皇帝了。㉑齒路馬有誅　語出《禮記・曲禮上》。依據《禮記》，打聽君主用馬的年齡應判死罪，陽履引此拒絕回答三司的會審。路馬，為天子拉路車之馬，即御馬。㉒不知其齒　不知道馬的年齡。㉓丙戌　六月十九日。㉔杜佑　（西元七三五—八一二年）字君卿，京兆萬年（今陝西西安東）人，歷任嶺南、淮南等節度使，入為宰相。順宗時任度支鹽鐵使。精通典故，著《通典》行於世。傳見《舊唐書》卷一百四十七、《新唐書》卷一百六十六。㉕張伾　本為澤潞將，以功遷泗州刺史。傳見《舊唐書》卷一百八十七下、《新唐書》卷一百九十三。㉖埇橋　即符離橋，在今安徽宿縣城南，跨古汴水上，當江、淮運路要衝。㉗杜兼　字處弘，太宗、高宗時宰相杜正倫五世孫。憲宗時官至河南尹。傳見《舊唐書》卷一百四十六、《新唐書》卷一百七十二。

【校　記】①累表　原無此二字。據章鈺校，乙十六行本、乙十一行本、孔天胤本皆有此二字，張敦仁《通鑑刊本識誤》、張瑛《通鑑校勘記》同，今據補。②丁丑　嚴衍《通鑑補》改作「丁卯」。丁卯，五月三十日。

【語　譯】徐、泗、濠三州節度使張建封鎮守彭城十多年，軍府事務治理有方。他病勢沉重，多次上表朝廷請求任命代替自己職務的人。五月十四日辛亥，德宗任命蘇州刺史韋夏卿為徐、泗、濠三州行軍司馬。朝廷的敕令頒下時，張建封已經去世。韋夏卿，是韋執誼的堂兄。徐州判官鄭通誠主持留後事務，擔心軍中將士叛變，恰逢浙西的軍隊路過彭城，鄭通誠打算把他們迎進城來作為外援。軍中將士對此十分憤怒，十五日壬子，幾千名將士用斧頭劈開軍械庫大門，拿出鎧甲兵器，全副武裝，包圍了軍府所在的牙城，劫持張建封的兒子前任虢州參軍張愔，讓他來主持軍府事務，還殺了鄭通誠和大將段伯熊等幾個人，給監軍戴上刑具關押起來。德宗聽到這件事後，任命吏部員外郎李鄘為徐州宣慰使。李鄘逕直來到軍中，召集將士們宣布朝廷的旨意，講清何者為禍何者為福以開導他們，並把監軍身上的刑具卸下來，讓他官復原職，那夥參與叛亂的將士不敢冒犯李鄘。張愔上表自稱兵馬留後，李鄘因張愔的兵馬留後職務不是朝廷任命的，不接受他的奏表，讓他削去兵馬留後的稱謂，然後才收下他的奏表，回到朝廷。

靈州的唐軍在烏蘭橋擊敗吐蕃人。

五月二十九日丙寅，黔中觀察使韋士宗重又回到黔中。

湖南觀察使河中人呂渭上奏朝廷，告發永州刺史陽履貪贓受賄，陽履上表聲稱自己所搜刮的錢物都是準備進貢的。德宗召陽履前來長安。丁丑日，德宗命御史臺等三司會審陽履，查問他搜刮的錢物都到哪裡去了。陽履回答說：「已經買馬進獻給皇帝了。」又問陽履賣馬的人是誰？馬的年齡有多大？陽履回答說：「賣馬的主人，東西南北的人都有，現在不知道他們到哪裡去了。《禮記》上說：打聽君王御用馬的年齡要受誅殺，所以我不知道那些馬的年齡。」陽履的回答大多如此。德宗喜歡陽履所說的是用來進貢的話，把他釋放了，僅僅是免去了他的官職而已。

六月十九日丙戌，德宗加封淄青節度使李師古同平章事。

徐州叛亂的士兵為張愔向朝廷上表請求授給節度使的旌節，朝廷沒有答應。德宗加封淮南節度使杜佑同平章事，並兼任徐、濠、泗節度使，讓他率軍討伐徐州。杜佑大規模置備艦船，派牙將孟準擔任前鋒。但孟準渡淮水交戰失敗，杜佑不敢貿然前進。泗州刺史張伾出兵攻打埇橋，被打得大敗而回。朝廷迫不得已只好任命張愔為徐州團練使，又任命張伾為泗州留後，任命濠州刺史杜兼為濠州留後，仍然加授杜佑兼任濠泗觀察使。

兼，正倫五世孫也，性狡險彊忍❶。建封之疾亟也，兼陰圖代之，自濠州疾驅至府。幕僚李藩❷與同列入問建封疾，出見之，泣曰：「僕射❸疾危如此，公宜在州防遏。今棄州此來，欲何為也！宜速去，不然，當奏之。」兼錯愕❹出不意，遂徑歸。建封薨，藩歸揚州❺。兼誣奏藩於建封之薨搖動軍情，上大怒，密詔杜佑使殺之。佑素重藩，懷詔旬日❻不忍發，因引藩論佛經曰：「佛言果報❼，有諸？」藩曰：「有之。」佑曰：「審如此❽，君宜遇事無恐。」因出詔示藩。藩神色不變，曰：「此真報也❾。」佑曰：「君慎勿出口，吾已密論❿，用百口保君⓫矣！」上猶疑之，召藩詣長安，望見藩儀度安雅，乃曰：「此豈為惡者邪！」即除祕書郎⓬。

新羅王俊邕卒，國人立其子重熙。

秋，七月，吳少誠進擊韓全義於五樓，諸軍復大敗，全義夜遁，保溵水縣⓭城。

盧龍節度使劉濟弟源為涿州刺史，不受濟命，濟引兵擊擒之。

九月癸卯⓮，義成節度使盧羣薨。甲戌⓯[1]，以尚書左丞⓰李元素⓱代之。賈耽曰：「凡就軍中除節度使，必有愛憎向背，喜懼者相半，故眾心多不安。自今願陛下只自朝廷除人，庶無它變。」上以為然。

中書侍郎、同平章事鄭餘慶與戶部侍郎、判度支于碩素善⑱，碩所奏事，餘慶多勸上從之。上以為朋比⑲，庚戌⑳，貶餘慶郴州㉑司馬，碩泉州司戶。碩，頔之兄也。

癸丑㉒，吳少誠進逼溵水數里置營，韓全義復帥諸軍退保陳州。宣武、河陽兵私歸本道，獨陳許將孟元陽、神策將蘇光榮帥所部留軍溵水。全義以詐誘昭義將夏侯仲宣、義成將時昂、河陽將權文變㉓、河中將郭湘等斬之，欲以威眾。全義至陳州，刺史劉昌裔登城謂之曰：「天子命公討蔡州，今乃來此，昌裔不敢納，請舍于城外。」既而昌裔齎牛酒入全義營犒師，全義驚喜，心服之。己未㉔，孟元陽等與吳少誠戰，殺二千餘人。

庚申㉕，以太常卿齊抗為中書舍人、同平章事。○癸亥㉖，以張愔為徐州留後。

冬，十月，吳少誠引兵還蔡州。先是，韋皋聞諸軍討少誠無功，上言：「請以渾瑊、賈耽為元帥㉗，統諸軍。若重煩元老㉘，則臣請以精銳萬人下巴峽，出荊楚，以翦凶逆。不然，因其請罪而赦之，罷兩河諸軍以休息公私，亦策之次也。」

若少誠一旦罪盈惡稔㉙，為麾下所殺，則又當以其爵位授之，是除一少誠，生一少誠，為患無窮矣。」賈耽言於上曰：「賊意蓋亦望恩貸㉚，恐須開其生路㉛。」上從之。會少誠致書幣於監軍者求昭洗㉜，監軍奏之。戊子㉝，詔赦少誠及彰義將士，復其官爵。

己丑㉞，河東節度使李說薨。甲午㉟，以其行軍司馬鄭儋為節度使。上擇可以代儋者，以刑部員外郎嚴綬嘗以幕僚進奉，記其名，即用為河東[2]行軍司馬。

吐蕃數為韋皋所敗，是歲，其曩貢、臘城等九節度嬰、籠官馬定德帥其部落來降。定德有智略，吐蕃諸將行兵，皆稟其謀策，常乘驛計事。至是以兵數不利，恐獲罪，遂來奔。

【章旨】以上為第十六段，寫德宗討叛無恆心，少信心，吳少誠兵敗上書朝廷寬大，德宗藉勢發布赦令，朝廷征討淮西，無功而終。

【注釋】❶性狡險彊忍　生性狡黠陰險，強悍殘忍。❷李藩　字叔翰，時為張建封幕僚。憲宗時官至宰相。傳見《舊唐書》卷一百四十八、《新唐書》卷一百六十九。❸僕射　張建封加官檢校尚書右僕射，故稱。❹錯愕　吃驚不知所措。❺藩歸揚州　李藩家在揚州。楊，通「揚」。❻旬日　十日。❼果報　因果報應。❽審如此　真有因果報應。❾此真報也　這是真正的報應啊。語意雙關，指杜兼挾嫌報私仇。❿密論　祕密上奏分辯陳說。⓫用百口保君　用全家為你擔保。百口，言其多，滿門的代用語。⓬祕書郎　祕書省屬官，定員四人，分掌圖書經史子集。⓭溵水縣　縣治在今河南商水縣。⓮癸卯　九月初八日。⑮甲戌　九月丙申朔，無甲戌。甲戌，十月初九日。⑯尚書左丞　尚書省佐吏，分左、右，職掌省內禮儀，彈劾御史所舉不當。⑰李元素　代盧羣為義成（即鄭滑）節度使。憲宗時召為御史大夫，終官戶部尚書、判度支。傳見《舊唐書》卷一百三十二、《新唐書》卷一百四十七。⑱素善　一向友好。⑲朋比　拉幫結派；互相勾結。⑳庚戌　九月十五日。㉑郴州　州名，治所在今湖南郴縣。㉒癸丑　九月十八日。㉓權文變　《舊唐書》卷一百六十二〈韓全義傳〉、《新唐書》卷二百十四〈吳少誠傳〉作「權文度」。㉔己未　九月二十四日。㉕庚申　九月二十五日。㉖癸亥　九月二十八日。㉗先是四句　渾瑊死於去年十二月，韋皋上言在渾瑊未死之前，故云「先是」。㉘重煩元老　不願煩勞元老大臣。元老，對渾瑊、賈耽的尊稱。㉙罪盈惡稔　即罪惡滿盈。稔，熟，亦滿盈之意。㉚恩貸　開恩寬大。㉛開其生路　留一條生路。㉜昭洗　洗刷冤屈。㉝戊子　十月二十三日。㉞己丑　十月二十四日。㉟甲午　十月二十九日。

【校　記】①甲戌　嚴衍《通鑑補》改作「甲辰」。甲辰，九月初九日。②河東　原無此二字。據章鈺校，乙十六行本、乙十一行本、孔天胤本皆有此二字，今據補。

【語　譯】杜兼，是杜正倫的五世孫子，生性狡黠陰險，強悍殘忍。張建封病重時，杜兼暗中圖謀取代張建封的職務，從濠州急速騎馬趕到軍府。軍府幕僚李藩與同班官員進去問候張建封的病情，出來見到杜兼，哭著對杜兼說：「張僕射病情危急成這樣，你應該在本州加強防備，現在你丟下本州事務跑到這裡來，打算幹什麼呢！你應該速速離去，不然的話，我就要上奏朝廷了。」杜兼倉促間大吃一驚，感到出乎意料之外，於是就逕直回濠州去了。張建封去世後，李藩回到揚州。杜兼向朝廷上奏，誣告李藩在張建封去世時動搖軍心，德宗大怒，祕密頒詔令給杜佑，讓他殺了李藩。杜佑一向很看重李藩，懷揣詔令十多天，不忍心再打開，於是找藉口請李藩前來討論佛經說：「佛家說因果報應，有這種事嗎？」李藩說：「有這種事情。」杜佑說：「果真如此的話，你最好遇到什麼事情都不要恐慌。」於是拿出詔令給李藩看。李藩神色不變，說道：「這是真正的報應啊。」杜佑說：「你千萬不要把這件事說出去，我已祕密奏報皇上分辯陳說，用我全家百人性命來為你擔保！」但德宗還是懷疑李藩，就召李藩前來長安，遠遠看去，李藩的儀容風度安詳高雅，德宗於是說：「這難道會是作惡的人嗎！」當即任命李藩擔任祕書郎。

新羅王俊邕去世，新羅國人擁立俊邕的兒子重熙為王。

秋，七月，吳少誠在五樓進擊韓全義，韓全義統領的各軍又一次大敗，韓全義率軍連夜逃走，退守溵水縣城。

盧龍節度使劉濟的弟弟劉源擔任涿州刺史，不服從劉濟的命令，劉濟率軍進擊，抓獲了劉源。

九月初八日癸卯，義成軍節度使盧羣去世。甲戌日，德宗任命尚書左丞李元素去代替盧羣的職務。賈耽說：「凡是在本軍鎮中挑選任命節度使，此人一定會有好惡向背，軍中喜歡他的和懼怕他的各佔一半，所以軍心大多不安。從今以後，希望陛下只從朝廷內選拔任命節度使，這樣也許才不會發生其他變故。」德宗覺得賈耽說得很有道理。

中書侍郎、同平章事鄭餘慶與戶部侍郎、兼負責度支事務的于頔兩人關係一向很好，于頔所上奏的事情，鄭餘慶大多勸德宗依從。德宗覺得他們兩人拉幫結派，九月十五日庚戌，德宗把鄭餘慶貶為郴州司馬，把于頔貶為泉州司戶。于頔，是于頔的哥哥。

九月十八日癸丑，吳少誠進逼到離溵水縣城只有幾里遠的地方紮營，韓全義又率領各軍退守陳州。宣武軍和河陽軍的兵馬私自回到本道去了，只有陳許鎮的將領孟元陽、神策軍的將領蘇光榮率領部下留駐在溵水縣。韓全義使用欺騙手段引誘昭義軍的將領夏侯仲宣、義成軍的將領時昂、河陽軍的將領權文變、河中軍的將領郭湘等人來陳州，把他們都殺了，打算藉此威懾各軍。韓全義到了陳州，陳州刺史劉昌裔登上城牆對韓全義說：「天子命令您討伐蔡州，您現在卻來到這裡，我不敢讓你們進城，請在城外紮營住宿吧。」不久，劉昌裔又帶著牛肉和酒進入韓全義的軍營慰勞將士，韓全義又驚又喜，內心對劉昌裔十分佩服。二十四日己未，孟元陽等人與吳少誠的軍隊交戰，殺了吳少誠軍兩千多人。

九月二十五日庚申，德宗任命太常卿齊抗為中書舍人、同平章事。〇二十八日癸亥，德宗任命張愔為徐州留後。

冬，十月，吳少誠率軍回到蔡州。在此之前，韋皐聽說各軍討伐吳少誠沒有成功，上奏德宗說：「請求任命渾瑊、賈耽為元帥，統領各軍。如果陛下不想煩勞元老大臣，那麼我請求率領精銳將士一萬人順巴峽而下，東出荊楚以翦除那些兇惡叛逆之徒。否則的話，就乘吳少誠請罪之機而赦免他，撤回黃河、淮河一帶征討的各軍，讓官府和百姓都能得到休息，這也可以作為次一等的策略。如果吳少誠一旦惡貫滿盈，被部下殺了，那麼又得把官職爵位授給殺吳少誠的那個人，這樣是除掉一個吳少誠，又生出另一個吳少誠，造成的禍患就沒完沒了了。」賈耽對德宗說：「叛賊的內心其實也希望陛下能對他們開恩寬大，恐怕需要給他們開放一條生路。」德宗採納了這一主張。正好吳少誠給朝廷軍隊的監軍送去書信和禮物，希望洗刷冤屈，監軍把此事上奏德宗。二十三日戊子，德宗下詔赦免了吳少誠和彰義軍的將士，恢復吳少誠的官職爵位。

十月二十四日己丑，河東節度使李說去世。二十九日甲午，德宗任命河東軍的行軍司馬鄭儋為節度使。德宗又要選擇能夠替代鄭儋職務的人，因為刑部員外郎嚴綬曾以幕僚的身分向朝廷進貢，德宗記住了他的名字，就任命嚴綬為河東軍的行軍司馬。

吐蕃多次被韋皋打敗，這一年，吐蕃曩貢、臘城等九節度嬰和籠官馬定德率領他們的部眾向韋皋投降。馬定德有智有謀，吐蕃各將用兵，都採用他的謀略計策，他常常坐在驛車中籌劃事情。到這時，因用兵多次失利，擔心獲罪，所以前來投降。

【研　析】本卷研析三事：陸贄罷相、陽城諫諍、德宗還京興弊政。

陸贄罷相。陸贄於貞元八年四月拜相，到貞元十年十二月罷相，任職兩年又八個月。不久，再貶為忠州別駕。德宗自逐陸贄出京，不再設用宰相。十年無赦，陸贄死於貶所。

戶部侍郎、判度支裴延齡，是一個不懂財務的奸佞小人，他是由奸相盧杞、竇參提拔起來的奸臣。裴延齡的奸佞之術，青出於藍而勝於藍，盧杞、竇參皆不能望其項背。裴延齡造假帳，聲稱國庫年年有餘額，另造新庫儲藏餘額以供德宗揮霍。裴延齡轉移庫藏，甲庫轉乙庫，乙庫轉丙庫，轉移中扣出白銀布帛，妄稱從垃圾中拾得，另立雜庫供德宗調用。裴延齡還對德宗說：「《禮經》上說，天下財賦都是天子的私產。財賦分為三份，一份供宗廟，一份充賓客，一份為庖廚生活費用。」德宗說：「經義如此，為什麼沒人對朕說過？」裴延齡說：「愚儒不通經術，只有臣一人懂得，陛下有事問臣就對了。」如此狂愚之言，德宗迷惑地點頭而已。德宗要造神龍寺，發愁找不到五十尺長的松木，裴延齡說：「同州有一座山谷，有數千株長八十尺的松木。」德宗說：「開元、天寶時要找這樣的松木，都是到嵐州、勝州採購，近處並沒有這等松木。」裴延齡說：「高大樹木是聖君出現才生長，開元、天寶時不配有這樣的高大樹木。」裴延齡的荒誕大多如此，德宗卻寵遇日隆。群臣敢怒不敢言，只有陸贄一個人揭露裴延齡奸佞，德宗反以為陸贄妒忌，更加信任裴延齡。陸贄左右親近的人勸陸贄不要太露鋒芒，陸贄說：「我上不辜負天子，下不辜負平生所學，其他的事顧不上了。」於是上了一道痛陳裴延齡的奏章，德宗十分惱怒，罷了陸贄的相位。裴延齡乘機妄奏陸贄怨望，有非常舉動。德宗為了耳根清淨，當然不察虛實，貶陸贄出京，遠放為忠州別駕。

忠州刺史李吉甫，是陸贄當政時被貶的。陸贄的親人對陸贄的安危捏了一把冷汗，陸贄也有愧對之心。李吉甫卻用宰相禮迎接陸贄，兩人成了好朋友，陸贄的安全得到了保障。公理自在人心。陸贄伴昏君，是他的不幸。陸贄能得善終，則是有幸。

陽城諫諍。陽城，字亢宗，北平（今河北滿城）人。家貧不能得書，自求為集賢院抄書手，偷讀官書，晝夜不出房，苦讀六年，自學成才，成為通儒，隱居於中條山。李泌為相，薦為著作郎，不就。德宗以諫議大夫徵召，陽城不再推辭。人們寄予厚望，都認為陽城會極言時務，恐怕要死在諫臣職位上。陽城到京，整日與賓客飲酒，不過問政事，人們大失所望。等到陸贄遭貶，衛尉卿張滂、京兆尹李充、前司農卿李銛等耿正財務大臣，裴延齡不能容，被誣為陸贄同黨亦遭貶，事態還在擴大有興大獄之勢。這時陽城拍案而起，說：「不可令天子信用姦臣，殺無罪人。」陽城為首與左拾遺王仲舒、歸登、右補闕熊執易、崔邠等守延英門，上疏痛陳裴延齡奸惡，陸贄無罪。陽城被降職，最終亦被貶出京。不久，裴延齡死，朝野相慶，只有德宗一個人哀痛。

德宗是一個昏君，卻又有一些小聰明。昏愚如三國蜀漢阿斗劉禪，安於昏愚，還好治理，德宗昏而好自用，難以侍候。危難時用忠臣，這是德宗之明，他知道只有忠臣才能救駕，安定下來，德宗就只信用奸佞，排斥忠良，因為奸佞在位，皇帝才可為所欲為。所以德宗安定時，唐王朝就是一個危邦。昏君與奸佞一個鼻孔出氣，忠貞之臣就要遭殃。所以孔子說：「天下有道則見，無道則隱。」又說：「邦有道，危言危行；邦無道，危行言遜。」德宗是一個無道之君，所以陽城學成而歸隱，以待天下清。李泌親自造訪陽城，推薦他為著作郎，陽城不就徵。召他為諫官，陽城立即上道，到了任上卻無所事事。實際上陽城是在韜晦，他已經修養到「邦無道，危行言遜」的境界。可是到了最關鍵的時刻，陽城挺身而出，彈劾奸臣，大造聲勢，阻止了裴延齡拜相，化解了大案的發生。雞毛蒜皮的事，陽城不去爭辯。大是大非，陽城當仁不讓。人們這才看清了陽城就徵諫議大夫的意義了。

德宗還京興弊政。德宗返回京師，沒有吸取蒙塵的教訓，反而變本加厲推行弊政。總其要，有三大弊政。其一，宦官專軍權。朱泚之亂，李懷光反叛，並不是他們手中有軍權，而是君不君，御臣不以道，忠奸不分，才搬起石頭砸自己的腳。猜忌良將，是導致驕兵悍將叛亂的根源。昏君總是反向吸取經驗和教訓，德宗返京，更加猜忌功臣宿將，李晟等被解除兵權，而宦官卻被授以兵權。西元七八四年，德宗使宦官竇文場、霍仙鳴監左、右神策軍，西元七九六年，提升二人直接任左、右神策軍中尉。從此，宦官掌軍權，為唐代後期宦官挾兵權主宰廢立的局面奠定了基礎，遺害無窮。其二，信用奸佞，斥逐忠良。皇帝親理小事，直接用人，一個縣令的任免，德宗都要親自過問，而對一州一鎮擁有兵權的悍將，德宗卻一味姑息，要留後給留後，要節度給節度，用兵河北時的進取心，一絲也不存在。其三，貪進奉，興宮市。李泌為相，歲入大盈庫一百萬緡，希望德宗罷進奉。德宗不但不罷進奉，反而變本加厲又興起了宮市。所謂宮市，就是宮廷採購。德宗派宦官到京師市場上採購宮中用品，用一百文錢強買價值幾千文的物品，或者用宮中黴爛之物，在市場強行換取價貴質好的物品。宮市，實質就是用皇上的招牌明火執仗搶奪細民百姓的財物。一個皇帝如此貪財，難怪中國歷代貪官汙吏成堆了。國家最高領袖都在貪財，怎麼能有一個廉潔的政府呢？

總上三大弊政，活畫出德宗猜忌功臣，信用奸佞，貪婪財貨，愚而好自用的一副昏君嘴臉。

卷第二百三十六

唐紀五十二

起重光大荒落（辛巳 西元八〇一年），盡旃蒙作噩（乙酉 西元八〇五年），凡五年。

【題解】本卷記事起西元八〇一年，迄西元八〇五年，凡五年。當唐德宗貞元十七年到唐順宗永貞元年。此時期為德宗、順宗、憲宗交接之際，五年間朝廷輪番換了三個皇帝。浙東判官齊總巧取盤剝百姓資財進奉，德宗詔命升遷齊總為衢州刺史，給事中許孟容封還詔命，受到德宗嘉獎，這是德宗晚年閃鑠的一絲霞光。其間順宗皇帝於永貞元年正月二十六日即位，八月初九日退位，在位不足八個月，任用王叔文、王伾施行一場改革，史稱永貞革新。順宗得中風病不能說話，王叔文等受器重主政，赦天下，蠲免積欠，罷進奉，罷宮市，取締五坊小兒，減鹽價，平反和量移前朝被貶大臣，召回陸贄和陽城。又起用老將范希朝為左右神策、京西諸城行營節度使，欲奪宦官軍權，遭到宦官和反對派大臣的反撲，他們釜底抽薪，擁立順宗長子李純即位，是為憲宗。順宗退位為太上皇。憲宗全面貶逐永貞革新之臣，王叔文被貶殺，王伾病死。同一天被貶的名士大臣柳宗元、劉禹錫等八人為地方州司馬，史稱八司馬。憲宗忌憚太上皇而盡逐先帝之臣，從此開了一個惡例，其後繼位的皇帝均把自己用的人當做私黨，把先帝用的人當做異己，不分功過是非，一概斥逐。軍鎮換帥，事故層出不窮，劉南金之死與來希皓之讓，反映弱肉強食的軍紀風氣，相映成趣。

德宗神武聖文皇帝十一

貞元十七年（辛巳 西元八〇一年）

春，正月甲寅❶，韓全義至長安，竇文場為掩其敗迹。上禮遇甚厚。全義稱足疾，不任朝謁❷，遣司馬崔放入對。放為全義引咎❸，謝無功。上曰：「全義為招討使，能招來少誠，其功大矣，何必殺人然後為功邪！」閏月甲戌❹，歸夏州。

韋士宗既入黔州❺，妄殺長吏，人心大擾。士宗懼，三月，脫身亡走。夏，四月辛亥❻，以右諫議大夫裴佶❼為黔州觀察使。

五月壬戌朔❽，日有食之。◯朔方邠、寧、慶節度使❾楊朝晟防秋于寧州❿，乙酉⓫，薨。◯初，渾瑊遣兵馬使李朝寀將兵戍定平⓬。瑊薨，朝寀請以其眾隸神策軍，詔許之。

楊朝晟疾亟，召僚佐謂曰：「朝晟必不起，朔方命帥多自本軍，雖徇眾情⓭，殊非國體。寧州刺史劉南金，練習軍旅，宜使攝行軍⓮，且知軍事⓯，比朝廷擇帥，必無虞矣。」又以手書授監軍劉英倩，英倩以聞。軍士私議曰：「朝廷命帥，吾納之，即命劉君，吾事之。若命帥於它軍，彼必以其麾下來，吾屬被斥矣，必拒之。」

己丑⑯，上遣中使往察軍情，軍中多與⑰南金。辛卯⑱，上復遣高品⑲薛盈珍齎詔詣寧州。六月甲午⑳，盈珍至軍，宣詔曰：「朝宷所將本朔方軍，今將并之，以壯軍勢，威戎狄，以李朝宷為使，南金副之，軍中以為何如？」諸將皆奉詔。

丙申㉑，都虞候史經言於眾曰：「李公命收弓刀而送甲冑㉒二千。」軍士皆曰：「李公欲內㉓麾下二千為腹心，吾輩妻子其可保乎！」夜，造劉南金，欲奉以為帥㉔，南金曰：「節度使固我所欲，然非天子之命則不可，軍中豈無它將乎！」眾曰：「弓刀皆為官所收，惟軍事府㉕尚有甲兵，欲因以集事。」南金曰：「諸君不願朝宷為帥，宜以情告敕使。若操甲兵，乃拒詔也。」命閉門不內。軍士去，詣兵馬使高固㉖。固逃匿，搜得之。固曰：「諸君能用吾言則可。」眾曰：「惟命。」固曰：「毋殺人，毋掠金帛。」眾曰：「諾。」乃共詣監軍，請奏之。眾曰：「劉君既得朝旨為副帥，必撓吾事。」詐稱監軍命，召計事，至而殺之。

戊戌㉗，制以李朝宷為邠寧節度使。是日，寧州告變者至，上追還制書，復遣薛盈珍往詗㉘軍情。壬寅㉙，至軍，軍中以高固為請，盈珍即以上旨命固知軍事。或傳戊戌制書至邠州，邠軍惑，不知所從㉚，姦人乘之，且為變。留後孟子周悉內精甲於府廷，曰饗㉛士卒，內以悅眾心，外以威姦黨㉜。邠軍無變，子周之謀也。

李錡既執天下利權㉝，以貢獻固主恩，以饋遺結權貴㉞，恃此驕縱，無所忌憚，盜取縣官財㉟，所部官屬無罪受戮者相繼。浙西布衣崔善貞詣闕上封事㊱，言宮市、進奉及鹽鐵之弊，因言錡不法事。上覽之，不悅，命械送錡。錡聞其將至，先鑿阬於道旁。己亥㊲，善貞至，并鎖械內阬中，生瘞之㊳。遠近聞之，不寒而慄。錡復欲為自全計，增廣兵眾，選有材力善射者謂之挽彊㊴，胡、奚雜類謂之蕃落㊵，給賜十倍它卒。轉運判官盧坦屢諫不悛㊶，與幕僚李約㊷等皆去之。約，勉之子也。

己酉㊸，以高固為邠寧節度使。固，宿將㊹，以寬厚得眾，節度使忌之，置於散地㊺，同列多輕侮之。及起為帥，一無所報復，由是[1]軍中遂安。

丁巳㊻，成德節度使王武俊薨。

秋，七月戊寅㊼，吐蕃寇鹽州。○辛巳㊽，以成德節度副使王士真㊾為節度使。

【章　旨】以上為第一段，寫邠寧換帥發生兵變，寧州刺史劉南金守法而少謀被亂兵殺害。諸道鹽鐵轉運使李錡驕縱不法。

【注　釋】❶甲寅　正月二十一日。❷不任朝謁　不能承受上朝拜謁。❸引咎　承擔軍敗的過失。❹甲戌　閏正月十一日。❺韋士宗既入黔州　韋士宗為黔州觀察使，為政苛酷，被牙將傳近所逐，尋又復入。事見上卷貞元十六年四月、五月。❻辛亥　四月二十日。❼裴佶　字弘正，歷任中書舍人、尚書右丞、吏部侍郎等職。時以右諫議大夫出任黔州觀察使。傳見《舊唐書》卷九十八、《新唐書》卷一百二十七。❽壬戌朔　五月初一日。❾朔方邠寧慶節度使　部分朔方兵屯駐邠州，所以此處「邠」上冠以朔方軍號。實際上，節度使楊朝晟只統邠、寧、慶三州。❿寧州　州名，治所在今甘肅寧縣。⓫乙酉　五月二十四日。⓬定平　縣名，縣治在今甘肅正寧西南。⓭徇眾情　順從大家的意願。⓮攝行軍　代理行軍司馬。⓯知軍事　暫時管理軍務。⓰己丑　五月二十八日。⓱與　親附。⓲辛卯　五月三十日。⓳高品　高品級的官員。唐內侍省有高品一千九百六十六人。⓴甲午　六月初三日。㉑丙申　六月初五日。㉒李公命收弓刀而送甲胄　意謂李朝寀命邠州兵收繳弓刀而送甲胄，等於是解除了邠州軍的武裝，故生疑。李公，指寧州刺史李朝寀。收弓刀，收繳弓箭刀槍。甲胄，衣甲和頭盔。㉓內　通「納」。㉔奉以為帥　擁立為節度使。㉕軍事府　指知軍事劉南金所掌府庫。㉖高固　德宗朝官至邠寧慶節度使，憲宗時為右羽林統軍。傳見《舊唐書》卷一百五十二、《新唐書》卷一百七十。㉗戊戌　六月初七日。㉘詗　探察。㉙壬寅　六月十一日。㉚邠軍惑二句　薛盈珍已命高固知寧州軍事，而又傳詔命李朝寀為節度使，故留邠之軍疑惑，不知所從。㉛饗　宴賞。㉜威姦黨　威懾欲作亂的那一夥奸人。㉝執天下利權　貞元十五年（西元七九九年）李錡為諸道鹽鐵轉運使，掌天下財權，事見上卷。㉞以貢獻固主恩二句　用進奉來鞏固恩寵，用賄賂來結交權貴。貢獻，向皇帝進奉。饋遺，以贈禮名義賄賂權貴。㉟盜取縣官財　盜竊官家財物。㊱上封事　越過中書省直接上奏皇帝的祕密奏章。㊲己亥　六月初八日。㊳生瘞之　活埋崔善貞。㊴挽彊　以此為軍號，言其能力挽強弓。彊，同「強」。㊵蕃落　蕃營。在戰爭中被俘的胡、奚人，發配為官奴，李錡收養之以為己用。㊶不悛　不改。㊷李約　李勉之子。李勉事肅、代、德三朝，貞元中為相。㊸己酉　六月十八日。㊹宿將　老將。㊺置於散地　安置在閒散職務上。㊻丁巳　六月二十六日。㊼戊寅　七月十八日。㊽辛巳　七月二十一日。㊾王士真　王武俊之子。父死，繼為成德節度使。傳見《舊唐書》卷一百四十二、《新唐書》卷二百十一。

【校　記】①由是　此二字原無。據章鈺校，十二行本、乙十一行本皆有此二字，今據補。

【語　譯】德宗神武聖文皇帝十一

貞元十七年（辛巳　西元八〇一年）

春，正月二十一日甲寅，韓全義到了長安，竇文場為韓全義遮掩戰敗的痕跡。德宗用隆重的禮儀接待韓全義。韓全義說是腳有病，不能承受上朝拜謁，派遣司馬崔放入朝回答德宗的問題。崔放替韓全義承擔軍敗的過失，以沒有戰績向德宗謝罪。德宗說：「韓全義為招討使，能夠招來吳少誠，這個功勞就很大了，何必殺人之後才是有功勞呢！」閏正月十一日甲戌，韓全義回到夏州。

韋士宗回到黔州以後，妄自殺害高級官吏，人心大亂。韋士宗害怕了，三月，脫身逃走。夏，四月二十日辛亥，德宗任命右諫議大夫裴佶為黔州觀察使。

五月初一日壬戌，發生日蝕。〇朔方邠、寧、慶三州節度使楊朝晟在寧州保護秋收，二十四日乙酉去世。〇當初，渾瑊派遣兵馬使李朝寀率兵戍守定平縣。渾瑊去世後，李朝寀請求把自己的部隊隸屬於神策軍，德宗下詔同意了。

楊朝晟病得很厲害，召集幕僚佐吏說：「我的病肯定好不了了，對朔方軍任命主帥，大多選自本軍，雖然這樣順從了大家的意願，但實在是不合國家的體制。寧州刺史劉南金，熟悉軍伍戰事，最好讓劉南金代理行軍司馬職務，暫時管理軍中事務，等待朝廷選派主帥，一定不會有事情發生。」楊朝晟又親自寫一封信給監軍劉英倩，劉英倩上報了朝廷。軍中的將士私下議論說：「朝廷任命主帥，我們接受，即使任命劉南金，我們也奉侍他。如果任命主帥於其他軍鎮，他一定會帶他的部下過來，我們就被排斥了，我們一定要抵制。」

五月二十八日己丑，德宗派遣中使去邠寧觀察軍中的形勢，軍中大多親附劉南金。三十日辛卯，德宗又派遣高品級宦官薛盈珍帶著詔書前往寧州。六月初三日甲午，薛盈珍到了邠寧軍，宣布詔書說：「李朝寀率領的軍隊原本屬於朔方軍，現在準備與邠寧軍合併，以壯軍勢，威鎮戎狄。現任命李朝寀為節度使，劉南金做副手，軍中將士覺得怎麼樣呢？」各位將領都接受了詔令。

六月初五日丙申，都虞候史經對大家說：「李朝寀命令收繳弓箭刀劍，還要送去兩千套甲冑。」將士們都說：「李朝寀打算收納自己的部下兩千人作為心腹，我們的妻兒老小還能保得住嗎！」夜裡，他們到劉南金的家中，想擁立劉南金擔任主帥，劉南金說：「節度使固然是我想得到的，但不是天子任命的我就不擔任，難道軍中沒有別的將領可以擁戴嗎！」大家說：「弓箭刀劍都被官員收繳了，只有軍事府還有鎧甲兵器，我們想借軍府中的武器起事。」劉南金說：「大家不希望李朝寀擔任主帥，應該把這一情況報告給陛下派來的使者。如果操持甲兵，那就是拒絕詔令了。」劉南金下令關門不讓他們進來。將士們離去，前往兵馬使高固家裡。高固逃跑，藏了起來，將士們尋找到了他。高固說：「大家能聽我的話，那麼我就答應。」大家說：「唯命是從。」高固說：「不要殺人，不要搶掠錢財。」大家說：「好。」於是一起前往監軍那裡，請求把這一事情奏報朝廷。將士們說：「劉南金既然得到詔書擔任副帥，一定會阻撓我們的事情。」於是謊稱監軍命令，召劉南金來商議事情，劉南金到來後就被殺死了。

六月初七日戊戌，德宗頒發制書任命李朝寀擔任邠寧節度使。就在這一天，報告寧州將士叛亂的人到了朝廷，德宗追回制書，又派薛盈珍前去寧州偵察軍中的情況。十一日壬寅，薛盈珍到了軍中，軍中將士請求朝廷任命高固為節度使，薛盈珍立即以德宗旨意命令高固掌管軍中事務。有人把初七日戊戌朝廷頒發制書的消息傳到了邠州，邠州的軍隊迷惑，不知道該怎麼辦，奸邪之人乘機煽動，將要發生變亂。留後孟子周將精銳的鎧甲兵都安置在官署的院子中，每天宴賞士兵，對內讓將士們高興，對外借以威懾那些準備作亂的奸人。邠州的軍隊沒有發生變亂，是孟子周的計策。

李錡掌握全國財權後，利用向宮廷進貢錢財來鞏固德宗對他的恩寵，利用賄賂結交權貴，憑藉著這些，驕橫放縱，毫無顧忌，盜取官家錢財，所轄官屬無罪被殺的人前後相繼。浙西的平民崔善貞進京向德宗祕密上奏，談到宮廷採買、向宮廷進貢以及經營鹽鐵的弊端，乘機說了李錡不守法紀的事情。德宗看了這份奏章後，很不高興，下令將崔善貞戴上械具押送給李錡。李錡聽說崔善貞即將到來，事先在路邊挖了一個坑。六月初八日己亥，崔善貞被押送到李錡那裡，崔善貞連同械具被放入坑中活埋了。遠近各地的人聽說這事，不寒而慄。李錡又採取保全自己的計策，增加兵員，挑選力大善射的人，稱他們叫挽彊，挑選胡、奚各族人，稱他們為蕃落，賞賜十倍於其他的士兵。轉運判官盧坦多次勸阻他，但李錡不肯改變，於是盧坦與李錡的幕僚李約等人都離開了李錡。李約，是前宰相李勉的兒子。

六月十八日己酉，德宗任命高固為邠寧節度使。高固是一員老將，因待人寬厚，得到大家的擁護，以前的節度使嫉忌他，把他安排在閒散的職位，同級官員很多都輕視欺侮高固。等到高固被起用為節度使，全無報復，邠寧軍中於是安定下來。

六月二十六日丁巳，成德軍節度使王武俊去世。

秋，七月十八日戊寅，吐蕃人侵犯鹽州。〇二十一日辛巳，德宗任命成德軍節度副使王士真為節度使。

己丑❶，吐蕃陷麟州❷，殺刺史郭鋒❸，夷其城郭❹，掠居人及党項部落而去。鋒，曜之子也。

僧延素為虜所得。虜將有徐舍人❺者，謂延素曰：「我英公❻五代孫也。武后時，吾高祖建義不成❼，子孫流播異域，雖代居祿位典兵，然思本之心不忘，顧宗族大，無由自拔耳。今聽汝歸。」遂縱之。

上遣使敕韋皋出兵深入吐蕃以分其勢，紓北邊患❽。皋遣將將兵二萬分出九道，攻吐蕃維、保、松❾州及棲雞、老翁城❿。

河東節度使鄭儋暴薨，不及命後事，軍中喧譁，將有它變。中夜，十餘騎執兵召掌書記⓫令狐楚⓬至軍門，諸將環⓭之，使草遺表。楚在白刃之中，操筆立成。

楚，德棻之族也⓮。〇八月戊午⓯，以河東行軍司馬嚴綬為節度使。

九月，韋皋奏大破吐蕃於雅州⑯。○左神策中尉竇文場致仕，以副使楊志廉代之。

韋皋屢破吐蕃，轉戰千里，凡拔城七，軍鎮五，焚堡百五十，斬首萬餘級，捕虜六千，降戶三千，遂圍維州及昆明城⑰。○冬，十月庚子⑱，加皋檢校司徒兼中書令，賜爵南康郡王。南詔王異牟尋虜獲尤多，上遣中使慰撫之。

戊午⑲，鹽州刺史杜彥先棄城奔慶州⑳。

【章旨】以上為第二段，寫唐西北州郡屢遭吐蕃侵犯，由於南詔歸附唐朝，韋皋在西南深入吐蕃，多次大獲全勝。

【注釋】❶己丑　七月二十九日。❷麟州　州名，州城在今陝西神木北。❸郭鋒　唐中興功臣郭子儀之孫，父郭曜。❹夷其城郭　平毀城牆。❺徐舍人　吐蕃將。自稱唐初開國功臣李勣第五代孫。武則天稱帝，李勣子徐敬業起兵反抗，兵敗，子孫流竄異域。❻英公　李勣本姓徐，即徐勣，字茂公，封英國公，賜姓李。❼吾高祖建義不成　指徐敬業起兵反抗武則天失敗。❽紓北邊患　緩解北方的危難。紓，緩解。吐蕃攻鹽州、麟州，當長安之北。❾維保松　皆州名。在成都西北，本唐疆域，安史之亂後沒入吐蕃。維州治所薛城，在今四川理縣東北。保州治所天寶軍城，在今四川理縣北。松州治所嘉城，在今四川松潘。❿棲雞老翁城　兩城在維州之東，茂州境內。⓫掌書記　節度使屬官，掌表奏書檄。⓬令狐楚　字殼士，憲宗時官至宰相。傳見《舊唐書》卷一百七十二、《新唐書》卷一百六十六。⓭環　包圍。⓮德棻之族也　胡三省注云：「令狐德棻事太宗，疑『族』字下有『孫』及『曾、玄』等字。」令狐德棻為唐初史臣，仕太宗、高宗兩朝。傳見《舊唐書》卷七十三、《新唐書》卷一百二。⓯戊午　八月二十八日。⓰雅州　州名，治所在今四川雅安。⓱昆明城　城名，在今四川鹽源。⓲庚子　十月十一日。⓳戊午　十月二十九日。⓴鹽州刺史句　鹽州刺史杜彥先棄城跑往慶州，是被吐蕃所逼。鹽州築城至此僅八年。鹽州治所在今陝西定邊。慶州地處鹽州之南，治所在今甘肅慶陽。

【語　譯】七月二十九日己丑，吐蕃攻陷麟州，殺了刺史郭鋒，把麟州城夷為平地，擄掠百姓和党項部落後離去。郭鋒，是郭曜的兒子。

僧人延素被吐蕃人俘虜。吐蕃軍隊中有一個將領徐舍人，對延素說：「我是英國公李勣的五世孫。武則天皇后時，我的高祖徐敬業起兵反抗武氏的義舉沒有成功，子孫們都逃亡流散到異國他鄉。我們雖然世世代代身居高位，掌握兵權，但思念故土之心從未泯滅，因為顧及宗族龐大，沒有途徑脫離而已。現今允許你回歸。」於是就釋放了延素。

德宗派遣使者去命令韋皋出兵深入吐蕃境內，分散吐蕃的兵力，緩解北方的危難。韋皋派遣將領率二萬兵馬，分九路出兵，進攻吐蕃的維州、保州、松州以及棲雞城、老翁城。

河東節度使鄭儋突然去世，沒來得及安排後事，軍中喧譁，即將發生變亂。半夜時分，十幾名騎兵手拿兵器，召掌書記令狐楚來到軍府門內，各位將領把令狐楚圍在中間，讓令狐楚假借鄭儋的名義起草臨終表章。令狐楚在刀鋒之中，提筆就把遺表寫好了。令狐楚，是令狐德棻的同族人。○八月二十八日戊午，德宗任命河東行軍司馬嚴綬擔任節度使。

九月，韋皋向朝廷奏報說在雅州大敗吐蕃。○左神策軍護軍中尉竇文場退休，德宗任命左神策軍中尉副使楊志廉接替竇文場。

韋皋多次打敗吐蕃，轉戰千里，共攻取城池七座、軍鎮五處，焚毀城堡一百五十個，斬獲首級一萬多，捕獲敵人六千，招降吐蕃三千戶，進而包圍了維州和昆明城。○冬，十月十一日庚子，德宗加授韋皋檢校司徒兼任中書令，賜爵南康郡王。南詔王異牟尋抓獲吐蕃人尤為眾多，德宗派遣中使進行慰撫。

十月二十九日戊午，鹽州刺史杜彥先拋棄鹽州城，逃往慶州。

十八年（壬午 西元八○二年）

春，正月，驃王摩羅思那遣其子悉利移入貢。驃國❶在南詔西南六千八百里，聞南詔內附而慕之，因南詔入見，仍獻其樂。

吐蕃遣其大相兼東鄙五道節度使論莽熱將兵十萬解維州之圍，西川兵據險設伏以待之。吐蕃至，出千人挑戰，虜悉眾追之，伏發，虜眾大敗，擒論莽熱，士卒死者太半。維州、昆明竟不下，引兵還。乙亥❷，皐遣使獻論莽熱，上赦之。

浙東觀察使裴肅既以進奉得進，肅卒[1]，判官齊總代掌後務，刻剝以求媚又過之。三月癸酉❸，詔擢總為衢州❹刺史。給事中❺長安許孟容❻封還詔書❼，曰：「衢州無它虞，齊總無殊績，忽此超獎，深駭羣情❽。若總必有可錄，願明書勞課❾，然後超資改官，以解眾疑。」詔遂留中❿。己亥⓫，上召孟容，慰獎之。

秋，七月辛未⓬，嘉王⓭府諮議高弘本正牙⓮奏事，自理逋債。乙亥⓯，詔「公卿庶僚自今勿令正牙奏事，如有陳奏，宜延英門請對。」議者以為「正牙奏事，自武德⓰以來未之或改，所以達羣情，講⓱政事。弘本無知，黜之可也，不當因人而廢事。」

淮南節度使杜佑累表求代。冬，十月丁亥⓲，以刑部尚書王鍔⓳為淮南副節度使兼行軍司馬。

己酉⑳，鄜坊節度使王栖曜㉑薨。中軍將何朝宗謀作亂，夜，縱火。都虞候裴玢㉒潛匿不救火，旦，擒朝宗，斬之。以同州刺史劉公濟為鄜坊節度使，以玢為行軍司馬。

【章　旨】以上為第三段，寫西川節度使韋皋再次大敗吐蕃。給事中許孟容封還對奸佞之臣齊總的任命詔書，受到德宗嘉獎。

【注　釋】❶驃國　古國名，又稱朱波，在今緬甸伊洛瓦底江流域。是年國王雍光遣其弟舒難陀由南詔介紹來長安獻樂，德宗封舒難陀為太僕卿，遣還。❷乙亥　正月十八日。❸癸酉　三月十七日。❹衢州　州名，為當時的大州，治所在今浙江衢州。❺給事中　官名，門下省要職，職掌封駁及人事審議。❻許孟容　字公範，京兆長安（今西安西）人，為郎中，累遷給事中，敢正言。憲宗時官至吏部侍郎。傳見《舊唐書》卷一百五十四、《新唐書》卷一百六十二。❼封還詔書　給事中覆審詔書，凡執行的寫上「讀」字，宣示於朝；凡不當的則封合退回宮中，並上奏原委。❽深駭羣情　使大家心裡深為震驚。❾明書勞課　明確地寫出勞績與考課。❿詔遂留中　獎拔齊總的詔書被擱置。⓫己亥　三月丁巳朔，無己亥。疑為乙亥，三月十九日。⓬辛未　七月十七日。⓭嘉王　代宗子李運。⓮正牙　正殿。⓯乙亥　七月二十一日。⓰武德　唐高祖年號（西元六一八—六二六年）。此代指唐高祖。⓱講　謀劃。⓲丁亥　十月初四日。⓳王鍔　字昆吾，本湖南團練營將，為嗣曹王李皋所薦，先後任容管經略使、嶺南節度使，善聚斂，私財富於公藏，賄賂權要。終河東節度使。傳見《舊唐書》卷一百五十一、《新唐書》卷一百七十。⑳己酉　十月二十六日。㉑王栖曜　濮州濮陽（今河南濮陽西南）人，貞元初拜左龍武大將軍，出鎮鄜坊，卒於鎮。傳見《舊唐書》卷一百五十二、《新唐書》卷一百七十。㉒裴玢　本西域人，五代祖裴糾為疏勒國王，唐高祖時來朝，拜鷹揚大將軍，留居京師不願歸，子孫遂為京兆人。裴玢官至鄜坊、山南西道節度使，為政清廉，軍民安業。傳見《舊唐書》卷一百四十六、《新唐書》卷一百十。

【校記】①肅卒　此二字原脫，今據張敦仁《通鑑刊本識誤》校補。按，《新唐書》卷一百六十二〈許孟容傳〉云：「浙東觀察使裴肅諉判官齊總暴斂以厚獻，厭天子所欲。會肅卒，帝擢總自大理評事兼監察御史為衢州刺史。」齊總代掌留後事務、詔擢齊總為衢州刺史，均在裴肅去世之後。

【語譯】十八年（壬午　西元八〇二年）

春，正月，驃國國王摩羅思那派遣他的兒子悉利移進京朝貢。驃國在南詔西南六千八百里，聽說南詔歸附朝廷後，羨慕唐朝，隨著南詔進京朝見，還獻上了他們的音樂。

吐蕃贊普派遣他的大相國兼東部邊境五道節度使論莽熱率領十萬兵力解救韋皋對維州的包圍，韋皋的西川兵馬佔據險要位置，設下埋伏，等待吐蕃人。吐蕃的軍隊來到後，韋皋派出一千人挑戰，吐蕃使用全部兵力追趕這一千士兵，埋伏的西川兵發起攻擊，吐蕃軍隊大敗，西川兵擒獲了論莽熱，吐蕃士兵死去大半。韋皋最後沒有攻下維州城和昆明城，帶兵返回。正月十八日乙亥，韋皋派遣使者將論莽熱進獻給朝廷，德宗赦免了論莽熱。

浙東觀察使裴肅因為向朝廷進貢，得以升遷職務，裴肅死後，判官齊總代理留後事務，比裴肅更加苛刻地搜刮錢財，進獻朝廷，討好德宗。三月十七日癸酉，德宗下詔提升齊總為衢州刺史。給事中長安人許孟容封還詔書，說：「衢州沒有別的憂患，齊總沒有什麼特別的政績，陛下突然超級獎拔，使大家心裡深為震驚。如果齊總確實有可以記錄的成績，希望明確地寫出他的勞績和考課，然後再破格改授官職，以消除大家心中的疑惑。」於是任命齊總的詔書擱置在宮中。己亥日，德宗召見許孟容，慰撫獎勵他。

秋，七月十七日辛未，嘉王李運府諮議高弘本在正殿奏事，說是自己償還欠債。二十一日乙亥，德宗詔令「從今以後，公卿與僚屬不要到正殿奏事，如果有事奏報，最好到延英門奏對。」討論此事的人認為「在正殿奏事，從武德年間以來沒有改變，以此來瞭解下情，謀劃政事。高弘本無知，免他職就行了，不應當因為一個人而廢除了這一制度。」

淮南節度使杜佑多次上表請求派人代替自己的職務，冬，十月初四日丁亥，德宗任命刑部尚書王鍔擔任淮南節度副使，兼任行軍司馬。

十月二十六日己酉，鄜坊節度使王栖曜去世。中軍將何朝宗謀劃叛亂，夜裡，放起火來。都虞候裴玢躲藏不救火，第二天早上，裴玢抓獲何朝宗，殺了他。德宗任命同州刺史劉公濟為鄜坊節度使，任命裴玢為行軍司馬。

十九年（癸未　西元八〇三年）

春，二月丁亥❶，名安黃軍曰奉義❷。

己亥❸，安南牙將王季元逐其觀察使裴泰，泰奔朱鳶❹。明日，左兵馬使趙勻斬季元及其黨，迎泰而復之。

甲辰❺，杜佑入朝。三月壬子朔❻，以佑檢校司空、同平章事，以王鍔為淮南節度使。

鴻臚卿❼王權請遷獻、懿二祖❽於德明、興聖廟❾，每禘祫❿，正太祖⓫東向之位。從之⓬。

乙亥⓭，以司農卿李實兼京兆尹。實為政暴戾，上愛信之。實恃恩驕傲，許人薦引⓮，不次拜官，及誣譖斥逐，皆如期而效⓯，士大夫畏之側目。

夏，四月，涇原節度使劉昌奏請徙原州治平涼⓰。從之。〇乙亥⓱，吐蕃遣其臣論頰熱入貢。

六月辛卯⑱，以右神策中尉副使孫榮義為中尉，與楊志廉皆驕縱招權⑲，依附者眾，宦官之勢益盛。○壬辰⑳，遣右龍武大將軍薛伾㉑使于吐蕃。

陳許節度使上官涚薨，其壻田偁欲脅其子使襲軍政。牙將王沛，亦涚之壻也，知其謀，以告監軍范日用，討擒之。乙未㉒，以陳許行軍司馬劉昌裔為節度使。沛，許州人也。

自正月不雨至于秋七月。

己未㉓，中書侍郎、同平章事齊抗以疾罷為太子賓客。

【章旨】以上為第四段，寫吐蕃與唐朝廷互相遣使通好。宦官為神策軍中尉，朝官依附者眾，勢力益熾。

【注釋】❶丁亥　二月初六日。❷名安黃軍曰奉義　當時伊慎為安黃軍節度使，因伊慎為朝廷屢建戰功，德宗特意下詔改安黃為奉義軍，仍統安州、黃州，以示榮寵。事見《舊唐書》卷一百五十一、《新唐書》卷一百七十伊慎本傳。❸己亥　二月十八日。❹朱鳶　縣名，在今越南境內。❺甲辰　二月二十三日。❻壬子朔　三月初一日。❼鴻臚卿　鴻臚寺主官，掌外事接待與凶喪之儀。❽獻懿二祖　獻祖李熙，唐高祖第五世祖；懿祖李天賜，李熙之子，高祖第四世祖。唐建立後追尊為皇帝，進廟號。❾德明興聖廟　玄宗天寶二載（西元七四三年），尊古代賢臣皋陶為德明皇帝，尊唐始祖晉時西涼武昭王李暠為興聖皇帝，並立廟京師。❿禘祫　隆重地合祭祖先眾神於太廟之禮。⓫太祖　李虎，唐高祖之祖。唐德宗建中二年（西元七八一年）祫祭太廟，太祖的靈位已正東向，而獻、懿二祖仍藏於西夾室。事見本書卷二十七建中二年。至是，獻、懿二祖皆移位廟中。⑫從之　鴻臚卿王權奏請將獻、懿二祖的神主遷到德明皇帝、興聖皇帝神主的廟中，每當合祭祖先大禮時，將太祖的神主安置在朝正東的方向上，德宗一一依從。⑬乙亥　三月二十四日。⑭許人薦引　應許為人薦引。⑮如期而效　按期奏效。⑯徙原州治平涼　原州舊治在平高縣（今寧夏固原），今移至平涼縣（今甘肅平涼）。⑰乙亥　五月二十六日。⑱辛卯　六月十二日。⑲招權　攬權。⑳壬辰　六月十三日。㉑薛伾　勝州刺史薛渙之子，官至鄜坊觀察使。傳見《舊唐書》卷一百四十六。㉒乙未　六月十六日。㉓己未　七月十一日。

【語　譯】十九年（癸未　西元八〇三年）

春，二月初六日丁亥，把安黃軍改名叫奉義軍。

二月十八日己亥，安南的牙將王季元驅逐安南觀察使裴泰，裴泰跑到朱鳶縣。第二天，安南的左兵馬使趙勻殺了王季元和他的同黨，把裴泰迎接回來恢復原職。

二月二十三日甲辰，杜佑回京朝見德宗。三月初一日壬子，德宗任命杜佑為檢校司空、同平章事，任命王鍔為淮南節度使。

鴻臚卿王權請求把獻祖宣皇帝、懿祖光皇帝的神主移到德明皇帝、興聖皇帝的祠廟中，每次合祭列祖列宗時，就將太祖的神主牌位安放在朝正東方向的位置上。德宗聽從了這一建議。

三月二十四日乙亥，德宗任命司農卿李實兼任京兆尹。李實施政殘暴兇狠，德宗卻喜歡他、相信他。李實依恃皇帝的恩寵，驕橫傲慢，答應為他人向皇帝引薦，讓他人破格升官，以及誣陷、毀謗、貶斥、流放他人，都能按期奏效，所以朝廷文武百官對李實十分害怕。

夏，四月，涇原節度使劉昌上奏朝廷請求把治所從原州遷到平涼。德宗聽從了。〇五月二十六日乙亥，吐蕃派遣大臣論頰熱進京朝貢。

六月十二日辛卯，德宗任命右神策軍中尉副使孫榮義為右神策軍護軍中尉，孫榮義與楊志廉都驕縱攬權，依附他們的人很多，宦官的勢力更加壯大。〇十三日壬辰，德宗派遣右龍武大將軍薛伾出使吐蕃。

陳許節度使上官涚去世，他的女婿田偁想脅持上官涚的兒子，讓他承襲軍事大權。牙將王沛，也是上官涗的女婿，知道田俌的陰謀，把這一事情報告了監軍范日用，范日用派兵討伐，活捉了田俌。六月十六日乙未，德宗任命陳許行軍司馬劉昌裔擔任節度使。王沛，是許州人。

從正月不下雨，一直到秋天的七月。

七月十一日己未，中書侍郎、同平章事齊抗因為病重，罷免了宰相職務，改任太子賓客。

初，翰林待詔王伾❶善書，山陰王叔文❷善棋，俱出入東宮，娛侍太子。伾，杭州人也。叔文譎詭多計，自言讀書知治道，乘間常為太子言民間疾苦。太子嘗與諸侍讀❸及叔文等論及宮市事，太子曰：「寡人方欲極言之。」眾皆稱贊，獨叔文無言。既退，太子自留叔文，謂曰：「向者君獨無言，豈有意邪？」叔文曰：「叔文蒙幸太子，有所見，敢不以聞。太子職當視膳問安❹，不宜言外事。陛下在位久，如疑太子收人心，何以自解？」太子大驚，因泣曰：「非先生，寡人無以知此。」遂大愛幸，與王伾相依附❺。叔文因為太子言：「某可為相，某可為將，幸異日用之。」密結翰林學士韋執誼及當時朝士有名而求速進者陸淳❻、呂溫❼、李景儉❽、韓曄、韓泰、陳諫❾、柳宗元❿、劉禹錫⓫等，定為死友⓬。而凌準⓭、程异⓮等又因其黨以進，日與遊處，蹤跡詭祕，莫有知其端者。藩鎮或陰進資幣，與之相結。淳，吳人，嘗為左司郎中。溫，渭⓯之子，時為左拾遺⓰。

景儉，瑀[17]之孫，進士及第。曄，滉之族子。諫，嘗為侍御史。宗元、禹錫，時為監察御史。

左補闕[18]張正一上書，得召見。正一與吏部員外郎王仲舒、主客員外郎[19]劉伯芻[20]等相親善，叔文之黨疑正一言己陰事，令執誼反譖正一等於上，云其朋黨，遊宴無度。九月甲寅[21]，正一等皆坐遠貶，人莫知其由。伯芻，迺之子也。

鹽夏節度判官崔文先權知鹽州，為政苛刻。冬，閏十月庚戌[22]，部將李庭俊作亂，殺而臠食之。左神策兵馬使李興幹戍鹽州，殺庭俊以聞。○丁巳[23]，門下侍郎、同平章事崔損薨。

十一月戊寅朔[24]，以李興幹為鹽州刺史[25]，得專奏事，自是鹽州不隸夏州。

十二月庚申，以太常卿[26]高郢[27]為中書侍郎，吏部侍郎鄭珣瑜[28]為門下侍郎，並同平章事。珣瑜，餘慶[29]之從父兄弟[30]也。

建中初，敕京城諸使及府縣繫囚，每季終委御史巡按，有冤濫者以聞，近歲，北軍移牒而已[31]。監察御史崔薳遇下嚴察，下吏欲陷之[32]，引以入右神策軍。軍使以下駭懼，具奏其狀。上怒，杖薳四十，流崖州[33]。

京兆尹嗣道王實[34]務徵求以給進奉[35]，言於上曰：「今歲雖旱而禾苗甚美。」

由是租稅皆不免，人窮至壞屋賣瓦木、麥苗以輸官。優人成輔端為謠嘲之㊱，實奏輔端誹謗朝政，杖殺之。

監察御史韓愈上疏，以「京畿百姓窮困，應今年稅錢及草粟等徵未得者，請俟來年蠶麥。」愈坐貶陽山㊲令。

【章　旨】以上為第五段，寫王叔文、王伾受到太子寵信，聯結成一股新興政治勢力。監察御史韓愈直諫緩徵貧民賦稅，被貶為縣令。

【注　釋】❶王伾　杭州人，初待詔翰林，東宮侍讀。順宗即位為左散騎常侍，出入宮中為王叔文言事。王叔文敗，貶開州司馬，死於貶所。傳見《舊唐書》卷一百三十五、《新唐書》卷一百六十八。❷王叔文　（西元七五三—八〇五年）越州山陰（今浙江紹興）人，德宗時侍讀東宮。順宗即位，為翰林學士。叔文為永貞革新主將，罷貪官京兆尹李實及宮市，停止鹽鐵使月進錢及地方進奉。執政一百四十六天而失敗，貶渝州司戶，次年被害。傳見《舊唐書》卷一百三十五、《新唐書》卷一百六十八。❸侍讀　唐太宗時，為晉王李治置侍讀。李治為太子後，沿襲未改。其後或置或罷，無常員，職掌講習經學。❹太子職當視膳問安　指太子之職責是盡孝為先，省視飲食，問候平安。❺相依附　相互依托。❻陸淳　字伯沖，吳郡（今江蘇蘇州）人，順宗立，任給事中，賜名質。傳見《舊唐書》卷一百八十九下、《新唐書》卷一百六十八。❼呂溫　官至刑部郎中。傳見《舊唐書》卷一百三十七、《新唐書》卷一百六十。❽李景儉　字寬中，累官諫議大夫。傳見《舊唐書》卷一百七十一、《新唐書》卷八十一。❾韓曄韓泰陳諫　韓曄，貞元中宰相韓滉之族子，有俊才，官至司封郎中。王叔文敗，貶饒州司馬。韓泰，字安平，官至戶部郎中。王叔文敗，貶虔州司馬。陳諫，官至河中少尹。王叔文敗，貶台州司馬。三人同傳，見《舊唐書》卷一百三十五、《新唐書》卷一百六十八。❿柳宗元　（西元七七三—八一九年）唐代著名文學家、哲學家，字子厚，河東解（今山西運城解州鎮）人，永貞革新主將之一，任禮部員外郎。王叔文敗，貶永州司馬。傳見《舊唐書》卷一百六十、《新唐書》卷一百六十八。⓫劉禹錫　（西元七七二—八四二年）唐代文學家、哲學家，字夢得，洛陽人，支持王叔文革新，為監察御史。王叔文失敗，貶朗州司馬。傳見《舊唐書》卷一百六十、《新唐書》卷一百六十八。⑫死友　生死相依之友。⑬淩準　翰林學士。王叔文敗，貶連州司馬，卒於貶所。傳見《舊唐書》卷一百三十五、《新唐書》卷一百六十八。⑭程异　京兆長安（今陝西西安西）人，貞元末任監察御史。王叔文敗，貶郴州司馬。元和初復起用，官至御史大夫、鹽鐵使。傳見《舊唐書》卷一百三十五、《新唐書》卷一百六十八。⑮渭　即呂渭，見上卷貞元十六年。⑯時為左拾遺　指呂溫在貞元末任左拾遺。⑰璠　李璠，為睿宗子寧王李憲之子。⑱左補闕　諫官，隸門下省。⑲主客員外郎　禮部第四司主客司副主官。主客司掌諸王朝見之禮。⑳劉伯芻　兵部侍郎劉迺之子，字素之。官至刑部侍郎、左散騎常侍。傳見《舊唐書》卷一百五十三、《新唐書》卷一百六十。㉑甲寅　九月初六日。㉒庚戌　閏十月初三日。㉓丁巳　閏十月初十日。㉔戊寅朔　十一月初一日。㉕以李興幹為鹽州刺史　據《舊唐書》卷十三〈德宗紀〉下，李興幹由鹽州兵馬使升為刺史。胡三省注云興幹出於神策軍，宦官因其有定亂之功而崇獎之。㉖太常卿　太常寺主官。唐九寺中，以太常卿職位最高，掌祭祀醫卜。㉗高郢　字公楚，衛州（今河南衛輝）人，德宗貞元末拜相。憲宗朝官拜兵部尚書。傳見《舊唐書》卷一百四十七、《新唐書》卷一百六十五。㉘鄭珣瑜　字元白，鄭州滎澤（今河南鄭州北）人。傳見《新唐書》卷一百六十五。㉙餘慶　即鄭餘慶。貞元十四年（西元七九八年）為相，十六年被貶。傳見《舊唐書》卷一百五十八、《新唐書》卷一百六十五。㉚從父兄弟　堂兄弟。㉛北軍移牒而已　只向北軍發一道公文而已。御史畏懼宦官，不敢復入北軍按囚，僅移文北司，牒取繫囚姓名及案由，應付了事。㉜陷之　設置圈套陷害崔薳。㉝崖州　州名，治所金城，在今海南海口東南。㉞嗣道王實　唐高祖子道王李元慶四世孫李實，受封嗣道王。為京兆尹，貪墨殘忍。順宗即位，貶死虢州。傳見《舊唐書》卷一百三十五、《新唐書》卷一百六十七。㉟務徵求以給進奉　是年京師旱，李實仍一味徵收財賦以為貢獻。㊱為謠嘲之　將李實刻剝百姓的事編成歌謠加以嘲諷。㊲陽山　縣名，縣治在今廣東陽山縣。

【語　譯】當初，翰林待詔王伾擅長書法，山陰人王叔文擅長下棋，兩人都出入東宮，陪侍太子娛樂。王伾，是杭州人。王叔文詭計多端，自己說讀過書，瞭解治國之道，經常乘機向太子談論民間疾苦。太子曾經與各位侍讀和王叔文等人討論到宮市的事情，太子說：「我正準備向父皇極力勸諫這一事情。」大家都表示贊同，只有王叔文不作聲。大家退下去後，太子親自把王叔文留下來，對他說：「剛才只有你不說話，難道有什麼想法嗎？」王叔文說：「我承蒙殿下愛幸，要是有什麼見解，豈敢不告訴殿下。太子的職責應該是省視陛下的飲食，問候陛下是否安好，不適宜談論宮廷外邊的事情。陛下在位的時間很長久了，如果懷疑太子收買人心，那怎麼解釋呢？」太子大驚，哭著說：「不是先生提醒，我無從知道這個道理。」於是對王叔文大加寵信，王叔文與王伾相互依托。王叔文乘機對太子說：「某某可以擔任宰相，某某可以擔任將帥，希望殿下將來任用他們。」王叔文暗中結交翰林學士韋執誼，以及當時在朝廷中有名望而尋求盡快提升的官員陸淳、呂溫、李景儉、韓曄、韓泰、陳諫、柳宗元、劉禹錫等人，約定為生死相依的朋友。而凌準、程异等人又靠這一幫人得以進用，天天與王叔文等人一起遊玩、相處，他們行蹤詭祕，沒有人能知道他們在幹什麼。軍鎮節帥有的暗中進獻錢財，與他們結交。陸淳是吳人，曾任左司郎中。呂溫，是呂渭的兒子，當時任左拾遺。李景儉，是漢中王李瑀的孫子，進士及第出身。韓曄，是韓滉族姪。陳諫曾任侍御史。柳宗元、劉禹錫，當時任監察御史。

左補闕張正一上書，得到德宗的召見。張正一與吏部員外郎王仲舒、主客員外郎劉伯芻等人親密友好，王叔文的同夥懷疑張正一在德宗面前說了他們的祕事，讓韋執誼在德宗面前反誣張正一等人，說張正一等人拉幫結夥，交遊宴飲沒有節制。九月初六日甲寅，張正一等人都獲罪貶職遠地，人們不知道其中的因由。劉伯芻，是劉迺的兒子。

鹽夏節度判官崔文先代理鹽州軍政事務，為政苛刻。冬，閏十月初三日庚戌，部將李庭俊叛亂，殺了崔文先，剁成碎塊吃了。左神策軍兵馬使李興幹戍守鹽州，殺了李庭俊，把此事奏報朝廷。○初十日丁巳，門下侍郎、同平章事崔損去世。

十一月初一日戊寅，德宗任命李興幹為鹽州刺史，可以單獨向朝廷上奏事情，從此，鹽州不再隸屬夏州。

十二月十三日庚申，德宗任命太常卿高郢為中書侍郎，吏部侍郎鄭珣瑜為門下侍郎，一併擔任同平章事。鄭珣瑜，是鄭餘慶的堂兄弟。

建中初年，德宗敕令對京城各使以及各府縣拘押的囚犯，在每個季度末派御史巡查，有冤枉和錯誤的情況要向朝廷奏報，近年來，北軍只發一道公文而已。監察御史崔薳對待下屬極為嚴厲苛刻，下屬官吏們想陷害他，引誘他進入右神策軍。神策軍使以下的官員對崔薳的到來十分震驚，詳細向皇帝奏報了情況。德宗大怒，打了他四十軍棍，流放崖州。

任京兆尹的嗣道王李實一味地徵收財賦來向德宗進貢，對德宗說：「今年雖然乾旱，但是禾苗長得很好。」因此不減免租稅，老百姓窮到了拆毀房屋、賣掉屋瓦和木料以及麥苗向官府交納賦稅。演戲的人成輔端作了一首歌謠來嘲諷這件事，李實上奏說成輔端誹謗朝政，用杖刑殺了成輔端。

監察御史韓愈上疏，以為「京畿一帶的百姓窮困，對今年沒能徵收上來的稅錢以及牧草、穀物等，請求等明年蠶繭出來和麥子熟了再徵收。」韓愈獲罪貶為陽山縣令。

二十年（甲申　西元八〇四年）

春，正月丙戌❶，天德軍都防禦團練使、豐州刺史李景略卒。初，景略嘗宴僚佐，行酒者誤以醯❷進。判官京兆任迪簡❸以景略性嚴，恐行酒者得罪，強飲之，歸而嘔血，軍士聞之泣下。及李景略卒，軍士皆曰判官仁者，欲奉以為帥。監軍抱置別室，軍士發扃❹取之。監軍以聞，詔以代景略。○吐蕃贊普死，其弟嗣立。

夏，四月丙寅❺，名❻陳許軍曰忠武。

左金吾大將軍李昇雲將禁兵鎮咸陽，疾病，其子政諲與虞候上官望等謀效山東藩鎮，使將士奏攝父事。六月壬子❼，昇雲卒。甲寅❽，詔追削昇雲官爵，籍沒其家。

昭義節度使李長榮薨，上使中使以手詔⑨授本軍大將，但軍士所附者即授。時大將來希皓為眾所服，中使將以手詔付之。希皓言於眾曰：「此軍取人，合是希皓⑩，但作節度使不得。若朝廷以一束草來，希皓亦必敬事⑪。」中使言：「面奉進止⑫，只今此軍取大將拔與節鉞⑬，朝廷不別除人⑭。」希皓固辭⑮。兵馬使盧從史⑯其位居四，潛與監軍相結，起出伍⑰曰：「若來大夫不肯受詔，從史請且句當⑱此軍。」監軍曰：「盧中丞若如此，此亦固合聖旨。」中使因探懷取詔以授之。從史捧詔，再拜舞蹈⑲。希皓亟迴揮同列，北面稱賀。軍士畢集，更無一言。秋，八月己未，詔以從史為節度使。

九月，太子⑳始得風疾，不能言。

【章旨】以上為第六段，寫天德軍、昭義軍換帥，從本鎮遴選眾所服者，平穩順利沒有兵變。昭義大將來希皓謙讓，為史所稱。

【注釋】❶丙戌　正月初十日。❷醯　即醋。❸任迪簡　京兆萬年（今陝西西安西）人，歷任豐州刺史、天德軍使、易定節度使。傳見《舊唐書》卷一百八十五下、《新唐書》卷一百七十。❹發扃　打開門栓。❺丙寅　四月二十二日。❻名　改名。改陳許軍為忠武軍。❼壬子　六月初九日。❽甲寅　六月十一日。❾手詔　德宗的親筆手諭。❿此軍取人二句　意謂只在本軍中選拔，應當是我來希皓。此軍，本軍。取人，指選用節度使人選。合，應當。⓫若朝廷以一束草來二句　如果朝廷用一個草人來做節度使，我也一定恭敬地侍奉他。來希皓表明服從朝命所委署的任何人。⑫面奉進止　我當面接受聖上旨意。⑬拔與節鉞　提升為節度使。節與鉞，象徵節度使權力，給與節鉞，即是授與節度使。⑭不別除人　不另外任命別人。⑮固辭　堅決推辭。⑯盧從史　繼李長榮為昭義節度使。後陰與王承宗通謀，貶死。傳見《舊唐書》卷一百三十二、《新唐書》卷一百四十二。⑰起出伍　從同班官員中站起來。⑱句當　辦理；管理。⑲再拜舞蹈　再拜，拜了兩次。舞蹈，是一種下對上的禮儀。⑳太子　即順宗李誦。

【語　譯】二十年（甲申　西元八〇四年）

春，正月初十日丙戌，天德軍都防禦團練使、豐州刺史李景略去世。當初，李景略曾經宴請僚屬佐吏，倒酒的人誤把醋當酒送上桌來。判官京兆府人任迪簡因為李景略性情嚴厲，害怕倒酒的人獲罪，強使自己喝了下去，回去後吐血，軍中將士聽說這件事後都哭了。李景略去世後，軍中將士都說判官任迪簡仁慈，想擁立為主帥。監軍把任迪簡抱起安置在另外的屋裡，將士們打開門栓，把任迪簡接出來。監軍把這件事報告給朝廷，德宗下詔任命任迪簡接替李景略的職務。〇吐蕃的贊普死了，贊普的弟弟繼位。

夏，四月二十二日丙寅，改名陳許軍為忠武軍。

左金吾大將軍李昇雲率領禁軍鎮守咸陽，得了重病，他的兒子李政諲與虞候上官望等人謀劃仿效山東地區軍鎮，讓將士們上奏朝廷以李政諲代理父親的職位。六月初九日壬子，李昇雲去世。十一日甲寅，德宗下詔追奪李昇雲的官職爵位，抄沒李昇雲的家產。

昭義軍節度使李長榮去世，德宗派遣中使帶著親筆詔書準備授予昭義軍中的大將，只要將士們所擁戴的，就授予主帥一職。當時，大將來希皓被大家所信服，使者準備把委任詔書交給來希皓。來希皓對大家說：「在本軍中挑選主帥，應該是我來希皓，但我不能做節度使。如果朝廷拿草人來做節度使，我來希皓也一定恭敬地侍奉它。」中使說：「我當面奉皇上旨意，只讓在本軍選擇大將，提升為節度使，朝廷不再另外任命別的人。」來希皓堅決推辭。兵馬使盧從史在軍中位居第四，暗中與監軍勾結，這時從同班官員中站出來說：「如果來大夫不肯接受詔命，那就請讓我盧從史暫時管理這支軍隊。」監軍說：「盧中丞如果這樣做，這也當然符合聖旨。」中使於是就從懷中掏出詔書送給盧從史。盧從史捧著詔書，拜了又拜，施行舞蹈禮儀。來希皓趕忙轉身指揮同班將士，面朝北方表示祝賀。將士們全部集合起來，大家沒有表示異議。秋，八月十七日己未，德宗下詔任命盧從史為節度使。

九月，太子開始得了中風病，不能說話。

順宗至德弘道大聖大安孝皇帝❶

永貞元年❷（乙酉　西元八〇五年）

春，正月辛未朔❸，諸王、親戚入賀德宗，太子獨以疾不能來。德宗涕泣悲歎，由是得疾，日益甚。凡二十餘日，中外不通❹，莫知兩宮❺安否。

癸巳❻，德宗崩，蒼猝❼召翰林學士鄭絪、衛次公❽等至金鑾殿草遺詔。宦官或曰：「禁中議所立尚未定❾。」眾莫敢對。次公遽言曰：「太子雖有疾，地居冢嫡❿，中外屬心。必不得已，猶應立廣陵王⓫。不然，必大亂。」絪等從而和⓬之，議始定。次公，河東人也。太子知人情憂疑，紫衣麻鞋⓭，力疾出九仙門⓮，召見諸軍使，人心粗安。

甲午⓯，宣遺詔於宣政殿⓰，太子縗服見百官。丙申⓱，即皇帝位於太極殿⓲。衛士尚疑之，企足引領⓳而望之，曰：「真太子也！」乃喜而泣。

時順宗失音⑳，不能決事㉑，常居宮中施簾帷，獨宦者李忠言、昭容牛氏㉒侍左右，百官奏事，自帷中可其奏。自德宗大漸㉓，王伾先入，稱詔召王叔文，坐翰林中使決事。伾以叔文意入言於忠言，稱詔行下，外初無知者。以杜佑攝冢宰㉔。

二月癸卯㉕，上始朝百官於紫宸門㉖。

己酉㉗，加義武節度使張茂昭同平章事。○辛亥㉘，以吏部郎中韋執誼為尚書左丞、同平章事。王叔文欲掌國政，首引執誼為相，己用事於中㉙，與相唱和㉚。

壬子㉛，李師古發兵屯西境以脅滑州。時告哀使㉜未至諸道，義成牙將有自長安還得遺詔者，節度使李元素以師古鄰道，欲示無外㉝，遣使密以遺詔示之。師古欲乘國喪侵噬鄰境，乃集將士謂曰：「聖上萬福，而元素忽傳遺詔，是反也，宜擊之。」遂杖元素使者，發兵屯曹州，且告假道於汴㉞。宣武節度使韓弘使謂曰：「汝能越吾界而為盜邪？有以相待，無為空言！」元素告急。弘使謂曰：「吾在此，公安無恐。」或告：「翦棘夷道㉟，兵且至矣，請備之。」弘曰：「兵來，不除道也。」不為之應。師古詐窮變索㊱，且聞上即位，乃罷兵。元素表請自貶，朝廷兩慰解之㊲。元素，泌之族弟也。

吳少誠以牛皮鞾材㊳遺師古，師古以鹽資少誠，潛過宣武界，事覺，弘皆留，輸之庫㊴，曰：「此於法不得以私相餽。」師古等皆憚之。

辛酉㊵，詔數京兆尹道王實殘暴掊斂㊶之罪，貶通州長史。市井讙呼，皆袖瓦礫遮道㊷伺之㊸，實由間道獲免。

【章　旨】以上為第七段，寫德宗崩，順宗即位。宣武軍韓弘威鎮一方，李師古、吳少誠不敢因國喪而輕舉妄動。

【注　釋】❶順宗至德弘道大聖大安孝皇帝　德宗長子，諱誦。唐朝第十代皇帝，西元八〇五年在位，不足一年。順宗任用王叔文革新政治，宦官俱文珍勾結權貴發動政變，立順宗太子李純即位，是為憲宗。永貞革新半道夭折。❷永貞元年　是年為貞元二十一年，八月始改元永貞。❸辛未朔　正月初一日。❹中外不通　內宮與外朝失去了聯繫，因德宗不能上朝。❺兩宮　指德宗與東宮太子。❻癸巳　正月二十三日。❼蒼猝　同「倉猝」。匆忙地。❽衛次公　字從周，河中府河東縣（今山西永濟）人，歷官翰林學士、中書舍人、兵部侍郎，出鎮陝虢、淮南。傳見《舊唐書》卷一百五十九、《新唐書》卷一百六十四。❾禁中議所立尚未定　當時權在禁軍中尉，由宦官把持。所謂禁中還沒有商量定皇位繼承人，實際上是宦官們尚未議定人選。❿冢嫡　嫡長子。⓫廣陵王　太子長子李純，即順宗李誦長子。⓬和　附和；贊同。⓭紫衣麻鞋　紫衣非喪服，而麻鞋為喪鞋。當時事急，太子著喪服未畢而出宮勞軍。⓮九仙門　在宮內西苑東北角。禁軍列營在九仙門外。⓯甲午　正月二十四日。⓰宣政殿　大明宮內第二大殿，位於含元殿之北。⓱丙申　正月二十六日。⓲太極殿　西內正前殿。⓳企足引領　抬起腳後跟，伸長脖子。⓴失音　無法講話。㉑決事　處理朝事。㉒昭容牛氏　牛昭容，史失其名。昭容，后妃之號，九嬪之一。㉓大漸　病危。㉔攝冢宰　冢宰，周代官名，為佐天子、總百官之職。唐代仿周制，於天子駕崩後置「攝冢宰」，為百官之首，代新即位的皇帝在服喪期間總攬國事。㉕癸卯　二月初三日。㉖紫宸門　在宣政殿北。門內為紫宸殿，即內衙之正殿。㉗己酉　二月初九日。㉘辛亥　二月十一日。㉙用事於中　在內廷（翰林學士院）當權。㉚與相唱和　互相配合。㉛壬子　二月十二日。㉜告哀使　朝廷派出宣諭皇帝駕崩的特使。㉝欲示無外　李師古淄青節度使，李元素鄭滑節度使，兩鎮相鄰。李元素不把李師古當外人，故將所得德宗駕崩消息告知他。㉞假道於汴　借道汴州。汴州，即宣武節度使鎮所，在淄青與義成之間。㉟翦棘夷道　指李師古剷除荊棘，平整道地，作進兵準備。夷，平整；剷平。㊱詐窮變索　指李師古機謀詐變的手腕用完了。窮與索同義，盡也。㊲朝廷兩慰解之　朝廷對雙方勸慰寬解。㊳牛皮鞾材　製作牛皮鞋的材料。即牛皮。㊴輸之庫　送繳國庫。㊵辛酉　二月二十一日。㊶掊斂　掊克聚斂。㊷遮道　攔截道路。㊸伺之　等待他。此言京兆民眾痛恨李實，皆袖藏瓦礫亂石，等在道路上攔擊他。

【語　譯】順宗至德弘道大聖大安孝皇帝

永貞元年（乙酉　西元八〇五年）

春，正月初一日辛未，各位親王、皇室的親戚都進宮向德宗皇帝祝賀新年，只有太子因為生病不能來。德宗流淚悲歎，從此得了病，一天比一天加重。總共有二十多天，內宮與外朝斷絕了聯繫，外面的人都不知道德宗與太子是否平安。

正月二十三日癸巳，德宗駕崩，宮廷匆匆忙忙召來翰林學士鄭絪、衛次公等人到金鑾殿草擬德宗遺詔。有宦官說：「宮廷商議冊立誰還沒有確定。」大家都不敢答話。衛次公急忙說道：「太子雖然患了病，但他位居嫡長子，朝廷內外人心所向。萬不得已的時候，還是應該冊立太子的長子廣陵王。如果不這樣做，一定會大亂。」鄭絪等人馬上附和衛次公的意見，這樣冊立誰的事才定下來。衛次公是河東人。太子知道人心疑慮，便身穿紫衣，腳穿麻鞋，支撐著病體，走出九仙門，召見禁軍的各位軍使，人心大體安定下來。

正月二十四日甲午，在宣政殿宣布德宗遺詔，太子身穿孝服接見文武百官。二十六日丙申，太子在太極殿即皇帝位。宮廷的衛士還在懷疑，提起腳跟，伸著脖子，仔細觀望，說：「這真的是太子殿下！」於是都高興得哭起來。

當時，順宗不能說話，不能處理朝廷事務，經常住在宮中，懸掛簾幕，只有宦官李忠言和昭容牛氏服侍左右，百官奏事，順宗從簾幕中批准奏章。自從德宗病情垂危以來，王伾首先進入內廷，聲稱有詔召王叔文，讓王叔文坐在翰林院中處理朝政。王伾把王叔文的意思告訴李忠言，以詔令的形式頒布，起初朝廷中無人知道這一點。委任杜佑為百官之首。二月初三日癸卯，順宗開始在紫宸門接受朝廷文武百官的朝見。

二月初九日己酉，順宗加授義武軍節度使張茂昭為同平章事。〇十一日辛亥，順宗任命吏部郎中韋執誼為尚書左丞、同平章事。王叔文想執掌國家大政，首先推韋執誼為宰相，自己在內廷當權，與韋執誼相互配合。

二月十二日壬子，李師古發兵屯駐在本道西部邊境，威脅滑州。當時告哀使沒有到達各道，義成軍有一個得到德宗遺詔內容的牙將從長安回來，節度使李元素因為李師古是相鄰的道，為了表示不把李師古當外人，派遣使者祕密地把德宗的遺詔內容告訴了李師古。李師古卻想乘國喪之機吞噬鄰道的土地，於是就召集將士，對他們說：「皇上萬壽無疆，而李元素突然傳布遺詔，這是反叛朝廷，我們應該攻打他。」於是就用棍棒打李元素的使者，發兵屯駐曹州，並且派人去汴州向韓弘借路。宣武軍節度使韓弘派人對李師古說：「你能越過我的邊界去做壞事嗎？我等著你，可不是說空話！」李元素向韓弘告急。韓弘派使者對李元素說：「我在這裡，你安心，不用害怕。」有人告訴韓弘說：「李師古剷除荊棘，平整道路，軍隊馬上就要到了，請防備他。」韓弘說：「如果軍隊前來，就不清除道路了。」韓弘不作防備。李師古機變詐謀用盡，而且又聽說順宗即位，這才停止出兵。李元素上表朝廷請求將自己貶職，朝廷對雙方勸慰寬解。李元素，是李泌的族弟。

吳少誠把做靴子的牛皮贈送給李師古，李師古用食鹽資助吳少誠，他們的物品偷偷經過宣武軍境內時被發現了，韓弘把這些東西全部扣留，送繳國庫，說：「按照國法規定，這些東西不能私下互相贈送。」李師古等人都害怕韓弘。

二月二十一日辛酉，順宗下詔歷數京兆尹道王李實殘暴地聚斂百姓財物的罪過，把他貶職為通州長史。長安街市歡呼，人們都拿著磚頭瓦塊攔路等著他，李實走小路才得以脫身。

壬戌❶，以殿中丞❷王伾為左散騎常侍❸，依前翰林待詔，蘇州司功❹王叔文為起居舍人、翰林學士。

伾寢陋，吳語❺，上所褻狎❻。而叔文頗任事自許❼，微知文義，好言事，上以故稍敬之，不得如伾出入無阻。叔文入至翰林，而伾入至柿林院❽，見李忠言、牛昭容計事。大抵叔文依伾，伾依忠言，忠言依牛昭容，轉相交結。每事先下翰林，使叔文可否，然後宣于中書❾，韋執誼承而行之。外黨則韓泰、柳宗元、劉禹錫[1]等主采聽外事❿。謀議唱和，日夜汲汲如狂，互相推獎，曰伊、曰周、曰管、曰葛⓫，僴然自得⓬，謂天下無人。榮辱進退，生於造次⓭，惟其所欲，不拘程式⓮。士大夫畏之，道路以目⓯。素與往還者⓰，相次拔擢⓱，至一日除數人。其黨或言曰：「某可為某官。」不過一二日，輒已得之。於是叔文及其黨十餘家之門，晝夜車馬如市。客候見叔文、伾者，至宿其坊中餅肆⓲酒壚⓳下，一人得千錢，乃容之⓴。伾尤闒茸㉑，專以納賄為事，作大匱貯金帛，夫婦寢其上。

甲子㉒，上御丹鳳門，赦天下；諸色逋負，一切蠲免㉓；常貢之外，悉罷進奉㉔。貞元之末政事為人患者，如宮市㉕、五坊小兒㉖之類，悉罷之。

先是，五坊小兒張捕鳥雀於閭里者，皆為暴橫以取人錢物，至有張羅網於門不許人出入者，或張井上使不得汲者，近之，輒曰：「汝驚供奉鳥雀。」即痛毆之，出錢物求謝乃去。或相聚飲食於酒食之肆，醉飽而去，賣者或不知，就索其直㉗，多被毆詈㉘。或時留蛇一囊為質㉙，曰[2]：「此蛇所以致烏雀而捕之者，今留付汝，幸善飼之，勿令飢渴。」賣者愧謝求哀，乃攜挈而去。上在東宮，皆知其弊，故即位首禁之。

乙丑㉚，罷鹽鐵使月進錢。先是，鹽鐵月進羨餘㉛而經入益少㉜，至是罷之。

三月辛未㉝，以王伾為翰林學士。

德宗之末，十年無赦，羣臣以微過譴逐者皆不復敘用，至是始得量移㉞。壬申㉟，追㊱忠州別駕陸贄、郴州別駕鄭餘慶、杭州刺史韓皋、道州刺史陽城赴京師。

贄之秉政也，貶駕部員外郎李吉甫㊲為明州長史，既而徙忠州刺史。贄昆弟門人咸以為憂，至而吉甫忻然以宰相禮事之。贄初猶慚懼，後遂為深交。吉甫，棲筠㊳之子。韋皋在成都，屢上表請以贄自代。贄與陽城皆未聞追詔而卒。

【章旨】以上為第八段，寫永貞革新，順宗罷進奉，罷宮市，取締五坊小兒，平反和量移前朝貶逐之臣。

【注釋】❶壬戌　二月二十二日。❷殿中丞　殿中省佐貳官，從五品上。殿中省掌天子生活庶務，如皇帝膳食、醫藥、服御、住所、鋪設、輦輿等，皆由殿中省職掌。❸左散騎常侍　隸門下省，掌侍從規諫。❹司功　州佐吏，全稱司功參軍，掌考選。王叔文起自蘇州司功。❺伾寢陋二句　王伾形貌醜陋，只會說家鄉吳地土話。吳語，泛指古吳國地方語，即江蘇、浙江土語。王伾杭州人，古時屬吳地。❻褻狎　親近寵幸。❼任事自許　自認為能辦大事。❽柿林院　宮內院名。❾宣于中書　向中書省宣布。❿主采聽外事　柳宗元等人主持搜集朝廷上的情報。外，宮外，指朝廷。⓫日夜汲汲三句　意謂王叔文之黨夜以繼日地急切奔競像狂人一般，互相抬舉推讚，稱某是伊尹、是周公、是管仲、是諸葛亮。汲汲，急急趨進的樣子。⓬倜然自得　昂揚而自鳴得意。倜然，剛強豪壯的樣子。⓭榮辱進退二句　榮華、屈辱、晉升、貶斥，產生在倉促之間。造次，匆忙迫促。⓮惟其所欲二句　想幹什麼就幹什麼，不受規章制度的約束。⓯道路以目　人們只能在道路上以目示意，喻敢怒而不敢言。語出《國語・周語》：「周厲王監謗，國人莫敢言，道路以目。」韋昭注云：「不敢發言，以目相眄而已。」⓰素與往還者　一向與他們相交的人。⓱相次拔擢　一個接一個被提升。⓲餅肆　餅店；賣餅之家。⓳酒壚　賣酒之家；酒店。⓴一人得千錢二句　飯店、酒店，每人每天收一千錢，才允許留宿。㉑闒茸　猥瑣卑下。闒，踏板，喻低下。茸，細絨毛，喻細小。㉒甲子　二月二十四日。㉓諸色逋負二句　各種各樣的拖欠租稅，一概免除。㉔常貢之外二句　按例正常貢品之外，停止一切進奉。㉕宮市　宮中市買外面貨物。最初，宮市由官吏主持，買入物品，付貨主適當的價錢。後來改由宦官主持，隨意掠取長安兩市物品，甚至不付一錢，商賈有良貨，皆深藏不露。詳見上卷貞元十三年十二月。㉖五坊小兒　五坊，一曰鵰坊，二曰鶻坊，三曰鷂坊，四曰鷹坊，五曰狗坊。此皆養獵鷹、獵犬等供皇上出遊助興之物，擾民傷財，亦罷之。小兒，對給役健兒的稱呼。㉗就索其直　到他們那裡索取酒飯錢。㉘毆詈　打罵。㉙質　抵押品。留下一袋蛇作抵押品。㉚乙丑　二月二十五日。㉛羨餘　正稅之外的雜稅；額外收入。實際乃截割正稅以為羨餘。㉜經入益少　歸入國庫的正常稅收日益減少。㉝辛未　三月初二日。㉞量移　遇赦酌量甄別內遷或還京。㉟壬申　三月初三日。㊱追　召被貶諸大臣還京師。陸贄貶見上卷貞元十一年；陽城貶見貞元十四年；鄭餘慶貶見貞元十六年；韓皐為京兆尹，貞元十四年貶撫州司馬，未幾徙杭州。㊲李吉甫　字弘憲，憲宗朝宰相，著有《元和郡縣圖志》行於世。傳見《舊唐書》卷一百四十八、《新唐書》卷一百四十六。㊳栖筠　歷官給事中、浙西觀察使，代宗朝為御史大夫。

【校　記】[1]劉禹錫　原無此三字。據章鈺校，十二行本、乙十一行本、孔天胤本有此三字，張敦仁《通鑑刊本識誤》同，今據補。[2]曰　原脫，據上下文義補。

【語　譯】二月二十二日壬戌，順宗任命殿中丞王伾為左散騎常侍，仍然擔任翰林待詔，任命蘇州司功王叔文為起居舍人、翰林學士。

王伾相貌醜陋，一口吳地鄉音，是順宗親近寵幸的人。而王叔文很以能夠處理朝政自許，稍懂文章義理，喜歡談論政事，順宗因為這個緣故，對王叔文稍有敬重，王叔文不像王伾那樣通行無阻地出入宮禁。王叔文進入翰林院，而王伾進入柿林院，得以見到李忠言和牛昭容，與他們商議事情。大體上是王叔文依附王伾，王伾依附李忠言，李忠言依附牛昭容，互相輾轉交結。朝廷中的每件事情先下交翰林院，讓王叔文裁斷，然後向中書省宣布處理意見，韋執誼接受後照著執行。他們在宮廷外的同黨則是韓泰、柳宗元、劉禹錫等人主持搜集朝廷上的情報。他們商議事情一唱一和，日夜急切奔競，像狂人一樣，互相抬舉推讚，說誰是伊尹、誰是周公、誰是管仲、誰是諸葛亮，他們昂首挺胸自鳴得意，認為天下無人可及。他們給人的榮辱升降，產生於倉促之間，他們想做什麼就做什麼，不受規章制度的約束。士大夫害怕他們，在道路上以目示意。一向同他們交往的人，一個接一個的被提拔，甚至一天任命幾個人。他們的同黨有人說：「某某可以擔任某官。」不超過一兩天，那人就已經得到了那個官職。於是王叔文及其同黨十幾家的門口，晝夜車馬如市。等候晉見王叔文、王伾的客人，甚至有的住到他們那條街坊的餅店、酒坊中，每個人要交一千錢住宿費，店家才收留他們。王伾尤其卑下猥瑣，專以納賄為事，製做了一個大櫃子存放金帛，夫妻倆就睡在那個櫃子上。

二月二十四日甲子，順宗在丹鳳門宣布大赦天下；各種拖欠的租稅，一概免除，正常貢品之外，停止全部進貢；在貞元末年一些給百姓帶來災禍的措施，如宮市和五坊小兒等名目，全部撤除。

在此之前，在鄉里張網捕捉鳥雀的五坊小兒們，都用殘暴蠻橫的手段來索取百姓的錢物，甚至有的在人家門前張網，不許人出入，有的在水井上張網，讓人不得取水，人靠近了，就說：「你驚跑了供奉宮廷的鳥雀。」馬上就痛打那人，那人拿出錢財來謝罪，五坊小兒們這才離去。五坊小兒們有時候在飯店酒館相聚吃喝，酒醉飯飽而去，賣家有的不知道他們的身分，就上去向他們索要酒飯錢，多半被他們打罵。有的留下一袋蛇作抵押，對店家說：「這些蛇是用來誘捕鳥雀的餌，現在把牠們交給你，希望好好地飼養，不要讓牠們飢渴。」店家害怕得連忙賠罪求饒，他們才提著蛇袋離去。順宗在東宮時，這些弊病全都知道，所以繼位之後首先加以禁止。

二月二十五日乙丑，順宗下令廢除鹽鐵使的月進錢。在此之前，鹽鐵使每月都向朝廷進獻額外收入，但正常賦稅日益減少，到這時，下令廢止。

三月初二日辛未，順宗任命王伾為翰林學士。

德宗末年，十年沒有大赦，朝廷群臣因為小小過失被貶斥流放的人，全都不再任用，到現在才得以甄別內遷。三月初三日壬申，順宗召忠州別駕陸贄、郴州別駕鄭餘慶、杭州刺史韓皋、道州刺史陽城回到京城長安。

陸贄在主持朝政時，把駕部員外郎李吉甫貶職為明州長史，不久，李吉甫調任忠州刺史。陸贄的兄弟和門人為此憂慮，到了忠州之後，李吉甫很高興地用對待宰相的禮節對待陸贄。陸贄起初還感到又慚愧又恐懼，後來兩人便成了交情很深的朋友。李吉甫，是李栖筠的兒子。西川節度使韋皋在成都，多次上表朝廷請求讓陸贄代替自己的職位。陸贄和陽城都沒有聽到皇帝下詔將他們召回京城的消息就去世了。

丙戌❶，加杜佑度支及諸道鹽鐵轉運使。以浙西觀察使李錡為鎮海❷節度使，解其鹽鐵轉運使。錡雖失利權而得節旄，故反謀亦未發。

戊子❸，名徐州軍曰武寧，以張愔為節度使。○加彰義節度使吳少誠同平章事。

以王叔文為度支、鹽鐵轉運副使。先是叔文與其黨謀，得國賦在手，則可以結諸用事人❹，取軍士心❺，以固其權。又懼驟使重權❻，人心不服，藉❼杜佑雅有會計之名，位重而務自全，易可制，故先令佑主其名❽，而自除為副以專之❾。叔文雖判兩使，不以簿書為意，日夜與其黨屏人竊語，人莫測其所為。

以御史中丞武元衡❿為左庶子。德宗之末，叔文之黨多為御史，元衡薄⓫其為人，待之莽鹵⓬。元衡為山陵儀仗使⓭，劉禹錫求為判官，不許。叔文以元衡在風憲⓮，欲使附己，使其黨誘以權利。元衡不從，由是左遷。元衡，平一之孫也。

侍御史竇羣奏屯田員外郎⓯劉禹錫挾邪亂政，不宜在朝。又嘗謁叔文，揖之曰：「事固有不可知者。」叔文曰：「何謂也？」羣曰：「去歲李實怙恩挾貴⓰，氣蓋一時。公當此時，逡巡路旁，乃江南一吏⓱耳。今公一旦復據其地⓲，安知路旁無如公者乎！」其黨欲逐之。韋執誼以羣素有彊直名⓳，止之。

上疾久不愈，時扶御殿⓴，羣臣瞻望而已，莫有親奏對者。中外危懼㉑，思早立太子。而王叔文之黨欲專大權，惡聞之。宦官俱文珍、劉光琦、薛盈珍皆先朝任使舊人，疾叔文、忠言等朋黨專恣，乃啟上召翰林學士鄭絪、衛次公、李程㉒、王涯㉓入金鑾殿，草立太子制。時牛昭容輩以廣陵王淳英睿，惡之；絪不復請，書紙為「立嫡以長」字呈上，上頷之㉔。癸巳㉕，立淳為太子，更名純。程，神符五世孫也。

賈耽以王叔文黨用事，心惡之，稱疾不出，屢乞骸骨。丁酉㉖，諸宰相會食中書㉗。故事，宰相方食，百寮無敢謁見者。叔文至中書，欲與執誼計事，令直省㉘通之。直省以舊事㉙告，叔文怒，叱㉚直省。直省懼，入白。執誼逡巡慚赧㉛，竟起迎叔文，就其閤㉜語良久。杜佑、高郢、鄭珣瑜皆停箸以待㉝，有報者云：「叔文索飯，韋相公已與之同食閤中矣。」佑、郢心知不可，畏叔文、執誼，莫敢出言。珣瑜獨歎曰：「吾豈可復居此位！」顧左右，取馬徑歸，遂不起㉞。二相㉟皆天下重望，相次歸臥㊱。叔文、執誼益無所顧忌，遠近大懼。

【章旨】以上為第九段，寫王叔文、王伾等專權用事。

【注釋】❶丙戌　三月十七日。❷鎮海　德宗置鎮海軍於潤州（今江蘇鎮江市），後移治杭州。❸戊子　三月十九日。❹結諸用事人　交結各部門的當權人物。❺取軍士心　取得軍心。❻懼驟使重權　度支、鹽鐵轉運，利權所在，王叔文起於小吏，遽領使職，自知其驟，心內恐懼不安。❼藉　借重；依靠。❽主其名　掛名任度支鹽鐵使。❾專之　專擅財政實權。❿武元衡　字伯蒼，曾祖載德，武則天族弟。祖父武平一，武后時避事隱嵩山，中宗時官至考功員外郎。元衡在德宗時官至御史中丞，遭王叔文忌貶。後憲宗元和二年（西元八〇七年）拜相，出為西川節度使。傳見《舊唐書》卷一百五十八、《新唐書》卷一百五十二。⓫薄　鄙視；看不起。⓬待之莽鹵　指武元衡對待王叔文態度粗魯，隨隨便便，不以為意。⓭山陵儀仗使　官名，主管皇陵儀衛。⓮風憲　指御史中丞之職。⓯屯田員外郎　官名，工部第二司次官。屯田司掌全國屯田及京師文武職田。⓰怙恩挾貴　依恃恩寵尊貴的地位。怙、挾，皆憑恃、依仗之意。⓱江南一吏　指王叔文不過是蘇州司功，一個州吏罷了。

⑱據其地　佔有恩寵尊貴的地位。⑲彊直名　剛強耿直的名聲。⑳時扶御殿　不時讓人扶著登上大殿。㉑中外危懼　宮中及外朝百官深為擔憂。㉒李程　字表臣，唐宗室襄邑王李神符五世孫。敬宗時官至宰相，出鎮河東、河中、宣武、山南東道等節度使。傳見《舊唐書》卷一百六十七、《新唐書》卷一百三十一。㉓王涯　字廣津，憲宗、文宗兩朝宰相。與李訓謀誅宦官，事敗被腰斬。傳見《舊唐書》卷一百六十九、《新唐書》卷一百七十九。㉔頷之　點頭贊同。㉕癸巳　三月二十四日。㉖丁酉　三月二十八日。㉗會食中書　在中書省共餐。㉘直省　中書省的值班吏員。㉙舊事　即故事、慣例。指宰相會食時不接見百官。㉚叱　呵斥。㉛逡巡慚赧　遲疑徘徊，臉色羞紅。㉜閤　辦公房中。㉝停筯以待　放下筷子等待韋執誼。筯，筷子。㉞遂不起　於是不入閤辦公。㉟二相　指賈耽、鄭珣瑜二相。㊱相次歸臥　相繼歸家隱退。

【語譯】三月十七日丙戌，順宗加授杜佑為度支和諸道鹽鐵轉運使。任命浙西觀察使李錡為鎮海節度使，解除了他的鹽鐵轉運使職務。李錡雖然失去了賦稅財政大權，卻得到了節度使的旌節，所以他反叛朝廷的謀劃沒有暴發。

三月十九日戊子，順宗把徐州軍改名為武寧軍，任命張愔為節度使。○順宗加授彰義軍節度使吳少誠為同平章事。

順宗任命王叔文為度支、鹽鐵轉運副使。在這以前，王叔文和他的同黨策劃，如果把國家賦稅控制在手中，那麼就可以用它來結交各部門當權人物，取得軍心，以此來鞏固自己的權力。但又害怕突然間掌握重權，朝野內外，人心不服，就藉助杜佑向來就有的擅長理財的名聲，他地位很高，追求自我保全，容易控制，所以先讓杜佑在名義上做主管，而任命自己為副職來專擅財政實權。王叔文雖然身兼度支、鹽鐵轉運兩使的職位，但對財務帳目並不放在心上，日夜與他的同黨避開別人，暗中商談，別人都弄不清楚他們在幹什麼。

順宗任命御史中丞武元衡為左庶子。德宗末年，王叔文的同黨大多擔任御史職務，武元衡鄙視他們的為人，對待他們很粗魯。武元衡擔任皇陵儀仗使時，劉禹錫要求做判官，他沒有答應。王叔文因為武元衡擔任御史中丞，想讓武元衡依附自己，就讓同黨以權力、利益去誘惑武元衡。武元衡不聽從，因此就被降職。武元衡，是武平一的孫子。

侍御史竇羣上奏朝廷說屯田員外郎劉禹錫以邪亂政，不適宜在朝廷。竇羣又曾謁見王叔文，對王叔文行禮說：「事情本來就有不能知曉的。」王叔文問：「你說的是什麼意思？」竇羣回答說：「去年，李實依恃恩寵尊貴的地位，一時間，氣焰壓倒了眾人。你在那個時候，徘徊在仕途之側，才是江南的一名小吏罷了。現在你一下子佔有恩寵尊貴的地位，怎麼知道在仕途之側沒有像你這樣的人呢！」王叔文的同黨想把竇羣貶職流放。韋執誼認為竇羣一向有剛強耿直的名聲，阻止了他們。

順宗的病長久好不了，不時讓人扶持登上大殿，群臣遠遠瞻望而已，沒有人能與順宗親自奏對政事。宮中與外朝百官深為擔憂，大家想盡早冊立太子。但王叔文的同黨們想專擅大權，不喜歡聽冊立太子的話。宦官俱文珍、劉光琦、薛盈珍都是先朝受重用的舊人，痛恨王叔文、李忠言等結成朋黨專斷橫行，於是啟奏順宗召翰林學士鄭絪、衛次公、李程、王涯進入金鑾殿，草擬冊立太子的制書。當時牛昭容等人因為廣陵王李淳英明睿智，就討厭李淳。鄭絪不再稟問，在紙上寫了「冊立嫡長子」幾個字呈獻給順宗，順宗點頭認可。三月二十四日癸巳，冊立李淳為太子，改名為李純。李程，是李神符的五世孫。

宰相賈耽因為王叔文的同黨掌權，心裡討厭他們，聲稱有病，不出家門，多次請求退休。三月二十八日丁酉，各位宰相在中書省共餐。以前的慣例，宰相們正在吃飯的時候，朝廷百官沒有敢去拜見的。這一天，王叔文到了中書省，想與韋執誼商量事情，讓中書省中值班的人去通報。值班的人將這一慣例告訴王叔文，王叔文很生氣，呵斥值班的人。值班的人害怕了，進去告訴韋執誼。韋執誼遲疑徘徊，臉色羞紅，最後還是起身迎接王叔文，到王叔文辦公房裡說了很久。杜佑、高郢、鄭珣瑜都放下筷子等待韋執誼，有人來通報說：「王叔文要吃飯，韋相公已經與王叔文在辦公房裡一起吃飯了。」杜佑、高郢心裡都知道這件事是不可以的，但害怕王叔文、韋執誼，不敢說什麼。只有鄭珣瑜一個人歎息道：「我豈能再在這個位子上坐下去呢！」看了看左右的人，牽馬逕直回家去了，於是不再入閣辦公。賈耽、鄭珣瑜兩位宰相都是德高望重的人物，相繼歸家隱退。王叔文和韋執誼更加無所顧忌，朝廷內外的人大為恐懼。

夏，四月壬寅❶，立皇弟諤為欽王，誠為珍王；子經為郯王，緯為均王，縱為溆王，紓為莒王，綢為密王，總為郇王，約為邵王，結為宋王，緗為集王，絿為冀王，綺為和王，絢為衡王，纁為會王，綰為福王，紘為撫王，緄為岳王，紳為袁王，綸為桂王，纆為翼王。

乙巳❷，上御宣政殿，冊太子。百官睹太子儀表，退皆相賀，至有感泣者，中外大喜。而王叔文獨有憂色，口不敢言，但吟杜甫題諸葛亮祠堂詩曰：「出師未捷身先死，長使英雄淚滿襟。」聞者哂❸之。

先是，太常卿杜黃裳❹為裴延齡所惡，留滯臺閣❺，十年不遷❻；及其壻韋執誼為相，始遷太常卿。黃裳勸執誼帥羣臣請太子監國，執誼驚曰：「丈人甫❼得一官，柰何啓口議禁中事！」黃裳勃然曰：「黃裳受恩三朝❽，豈得以一官相買乎！」拂衣起出。

戊申❾，以給事中陸淳為太子侍讀，仍更名質。韋執誼自以專權，恐太子不悅，故以質為侍讀，使潛伺太子意，且解之。及質發言，太子怒曰：「陛下令先生為寡人講經義耳，何為預它事！」質惶懼而出。

五月辛未❿，以右金吾大將軍范希朝⓫為左、右神策京西諸城鎮行營節度使。

甲戌⑫，以度支郎中⑬韓泰為其行軍司馬。王叔文自知為內外所憎疾，欲奪取宦官兵權以自固，藉希朝老將，使主其名，而實以泰專其事。人情不測其所為，益疑懼。

辛卯⑭，以王叔文為戶部侍郎，依前充度支、鹽鐵轉運副使。俱文珍等惡其專權，削去翰林之職。叔文見制書大驚，謂人曰：「叔文日時⑮至此商量公事，若不得此院職事⑯，則無因而至矣。」王伾即為疏請⑰，不從。再疏，乃許三五日一入翰林，去學士名。叔文始懼。

六月己亥⑱，貶宣歙巡官⑲羊士諤為汀州⑳寧化尉。士諤以公事至長安，遇叔文用事，公言其非。叔文聞之，怒，欲下詔斬之，執誼不可，則令杖殺㉑之，執誼又以為不可，遂貶焉。由是叔文始大惡執誼，往來二人門下者皆懼。

先時，劉闢㉒以劍南支度副使㉓將韋皋之意㉔於叔文，求都領㉕劍南三川㉖，謂叔文曰：「太尉使闢致微誠㉗於公，若與某三川，當以死相助；若不與，亦當有以相酬㉘。」叔文怒，亦將斬之，執誼固執不可。闢尚遊長安未去，聞貶士諤，遂逃歸。執誼初為叔文所引用，深附之，既得位，欲掩其迹，且迫於公議，故時時為異同，輒使人謝叔文曰：「非敢負約，乃欲曲成兄事耳。」叔文詬怒，不之信，遂成仇怨。

癸丑㉙，韋皋上表，以為「陛下哀毀成疾㉚，重勞萬機㉛，故久而未安，請權令皇太子親監庶政㉜，俟皇躬痊愈，復歸春宮㉝。臣位兼將相，今之所陳，乃其職分。」又上太子牋㉞，以為「聖上遠法高宗，亮陰不言㉟，委政臣下，而所付非人。王叔文、王伾、李忠言之徒，輒當重任，賞罰任情㊱，墮紀紊綱㊲，散府庫之積㊳以賂權門㊴，樹置心腹，徧於貴位㊵，潛結左右，憂在蕭牆㊶。竊恐傾太宗盛業，危殿下家邦。願殿下即日奏聞，斥逐羣小，使政出人主，則四方獲安。」皐自恃重臣，遠處西蜀，度王叔文不能動搖，遂極言其姦。俄而㊷荊南節度使裴均㊸、河東節度使嚴綬牋表繼至，意與皐同，中外皆倚以為援，而邪黨震懼。均，光庭之曾孫也。

【章旨】以上為第十段，寫王叔文與韋執誼交惡，革新派發生內訌而勢分，王叔文剛愎自用，內結怨於眾朝臣，外受韋皋等重鎮之逼，危如累卵，朝不保夕。

【注釋】❶壬寅　四月初三日。❷乙巳　四月初六日。❸哂　嘲笑。❹杜黃裳　字遵素，京兆（今陝西西安）人，憲宗朝拜宰相，出為河中節度使。傳見《舊唐書》卷一百四十七、《新唐書》卷一百六十九。❺臺閣　漢代指尚書臺，後泛指中央政府機構。❻十年不遷　杜黃裳自佐朔方軍入朝為侍御史，十年未能升遷。❼甫　剛剛。❽三朝　指肅、代、德三朝。❾戊申　四月初九日。❿辛未　五月初三日。⓫范希朝　字致君，河中府虞鄉縣（今山西永濟東虞鄉）人，歷官振武、朔方、河東節度使。傳見《舊唐書》卷一百五十一、《新唐書》卷一百七十。⑫甲戌　五月初六日。⑬度支郎中　戶部第二司度支主官。⑭辛卯　五月二十三日。⑮日時　每日每時。⑯此院職事　這個院的職務。指翰林院學士。⑰王伾即為疏請　王伾上疏替王叔文請求留為翰林學士。⑱己亥　六月初二日。⑲巡官　節度使、觀察使之佐吏，掌巡察事務。⑳汀州　州名，治所在今福建長汀。㉑杖煞　用刑杖打死。煞，「殺」之借字。㉒劉闢　憲宗初任劍南西川節度使，脅制朝廷求三川都統，被朝廷用兵討殺。傳見《舊唐書》卷一百四十、《新唐書》卷一百五十八。㉓支度副使　唐制，天下邊鎮皆有支度使，度計軍資糧仗。副使為其副官。㉔將韋皋之意　奉持劍南西川節度使韋皋的意圖。將，奉持。㉕都領　總領。㉖劍南三川　劍南東川、西川及山南西道三鎮。㉗致微誠　致以謙微的誠意。㉘亦當有以相酬　也有辦法加以回報。㉙癸丑　六月十六日。㉚哀毀成疾　哀痛親人謝世而成重病。㉛重勞萬機　國家萬機加重了煩勞。㉜皇太子親監庶政　由皇太子親自監理國政。監，皇帝因病或出巡，由太子代理國政稱監國。庶政，眾多的事務。㉝春宮　東宮。此句謂待順宗病癒，皇太子重回東宮。㉞牋　上呈太子的奏章。㉟遠法高宗二句　遠仿殷代的高宗，守喪不說話。高宗，殷朝中興之主武丁。他居喪時三年不言。亮陰，又作「諒陰」、「涼陰」，天子守喪的草廬。此為對順宗啞病的委婉語，說他效法高宗不說話。㊱賞罰任情　獎懲任憑個人好惡。㊲墮紀紊綱　敗壞法紀，擾亂綱常。㊳積　積儲之財。㊴權門　權貴。㊵偏於貴位　把持了各個重要位置。㊶潛結左右二句　指王叔文等暗中交結太子的左右人員，恐怕禍患就要在宮室之內發生。韋皋暗示太子，王叔文等要廢立太子以挑撥之。蕭牆，語出《論語．季氏》孔子之言。季氏欲伐顓臾，孔子說：「吾恐季孫之憂，不在顓臾，而在蕭牆之內也。」蕭牆是魯君所用屏風。㊷俄而　不久。㊸裴均　字君齊，玄宗朝宰相裴光庭之曾孫。憲宗時入為尚書右僕射、判度支，終官山南節度使。為政荒縱，諂事宦官。傳見《新唐書》卷一百八。

【語　譯】夏，四月初三日壬寅，冊立順宗皇帝的弟弟李諤為欽王，李諴為珍王；冊立皇子李經為郯王，李緯為均王，李縱為溆王，李紓為莒王，李綢為密王，李總為郇王，李約為邵王，李結為宋王，李緗為集王，李絿為冀王，李綺為和王，李絢為衡王，李纁為會王，李綰為福王，李紘為撫王，李緄為岳王，李紳為袁王，李綸為桂王，李纆為翼王。

四月初六日乙巳，順宗登上宣政殿，冊立太子。文武百官目睹太子儀表，退朝以後，都互相祝賀，甚至有感動得哭泣的，朝野內外非常高興。而王叔文一個人面有憂色，口裡不敢說什麼，只是吟誦杜甫題寫的〈諸葛亮祠堂〉一詩中的句子：「出師未捷身先死，長使英雄淚滿襟。」聽到的人都嘲笑王叔文。

在此之前，太常卿杜黃裳遭到權臣裴延齡的憎恨，滯留在侍御史的職位上，十年沒有升遷。等到他的女婿韋執誼做了宰相，才升任太常卿。杜黃裳勸韋執誼率領群臣請求太子監理國政，韋執誼驚訝地說：「岳丈大人剛剛才得到一個官職，怎麼一開口就談論宮禁中的事情呢！」杜黃裳勃然大怒，說：「我杜黃裳蒙受三朝恩典，怎麼能給一個官職就收買了我呢！」說完將衣袖一甩，起身離開了。

四月初九日戊申，順宗任命給事中陸淳為太子侍讀，把陸淳的名字改為陸質。韋執誼自己覺得專攬朝政，恐怕太子不滿，所以讓陸質擔任侍讀，讓陸質暗中窺伺太子的想法，並且加以勸解。等到陸質就事情發表意見時，太子生氣地說：「陛下讓先生為我講解經書義理而已，為什麼要干預其他事情呢！」陸質恐懼地退了出來。

五月初三日辛未，順宗任命右金吾大將軍范希朝為左、右神策軍京西各鎮的行營節度使。初六日甲戌，順宗任命度支郎中韓泰為范希朝的行軍司馬。王叔文自知被朝廷內外的人所憎恨，想要奪取宦官的兵權來加強自己的地位，藉范希朝是軍中老將的名義，讓他做掛名的主管，實際上讓韓泰專擅軍中大權。人們心裡摸不透王叔文想幹什麼，更加懷疑害怕。

五月二十三日辛卯，順宗任命王叔文為戶部侍郎，和以前一樣充任度支、鹽鐵轉運副使。宦官俱文珍等人憎恨王叔文專攬大權，削去了他的翰林職務。王叔文看到削職制書後大驚，對人說：「我每日每時到翰林院商量國事，如果得不到翰林院的職務，那就沒有理由去那裡了。」王伾馬上就替王叔文上疏請求留為翰林學士，順宗不答應。王伾再次上疏，這才允許王叔文三五天去翰林院一趟，削除了王叔文翰林院學士的頭銜。王叔文開始恐懼起來。

六月初二日己亥，貶宣歙巡官羊士諤為汀州寧化縣尉。羊士諤因為公事到達長安城，碰上王叔文主政，就公開抨擊王叔文。王叔文得知這一消息後，十分惱怒，想讓順宗下詔殺了羊士諤，宰相韋執誼不同意，王叔文又要下令用棍棒打死羊士諤，韋執誼還是不同意，於是王叔文就把羊士諤貶職。從此，王叔文開始十分痛恨韋執誼，往來於王、韋二人門下的人都很恐懼。

此前，劉闢以劍南支度副使的身分奉韋皋之命，把韋皋的意圖轉達給王叔文，要求統領劍南三川地區，劉闢對王叔文說：「韋太尉讓我向您致以謙微的誠意，如果將劍南三川地區給我韋某統領，我當以死相助；如果不給的話，我也自當有辦法加以回報。」王叔文很生氣，也準備殺了劉闢，韋執誼堅決不同意。劉闢還在長安城內活動，沒有離開，聽說貶職了羊士諤，就逃回去了。韋執誼最初是被王叔文推薦而被順宗任用的，十分依附王叔文，得到宰相職位後，想掩蓋這層關係的痕跡，而且迫於公眾輿論的壓力，所以就經常與王叔文的意見不同，事後就派人去向王叔文道歉說：「我不敢違背我們之間的約定，只是想用曲折的方法來成全仁兄的大事。」王叔文怒氣沖沖地侮罵，不相信韋執誼，於是兩人成了仇敵。

六月十六日癸丑，韋皋上表，認為「陛下哀痛毀了身體，得了病，國家萬機加重了煩勞，所以身體很久未能安康，請陛下暫時讓皇太子親自監理朝政，等候皇上身體完全好了，再讓皇太子回到東宮去。臣位兼將領和宰相之職，現在所陳奏的，完全是自己分內的事情。」他又向太子奏上牋表，認為「聖上遙仿高宗皇帝，守喪不說話，將政事委任臣下，但所託付的人選不合適。王叔文、王伾、李忠言之徒，輕易地承擔處理朝廷大政的重任，他們獎賞和懲罰任憑個人好惡，敗壞法紀，擾亂政綱，拿出國庫中積儲的錢財賄賂權貴，培植心腹黨羽，把持了各個重要位置，暗中勾結皇帝身邊的人，禍患就在宮室之內。臣私下擔心他們傾毀了太宗的江山大業，危及殿下的家國。希望殿下立即將此事向皇帝奏報，驅逐這幫小人，使政令掌握在君王手中，那麼天下就會獲得安寧。」韋皋自恃是朝廷重臣，遠在西蜀，預料王叔文不能動搖自己的地位，於是極力將王叔文的奸邪之事說出來。不久，荊南節度使裴均、河東節度使嚴綬的牋表相繼到了朝廷，內容與韋皋相同，朝廷內外的人都依靠他們作為援助，而王叔文的邪奸之黨因此受震動而恐懼。裴均，是裴光庭的曾孫。

王叔文既以范希朝、韓泰主京西神策軍，諸宦者尚未寤。會邊上諸將各以狀辭中尉❶，且言方屬希朝，宦者始寤兵柄為叔文等所奪，乃大怒，曰：「從其謀，吾屬必死其手！」密令其使歸告諸將曰：「無以兵屬人。」希朝至奉天，諸將無至者。韓泰馳歸白之，叔文計無所出，唯曰：「柰何！柰何！」

無幾，其母病甚。丙辰❷，叔文盛具酒饌❸，與諸學士及李忠言、俱文珍、劉光琦等飲於翰林。叔文言曰：「叔文母病，以身任國事之故，不得親醫藥，今將求假歸侍❹。叔文比竭心力❺，不避危難，皆為朝廷之恩。一旦去歸❻，百謗交至❼，誰肯見察❽以一言相助乎？」文珍隨其語輒折❾之，叔文不能對，但引滿相勸，酒數行而罷。丁巳❿，叔文以母喪去位。

秋，七月丙子⓫，加李師古檢校侍中。

王叔文既有母喪，韋執誼益不用其語。叔文怒，與其黨日夜謀起復⓬，必先斬執誼而盡誅不附己者，聞者恟懼。

自叔文歸第，王伾失據⓭，日詣宦官及杜佑⓮請起叔文為相，且總北軍⓯。既不獲，則請以為威遠軍⓰使、平章事，又不得，其黨皆憂悸不自保。是日，伾坐翰林中，疏三上，不報⓱，知事不濟，行且臥⓲，至夜，忽叫曰：「伾中風矣！」明日，遂輿歸不出⓳。己丑⓴，以倉部郎中、判度支案陳諫㉑為河中少尹㉒。伾、叔文之黨至是始去。

癸巳㉓，橫海軍節度使程懷信薨，以其子副使執恭㉔為留後。

乙未㉕，制以積疹㉖未復，其軍國政事權令皇太子純句當㉗。時內外共疾王叔文黨與專恣，上亦惡之，俱文珍屢啟上請令太子監國，上固厭倦萬機，遂許之。又以太常卿杜黃裳為門下侍郎，左金吾大將軍袁滋㉘為中書侍郎，並同平章事。俱文珍等以其舊臣，故引用之。又以鄭珣瑜為吏部尚書，高郢為刑部尚書，並罷政事。太子見百官於東朝堂，百官拜賀。太子涕泣，不答拜。

八月庚子㉙，制「令太子即皇帝位，朕稱太上皇，制敕稱誥。」○辛丑㉚，太上皇徙居興慶宮㉛，誥改元永貞，立良娣王氏為太上皇后。后，憲宗之母也。壬寅㉜，貶王伾開州㉝司馬，王叔文渝州㉞司戶。伾尋病死貶所。明年，賜叔文死。

【章　旨】以上為第十一段，寫王叔文因母喪離職，革新派倒了支柱。順宗禪位憲宗，王叔文等立即遭斥逐。永貞革新歷八個月而失敗。

【注　釋】❶以狀辭中尉　用公文向中尉辭別。中尉，神策軍護軍中尉，由宦官擔任，權傾天下。❷丙辰　六月十九日。❸盛具酒饌　備辦了豐盛的酒食。❹求假歸侍　告假回家侍奉母親。❺比竭心力　近來竭盡心力。❻一旦去歸　一旦離開朝廷，回到家鄉。❼百謗交至　各種各樣的誹謗紛紛到來。❽見察　體諒我；看到我的內心苦衷。❾折　搶白；駁斥。❿丁巳　六月二十日。⓫丙子　七月初九日。⓬起復　守喪去職稱丁憂，不居喪而任職稱起復。⓭失據　失去依靠。⓮詣宦官及杜佑　登宦官及杜佑之門。時杜佑為首相。⓯總北軍　總領禁軍。⓰威遠軍　禁軍名，肅宗時所置，德宗時隸鴻臚卿，憲宗以後以宦官為使，統領禁軍。⓱不報　不回覆，即不批准。⓲行且臥　坐臥不寧。行，站立。臥，坐下。⓳輿歸不出　用轎抬著返回家中，不出門上朝。⓴己丑　七月二十二日。㉑陳諫　王叔文之黨。㉒河中少尹　河中府尹之下置少尹二人，從四品下，掌貳府州之事。㉓癸巳　七月二十六日。㉔執恭　即程執恭。歷官橫海、邠寧節度使。㉕乙未　七月二十八日。㉖疹　病。㉗句當　辦理。㉘袁滋　建中初已在朝，歷官校書郎、侍御史、工部員外郎。袁滋後出鎮劍南東、西川、山南東道、荊南等節度使，終官湖南觀察使。傳見《舊唐書》卷一百八十五下、《新唐書》卷一百五十一。㉙庚子　八月初四日。㉚辛丑　八月初五日。㉛興慶宮　在皇城東外郭城興慶坊。㉜壬寅　八月初六日。㉝開州　州名，治所開江，在今重慶市開縣。㉞渝州　州名，治所巴縣，在今重慶市。

【語　譯】王叔文任用范希朝、韓泰主管京西神策軍後，各個宦官還沒有醒悟過來。適逢守衛邊疆的將領各自用公文向護軍中尉辭別，而且都說將要隸屬於范希朝，宦官們這才意識到兵權被王叔文等人奪走了，於是大怒，說：「如果讓他們的計謀得逞，那我們這些人肯定死在他們手裡！」於是祕密下令各軍的使者回去告訴各位將領說：「不要把軍隊歸屬於別人。」范希朝到了奉天，各位將領沒有到來的。韓泰騎馬趕回朝廷，把事情告訴了王叔文，王叔文拿不出計策來，只是說：「這該怎麼辦！這該怎麼辦！」

　　不久，王叔文的母親病得很厲害。六月十九日丙辰，王叔文備辦豐盛的酒食，在翰林院與各位學士以及李忠言、俱文珍、劉光琦等人宴飲。王叔文說道：「我的母親病了，因為我承擔著處理國家大事的重任，不能夠親自侍奉湯藥，現在將告假回家侍奉母親。我王叔文近來竭盡心力，不避危難，都是因為身受朝廷的恩典。要是我一旦離開朝廷返回家鄉，各種毀謗紛至沓來，誰能體察我，以一言相助呢？」俱文珍跟著他的話頭一一駁斥，王叔文不能回答，只是給各人斟滿酒杯勸大家喝酒，酒過幾巡就散席了。二十日丁巳，王叔文因為母親去世而離職。

秋，七月初九日丙子，順宗加授李師古檢校侍中。

王叔文遭遇母喪之後，韋執誼更加不採用他的意見。王叔文很生氣，與同黨日夜策劃起家任職，揚言一定要先斬了韋執誼，把不依附自己的人全部殺死，聽說這事的人都極為害怕。

自從王叔文回家後，王伾失去了依靠，天天前往宦官和杜佑那裡請求起用王叔文為宰相，並且統領神策軍。沒有達到目的後，就請求任命王叔文為威遠軍使、平章事，又沒有如願。他們的同黨都擔驚受怕，感到不能自我保全。這一天，王伾坐在翰林院中，三次上疏，順宗沒有回覆，王伾知道事情成功不了，急得坐臥不安，到了夜晚，忽然叫喊說：「我中風了！」第二天，就用轎抬著返回家中，不再出門。七月二十二日己丑，順宗任命倉部郎中、判度支案陳諫為河中府少尹。王伾、王叔文的黨羽到這時開始散去。

七月二十六日癸巳，橫海軍節度使程懷信去世，順宗任命程懷信的兒子節度副使程執恭為留後。

七月二十八日乙未，順宗下制書說，因為舊病沒有康復，軍事國事，暫時讓皇太子李純代理。當時朝野內外都痛恨王叔文的黨羽們獨斷專行，順宗對此也很厭惡，俱文珍多次上奏順宗，請求讓太子監理國政，順宗本來就厭倦了日理萬機，於是就同意了。順宗又任命太常卿杜黃裳為門下侍郎，左金吾大將軍袁滋為中書侍郎，兩人一同擔任同平章事。俱文珍等人因為他們是前朝舊臣，所以就推薦給順宗任用他們。順宗又任命鄭珣瑜為吏部尚書，高郢為刑部尚書，同時罷免了他們的宰相職權。太子在東朝堂接見百官，百官向太子參拜祝賀。太子哭泣流淚，不回大臣們的禮。

八月初四日庚子，順宗制書說：「讓太子即皇帝位，朕稱太上皇，制書、敕令稱為誥。」〇初五日辛丑，太上皇移居興慶宮，下誥書改年號為永貞，冊立良娣王氏為太上皇后。太上皇后，是憲宗皇帝的生母。

八月初六日壬寅，憲宗把王伾貶為開州司馬，把王叔文貶為渝州司戶。王伾不久病死在被貶的地方。第二年，憲宗賜王叔文死。

乙巳❶，憲宗即位於宣政殿❷。○丙午❸，昇平公主❹獻女口五十。上曰：「上皇不受獻，朕何敢違。」遂卻之。○庚戌❺，荊南獻毛龜二，上曰：「朕所寶惟賢，嘉禾、神芝，皆虛美耳，所以春秋不書祥瑞。自今凡有嘉瑞，但準令申有司❻，勿復以聞❼。及珍禽奇獸，皆毋得獻。」

癸丑❽，西川節度使南康忠武王韋皋薨。皋在蜀二十一年❾，重加賦斂，豐貢獻以結主恩，厚給賜以撫士卒，士卒婚嫁死喪，皆供其資費，以是得久安其位而士卒樂為之用，服南詔，摧吐蕃。幕僚歲久官崇者則為刺史，已復還幕府，終不使還朝❿，恐泄其所為故也。府庫既實，時寬其民，三年一復⓫租賦，蜀人服其智謀而畏其威，至今畫像以為土神，家家祀之。○支度副使劉闢自為留後。○朗州武陵⓬、龍陽⓭江漲⓮，流萬餘家。

壬午⓯，奉義節度使伊慎入朝。○辛卯⓰，夏綏節度使韓全義入朝。全義敗於溵水而還，不朝覲而去。上在藩邸，聞其事而惡之。全義懼，乃請入朝。○劉闢使諸將表求節鉞，朝廷不許。己未⓱，以袁滋為劍南東、西川、山南西道安撫大使。○度支奏裴延齡所置別庫，皆減正庫之物別貯之。請併歸正庫，從之。○辛酉⓲，遣度支、鹽鐵轉運副使潘孟陽⓳宣慰江、淮，行視租賦、榷稅利害⓴，因察官吏否臧、百姓疾苦。〇癸亥㉑，以尚書左丞鄭餘慶同平章事。

九月戊辰㉒，禮儀使奏：「曾太皇太后沈氏㉓歲月滋深，迎訪理絕㉔。按晉庾蔚之議，尋求三年之外，俟中壽㉕而服之。伏請以大行皇帝㉖啟攢宮日㉗，皇帝帥百官舉哀，即以其日為忌㉘。」從之。

壬申㉙，監修國史韋執誼奏，始令史官撰日曆㉚。〇己卯㉛，貶神策行軍司馬韓泰為撫州刺史，司封郎中韓曄為池州刺史，禮部員外郎柳宗元為邵州刺史，屯田員外郎劉禹錫為連州刺史。

冬，十月丁酉㉜，右僕射、同平章事賈耽薨。〇戊戌㉝，以中書侍郎、同平章事袁滋同平章事，充西川節度使。徵劉闢為給事中。〇舒王誼㉞薨。〇太常議曾太皇太后諡曰睿真皇后㉟。〇山人㊱羅令則自長安如普潤，矯稱太上皇誥，徵兵於秦州刺史劉澭，且說澭以廢立。澭執送長安，并其黨杖殺之。〇己酉㊲，葬神武孝文皇帝㊳于崇陵㊴，廟號德宗。

十一月己巳㊵，祔㊶睿真皇后、德宗皇帝主于太廟。禮儀使杜黃裳等議，以為「國家法周制，太祖猶后稷，高祖猶文王，太宗猶武王，皆不遷。高宗在三昭三穆之外，請遷主于西夾室。」從之。

壬申㊷，貶中書侍郎、同平章事韋執誼為崖州司馬。執誼以嘗與王叔文異同，且杜黃裳壻，故獨後貶。然叔文敗，執誼亦自失形勢㊸，知禍將至，雖尚為相，常不自得，奄奄無氣㊹，聞人行聲，輒惶悸失色，以至於貶。

戊寅㊺，以韓全義為太子少保，致仕。◯劉闢不受徵，阻兵自守。袁滋畏其彊，不敢進。上怒，貶滋為吉州刺史。◯復以右庶子武元衡為御史中丞。

朝議謂王叔文之黨或自員外郎出為刺史，貶之太輕㊻。己卯㊼，再貶㊽韓泰為虔州司馬，韓曄為饒州司馬，柳宗元為永州司馬，劉禹錫為朗州司馬。又貶河中少尹陳諫為台州司馬，和州刺史凌準為連州司馬，岳州刺史程异為郴州司馬。

回鶻懷信可汗卒，遣鴻臚少卿孫杲臨弔，冊其嗣為騰里野合俱錄毗伽可汗。

十二月甲辰㊾，加山南東道節度使于頔同平章事。◯以奉義節度使伊慎為右僕射。

己酉㊿，以給事中劉闢為西川節度副使、知節度事。上以初嗣位，力未能討故也。右諫議大夫韋丹(51)上疏，以為「今釋闢不誅，則朝廷可以指臂而使者，惟兩京耳。此外誰不為叛！」上善其言。壬子(52)，以丹為東川節度使。丹，津之五世孫也。

辛酉53，百官請上上皇尊號曰應乾聖壽太上皇；上尊號曰文武大聖孝德皇帝。上許上上皇尊號而自辭不受。

壬戌54，以翰林學士鄭絪為中書侍郎、同平章事。○以刑部郎中杜兼為蘇州刺史。兼辭行55，上書稱李錡且反，必奏族臣56；上然之57，留為吏部郎中58。

【章　旨】以上為第十二段，寫憲宗即位，葬德宗，調整太廟祖宗神位，全面貶逐永貞革新之臣，被貶重臣為司馬者八人，故史有八司馬之稱。

【注　釋】❶乙巳　八月初九日。❷即位於宣政殿　時德宗大行在殯，太上皇在興慶宮，故憲宗不在正殿即位。正殿在太極宮太極殿。宣政殿在大明宮前殿含元殿後。❸丙午　八月初十日。❹昇平公主　代宗女，下嫁郭子儀之子郭曖。其女為憲宗郭皇后。❺庚戌　八月十四日。❻但準令申有司　只准申報主管部門。有司，指禮部，掌祥瑞。❼勿復以聞　不要再上奏朝廷。❽癸丑　八月十七日。❾皐在蜀二十一年　德宗貞元元年（西元七八五年），韋皐代張延賞鎮蜀，至此二十一年。❿幕僚歲久官崇者三句　此三句謂韋皐對供職多年而幕僚之位已高的人，如判官、巡官等，外任為刺史，期滿仍還鎮為幕僚，不推薦到朝廷。⓫三年一復　每三年免徵一年。⓬武陵　縣名，朗州治所，在今湖南常德。⓭龍陽　縣名，縣治在今湖南漢壽。與武陵均濱洞庭湖岸。⓮江漲　長江水漲氾濫。⓯壬午　八月丁酉朔，無壬午。壬午，九月十六日。⓰辛卯　八月亦無辛卯。辛卯，九月二十五日。⓱己未　八月二十三日。⓲辛酉　八月二十五日。⓳潘孟陽　劉晏外孫，官至左散騎常侍。傳見《舊唐書》卷一百六十二、《新唐書》卷一百六十。⓴利害　利弊。㉑癸亥　八月二十七日。㉒戊辰　九月初二日。㉓曾太皇太后沈氏　代宗皇后，德宗母，憲宗的曾祖母，故尊為曾太皇太后。安史之亂，沈皇后沒入賊，德宗屢訪不獲。㉔迎訪理絕　迎訪多年不獲，按理應當停止。㉕中壽　八十歲。古人以一百歲為上壽，八十歲為中壽，六十歲為下壽。㉖大行皇帝　指德宗。皇帝死未葬稱大行皇帝。㉗啓攢宮日　開啟攢宮之日，即下葬之日。皇帝死，未葬之前，先殯，架木屋蓋棺，稱攢宮。㉘為忌　作為忌日。忌日，死難之日。㉙壬申　九月初六日。㉚日曆　史官按日記載的大事記稱《日曆》。㉛己卯　九月十三日。㉜丁酉　十月初二日。㉝戊戌　十月初三日。㉞舒王誼　代宗第三子昭靖太子李邈之子，德宗之姪，因李邈早死，德宗養之為子。㉟睿真皇后　即德宗之母，代宗沈皇后。因訪尋不獲，至是發喪立忌日而議謚號。㊱山人　山野之人，即布衣平民。㊲己酉　十月十四日。㊳神武孝文皇帝　孝文，《新唐書》卷七〈德宗紀〉作「聖文」。㊴崇陵　在京兆雲陽縣，即今陝西涇陽北雲陽鎮。㊵己巳　十一月初四日。㊶祔　後死者合祭於先祖。此指睿真皇后、德宗神主奉入太祖廟，享受祭禮。㊷壬申　十一月初七日。㊸自失形勢　自然失去了原來的權勢。㊹奄奄無氣　無精打彩。㊺戊寅　十一月十三日。㊻朝議謂王叔文之黨二句　員外郎為六部各司副司長，從六品。州刺史，上州從三品，中、下州正四品下。故朝議以員外郎貶州刺史為輕。朝議，朝廷討論、評議。㊼己卯　十一月十四日。㊽再貶　第二次貶官。韓泰，神策行軍司馬，貶撫州刺史，再貶為虔州司馬；韓曄，司封郎中，貶為池州刺史，再貶為饒州司馬；柳宗元，禮部員外郎，貶為邵州刺史，再貶為永州司馬；劉禹錫，屯田員外郎，貶為連州刺史，再貶為朗州司馬。以上四人為再貶。陳諫，倉部郎中，出為河中府少尹，貶為台州司馬；凌準，翰林學士，出為和州刺史，貶為連州司馬；程异，監察御史，出為岳州刺史，貶為郴州司馬。以上三人，見王叔文失勢，見機先出，至是亦遭貶黜。加上韋執誼貶崖州司馬，共八司馬。王叔文、王伾與八司馬，史稱「二王八司馬」。㊾甲辰　十二月初九日。㊿己酉　十二月十四日。(51)韋丹　字文明，京兆萬年（今陝西西安東）人，顏真卿外孫，有政聲。傳見《新唐書》卷一百九十七。(52)壬子　十二月十七日。(53)辛酉　十二月二十六日。(54)壬戌　十二月二十七日。(55)辭行　京官外任，向皇帝辭行謝恩。(56)必奏族臣　謂李錡一定上奏脅制朝廷族誅杜兼。(57)上然之　憲宗認為杜兼說得對。(58)留為吏部郎中　留下杜兼，升遷為吏部郎中。郎中為六部各司的長官。吏部為六部之首，同官尊於他部。杜兼從刑部郎中轉吏部郎中是升遷，因其直言而嘉之。

【語　譯】八月初九日乙巳，憲宗在宣政殿即皇帝位。○初十日丙午，昇平公主進獻女子五十人，憲宗說：「太上皇不接受進獻，朕怎麼敢違背。」於是拒絕了進獻的五十名女子。○十四日庚戌，荊南向宮廷進獻了兩個長毛的烏龜，憲宗說：「朕所寶貴的只有賢才，嘉禾、神芝，都是空有美名而已，因此《春秋》不記載祥瑞。從今以後，凡是有什麼美好的瑞徵，只准申報有關部門，不要再報告給朝廷。另外，珍禽奇獸，都不得向朝廷進獻。」

八月十七日癸丑，西川節度使南康忠武王韋皐去世。韋皐在蜀地二十一年，加重對老百姓徵收賦稅，向朝廷進獻豐厚，用來加強君主的恩寵，用厚重的賞賜來安撫士卒，士卒家裡的婚嫁死喪，韋皋都向他們提供錢財資助，因此，韋皋能夠長時間安穩地坐在官位上，而士卒樂意為韋皋效力，招服南詔，打垮吐蕃。幕僚在幕府內時間長了，官位高了，就外放他們去做刺史，做了一任刺史以後還是回到幕府來，始終不讓他們返回朝廷，這是因為擔心他們會洩露自己在這裡幹了些什麼的緣故。倉庫充實以後，經常寬免百姓，隔三年就免徵一年的租賦，蜀人佩服韋皋的智謀，而又害怕韋皋的威權，至今還畫韋皋的像當做土神，家家祭祀。〇西川支度副使劉闢自己擔任留後職務。〇朗州的武陵、龍陽江水上漲，沖沒了一萬多戶人家。

壬午日，奉義節度使伊慎入朝晉見。〇辛卯日，夏綏節度使韓全義入朝晉見。韓全義在溵水戰敗返回，沒有朝見德宗便離去了。那時憲宗還是藩王，聽到這事後痛恨韓全義。韓全義害怕了，於是請求進京入朝。〇劉闢讓各位將領上表朝廷為自己請求節度使的旌節，朝廷沒有答應。八月二十三日己未，憲宗任命袁滋為劍南東川、西川和山南西道的安撫大使。〇度支上奏裴延齡以前所設置的別庫，都是把正庫的錢扣減下來另外貯存其中，請求把這些東西歸藏正庫，憲宗聽從了。〇二十五日辛酉，憲宗派遣度支、鹽鐵轉運副使潘孟陽宣撫江、淮，巡視租稅和各項專賣物品的利弊得失，順便考察官員們的好壞、百姓的疾苦。〇二十七日癸亥，憲宗任命尚書左丞鄭餘慶為同平章事。

九月初二日戊辰，禮儀使上奏說：「曾太皇太后沈氏失蹤時間很久了，按理尋訪應當停止。根據晉朝庾蔚之的說法，尋找親人三年以後還沒有找到的話，便等到親人八十歲壽辰的時候，為親人服喪。請在大行德宗皇帝開啟攢宮的日子，由皇帝率朝廷文武百官前去哭祭致哀，就把這一天定為曾太皇太后沈氏的忌日。」憲宗聽從了這個意見。

九月初六日壬申，監修國史的韋執誼上奏後，開始下令史官編撰《日曆》。〇十三日己卯，貶神策軍行軍司馬韓泰為撫州刺史，司封郎中韓曄為池州刺史，禮部員外郎柳宗元為邵州刺史，屯田員外郎劉禹錫為連州刺史。

冬，十月初二日丁酉，右僕射、同平章事賈耽去世。〇初三日戊戌，憲宗任命中書侍郎、同平章事袁滋帶同平章事職銜，充任西川節度使。徵召劉闢擔任給事中。○舒王李誼去世。○太常寺商議給曾太皇太后沈氏立謚號為睿真皇后。○平民羅令則從長安去往普潤，假稱太上皇的誥命，向秦州刺史劉澭徵調軍隊，並且勸說劉澭廢掉憲宗。劉澭抓住羅令則送往長安，連同他的同黨一併用棍棒打死。○十四日己酉，葬神武孝文皇帝於崇陵，廟號為德宗。

十一月初四日己巳，將睿真皇后和德宗的神主安置在太祖廟中合祭。禮儀使杜黃裳等人建議，認為「國家效法周朝的制度，太祖猶如后稷，高祖猶如周文王，太宗猶如周武王，他們的神主都不能遷替。高宗在三昭三穆之外，請將高宗的神主遷移到西夾室中去。」順宗聽從了。

十一月初七日壬申，貶中書侍郎、同平章事韋執誼為崖州司馬。韋執誼因為曾經與王叔文意見不同，而且是宰相杜黃裳的女婿，所以一個人最後貶職。但王叔文失敗後，韋執誼也自然失去了原來的權勢，知道禍難即將降臨，雖然還擔任著宰相，但卻經常坐臥不寧，無精打采，聽到行人走路的聲音，就驚恐失色，這種情況一直到被貶職。

十一月十三日戊寅，憲宗任命韓全義為太子少保，韓全義退休。○劉闢不接受朝廷的徵召，利用軍隊自守。袁滋畏懼劉闢的勢力強大，不敢前去西川。憲宗很生氣，把袁滋貶為吉州刺史。○憲宗又任命右庶子武元衡為御史中丞。

朝廷大臣商議認為王叔文的黨羽有的從員外郎外放出去任刺史，所貶太輕。十一月十四日己卯，朝廷再次貶韓泰為虔州司馬，韓曄為饒州司馬，柳宗元為永州司馬，劉禹錫為朗州司馬。又貶河中府少尹陳諫為台州司馬，和州刺史凌準為連州司馬，岳州刺史程异為郴州司馬。

回鶻懷信可汗去世，憲宗派遣鴻臚寺少卿孫杲去弔唁，冊封懷信可汗的兒子為騰里野合俱錄毗伽可汗。

十二月初九日甲辰，憲宗加授山南東道節度使于頔為同平章事。○憲宗任命奉義節度使伊慎為右僕射。

十二月十四日己酉，憲宗任命給事中劉闢為西川節度副使，主理節度使的事務。這是因為憲宗剛剛繼位，沒有力量去討伐劉闢的緣故。右諫議大夫韋丹上疏，認為「現在放了劉闢，不加懲治，那麼朝廷能夠指揮的，只有東京洛陽、西京長安而已。兩京之外，誰不想反叛朝廷呢！」憲宗覺得韋丹說得很好。十七日壬子，憲宗任命韋丹為東川節度使。韋丹，是韋津的五世孫。

十二月二十六日辛酉，文武百官請求給太上皇順宗上尊號為應乾聖壽太上皇，給憲宗上尊號為文武大聖孝德皇帝。憲宗同意給太上皇順宗上尊號，但自己卻拒絕，不接受尊號。

十二月二十七日壬戌，憲宗任命翰林學士鄭絪為中書侍郎、同平章事。○憲宗任命刑部郎中杜兼為蘇州刺史。杜兼向皇帝辭行時，上書說李錡將要造反，一定上奏族滅我的全家。憲宗覺得杜兼說得對，把杜兼留在朝廷擔任吏部郎中。

【研析】本卷研析永貞革新和八司馬之貶。

永貞革新。西元八〇五年，唐順宗永貞元年。正月二十三日，德宗崩，二十六日皇太子李誦即位，是為唐順宗。當年八月初九日，順宗禪位皇太子李純，是為唐憲宗。順宗即位時，已得中風病，口不能言，在位只有八個月。一個不能說話而在位又只有幾個月的皇帝，卻幹了一件驚天動地的大事，改革德宗弊政，吹響了反宦官、反割據的號角，雖然失敗了，但這場革新的政治運動在中唐，乃至在中國政治史上產生深遠影響，史稱永貞革新。主持革新的領袖人物為王伾、王叔文，贊助革新的有韋執誼、韓曄、韓泰、陳諫、柳宗元、劉禹錫、凌準、程异等八人。革新失敗，十人全都遭貶，都為遠州司馬。史又稱永貞革新為二王八司馬之變。

永貞革新的最高目的是打擊宦官和藩鎮割據。順宗為皇太子二十餘年，親身參加奉天保衛戰，經歷過艱難困苦，對宦官專權和藩鎮割據深惡痛絕，對宦官禍國的認識尤深，「未嘗以顏色假借宦官」。所以順宗即位伊始，立即引用王伾、王叔文等人推行改革。永貞革新首先從革除弊政入手，罷進奉、罷宮市、取締五坊小兒、平反和量移前朝被貶大臣，召陸贄、陽城還京。不過陸贄、陽城還沒有等到還京追詔，永貞革新就失敗了，陸贄最終死於貶所忠州。

藩鎮割據與宦官專政是革新最要害的兩個課題。西川節度使韋皋在王叔文當政後，派劉闢到京師威脅利誘王叔文，要求朝廷授命韋皋兼任東川和山南節度使，想領有劍南三川，即西川、東川、山南廣大地盤，擴張割據勢力。王叔文毫不假借，下令斬殺劉闢，劉闢狼狽逃跑。為了剷除宦官專權，王叔文起用朔方老將范希朝為左右神策、京西諸城鎮行營節度使，以韓泰為行軍司馬，接管宦官手中的兵權。此舉被宦官覺察，密令各鎮諸將抗拒范希朝、韓泰，事情未果。宦官集團立即發動反撲，與藩鎮勾結，內外攻擊革新派。西川節度使韋皋、荊南節度使裴均、河東節度使嚴綬，紛紛上表朝廷施壓，稱順宗久病，防止王叔文等奸人竊國，要求立太子，讓皇太子監國。許多守舊官僚站到宦官集團一邊，四月初六日立皇太子，八月初九日皇太子李純即位，順宗禪讓。宦官集團首領是俱文珍，他釜底抽薪，用宮廷政變廢了順宗，永貞革新宣告失敗。

俱文珍發動的宮廷政變，以和平手段冠冕為「禪讓」，實質已開了唐代宦官挾兵權擅廢立的惡例。

八司馬之貶。被打為王叔文同黨遭貶的八司馬是：貶韋執誼為崖州司馬，貶韓曄為饒州司馬，貶韓泰為虔州司馬，貶陳諫為台州司馬，貶柳宗元為永州司馬，貶劉禹錫為朗州司馬，貶凌準為連州司馬，貶程异為郴州司馬。研析八司馬之貶，旨在說明永貞革新失敗的原因。

永貞革新失敗最根本的原因是基礎薄弱。表現在兩個方面，其一，是順宗不幸得病，中風相當嚴重，口不能言，皇帝權威大打折扣，宦官集團發動宮廷政變也以此為藉口。其二，是革新集團缺少有名望的文武重臣，也許德宗的猜忌影響太子過於謹慎，未與朝中大臣結緣，只在太子侍讀賓友小圈子中培植革新勢力，可以說是先天不足。二王八司馬資望都不高。王伾，翰林待詔。王叔文，太子侍書。韋執誼，吏部郎中。韓泰，戶部郎中。陳諫、柳宗元、劉禹錫、程异，監察御史。凌準，侍御史。韓曄，無職名。比擬於現今官員，多數為司局級，最高副部級。由於革新集團成員資望低，他們主政後官位也不高。王伾為左散騎常侍。王叔文為戶部侍郎、判度支鹽鐵轉運副使。韓曄，尚書省司封郎中。韓泰，神策行營節度使行軍司馬，未到任。陳諫，河中少尹。柳宗元，禮部員外郎。劉禹錫，屯田員外郎。程异，虞部員外郎。凌準，翰林學士。只有韋執誼入相，為中書令。這樣一個班底，運轉不了朝廷行政機構，只好採取非常手段。革新集團的主將是王叔文，他只能入翰林決策，由王伾入居宮中柿林院，再通過宦官李忠言、嬪妃牛昭容與順宗聯繫。新政推行，由王叔文決斷，王伾轉授，韋執誼在中書省為文誥執行。如此運轉，極容易被攻擊為朋黨。根基薄弱是革新集團的致命傷。此外，王叔文躁急，奪宦官兵權，為時太早，甚至與韋執誼發生內訌。策略也不周密，王叔文胸無韜略，既沒有去爭取太子，也沒有利用韋皋做策略性聯盟。關鍵時候，王叔文又丁母憂，革新派倒了大將，沒有了主心骨，失敗也就是必然的了。

卷第二百三十七

唐紀五十三

起柔兆閹茂（丙戌 西元八〇六年），盡屠維赤奮若（己丑 西元八〇九年）六月，凡三年有奇。

【題　解】本卷記事起西元八〇六年，迄西元八〇九年六月，凡三年又六個月。當唐憲宗元和元年到元和四年六月。唐憲宗在唐代算是一位有為之君，他在位十五年，最大的貢獻是削弱了藩鎮的割據勢力，朝廷一度收回了節度使的任免權力，振興朝綱，出現了新氣象。憲宗為皇太孫時，就對藩鎮跋扈切齒於心。即位伊始就把注意力集中在如何削弱藩鎮勢力上。憲宗初即位，劍南西川節度使韋皋病死，支度副使劉闢自稱留後，並要求兼領三川，朝廷拒絕，劉闢乃發兵攻打東川，反叛朝廷。憲宗採用宰相杜黃裳、翰林學士李吉甫的建議，堅定地用武力征討，活捉了劉闢。接著討平夏綏兵變，第二年又平定了鎮海節度使李錡的叛亂。元和三年，又解決了山南東道節度使于頔的割據傾向，使其入朝，長留京師。這些成績的取得是因為此時憲宗能納諫用賢。杜黃裳為首輔，正氣立於朝，翰林學士白居易、李吉甫等敢直言進諫。憲宗又舉賢良言時政，牛僧孺、李宗閔等多有諍言。憲宗又因天旱，下詔降天下繫囚，蠲租稅，出宮人，絕進奉，禁掠賣，還推倒了宦官吐突承璀逢迎所立的聖德碑。禁邊將邀功，結和吐蕃。沙陀人降唐，設置陰山都督府安置之。李師道抗拒朝命得節度，此為策略性姑息。

憲宗昭文章武大聖至神孝皇帝❶上之上

元和元年（丙戌　西元八〇六年）

春，正月丙寅朔❷，上帥羣臣詣興慶宮上上皇尊號。〇丁卯❸，赦天下，改元。

辛未❹，以鄂岳觀察使韓皋❺為奉義節度使。〇癸酉❻，以奉義留後伊宥為安州刺史兼安州留後。宥，慎之子也。〇壬午❼，加成德節度使王士真同平章事。〇甲申❽，上皇崩于興慶宮。

劉闢既得旌節❾，志益驕，求兼領三川❿，上不許。闢遂發兵圍東川節度使李康於梓州⓫，欲以同幕盧文若為東川節度使。推官⓬莆田林蘊⓭力諫闢舉兵，闢怒，械繫於獄⓮。引出⓯，將斬之，陰戒⓰行刑者使不殺，但數礪刃於其頸⓱，欲使屈服而赦之。蘊叱之曰：「豎子⓲，當斬即斬，我頸豈汝砥石邪！」闢顧左右曰：「真忠烈之士也！」乃黜為唐昌尉⓳。

上欲討闢而重於用兵⓴，公卿議者亦以為蜀險固難取，杜黃裳獨曰：「闢狂戇書生㉑，取之如拾芥㉒耳。臣知神策軍使高崇文㉓勇略可用，願陛下專以軍事委之，勿置監軍，闢必可擒。」上從之。翰林學士李吉甫亦勸上討蜀，上由是器之。

戊子㉔，命左神策行營節度使高崇文將步騎五千為前軍，神策京西行營兵馬使李元奕將步騎二千為次軍㉕，與山南西道節度使嚴礪㉖同討闢。時宿將名位素重者甚眾，皆自謂當征蜀之選。及詔用崇文，皆大驚。

上與杜黃裳論及藩鎮，黃裳曰：「德宗自經憂患㉗，務為姑息，不生除節帥㉘。有物故者，先遣中使察軍情所與則授之。中使或私受大將賂，歸而譽之，即降旄鉞，未嘗有出朝廷之意者。陛下必欲振舉綱紀㉙，宜稍以法度裁制藩鎮㉚，則天下可得而理也。」上深以為然。於是始用兵討蜀，以至威行兩河，皆黃裳啓之也。

【章旨】以上為第一段，寫唐憲宗振舉朝綱，裁制藩鎮，發兵討西川。

【注釋】❶憲宗昭文章武大聖至神孝皇帝　順宗李誦長子，名淳，改名純，唐朝第十一代帝王，西元八〇六—八二〇年在位。本謚為「聖神章武孝皇帝」，唐宣宗大中三年（西元八四九年）平河湟，追崇謚號為「昭文章武大聖至神孝皇帝」。❷丙寅朔　正月初一日。❸丁卯　正月初二日。❹辛未　正月初六日。❺韓皋　韓滉子。歷仕德、順、憲、穆四朝，有政聲。傳見《舊唐書》卷一百二十九、《新唐書》卷一百二十六。❻癸酉　正月初八日。❼壬午　正月十七日。❽甲申　正月十九日。❾劉闢既得旌節　順宗永貞元年，西川節度使韋皋在世時，劉闢就以劍南支度副使之職謀求都領劍南三川，未獲成功。八月，韋皋去世，劉闢讓諸將為他上表求節鉞，朝廷未許。十二月，朝廷被迫任命劉闢為西川節度副使、知節度事。❿三川　劍南東、西川及山南西道三鎮，合稱三川。⓫梓州　東川節度使治所，在今四川三臺。⓬推官　節度使、觀察使、團練使、防禦使、采訪處置使下皆置，員一人，掌獄訟。⓭林蘊　字夢復，泉州莆田（今福建莆田）人，韋皋辟為推官。傳見《新唐書》卷二百。⓮械繫於獄　戴械具關進監獄。⓯引出　從獄中帶出來。⓰陰戒　暗中告誡。戒，通「誡」。⓱數礪刃於其頸　用刀在頸上磨幾下。礪，磨刀石。以頸為礪，喻刀加於頸而不真斷頸的樣子。⓲豎子　小子，罵人語。⓳唐昌尉　唐昌，縣名，為而可？」杜黃裳對曰：「王者上承天地宗廟⑪，下撫百姓四夷，夙夜憂勤⑫，固不可自暇自逸⑬。然上下有分⑭，紀綱有敘⑮，苟慎選天下賢材而委任之，有功則賞，有罪則刑，選用以公⑯，賞刑以信⑰，則誰不盡力，何求不獲哉！明主勞於求人⑱而逸於任人⑲，此虞舜所以能無為而治⑳者也。至於簿書[1]獄市㉑煩細之事，各有司存，非人主所宜親也。昔秦始皇以衡石程書㉒，魏明帝自按行㉓尚書事，隋文帝衛士傳餐㉔，皆無補於當時，取譏於後來。其耳目形神非不勤且勞也，所務非其道也。夫人主患不推誠㉕，人臣患不竭忠。苟上疑其下，下欺其上，將以求理㉖，不亦難乎！」上深然其言。

【章　旨】以上為第二段，寫唐憲宗與杜黃裳論治國之道，人君有為不在勞逸，關鍵是任賢而不疑，人主推誠，人臣盡忠，國無不治。

【注　釋】❶屯長武城　高崇文為長武城都知兵馬使，屯駐以防吐蕃。故城在今陝西長武西北。❷常如寇至　經常保持著高度的戒備，如同寇至一樣。❸卯時受詔二句　早晨七、八點鐘接到命令，九、十點鐘就出發，是受命後立即出發。❹糗糧　行軍乾糧。❺甲午　正月二十九日。❻興元　府名，山南西道治所，在今陝西漢中。❼劍州　州名，治所普安縣，在今四川劍閣。❽丁酉　二月初三日。❾癸丑　二月十九日。❿戊午　二月二十四日。⓫王者上承天地宗廟　帝王對上承受著天地與宗廟賦予的使命。⓬夙夜憂勤　朝夕憂心勞苦。夙夜，早晚，指從早到晚。⓭固不可自暇自逸　本來就不可以自圖清閒，自求安逸。固，本來；原本。暇，清閒。逸，安樂。⓮上下有分　在上位的君與在下位的臣各有自己的職分。分，本職事務。⓯紀綱有敘　綱常法紀有一定秩序。⓰選用以公　選拔任用出於公心。⓱賞刑以信　獎賞與懲罰要有信用。⓲勞於求人　辛勞於尋求人才。求人，尋求賢才。⑲逸於任人　但在任用了人才以後卻是安逸的。謂任人得當，則君主安樂。⑳無為而治　古人提倡的一種治國理念和策略，指君主安閒，不要搞人為運動。這是道家的思想，老子曰：「治大國若烹小鮮。」就是無為治國思想。傳說虞舜垂拱無為而天下治，這只是一種理想的寄託。㉑獄市　訴訟與交易等細事。㉒衡石程書　衡，秤。石，重量單位，一百二十斤。程，每日定量。書，文書。秦時簿書用簡牘，體積大，量重，以致用重量計多少。指秦始皇親自校閱簿書，每天閱讀一百二十斤重的簡牘文書。事詳《史記．秦始皇本紀》。㉓按行　查驗公文執行情況。魏明帝曹叡到尚書省去檢查具體事務，被尚書令陳矯勸阻。事見本書卷七十二魏明帝太和六年。㉔衛士傳餐　隋文帝臨朝，日過中午還不退朝，仍舊坐著討論政事，於是衛士給他們傳遞便餐。事見本書卷一百九十三唐太宗貞觀四年，房玄齡、蕭瑀對太宗問。㉕推誠　推心竭誠信任臣下。㉖求理　求治。

【校　記】[1]簿書　此二字原無。據章鈺校，十二行本、乙十一行本、孔天胤本皆有此二字，張瑛《通鑑校勘記》同，今據補。

【語　譯】高崇文屯駐長武城，訓練士卒五千人，經常像敵人來了一樣，在卯時接受詔令，辰時就出發，武器乾糧，一樣都不缺少。○正月二十九日甲午，高崇文從斜谷出兵，李元奕從駱谷出兵，一同奔赴梓州城。高崇文的軍隊到了興元府，將士有人在旅店吃飯，折斷了主人的湯匙、筷子，高崇文就把這人斬首示眾。

劉闢攻陷梓州，抓住了東川節度使李康。二月，嚴礪攻取劍州，殺了劍州刺史文德昭。○奚王誨落可進京朝見。初三日丁酉，憲宗封誨落可為饒樂郡王，遣送他回去了。○十九日癸丑，憲宗加授魏博節度使田季安為同平章事。

二月二十四日戊午，憲宗與宰相們討論「自古以來的帝王，有的勤勞國家大事，有的拱手無為，互有得失，應該怎麼辦才好呢？」杜黃裳回答說：「君王對上承受著天地和宗廟賦予的使命，對下要安撫天下百姓和周邊各族，朝夕憂心勞苦，本來就不可自求清閒，自求安逸。但是君王與臣下各有職分，綱常法紀有一定的秩序。如果君王能夠慎重地選擇天下的賢才而任用他們，有功勞的就獎賞，有罪過的就懲罰，選拔任用出於公心，獎賞懲罰都要有信用，那麼誰又能不盡力地為朝廷效勞，朝廷有什麼要求不能實現呢！聖明的君王辛勞於尋求賢才，而任用了賢才之後又是安逸的，這就是之所以虞舜能夠清靜無為而天下大治的緣故。至於簿籍、訴訟、交易之類的瑣碎事情，各自有相關部門負責，不是君王應該親自處理的。從前秦始皇每天用衡器秤量一天要批閱的奏章，魏明帝親自檢查尚書省具體事務，隋文帝勤於政事，連吃飯都是衛士送來，但對當時全無補益，反而受後世的譏笑。他們的耳朵、眼睛、形體、精神不能說不又勤奮又辛苦，只是他們所致力的並不是他們應該做的。君王憂患的是不能對臣下推心置腹，人臣憂患的是不能對君王竭盡忠誠。如果君王懷疑臣下，臣下欺騙君王，以此來尋求天下太平，不是很難的嗎！」憲宗對杜黃裳所說深表贊同。

三月丙寅❶，以神策京西行營[1]節度使范希朝為右金吾大將軍。

高崇文引兵自閬州❷趣梓州，劉闢將邢泚引兵遁去，崇文入屯梓州。闢歸李康於崇文以求自雪，崇文以康敗軍失守，斬之。○丙子❸，嚴礪奏克梓州。○丁丑❹，制削奪劉闢官爵。

初，韓全義入朝，以其甥楊惠琳知夏綏留後。杜黃裳以全義出征無功❺，驕蹇不遜❻，直令致仕❼，以右驍衛將軍李演為夏綏節度使。惠琳勒兵拒之，表稱「將士逼臣為節度使。」河東節度使嚴綬表請討之。詔河東、天德軍合擊惠琳，綬遣牙將阿跌光進及弟光顏❽將兵赴之。光進本出河曲步落稽，兄弟在河東軍，皆以勇敢聞。○辛巳❾，夏州兵馬使張承金斬惠琳，傳首京師。

東川節度使韋丹⑩至漢中，表言「高崇文客軍遠鬭，無所資，若與梓州，綴其士心，必能有功。」夏，四月丁酉⑪，以崇文為東川節度副使、知節度事。

潘孟陽所至⑫專事遊宴，從僕三百人，多納賄賂。上聞之。甲辰⑬，以孟陽為大理卿⑭，罷其度支、鹽鐵轉運副使。

丙午⑮，策試制舉之士⑯，於是校書郎⑰元稹⑱、監察御史獨孤郁⑲、校書郎下邽白居易⑳、前進士㉑蕭俛㉒、沈傳師㉓出焉。郁，及之子。俛，華之孫。傳師，既濟之子也。

杜佑請解財賦之職，仍舉兵部侍郎、度支使、鹽鐵轉運副使李巽㉔自代。丁未㉕，加佑司徒，罷其鹽鐵轉運使，以巽為度支、鹽鐵轉運使。自劉晏之後，居財賦之職者，莫能繼之。巽掌使一年㉖，征課所入，類晏之多，明年過之，又一年加一百八十萬緡。

【章旨】以上為第三段，寫唐憲宗討平夏綏軍亂。李巽善理財，比肩劉晏。

【注釋】❶丙寅　三月初二日。❷閬州　州名，治所在今四川閬中。❸丙子　三月十二日。❹丁丑　三月十三日。❺出征無功　指討淮西吳少誠，兵敗而還。❻驕蹇不遜　傲慢不恭。❼直令致仕　唐制，節鎮罷官歸京，安置為六軍都將。韓全義則直接令其致仕。韓全義入朝見上卷永貞元年。❽阿跌光進及弟光顏　其先為河曲諸部，姓阿跌氏。兄弟二人歷官節鎮，兼御史大夫，軍中呼為「大小大夫」，因功賜姓李以寵之。李光進加官至檢校工部尚書，李光顏加官至同中書門下平章事。兄弟同傳，見《舊唐書》卷一百六十一、《新唐書》卷一百七十一。❾辛巳　三月十七日。❿韋丹　代李康為東川節度使。傳見《新唐書》卷一百九十七。⓫丁酉　四月初四日。⓬所至　所到之處。潘孟陽為度支、鹽鐵副使，奉命宣慰江、淮，巡視租賦情況，並察官吏好壞，百姓疾苦。事見上卷永貞元年八月。⓭甲辰　四月十一日。⓮大理卿　大理寺主管，掌刑獄。⓯丙午　四月十三日。⓰策試制舉之士　憲宗親自考試制舉士人。策試，出題考試，多為議論政治得失稱策試。制舉，唐代科舉取士的一種制度。除地方貢舉之外，由皇帝親自在殿廷詔試的稱制科舉，簡稱制舉或制科。可參閱《新唐書・選舉志》上。⓱校書郎　祕書省屬官，典校圖籍。⓲元稹　中唐大詩人，與白居易齊名。字微之，歷官中書舍人、武昌節度使。傳見《舊唐書》卷一百六十六、《新唐書》卷一百七十四。⓳獨孤郁　中唐文章家，代宗朝太常博士獨孤及之子，官至翰林學士。傳見《舊唐書》卷一百六十八、《新唐書》卷一百六十二。⓴白居易　中唐大詩人，字樂天，下邽（今陝西渭南市東北）人，歷仕憲、穆、敬、文四朝，歷官中書舍人、刑部侍郎。傳見《舊唐書》卷一百六十六、《新唐書》卷一百十九。㉑前進士　蕭、沈二人為上年登科進士，故稱前進士。㉒蕭俛　字思謙，肅宗朝宰相蕭華之孫。穆宗朝官至宰相。傳見《舊唐書》卷一百七十二、《新唐書》卷一百一。㉓沈傳師　字子言，德宗朝左拾遺、史館修撰沈既濟之子。憲宗朝官至中書舍人、翰林承旨，敬宗朝終官江西觀察使。傳見《舊唐書》卷一百四十九、《新唐書》卷一百三十二。㉔李巽　善理財，官至吏部尚書。傳見《舊唐書》卷一百二十三、《新唐書》卷一百四十九。㉕丁未　四月十四日。㉖巽掌使一年　謂李巽典掌度支、鹽鐵轉運使一年。

【校　記】①京西行營　原誤倒為「行營京西」。據章鈺校，十二行本、乙十一行本、孔天胤本皆作「京西行營」，今據校正。

【語　譯】三月初二日丙寅，憲宗任命神策軍京西行營節度使范希朝為右金吾大將軍。

高崇文率軍從閬州奔赴梓州，劉闢的將領邢泚帶兵逃走，高崇文進駐梓州城。劉闢向高崇文交還李康，以求為自己洗刷罪責，高崇文因為李康喪軍失守城池，把李康殺了。○三月十二日丙子，嚴礪上奏朝廷說攻下了梓州。○十三日丁丑，憲宗下制書削奪了劉闢的官職和爵位。

當初，韓全義入朝，讓他的外甥楊惠琳管理夏綏的留後事務。杜黃裳認為韓全義出征沒有功績，傲慢不恭，所以就直接讓韓全義退休，任命右驍衛將軍李演為夏綏節度使。楊惠琳布置軍隊拒絕李演，上表說「將士們逼迫我做節度使。」河東節度使嚴綬上表朝廷請求征討楊惠琳。憲宗詔令河東軍、天德軍合擊楊惠琳，嚴綬派遣牙將阿跌光進和他的弟弟阿跌光顏率軍前去討伐楊惠琳。阿跌光進原本出自河曲步落稽，兄弟倆在河東軍中，都以勇敢聞名。〇三月十七日辛巳，夏州兵馬使張承金殺了楊惠琳，把楊惠琳的首級傳到京城長安。

東川節度使韋丹到了漢中，上表說「高崇文率領外地軍隊遠戰，沒有什麼可依靠，如果把梓州給他管轄，可以維繫他的將士之心，這樣一定可以立功。」夏，四月初四日丁酉，憲宗任命高崇文為東川節度副使，主管節度使的事務。

潘孟陽所到之處，一味地遊玩，跟隨他的僕人有三百人，接受了很多賄賂。憲宗聽說這事之後，四月十一日甲辰，任命潘孟陽為大理卿，罷免了他的度支、鹽鐵轉運副使的職務。

四月十三日丙午，憲宗親自考試制舉之士，在這次考試中，校書郎元稹、監察御史獨孤郁、校書郎下邽人白居易、前進士蕭俛、沈傳師都脫穎而出。獨孤郁，是獨孤及的兒子。蕭俛，是蕭華的孫子。沈傳師，是沈既濟的兒子。

杜佑請求解除自己主管財賦的職務，還推薦兵部侍郎、度支使、鹽鐵轉運副使李巽來代替自己主管財賦的職務。四月十四日丁未，憲宗加授杜佑為司徒，免除了他的鹽鐵轉運使職務，任命李巽為度支、鹽鐵轉運使。自從劉晏之後，擔當主管財賦職務的人，沒有一個人能繼踵其後。李巽典掌度支、鹽鐵轉運使一年，徵收的賦稅收入，數量有劉晏時那麼多，第二年超過了劉晏，又一年後，比劉晏增多了一百八十萬緡。

戊申❶，加隴右經略使、秦州刺史劉澭❷保義軍節度使。〇辛酉❸，以元稹為左拾遺[1]，白居易為盩厔尉、集賢校理，蕭俛為右拾遺，沈傳師為校書郎。

稹上疏論諫職❹，以為「昔太宗以王珪、魏徵❺為諫官，宴遊寢食未嘗不在左右；又命三品以上入議大政，必遣諫官一人隨之，以參得失❻，故天下大理❼。今之諫官，大不得豫❽召見，次不得參時政❾，排行就列，朝謁而已。近年以來，正牙不奏事❿，庶官罷巡對⓫，諫官能舉職者，獨詔命有不便則上封事耳。君臣之際⓬，諷諭於未形⓭，籌畫於至密⓮，尚不能回至尊之盛意⓯；況於既行之誥令，已命之除授，而欲以咫尺之書⓰收絲綸之詔⓱，誠亦難矣⓲。願陛下時於延英召對，使盡所懷，豈可寘於其位而屏棄疏賤之哉！」

頃之，復上疏，以為「理亂之始，必有萌象。開直言，廣視聽，理之萌⓳也。甘諂諛，蔽近習，亂之象也。自古人君即位之初，必有敢言之士。人君苟受而賞之⓴，則君子樂行其道㉑，競為忠讜[2]；小人亦貪得其利，不為回邪矣㉒。如是，則上下之志通㉓，幽遠之情達㉔，欲無理得乎！苟拒而罪之㉕，則君子卷懷括囊以保其身㉖，小人阿意迎合㉗以竊其位矣。如是，則十步之事，皆可欺也，欲無亂得乎！昔太宗初即政，孫伏伽以小事諫，太宗喜，厚賞之㉘。故當是時，言事者惟患不深切，未嘗以觸忌諱為憂也。太宗豈好逆意而惡從欲哉㉙？誠以順適之快小，而危亡之禍大故也㉚。陛下踐阼㉛，今已[3]周歲㉜，未聞有受伏伽之賞者。臣等備位諫列，曠日彌年㉝，不得召見，每就列位，屏氣鞠躬，不敢仰視，又安暇議得失，獻可否哉！供奉官㉞尚爾，況疏遠之臣乎！此蓋羣下因循之罪也。」因條奏請次對百官、復正牙奏事、禁非時貢獻㉟等十事。

稹又以貞元中王伾、王叔文以伎術㊱得幸東宮，永貞之際幾亂天下，上書勸上早擇修正之士㊲使輔導諸子，以為「太宗自為藩王，與文學清修之士十八人㊳居。後代太子、諸王，雖有僚屬，日益疏賤。至於師傅之官㊴，非眊聵廢疾㊵不任事者，則休戎罷帥不知書㊶者為之。其友、諭、贊、議㊷之徒，尤為宂散㊸之甚，搢紳㊹皆恥由之。就使時得僻老儒生㊺，越月踰時，僅獲一見㊻，又何暇傅之德義，納之法度哉！夫以匹士愛其子，猶知求明哲之師而教之，況萬乘之嗣，繫四海之命乎！」上頗嘉納其言，時召見之。

壬戌㊼，邵王約㊽薨。

【章　旨】以上為第四段，寫新科制舉進士元稹任左拾遺，連上數奏言事，論諫臣職責，論皇子教育，唐憲宗嘉納其言。

【注　釋】❶戊申　四月十五日。❷劉澭　盧龍節度使劉怦之次子，歸京師授隴右經略使。方士羅令則妄言廢立事遊說劉澭，澭不為所動，械送京師斬之，故加號保義軍節度使。傳見《舊唐書》卷一百四十三、《新唐書》卷一百四十八。❸辛酉　四月二十八日。❹上疏論諫職　上奏討論諫官的職責。❺王珪魏徵　兩人為唐太宗時著名諫臣，同為諫議大夫。王珪傳見《舊唐書》卷七十、《新唐書》卷九十八，魏徵傳見《舊唐書》卷七十一、《新唐書》卷九十七。❻諫官一人隨之二句　唐太宗令諫官隨同中書、門下及三品官入閤辦事，以檢核各種議論的得失。參，檢核。事見本書卷一百九十二唐太宗貞觀元年。❼大理大治。❽豫　參與。❾參時政　參驗時政得失。❿正牙不奏事　皇帝不在正殿接納朝官奏事。德宗貞元十八年（西元八〇二年）罷正牙奏事。正牙，正殿，指宮城中太極殿、大明宮中含元殿。⓫庶官罷巡對　皇上召見百官輪流問對的制度也被憲宗停止了。庶官，眾官；百官。巡對，德宗貞元十七年，令常參官每日引見二人，訪以政事，謂之巡對。⓬君臣之際　君臣之間的關係。⓭諷諭於未形　臣下在君王過失還沒有顯現時加以勸諫。諷諭，勸諫。未形，不當之事還未顯現。⓮至密　極為周密。⓯回至尊之盛意　扭轉皇上的心意。⓰咫尺之書　指臣下奏章。在秦漢時奏章用八寸簡書寫，此以代奏章。⓱絲綸之詔　用絲帛書寫的皇帝詔書。⓲誠亦難矣　真是困難啊。元稹之意，諫臣在皇上未形之前勸諫，尚難回轉己意，何況在詔書已頒，官吏任免已行之後，再上一道奏章來改變，那就更困難了。⓳理之萌　政治開明的徵兆。⓴苟受而賞之　如果接受諫言並獎賞進言的人。㉑君子樂行其道　人君納諫，則有德君子就樂意奉行他們的理想。㉒小人亦貪得其利二句　人君納諫，世俗小人也樂於進言得利，不做奸邪的事了。回邪，奸邪。回，曲。㉓上下之志通　君臣上下的心意相通。㉔幽遠之情達　幽深的感情得以通達。即隔閡之情得以消失。㉕苟拒而罪之　如果人君拒諫而又加罪於進言的人。苟，假如；如果。拒，拒諫。㉖則君子卷懷括囊以保其身　那麼君子就把意見藏起來，閉上嘴巴明哲保身。卷懷，把意見埋藏在心裡。括囊，即閉隱，閉口不言，沒有災禍。典出《易經・坤卦》：「括囊，無咎無譽。」《正義》曰：括，結也。囊，隱也。《方言》云：結，閉也。㉗阿意迎合　阿諛奉承，迎合君意。㉘厚賞之　指貞觀初唐太宗厚賞諫言者。孫伏伽諫元帥罪不當死，太宗賞以蘭陵公主園，值百萬。事見本書卷一百九十九唐太宗貞觀十二年。㉙太宗豈好逆意而惡從欲哉　難道唐太宗喜歡別人違忤自己的想法而厭惡人們順從自己的心意嗎。逆意，違忤自己心意。從欲，順隨心意。㉚誠以順適之快小二句　這實在是認識到隨順心意得到的快樂太小，而國家危亡的禍患太大的緣故啊。誠，真的；實在。以，以為；認識到。順適，順心適意。㉛踐阼　即帝位。㉜周歲　已整年。㉝曠日彌年　虛度時日已整年。㉞供奉官　皇帝近侍官。中書、門下兩省拾遺、補闕以上官稱供奉官。㉟禁非時貢獻　禁止不按時間常例進獻貢物。㊱伎術　方技權術，喻小小伎倆。㊲修正之士　道德學問有修養的正直士人。㊳文學清修之士十八人　唐太宗為秦王時，府中有清廉修養之士杜如晦、房玄齡等十八人為文學館學士，號十八學士。事見本書卷一百八十九唐高祖武德四年。㊴師傅之官　指太子太師、太傅、太保、少師、少傅、少保等負責太子教育與生活的官員。㊵眊聵廢疾　眼花、耳聾、身殘。㊶休戎罷帥不知書　指戰事結束免去帥職中不識字的武人。休戎，戰事結束。㊷友諭贊議　均指太子東宮閒散冗官。如太子賓客（友）、諭德（諭）、贊善大夫（贊）、司議郎（議）等。此外，諸王府有友、文學、諮議參軍等閒散官。㊸宂散　清職；閒散之官。㊹搢紳　指代士大夫。㊺僻老儒生　孤陋寡聞的老儒生。僻，偏狹的知識。㊻越月踰時二句　歷時數月，才能與太子見一次面。時，一季；三個月。㊼壬戌　四月二十九日。㊽邵王約　陛下之弟李約，封邵王。

【校　記】①左拾遺　據章鈺校，十二行本、乙十一行本、孔天胤本「左」作「右」，「遺」字下有「獨孤郁為左拾遺」七字。按，《舊唐書》卷一百六十六〈元稹傳〉云稹「除右拾遺」，而《新唐書》卷一百七十四〈元稹傳〉云稹「拜左拾遺」。②競為忠讜　此四字原無。據章鈺校，十二行本、乙十一行本有，張瑛《通鑑校勘記》同，今據補。按，此處上下文為對偶句，有此四字，才與下二句相偶。③已　原作「以」。據章鈺校，乙十一行本、孔天胤本皆作「已」，今從改。

【語　譯】四月十五日戊申，憲宗加授隴右經略使、秦州刺史劉澭為保義軍節度使。〇二十八日辛酉，憲宗任命元稹為左拾遺，白居易為盩厔縣尉、集賢校理，蕭俛為右拾遺，沈傳師為校書郎。

元稹上疏討論諫官職責，認為「從前太宗皇帝任命王珪、魏徵為諫官，宴會遊玩、吃飯睡覺，未曾不在身邊，又命令三品以上的大臣入朝討論國家大事，一定派一名諫官跟著，以便檢核得失，所以天下大治。現在的諫官，從大處上說，不能參與陛下的召見，從小的方面說，不能參驗時政，平日只是排在百官的行列中，朝見參拜天子而已。近年以來，陛下不在正殿陳奏事情，召見百官輪流問對的制度也停止了，諫官能奉行自己職責的地方，只有在詔命不太合適時，上密封的奏章勸諫而已。君臣之間，臣下在君王過失還沒有顯現時加以勸諫，即便是籌劃得極為周密，還不能使君王回心轉意；更何況是已經頒布的詔令，已經下令的官職委任，要想用諫官咫尺奏章，讓君王收回詔書，也實在是太難了啊。希望陛下能經常在延英殿召見諫官問對，讓他們把心中的意見都講出來，怎麼能把他們安置在諫官的職位上，卻摒棄疏遠他們呢！」

沒過多久，元稹又上疏，認為「國家治理或動亂，一定有徵兆。君王打開直言勸諫的通路，拓寬接納意見的範圍，這就是達到政治清明的徵兆。君王喜歡聽阿諛奉承的話，被周圍親信的人蒙蔽，是天下大亂的跡象。自古以來，君王繼位初期，一定有敢於直言進諫的人士。君王如果接受了諫言而獎賞他，那麼有德君子就樂意奉行他們的理想，爭著進獻忠誠正直之言；世俗小人也樂於進言得利，不做奸邪的事情了。這樣一來，君王和臣下的心意相通，幽深的感情得以通達，能不政治清明嗎！如果拒絕直言之士的意見，而且治他的罪，那麼有德君子就會把意見藏起來，閉口不言，明哲保身了，世俗的小人便會阿諛奉承，迎合君意，竊居本該是有德君子的地位了。這樣一來，近身之事，都可以欺瞞，要想不天下擾亂，能做得到嗎！從前太宗皇帝剛即位時，孫伏伽因為小事情向皇上勸諫，太宗皇帝很高興，豐厚地賞賜了孫伏伽。因此，在那個時候，進言政事的人只擔心談得不夠深切，未曾以觸犯忌諱擔憂過。太宗皇帝難道是喜歡別人違忤自己的想法和厭惡人們順從自己的心意嗎？實在是認識到臣下順適心意得到的快樂小，而國家危亡的禍患大的緣故啊。陛下繼承皇位，現在已經一年了，沒有聽說有像孫伏伽那樣受獎賞的人。我們身居諫官的位置，虛度時日已整年，沒有得到陛下的召見，每次站在朝廷大臣的行列中，屏息鞠躬，不敢仰視，又哪裡有時間來議論朝政的得失，向陛下進獻自己的意見呢！像我們這些供奉官尚且如此，何況那些受疏遠的臣子呢！這都是群臣因襲舊習慣的過失啊。」於是逐條地陳奏請求皇帝依次召見群臣問話、恢復正殿中奏事、禁止臣下不按時間常例進獻貢物等十件事。

元稹又因為貞元年間王伾、王叔文以小伎倆得到東宮太子的寵信，在永貞年間幾乎禍亂天下，上奏疏勸憲宗盡早選擇有修養的正直士人輔導各位王子，認為「太宗自從做了藩王，就與十八位博學雅文、德行清高的人相處在一起。後來各代的皇太子、諸王，雖然也有幕僚人員，但他們被日益疏遠和輕視。至於擔任師傅的官員，不是眼花耳聾廢殘病重不能幹事的人，就是戰事結束罷免帥職不識字的人擔任著。而各王府中的賓客、諭德、贊善、司議郎一班人，尤為極閒散之職，士大夫們恥於擔任這些官職。即便是有時找到孤陋寡聞的老儒生來擔任，也是歷時數月，僅能召見一次，他們又哪有時間來用道德義理輔導諸王，使他們遵守國家的法令制度呢！即便是地位卑微的人士愛他們的兒子，還知道尋找通曉事理的老師來教導，何況天子的後嗣，事關國家前途命運呢！」憲宗對元稹的建議十分嘉許，採納了不少意見，並且經常召見元稹。

四月二十九日壬戌，邵王李約去世。

五月丙子❶，以橫海留後程執恭❷為節度使。◯庚辰❸，尚書左丞、同平章事鄭餘慶罷為太子賓客。◯辛卯❹，尊太上皇后為皇太后。

劉闢城鹿頭關❺，連八柵，屯兵萬餘人以拒高崇文。六月丁酉❻，崇文擊敗之。闢置柵於關東萬勝堆。戊戌❼，崇文遣驍將范陽高霞寓❽攻奪之，下瞰關城。凡八戰皆捷。

加盧龍節度使劉濟兼侍中。◯己亥❾，加平盧節度使李師古兼侍中。庚子❿，高崇文破劉闢於德陽。癸卯⓫，又破之於漢州⓬。嚴礪遣其將嚴秦破闢眾萬餘人於綿州⓭石碑谷⓮。

初，李師古有異母弟曰師道，常疏斥在外，不免貧窶。師古私謂所親曰：「吾非不友⓯於師道⓰也，吾年十五擁節旄，自恨不知稼穡之艱難。況師道復減吾數歲，吾欲使之知衣食之所自來，且以州縣之務付之，計諸公必不察⓱也。」及師古疾篤⓲，師道時知密州⓳事，好畫⓴及觱篥㉑。師古謂判官高沐㉒、李公度曰：「迨吾之未亂也，欲有問於子，我死，子欲奉誰為帥乎？」二人相顧未對。師古曰：「豈非師道乎？人情誰肯薄骨肉而厚他人。顧置帥不善，則非徒㉓敗軍政也，且覆吾族。師道為公侯子孫，不務訓兵理人㉔，專習小人賤事以為己能，果堪為帥乎？幸諸公審圖之[25]。」閏月，壬戌朔[26]，師古薨。沐、公度祕不發喪，潛逆[27]師道于密州，奉以為節度副使。

秋，七月癸丑[28]，高崇文破劉闢之眾萬人於玄武[29]。甲午[30]，詔凡西川繼援之兵，悉取崇文處分[31]。○壬寅[32]，葬至德大聖大安孝皇帝于豐陵[33]，廟號順宗。

八月壬戌[34]，以妃郭氏為貴妃。○丁卯[35]，立皇子寧為鄧王，寬為澧王，宥為遂王，察為深王，寰為洋王，寮為絳王，審為建王。

李師道總軍務，久之，朝命未至。師道謀於將佐，或請出兵掠四境。高沐固止之，請輸兩稅，申官吏，行鹽法[36]，遣使相繼奉表詣京師。杜黃裳請乘其未定而分之[37]。上以劉闢未平，己巳[38]，以師道為平盧留後、知鄆州事。

堂後主書[39]滑渙久在中書，與知樞密[40]劉光琦相結[41]。宰相議事有與光琦異者，令渙達意[42]，常得所欲，杜佑、鄭絪等皆低意善視之[43]。鄭餘慶與諸相議事，渙從旁指陳是非[44]，餘慶怒叱之。未幾，罷相。四方賂遺無虛日[45]，中書舍人李吉甫言其專恣，請去之。上命宰相闔中書[46]四門搜掩[47]，盡得其姦狀。九月辛丑[48]，貶渙雷州[49]司戶，尋賜死，籍沒家財凡數千萬。

壬寅[50]，高崇文又敗劉闢之眾於鹿頭關，嚴秦敗劉闢之眾於神泉[51]。河東將阿跌光顏將兵會高崇文於行營，愆期一日，懼誅，欲深入自贖，軍于鹿頭之西，斷其糧道，城中憂懼。於是闢綿江柵將李文悅、鹿頭守將仇良輔皆以城降於崇文，獲闢壻蘇彊，士卒降者萬計。崇文遂長驅直指成都，所向崩潰，軍不留行[52]。辛亥[53]，克成都。劉闢、盧文若帥數十騎西奔吐蕃，崇文使高霞寓等追之，及於羊灌田[54]。闢赴江[55]不死，擒之。文若先殺妻子，乃繫石自沈。崇文入成都，屯於通衢[56]，休息士卒，市肆不驚[57]，珍貨山積[58]，秋毫不犯。檻劉闢送京師。斬闢大將邢泚、館驛巡官沈衍，餘無所問。軍府事無巨細，命一遵韋南康[59]故事，從容指撝[60]，一境皆平。

初，韋臯以西山運糧使崔從[61]知邛州[62]事，劉闢反，從以書諫闢。闢發兵攻之，從嬰城固守。闢敗，乃得免。從，融之曾孫也。

韋臯參佐房式[63]、韋乾度、獨孤密、符載、郗士美[64]、段文昌[65]等素服麻屨，銜土請罪。崇文皆釋而禮之，草表薦式等，厚贐[66]而遣之。目段文昌曰：「君必為將相，未敢奉薦。」載，廬山人。式，琯之從子[67]。文昌，志玄之玄孫也。

闢有二妾，皆殊色，監軍請獻之。崇文曰：「天子命我討平凶豎，當以撫百姓為先，遽獻婦人以求媚，豈天子之意邪！崇文義不為此。」乃以配將吏之無妻者。

杜黃裳建議征蜀及指受高崇文方略[68]，皆懸合事宜[69]。崇文素憚劉澭[70]，黃裳使謂之曰：「若無功，當以劉澭相代。」故能得其死力。及蜀平，宰相入賀，上目黃裳曰：「卿之功也。」

辛巳[71]，詔徵少室山人李渤[72]為左拾遺，渤辭疾不至，然朝政有得失，渤輒附奏陳論。

冬，十月甲子[73]，易定節度使張茂昭入朝。○制割資、簡、陵、榮、昌、瀘六州隸東川。○房式等未至京師，皆除省寺官[74]。○丙寅[75]，以高崇文為西川節度使。○戊辰[76]，以嚴礪為東川節度使。

庚午[77]，以將作監[78]柳晟[79]為山南西道節度使。晟至漢中[80]，府兵[81]討劉闢還，未至城[82]，詔復遣戍梓州[83]。軍士怨怒，脅監軍，謀作亂。晟聞之，疾驅入城慰勞之。既而問曰：「汝曹何以得成功？」對曰：「誅反者劉闢耳。」晟曰：「闢以不受詔命，故汝曹得以立功，豈可復使他人誅汝以為功邪？」眾皆拜謝，請戍所如詔書。軍府由是獲安。

壬申[84] [1]，以平盧留後李師道為節度使。○戊子[85]，劉闢至長安，并族黨誅之。

武寧(86)節度使張愔(87)有疾，上表請代。十一月戊申(88)，徵愔為工部尚書，以東都留守王紹代之，復以濠、泗二州隸武寧軍(89)。徐人喜得二州，故不為亂。

丙辰(90)，以內常侍吐突承璀(91)為左神策中尉。承璀事上於東宮，以幹敏(92)得幸。

是歲，回鶻入貢，始以摩尼(93)偕來，於中國置寺處之。其法日晏乃食(94)，食葷而不食湩酪(95)。回鶻信奉之，可汗或與議國事。

【章旨】以上為第五段，寫平盧節度使李師道抗拒朝命得節度，為其失敗張本。高崇文平定西川。

【注釋】❶丙子　五月十三日。❷程執恭　橫海節度使程懷信之子。初名程權，元和六年（西元八一一年）入朝，加檢校尚書右僕射，改名執恭。終官邠寧節度使。傳見《舊唐書》卷一百四十三、《新唐書》卷二百十三。❸庚辰　五月十七日。❹辛卯　五月二十八日。❺鹿頭關　關名，因鹿頭山得名。在今四川綿竹東南。❻丁酉　六月初五日。❼戊戌　六月初六日。❽高霞寓　代高崇文為長武城使，歷鎮唐鄧隨、振武、邠寧等節度使。傳見《舊唐書》卷一百六十二、《新唐書》卷一百四十一。❾己亥　六月初七日。❿庚子　六月初八日。⓫癸卯　六月十一日。⓬漢州　州名，治所在今四川廣漢。⓭綿州　州名，治所在今四川綿陽。胡三省注據《九域志》「漢州綿竹縣有石碑鎮」之文，認為「州」字蓋「竹」字之誤。⓮石碑谷　山谷名，在綿州西界與漢州東北界相交處。其地有石碑鎮，在漢州屬縣綿竹之北。⓯友　指兄弟相愛。⓰師道　李納次子，李師古異母弟。淄青諸將背師古之言擁為留後，反叛朝廷被誅。傳見《舊唐書》卷一百二十四、《新唐書》卷二百十三。⓱不察　不瞭解我的用心。指李師古斥逐師道體察下情的良苦用心。⓲疾篤　病重。⓳密州　州名，淄青巡屬，治所在今山東諸城。⓴好畫　喜繪畫。㉑觱篥　一名悲篥，唐名笳管。胡人所用竹管樂器。㉒高沐　後諫李師道歸順，受奸人所間被殺。傳見《舊唐書》卷一百八十七下、《新唐書》卷一百九十三。㉓非徒　不只是。㉔訓兵理人　訓練士卒，治理百姓。㉕審圖之　審慎地考慮擁立師道為節鎮這件事。㉖壬戌朔　閏六月初一日。㉗潛逆　暗中迎接。㉘癸丑　七月二十二日。下文有甲午，疑癸丑為癸巳之誤。癸巳，七月初二日。㉙玄武　縣名，屬梓州，縣治在今四川中江縣。㉚甲午　七月初三日。㉛處分　處置分配，即指揮。㉜壬寅　七月十一日。㉝豐陵　順宗陵，在今陝西富平東北。㉞壬戌　八月初二日。㉟丁卯　八月初七日。㊱輸兩稅三句　向朝廷輸納兩稅，申報所用官吏，實行鹽業專賣法。淄青近海產鹽，鹽政由鹽鐵使專管。㊲分之　將平盧分而治之。㊳己巳　八月初九日。㊴主書　中書省屬官，定員四人。給事後堂者稱堂後主書。㊵知樞密　官名，代宗永泰中置內樞密使，以宦官為之，掌表奏，時常干預中書政務。㊶相結　主書滑渙與宦官劉光琦相勾結。㊷達意　傳達意圖。此指宰相通過滑渙來疏通與劉光琦的關係。㊸低意善視之　低聲下氣友好地對待滑渙。低意，猶下意、屈意，虛心和順。㊹指陳是非　指點是非。㊺四方賂遺無虛日　各地賄賂財物給滑渙，沒有一天間斷過。㊻闔中書　關閉中書省院門。㊼搜掩　突然搜查。㊽辛丑　九月十一日。㊾雷州　州名，治所在今廣東雷州半島海康。㊿壬寅　九月十二日。(51)神泉　縣名，屬綿州，縣治在今四川綿陽西。(52)軍不留行　官軍一路勢如破竹，在行進中未受阻留。(53)辛亥　九月二十一日。(54)羊灌田　哨卡名，在彭州（治所在今四川成都西北彭州）境內。(55)赴江　投岷江。(56)通衢　四通八達的道路。(57)市肆不驚　集市店鋪不受驚擾。(58)珍貨山積　指市肆上的珍奇貨物堆積如山。(59)韋南康　指西川節度使韋皋，封南康郡王。高崇文入蜀，軍府事務，一切按韋皋時的舊例處置。(60)從容指撝　從容不迫地指揮。(61)崔從　（西元七六一—八三二年）字子義，武后時鳳閣舍人崔融之曾孫。拒劉闢有功，入為殿中侍御史。歷仕憲、穆、敬、文四朝，官至戶部尚書。傳見《舊唐書》卷一百七十七、《新唐書》卷一百十四。(62)邛州　州名，治所在今四川邛崍。(63)房式　肅宗朝宰相房琯姪子。蜀平，高崇文保薦入朝，終官宣歙觀察使。傳見《舊唐書》卷一百十一、《新唐書》卷一百三十九。(64)郗士美　據兩《唐書》本傳，郗士美於貞元十八年（西元八〇二年）已為安黃節度使，未載入蜀經歷。疑此為同名之人。(65)段文昌　字墨卿，唐初開國功臣段志玄之玄孫。兩《唐書》皆載文昌由韋皋推薦入仕，不載為劉闢幕僚之事。文昌又為武元衡之子婿，穆宗時官至宰相。傳見《舊唐書》卷一百六十七、《新唐書》卷八十九。(66)厚贐　贈送豐厚的盤費。以貨財送行曰贐。(67)從子　姪子。此從《舊唐書》。《新唐書》房式本傳謂式為房琯之從孫。(68)指受高崇文方略　指授給高崇文謀略。受，通「授」。(69)懸合事宜　杜黃裳所建議崇文征蜀及指受方略，與後來實際的進程完全符合，十分得宜。懸，遠，此指後來。(70)劉澭　盧龍節度使劉濟之弟，時鎮秦州，為保義軍節度使。在京西諸將中，劉澭持軍嚴整，高崇文敬憚之。傳見《舊唐書》卷一百四十三、《新唐書》卷一百四十八。(71)辛巳　九月辛卯朔，無辛巳。辛巳，十月二十二日。上文有辛亥，下文有甲子，之間有辛酉。疑辛巳當辛酉之誤。辛酉，十月初二日。(72)李渤　字濬之，隱居少室山（在今河南登封），雖處外而關心時政，上疏言事。穆宗時出仕考功員外郎。傳見《舊唐書》卷一百七十一、《新唐書》卷一百十八。(73)甲子　十月初五日。(74)除省寺官　授予六省九寺之官。(75)丙寅　十月初七日。(76)戊辰　十月初九日。(77)庚午十月十一日。78將作監　官署名，五監之一。長官亦稱監，掌宮殿陵寢及官衙土木工程。79柳晟　官至山南西道節度使。傳見《舊唐書》卷一百八十三、《新唐書》卷一百五十九。80漢中　興元府之古稱，其地秦漢時為漢中郡，在今陝西漢中。81府兵　漢中之兵。唐以漢中為興元府，故謂之府兵。隨嚴礪征蜀。82未至城　征蜀還，尚未到達漢中城。83詔旨重派興元府之兵去四川戍守梓州。梓州為東川節度使治所。84壬申　十月十三日。85戊子　十月二十九日。86武寧　即徐州軍，號武寧。87張愔　張建封之子。貞元四年（西元七八八年），張建封為徐泗濠節度使，十六年卒，建封舊屬上表朝廷，請愔為留後，假旌節，帝不許。後來為了討伐徐軍之亂，乃授愔右驍衛將軍、徐州刺史，知留後，不久進愔為武寧軍節度使。傳見《舊唐書》卷一百四十、《新唐書》卷一百五十八。88戊申　十一月十九日。89復以濠泗二州隸武寧軍　張建封為鎮帥時，轄徐、濠、泗三州，建封卒後，德宗將三州分治，武寧軍只領本州徐州。至是三州復歸於一鎮。90丙辰　十一月二十七日。91吐突承璀　憲宗朝擅權宦官。傳見《舊唐書》卷一百八十四、《新唐書》卷二百七。92幹敏　辦事幹練機敏。93摩尼　指摩尼教徒眾。94日晏乃食　日暮時才進食。95湩酪　奶酪。

【校　記】1壬申　據章鈺校，十二行本、乙十一行本、孔天胤本「申」作「午」。

【語　譯】五月十三日丙子，憲宗任命橫海軍留後程執恭為節度使。○十七日庚辰，尚書左丞、同平章事鄭餘慶罷免宰相職務，擔任太子賓客。○二十八日辛卯，尊奉太上皇后為皇太后。

劉闢在鹿頭關築城，連結八座營柵，屯駐兵力一萬多人抵抗高崇文。六月初五日丁酉，高崇文打敗了劉闢。劉闢在鹿頭關東邊的萬勝堆修建營柵。初六日戊戌，高崇文派遣猛將范陽人高霞寓攻取了萬勝堆，在萬勝堆俯視鹿頭關全城。總共交戰八次，高崇文都打了勝仗。

憲宗加授盧龍節度使劉濟兼任侍中。○六月初七日己亥，加授平盧節度使李師古兼任侍中。

六月初八日庚子，高崇文在德陽打敗了劉闢。十一日癸卯，又在漢州打敗了劉闢。嚴礪派遣將領嚴秦在綿州的石碑谷打敗了劉闢的一萬多人。

當初，李師古有個異母弟弟叫李師道，經常被疏遠排斥在外面，免不了貧困潦倒。李師古私下對親近的人說：「我不是不愛護我的弟弟師道，我十五歲做了節度使，恨自己不知道稼穡的艱難。何況師道又小我幾歲，我想讓他知道衣食是從哪裡來的，將把州縣城的事務交給他管理，我猜想各位一定不瞭解我的用心。」等到李師古病情加重，李師道當時主持密州政務，喜歡繪畫和吹奏觱篥。李師古對判官高沐、李公度說：「乘我神志沒有昏亂，我想詢問你們，我死了，你們想擁立誰做主帥呢？」兩人對視，沒有回答。李師古說：「難道不是師道嗎？人之常情，誰肯虧待自己的兄弟骨肉，而厚待其他人呢？只是主帥人選不好，不但敗壞了軍政，而且要傾覆我的全族。師道身為公侯子孫，不致力於訓練士卒，治理百姓，專門學習小人們的卑賤之事，以此作為自己的才能，他果真能夠勝任主帥的職務嗎？希望你們審慎地考慮。」閏六月初一日壬戌，李師古去世。高沐、李公度將喪事封鎖下來，暗中派人去密州迎接李師道，擁立他擔任節度副使。

秋，七月二十二日癸丑，高崇文在玄武打敗了劉闢的一萬人。初三日甲午，憲宗下詔凡是相繼增援西川的軍隊，都要聽從高崇文指揮調遣。〇十一日壬寅，下葬至德大聖大安孝皇帝於豐陵，廟號為順宗。

八月初二日壬戌，憲宗冊封妃子郭氏為貴妃。〇初七日丁卯，憲宗冊立皇子李寧為鄧王，李寬為澧王，李宥為遂王，李察為深王，李寰為洋王，李寮為絳王，李審為建王。

李師道總攬軍務，很長時間，朝廷的任命沒有到來。李師道與將吏僚佐商量，有的人建議出兵搶掠四邊鄰境。高沐堅決勸止，請求李師道向朝廷輸納兩稅，申報所用官吏，執行朝廷的鹽業專賣法，相繼遣使攜表前往京城。杜黃裳請求皇帝乘李師道還沒有穩定，把他的轄地分而治之。憲宗因為劉闢沒有平定，八月初九日己巳，任命李師道為平盧留後，並掌管鄆州事務。

堂後主書滑渙長期供職中書省，與知樞密劉光琦勾結。宰相們在議事中有與劉光琦意見不同的人，宰相就讓滑渙去與劉光琦疏通，經常能夠得到滿足，杜佑、鄭絪等都低聲下氣友好地對待滑渙。鄭餘慶與各位宰相商議政事，滑渙從旁指點是非，鄭餘慶憤怒地斥責他。不久，鄭餘慶被免除了宰相職務。各地給滑渙賄贈財物的沒有一天停止過，中書舍人李吉甫上奏說滑渙肆意專權，請求撤掉他。憲宗命令宰相們關閉中書省四門進行突然搜查，全部獲取了滑渙奸邪的罪狀。九月十一日辛丑，把滑渙貶職為雷州司戶，不久賜死，抄沒了滑渙的家產總共有數千萬緡。

九月十二日壬寅，高崇文又在鹿頭關打敗了劉闢的軍隊，嚴秦在神泉打敗了劉闢的軍隊。河東軍的將領阿跌光顏率兵與高崇文在行營相會，誤期一天，害怕被殺，想通過深入敵境來贖罪，率軍駐紮在鹿頭關的西邊，斷絕了劉闢軍隊的運糧通道，鹿頭關城內的人又憂慮又害怕。於是，劉闢的綿江營柵的將領李文悅和鹿頭關的守衛將領仇良輔都獻城向高崇文投降了，活捉了劉闢的女婿蘇彊，士兵投降的人數以萬計。高崇文於是長驅直入，直指成都，兵鋒所向，敵軍崩潰，一路上官軍行進未受阻留。二十一日辛亥，攻下了成都。劉闢、盧文若率領幾十個騎兵向西逃往吐蕃，高崇文派高霞寓等人追擊，在羊灌田追上了，劉闢投岷江沒有淹死，活捉了他。盧文若先殺了妻兒老小，才把石頭繫在身上自沉江中。高崇文進入成都，把軍隊駐紮在大道上，休整士兵，集市店鋪不受驚擾，珍奇的貨物像山一樣堆積著，但軍隊秋毫不犯。高崇文把劉闢裝進檻車送往京城。殺了劉闢的大將邢泚和館驛巡官沈衍，其他的人不加追究。西川軍府中的事情無論大小，高崇文下令一律遵循南康郡王韋皋時期的舊例，從容指揮，整個西川境內都平定下來。

當初，韋皋任命西山運糧使崔從主持邛州事務，劉闢反叛，崔從寫信勸阻劉闢。劉闢發兵攻打崔從，崔從環城堅守。劉闢失敗後，才得以脫免。崔從，是崔融的曾孫。

韋皋的佐吏房式、韋乾度、獨孤密、符載、郗士美、段文昌等人穿著白色衣服和麻鞋，口裡含著土塊請求伏罪。高崇文全都釋放了他們，以禮相待，草擬表章向朝廷推薦房式等人，送給他們豐厚的盤費打發他們走了。高崇文看著段文昌說：「你一定會做將領宰相，我不敢推薦你。」符載，是廬山人。房式，是房琯的姪兒。段文昌，是段志玄的玄孫。

劉闢有兩個侍妾，都長得絕頂美豔，監軍請求高崇文把她們進獻給宮廷，高崇文說：「天子命令我討平兇惡的叛逆，我應當以安撫百姓放在首位，立即向宮廷進獻婦人討好天子，這難道是天子的意願嗎！我高崇文本著一個義字，不能這樣做。」於是就把這兩個美妾許配給將吏中還沒有妻子的人。

杜黃裳建議討伐蜀地以及向高崇文授意的謀略，都與後來事情的發展完全符合。高崇文一向懼怕劉澭，杜黃裳派人對高崇文說：「你如果沒有戰功，那就要讓劉澭取代你。」所以，能夠得到黃崇文拼死力戰。等到蜀地平定後，宰相們入朝祝賀，憲宗看著杜黃裳說：「這是你的功勞。」

九月辛巳日，憲宗下詔徵聘少室山人李渤擔任左拾遺，李渤藉口有病推辭了，沒有來到朝廷，但是朝政得失，李渤每每寄上奏疏陳述自己的意見。

冬，十月初五日甲子，易定節度使張茂昭進京朝見。○憲宗下制書劃出資、簡、陵、榮、昌、瀘六州隸屬於東川節度使管轄。○房式等人還沒有到達京城，都被憲宗任命為省寺官。○初七日丙寅，憲宗任命高崇文為西川節度使。○初九日戊辰，憲宗任命嚴礪為東川節度使。

十月十一日庚午，憲宗任命將作監柳晟為山南西道節度使。柳晟到了漢中，漢中的士兵討伐劉闢返回，還沒有到達城中，憲宗又下詔派他們回去戍守梓州。將士們很怨憤，脅迫監軍，籌劃叛亂。柳晟聽說此事後，飛快驅馬進入城中，慰問犒勞將士，然後問他們說：「你們為什麼能取得成功呢？」將士們回答說：「是因為誅殺反叛的劉闢。」柳晟說：「劉闢因為不接受詔命，所以你們得以立功，怎麼能又讓別的人殺掉你們來作為他們的功勞呢？」將士們都向柳晟行禮謝罪，請求像詔書命令的那樣去戍守梓州。軍府因此得到了安定。

十月十三日壬申，憲宗任命平盧留後李師道為節度使。○二十九日戊子，劉闢被押到長安，和他的族人同黨一起被殺。

武寧軍節度使張愔患有重病，上表朝廷請求派人代替自己。十一月十九日戊申，皇帝徵召張愔擔任工部尚書，用東都洛陽留守王紹去接替節度使，又把濠州、泗州重新隸屬於武寧軍。徐州人很高興得到這兩個州，所以沒有作亂。

十一月二十七日丙辰，憲宗任命內常侍吐突承璀為左神策軍護軍中尉。吐突承璀在東宮侍奉過太子，因辦事幹練敏捷得到寵信。

這一年，回鶻入京納貢，開始帶著摩尼教的僧人一起前來，朝廷在國內建立寺廟安排他們居住。摩尼教的教規規定，日暮時才進食，吃葷而不吃奶酪。回鶻人信奉摩尼教，可汗有時還與僧人一起商議國家大事。

二年（丁亥　西元八〇七年）

春，正月辛卯❶，上祀圜丘，赦天下。

上以杜佑高年重德，禮重之，常呼司徒而不名。佑以老疾請致仕，詔令佑每月入朝不過再三，因至中書議大政，它日聽歸樊川❷。

門下侍郎、同平章事杜黃裳，有經濟大略❸而不修小節❹，故不得久在相位。乙巳❺，以黃裳同平章事，充河中、晉、絳、慈、隰節度使。

己酉❻，以戶部侍郎武元衡為門下侍郎，翰林學士李吉甫為中書侍郎，並同平章事。吉甫聞之感泣，謂中書舍人裴垍❼曰：「吉甫流落江、淮踰十五年❽，一旦蒙恩至此。思所以報德，惟在進賢；而朝廷後進，罕所接識❾，君有精鑒❿，願悉為我言之。」垍取筆疏⓫三十餘人，數月之間，選用略盡。當時翕然稱吉甫為得人。

二月癸酉⓬，邕州⓭奏破黃賊，獲其酋長黃承慶。

夏，四月甲子⓮，以右金吾大將軍范希朝為朔方、靈、鹽節度使，以右神策、鹽州、定遠兵隸焉，以革舊弊⓯，任邊將也。

【章　旨】以上為第六段，寫杜黃裳因不修小節而失相位，繼任者李吉甫用人舉賢。

【注　釋】❶辛卯　正月初三日。❷樊川　地名，在唐長安城南三十五里，即今陝西長安韋曲、杜曲一帶。唐代達官貴人多建別墅於樊川，杜佑亦於此置有亭觀。❸經濟大略　經邦濟世的大謀略。❹不修小節　生活小節不加檢點。❺乙巳　正月十七日。❻己酉　正月二十一日。❼裴垍　字弘中，絳州聞喜（在今山西聞喜東北）人，官至宰相。傳見《舊唐書》卷一百四十八、《新唐書》卷一百六十九。❽踰十五年　德宗貞元八年（西元七九二年）三月貶竇參，陸贄為相。陸贄疑李吉甫為竇參同黨，貶李吉甫為明州長史，後遷忠州長史，至是為相，李吉甫流落江、淮共十五年。❾接識　接觸認識。❿精鑒　精明而洞察一切。⓫疏　開列上呈。⓬癸酉　二月十五日。⓭邕州　州名，治所在今廣西南寧。⓮甲子　四月初七日。⓯舊弊　指節鎮由軍中所推。現在朝廷用范希朝為朔方、靈、鹽節度使，直接任命邊將，革除舊弊。

【語　譯】二年（丁亥　西元八〇七年）

春，正月初三日辛卯，憲宗在圜丘祭祀，大赦天下。

憲宗因為杜佑年高德重，對他很尊重優禮，經常稱為司徒而不叫名字。杜佑因為年老有病，請求退休。憲宗下詔讓杜佑每月上朝不超過二、三次，順便到中書省商議國家大事，其餘時間允許杜佑回樊川私宅。

門下侍郎、同平章事杜黃裳具有經國濟世的大謀略，但不檢點生活小節，因此不能久在相位。正月十七日乙巳，憲宗任命杜黃裳為同平章事，充任河中、晉、絳、慈、隰節度使。

正月二十一日己酉，憲宗任命戶部侍郎武元衡為門下侍郎，翰林學士李吉甫為中書侍郎，一同擔任同平章事。李吉甫聽到任命的消息後，感動得哭了，對中書舍人裴垍說：「我李吉甫流落江、淮超過了十五年時間，現在突然承蒙皇帝的恩典到了這一地步。我考慮要報答皇帝的恩典，只有向皇上推薦賢才，但朝廷中的後起之秀，很少接觸認識，你對人才精明洞察，希望你把全部情況告訴我。」裴垍提筆給他開列了三十多人的名字，在幾個月之內，李吉甫幾乎把他們都選拔上來任用了。當時大家都紛紛議論說李吉甫能夠選用賢能人才。

二月十五日癸酉，邕州奏報打敗了西原黃洞蠻，抓住了他們的酋長黃承慶。

夏，四月初七日甲子，憲宗任命右金吾大將軍范希朝為朔方、靈、鹽節度使，把右神策軍、鹽州和定遠的軍隊劃歸范希朝統轄，藉以革除過去的弊端，由朝廷直接任命邊疆將領。

秋，八月，劉濟、王士真、張茂昭爭私隙，迭相表請加罪❶。戊寅❷，以給事中房式為幽州、成德、義武❸宣慰使，和解之。

九月乙酉❹，密王綢❺薨。

夏、蜀既平，藩鎮惕息❻，多求入朝。鎮海節度使李錡亦不自安，求入朝。上許之，遣中使至京口慰撫，且勞其將士。錡雖署判官王澹為留後，實無行意，屢遷行期❼，澹與敕使數勸諭❽之。錡不悅，上表稱疾，請至歲暮入朝。上以問宰相，武元衡曰：「陛下初即政，錡求朝得朝，求止得止，可否在錡，將何以令四海！」上以為然，下詔徵之❾。錡詐窮❿，遂謀反。

王澹既掌留務，於軍府頗有制置⓫，錡益不平，密諭親兵使殺之。會頒冬服，錡嚴兵⓬坐幄⓭中，澹與敕使入謁⓮，有軍士數百譟於庭⓯曰：「王澹何人，擅主軍務！」曳下⓰，臠食之⓱。大將趙琦出慰止，又臠食之。注刃於敕使之頸⓲，詬詈⓳，將殺之。錡陽驚⓴，救之。

冬，十月己未㉑，詔徵錡為左僕射，以御史大夫李元素為鎮海節度使。庚申㉒，錡表言軍變，殺留後、大將。先是錡選腹心五人為所部五州㉓鎮將，姚志安處蘇州，李深處常州，趙惟忠處湖州，丘自昌處杭州，高肅處睦州，各有兵數千，伺察刺史動靜。至是，錡各使殺其刺史，遣牙將庾伯良將兵三千治石頭城㉔[1]。常州刺史顏防用客李雲計，矯制㉕稱招討副使㉖，斬李深，傳檄㉗蘇、杭、湖、睦，請同進討。湖州刺史辛祕潛募鄉閭子弟數百，夜襲趙惟忠營，斬之。蘇州刺史李素為姚志安所敗，生致於錡㉘，具桎梏㉙釘於船舷。未及京口㉚，會錡敗得免。

乙丑㉛，制削李錡官爵及屬籍㉜。以淮南節度使王鍔統諸道兵為招討處置使，徵宣武、義寧、武昌兵并淮南、宣歙兵俱出宣州，江西兵出信州，浙東兵出杭州以討之。

高崇文在蜀期年，一旦謂監軍曰：「崇文，河朔一卒，幸有功，致位至此。西川乃宰相回翔㉝之地，崇文叨居㉞日久，豈敢自安！」屢上表稱：「蜀中安逸，無所陳力㉟，願效死邊陲。」上擇可以代崇文者而難其人㊱。丁卯㊲，以門下侍郎、同平章事武元衡同平章事，充西川節度使。

李錡以宣州富饒，欲先取之，遣兵馬使㊳張子良、李奉仙、田少卿將兵三千襲之。三人知錡必敗，與牙將裴行立㊴同謀討之。行立，錡之甥也，故悉知錡之密謀。三將營㊵於城外，將發㊶，召士卒諭之曰：「僕射反逆，官軍四集，常、湖二將㊷繼死，其勢已蹙㊸。今乃欲使吾輩遠取宣城，吾輩何為隨之族滅；豈若去逆效順㊹，轉禍為福乎！」眾悅，許諾，即夜㊺，還趨城。行立舉火鼓譟，應之於內，引兵趨牙門。錡聞子良等舉兵，怒，聞行立應之，撫膺㊻曰：「吾何望矣！」跣㊼走匿樓下。親將李鈞引挽彊㊽三百趨山亭，欲戰，行立伏兵邀㊾斬之。錡舉家皆哭，左右執錡，裹之以幕㊿，縋(51)於城下，械送京師(52)。挽彊、蕃落(53)爭自殺，尸相枕藉(54)。癸酉(55)，本軍(56)以聞。乙亥(57)，羣臣賀於紫宸殿。上愀然(58)曰：「朕之不德，致宇內數有干紀(59)者，朕之愧也，何賀之為(60)！」

宰相議誅錡大功以上親(61)，兵部郎中蔣乂曰：「錡大功親，皆淮安靖王(62)之後也。淮安有佐命之功(63)，陪陵(64)享廟(65)，豈可以末孫(66)為惡而累之乎！」又欲誅其兄弟，乂曰：「錡兄弟，故都統國貞(67)之子也。國貞死王事，豈可使之不祀乎！」宰相以為然。辛巳(68)，錡從父弟宋州刺史銛等皆貶官流放。

十一月甲申朔(69)，錡至長安，上御興安門(70)，面詰之(71)。對曰：「臣初不反，張子良等教臣耳。」上曰：「卿為元帥，子良等謀反，何不斬之，然後入朝？」

錡無以對，乃并其子師回腰斬[72]之。

有司[73]請毀錡祖考冢廟，中丞盧坦上言：「李錡父子受誅，罪已塞[74]矣。昔漢誅霍禹[75]，不罪霍光；先朝誅房遺愛，不及房玄齡。康誥曰：『父子兄弟，罪不相及[76]。』況以錡為不善而罪及五代祖乎！」乃不毀。

有司籍[77]錡家財輸京師，翰林學士裴垍、李絳[78]上言，以為「李錡僭侈[79]，割剝六州之人以富其家，或枉殺其身而取其財。陛下閔[80]百姓無告，故討而誅之。今輦金帛以輸上京，恐遠近[81]失望。願[82]以逆人資財賜浙西百姓，代今年租賦。」上嘉歎[83]久之，即從其言。

昭義[84]節度使盧從史內與王士真、劉濟潛通[85]，而外獻策請圖山東[86]，擅引兵東出。上召令還[87] [2]，從史託言[88]就食邢、洺，不時奉詔[89]。久之，乃還。

【章　旨】以上為第七段，寫鎮海節度使李錡叛亂，旋即被討滅。

【注　釋】❶迭相表請加罪　多次交相上表，請求朝廷給對方加罪。❷戊寅　八月二十三日。❸幽州成德義武　幽州，劉濟所鎮。成德，王士真所鎮。義武，張茂昭所鎮。❹乙酉　九月初一日。❺密王綢　憲宗弟李綢，封密王。❻惕息　恐懼屏息。❼屢遷行期　多次推遲進京上朝的行期。❽勸諭　勸李錡入朝，曉諭禍福。❾徵之　徵召李錡入朝。❿詐窮　欺詐的伎倆用盡。⓫制置　規劃；處理。⓬嚴兵　兵衛森嚴。⓭幄　帷幄。此指軍府辦事堂。⓮入謁　進帳參見。⓯軍士數百譟於庭　數百名士兵在辦事堂前高聲叫嚷。⓰曳下　拉下公堂。⓱臠食之　將人切塊吞食。⓲注刀於敕使之頸　軍士把刀刃加在朝廷使者的脖子上。⑲詬詈　辱罵。⑳陽驚　佯驚；假意吃驚。㉑己未　十月初五日。㉒庚申　十月初六日。㉓所部五州　鎮海節度使領蘇、常、湖、杭、睦、潤六州，節鎮在潤州，故巡屬為五州。部，統轄。㉔石頭城　在今江蘇南京。㉕矯制　假稱奉有詔旨。㉖稱招討副使　自稱為招討副使。㉗傳檄　傳送檄文。檄，聲討文書。㉘生致於錡　指李素被姚志安活捉送交李錡。㉙具桎梏　戴上刑具。㉚京口　縣名，即潤州治所，也是鎮海節鎮所在。在今江蘇鎮江市。㉛乙丑　十月十一日。㉜削李錡官爵及屬籍　李錡為唐宗室淮安王李神通之子，淄川王李孝同五世孫，故著於宗室族籍。今反叛，削除官爵，並從宗譜中除名。㉝回翔　盤旋飛翔。喻西川多為宰相出鎮之地。㉞叨居　慚愧據有此位。㉟陳力　施展材力。㊱難其人　難以找到合適的人選。㊲丁卯　十月十三日。㊳兵馬使　節鎮所屬執掌兵馬的大將，位在都虞候之上。㊴裴行立　李錡之甥。歸朝後歷官安南經略使、桂管觀察使、安南都護。傳見《新唐書》卷一百二十九。㊵營　紮營。㊶將發　將要發動攻打李錡。㊷常湖二將　指李錡心腹常州鎮將李深、胡州鎮將趙惟忠。㊸蹙　窮迫。㊹去逆效順　離開逆賊，歸順朝廷。㊺即夜　當夜。㊻撫膺　用手捶胸口。㊼跣　赤著腳。㊽挽彊　李錡所建親衛軍名，有材力，善射擊。㊾邀　攔截。㊿裹之以幕　用幕帳包著李錡。(51)縋　用繩索綁住身垂於下。(52)械送京師　戴上刑具，送到長安。(53)蕃落　李錡收養的胡、奚等少數民族俘虜，使之為親衛軍。(54)尸相枕藉　屍體互相疊壓，極言其多。(55)癸酉　十月十九日。(56)本軍　指李錡所領鎮海軍。(57)乙亥　十月二十一日。(58)愀然　淒愴的樣子。(59)干紀　冒犯國法。(60)何賀之為　有什麼可慶賀呢。(61)大功以上親　大功，指從父兄、弟、姐、妹。大功以上親為期親。指長輩為祖父母、伯叔父母、在家姑等，平輩為兄弟、姐妹、妻，小輩為姪、嫡孫等。(62)淮安靖王　李淵從父弟李神通，封淮安王，卒諡靖。傳見《舊唐書》卷六十、《新唐書》卷八十二。(63)佐命之功　輔佐太祖、太宗創建國家的功勞。(64)陪陵　陪葬唐高祖獻陵。(65)享廟　配祀唐高祖廟。(66)末孫　指李錡。(67)國貞　李國貞，字南華，李錡之父，拜劍南節度使，以戶部尚書持節朔方、鎮西、北庭、興平、陳鄭節度行營兵馬使，治軍嚴整，為王元振所殺。傳見《舊唐書》卷一百十二、《新唐書》卷七十八。(68)辛巳　十月二十七日。(69)甲申朔　十一月初一日。(70)興安門　唐大明宮南面有五門，西來第一門為興安門。(71)面詰之　當面責問他。(72)腰斬　死刑的一種。(73)有司　主管執行機關。宗廟禮儀屬太常寺。(74)塞　抵償。(75)漢誅霍禹　西漢霍光之子謀反，不株連霍光。事見本書卷二十五漢宣帝地節四年。(76)父子兄弟二句　今本《尚書・康誥》無此語。此轉引《左傳》昭公二十年晉胥臣之言所引〈康誥〉逸文。(77)籍　籍沒。將財產沒收，登記簿冊。(78)李絳　（西元七六四—八三〇年）字深之，趙郡贊皇（今河北保定）人，官至山南西道節度使。傳見《舊唐書》卷一百六十四、《新唐書》卷一百五十二。(79)僭侈　違禮僭越，奢侈靡費。(80)閔　通「憫」。憐憫。(81)遠近　指老百姓。(82)願　希望。(83)嘉歎　嘉許、感歎。(84)昭義　方鎮名，唐代宗大曆元年（西元七六六年）相衛州六節度賜號昭義軍，治所相州，在今河南安陽。(85)潛通　暗中勾結。(86)山東　地域名，泛指太行山以東之地。(87)上召令還　憲宗召盧從史還京。(88)託言　藉口。(89)不時奉詔　不按時接受詔令。

【校　記】[1]石頭城　「城」字原無。據章鈺校，十二行本、乙十一行本有此字，張瑛《通鑑校勘記》同，今據補。[2]還　據章鈺校，十二行本、乙十一行本、孔天胤本「還」下有「上黨」二字。

【語　譯】秋，八月，劉濟、王士真、張茂昭因為私仇發生爭端，多次交相向朝廷上表請求將對方治罪。二十三日戊寅，憲宗任命給事中房式為幽州、成德、義武宣慰使，調解他們的關係。

九月初一日乙酉，密王李綢去世。

夏州的楊惠琳、西川的劉闢被平定後，各地的軍鎮恐懼屏息，大多請求進京入朝。鎮海節度使李錡也惴惴不安，要求進京入朝。憲宗同意了，派遣中使到京口撫慰他，而且犒勞他的將士。李錡雖然任命判官王澹為留後，其實沒有離開京口去京城的意思，多次遷延行期，王澹與朝廷的使者多次勸說曉諭他。李錡很不高興，上表聲稱有病，請求到了年底入朝。憲宗就此事詢問宰相們，武元衡說：「陛下剛即位，李錡要求入朝就准許入朝，要求停止入朝就准許停止入朝，可否在於李錡，將怎麼號令天下呢！」憲宗覺得武元衡說得對，便下詔徵召李錡入朝。李錡欺詐的伎倆用盡，於是策劃反叛朝廷。

王澹掌管留後事務後，對軍府事務頗有規劃更改，李錡心中更加不平，暗中指示親兵殺死王澹。適逢給將士們發冬季服裝，李錡兵衛森嚴地坐在帷幄中，王澹與朝廷的使者進去參見李錡，有幾百名士兵在辦事堂前鼓噪說：「王澹是什麼東西，竟敢擅自主持軍中事務！」把王澹拉下公堂，剁碎吃掉了。大將趙琦出來勸阻，士兵們又把他剁碎吃掉了。士兵們把刀刃加在朝廷使者的脖子上，辱罵朝廷使者，準備殺了使者。李錡假裝大吃一驚，救了使者。

冬，十月初五日己未，憲宗下詔徵召李錡擔任左僕射，任命御史大夫李元素為鎮海節度使。初六日庚申，李錡上表朝廷說軍隊發生了變亂，殺了留後和大將。在這之前，李錡挑選心腹親信五人擔任所轄五個州的鎮守將領，姚志安在蘇州，李深在常州，趙惟忠在湖州，丘自昌在杭州，高肅在睦州，各有士兵幾千人，觀察刺史們的動靜。到這個時候，李錡分別讓他們殺了本州刺史，派遣牙將庾伯良率兵三千人修建石頭城。常州刺史顏防利用賓客李雲的計策，假借詔旨自稱為招討副使，殺了李深，傳檄蘇州、杭州、湖州、睦州，請他們共同進兵討伐李錡。湖州刺史辛祕暗中招募鄉下子弟幾百人，夜裡偷襲趙惟忠的營地，殺了趙惟忠。蘇州刺史李素被姚志安打敗，姚志安要把李素活著送給李錡，把李素戴上刑具釘在船舷上。船沒有到達京口，正好李錡戰敗，李素得以免死。

十月十一日乙丑，憲宗下制書削除李錡的官職爵位和皇室的名籍。任命淮南節度使王鍔統率各道軍隊，擔任招討處置使，徵調宣武軍、義寧軍和武昌軍的兵馬以及淮南軍和宣歙的軍隊從宣州出發，徵調江西的軍隊從信州出發，浙東的軍隊從杭州出發，討伐李錡。

高崇文在蜀地擔任西川節度使滿了一年，一天早晨對監軍說：「我高崇文，是河朔地區的一個士兵，僥倖有功，得到了現在的職位。西川是宰相回旋翱翔的地方，我高崇文在此愧居時日太久，怎麼敢心安理得呢！」多次向朝廷上表說：「蜀地平安無事，沒有可以施展材力的地方，希望到邊疆為國家拼死效力。」憲宗選擇可以代替高崇文的人，感到很難找到合適的人選。十月十三日丁卯，憲宗任命門下侍郎、同平章事武元衡仍任同平章事，充任西川節度使。

李錡認為宣州物產豐富，想先攻取那裡，便派遣兵馬使張子良、李奉仙、田少卿率兵三千人襲擊宣州。他們三人知道李錡肯定失敗，就與牙將裴行立共同謀劃討伐李錡。裴行立是李錡的外甥，所以全部知道李錡的暗中策劃。張子良等三個將領在城外紮營，在即將出發時，他們召集士兵告訴他們說：「李僕射反叛朝廷，朝廷的軍隊從四面聚集，常州、湖州兩個將領相繼被殺，李僕射已經處境窮迫。現今讓我們去遠處攻取宣城，我們為什麼要追隨他遭滅族；不如離開逆賊，歸順朝廷，轉禍為福！」將士們很高興，答應脫離李錡，當天晚上，軍隊又回到城下。裴行立舉著火把吶喊，在城內響應，帶兵直奔軍府牙門。李錡聽說張子良等人起兵反叛他，大怒，又聽說裴行立起來響應，捶著胸脯說：「我還有什麼指望呢！」赤著腳逃走，躲藏在樓下。

李錡的親信將領李鈞帶領三百名挽彊弓箭手跑往山亭，打算應戰，被裴行立設下的伏兵攔截斬殺了。李錡全家都哭泣起來，隨從們抓住了李錡，用幕帳把李錡裹了，用繩子吊下城去，戴上刑具，送到京師。李錡組建的特種軍挽彊、蕃落都爭相自殺，屍體互相疊壓在一起。十月十九日癸酉，鎮海軍被平定的事上奏到朝廷。二十一日乙亥，朝廷群臣在紫宸殿向憲宗祝賀。憲宗淒愴地說：「是朕的不德，以致國內屢有違犯國法的人，朕很慚愧啊，有什麼可祝賀的呢！」

宰相們商議要殺掉李錡堂兄弟姐妹以上的親屬，兵部郎中蔣乂說：「李錡堂兄弟姐妹以上的親屬，都是淮安靖王李神通的後代。淮安王有輔佐太祖、太宗創建國家的功勳，陪葬獻陵，配祀高祖廟，怎麼可以因為他後世一個子孫作惡而連累他的盛名呢！」宰相們又想要誅殺李錡的兄弟，蔣乂說：「李錡的兄弟，是已故都統李國貞的兒子。李國貞死於國事，怎麼能讓李國貞沒有後代來祭祀呢！」宰相們覺得蔣乂說得有道理。十月二十七日辛巳，李錡的堂兄弟宋州刺史李銛等人都貶職流放。

十一月初一日甲申，李錡被押解到長安，憲宗來到興安門，當面責問李錡。李錡回答說：「臣最初沒有造反，是張子良等人教臣這樣做的。」憲宗說：「卿是鎮海軍的元帥，張子良等人陰謀造反，為什麼不殺了他們，然後進京入朝呢？」李錡無言以對，於是把李錡連同他的兒子李師回一起腰斬。

主管部門請求毀了李錡祖先的墳墓和家廟，中丞盧坦進言說：「李錡父子受到誅殺，已經抵償罪過了。從前漢代誅殺霍禹，不加罪於霍光；本朝先前誅殺房遺愛，不加罪於房玄齡。〈康誥〉說：『父子兄弟之間，有罪互相不牽連。』何況是李錡行為不善而罪及他的五代先祖呢！」李錡的祖墳和家廟這才沒有被毀掉。

主管部門抄沒了李錡的家財送往京城。翰林學士裴垍、李絳進言，認為「李錡逾越他的本分，奢侈糜費，盤剝六州的老百姓，讓自己一家富有，有的濫殺其人，奪取他們的財產。陛下憐憫百姓告狀無門，所以派兵討伐並殺了李錡。現在用車把李錡的錢財送到京城長安，恐怕遠近百姓失望。希望把叛逆之人的資財賞賜給浙西百姓，代替今年的田租賦稅。」憲宗嘉許、感慨很長時間，隨即就採納了他們的意見。

昭義軍節度使盧從史私下與王士真和劉濟暗中勾通，而表面上向朝廷獻策，請求攻打太行山以東的軍鎮，擅自帶兵東出太行山。憲宗召盧從史回京，盧從史藉口到邢州、洺州就地解決軍隊口糧，不按規定時間接受詔令。很久，才率兵返回。

它日，上召李絳對於浴堂❶，語之曰：「事有極異者❷，朕比❸不欲言之。朕與鄭絪議敕從史歸上黨，續徵入朝❹。絪乃泄之於從史，使稱上黨乏糧，就食山東。為人臣負朕乃爾❺，將何以處之？」對曰：「審如此❻，滅族有餘矣。然絪、從史必不自言，陛下誰從得之❼？」上曰：「吉甫密奏。」絳曰：「臣竊聞搢紳之論，稱絪為佳士❽，恐必不然。或者同列欲專朝政，疾寵忌前，願陛下更熟察之，勿使人謂陛下信讒也。」上良久曰：「誠然，絪必不至此。非卿言，朕幾誤處分❾。」

上又嘗從容問絳曰：「諫官多謗訕朝政，皆無事實。朕欲謫其尤者❿一二人，以儆⓫其餘，何如？」對曰：「此殆⓬非陛下之意，必有邪臣以壅蔽⓭陛下之聰明者。人臣死生，繫人主喜怒，敢發口諫者有幾？就有諫者，皆晝度夜思⓮，朝刪暮減⓯，比⓰得上達，什無二三。故人主孜孜⓱求諫，猶懼不至，況罪之乎！如此，杜⓲天下之口，非社稷之福也。」上善其言而止。○群臣請上尊號曰睿聖文武皇帝，丙申⓳，許之。

盩厔⓴尉、集賢校理㉑白居易作樂府㉒及詩百餘篇，規諷時事㉓，流聞禁中㉔。上見而悅之，召入翰林為學士。

十二月丙辰㉕，上謂宰相曰：「太宗以神聖之資，羣臣進諫者猶往復數四㉖，況朕寡昧㉗，自今事有違㉘，卿當十論，無但㉙一二而已。」○丙寅㉚，以高崇文同平章事，充邠寧節度、京西諸軍都統。

【章　旨】以上為第八段，寫李絳善應對，勸憲宗納諫，憲宗心悅而從之。

【注　釋】❶浴堂　大明宮便殿之一，位於紫宸殿之東。德宗以後君主常居於此。唐學士常召對浴堂殿。❷事有極異者　有一件非常奇怪的事。❸比　屢屢；一再。❹續徵入朝　接著下詔徵召盧從史入朝。❺乃爾　竟然這樣。❻審如此　確實這樣。❼誰從得之　從誰口中得到這消息。❽佳士　品德優良之士。❾幾誤處分　幾乎做出錯誤的處分。❿譴其尤者　貶斥其中最嚴重的人。⓫儆　儆戒；教訓。⓬殆　大概；恐怕。⓭壅蔽　堵塞；蒙蔽。⓮晝度夜思　日夜思考。⓯朝刪暮減　對奏章早上刪削，晚上再修改削減。⓰比　等到。⓱孜孜　努力不懈的樣子。⓲杜　堵塞。⓳丙申　十一月十三日。⓴盩厔　縣名，在今陝西周至。㉑集賢校理　集賢殿書院屬官，掌校理經籍，位在修撰下。㉒樂府　白居易依民歌體所作的新詩，稱新樂府詩。㉓規諷時事　規勸諷諭時事。㉔流聞禁中　流傳到宮廷中。㉕丙辰　十二月初三日。㉖數四　再三再四。指次數甚多。㉗寡昧　孤陋寡聞而愚昧無知。皇帝自謙的慣用套語。㉘有違　有失誤；有過錯。㉙但　只；僅。㉚丙寅　十二月十三日。

【語　譯】有一天，憲宗在浴堂殿召見李絳問話，憲宗對李絳說：「有件非常奇怪的事情，我一再不想說出來。朕與鄭絪商議下詔命令盧從史回上黨去，接著再徵召入朝。鄭絪卻把此事洩露給了盧從史，讓盧從史聲稱上黨缺乏糧食，而就食於太行山東邊。一個做人臣的竟然如此辜負朕，那將怎麼處置呢？」李絳回答說：「如果確實是這樣的話，誅滅了鄭絪的全族還有餘罪。但是鄭絪、盧從史一定不會自己把這件事說出來，陛下是從誰口中得到這一消息的呢？」憲宗說：「這是李吉甫祕密上奏說的。」李絳說：「臣私下聽到士大夫們議論，稱讚鄭絪是品德優良之士，恐怕鄭絪一定不會這樣做的。可能是同僚想獨攬朝政，嫉忌鄭絪得到陛下寵信和位置排在自己的前面，希望陛下再仔細地考察一下，不要讓人說陛下相信誣陷之詞。」憲宗過了很久說：「確實如此，鄭絪一定不至於這樣做。如果不是你說出來，朕幾乎要對鄭絪做出錯誤的處分了。」

憲宗還曾閒談時詢問李絳說：「諫官往往毀謗朝廷的大政，全都沒有事實根據。朕想把其中一、二個最嚴重的人貶職流放，藉以警戒其他人，你看怎麼樣？」李絳回答說：「這大概不是陛下的意思，一定有奸臣想堵塞和蒙蔽陛下視聽的。人臣的生與死，在於人主的喜怒，敢於開口勸諫的人能有幾個？即便是有勸諫的人，都是日夜思考，早上刪改，晚上削減，等到要上達到君主時，內容已無十分之二、三。所以君王努力不懈地尋求勸諫之言，諫官還是害怕，不敢勸諫，更何況要加罪於他們呢！這樣一來，封住了天下人的嘴巴，這不是國家的福氣。」憲宗認為李絳說得很好，此事就作罷了。○朝廷群臣請求為憲宗上尊號睿聖文武皇帝，十一月十三日丙申，憲宗同意了。

盩厔縣尉、集賢校理白居易創作樂府和詩歌一百多篇，規勸和諷諭當時的政事，作品流傳到了宮中。憲宗見了很喜歡，徵召白居易到翰林院做了學士。

十二月初三日丙辰，憲宗對宰相們說：「太宗皇帝天資英明神聖，群臣中勸諫的人還再三再四地對事情反覆勸諫，何況我孤陋寡聞、愚昧無知，從今以後，凡是事情有失誤的，你們應當論說十次，不要只說一、二次就算了。」○十三日丙寅，憲宗任命高崇文為同平章事，充任邠寧節度使、京西諸軍都統。

山南東道節度使于頔憚上英威，為子季友❶求尚主，上以皇女普寧公主妻之❷。翰林學士李絳諫曰：「頔，虜族❸，季友，庶孽，不足以辱帝女，宜更擇高門美才。」上曰：「此非卿所知。」己卯❹，公主適季友，恩禮甚盛。頔出望外❺，大喜。頃之，上使人諷❻之入朝謝恩，頔遂奉詔。

是歲，李吉甫撰元和國計簿❼上之，總計天下方鎮四十八，州府二百九十五，縣千四百五十三。其鳳翔、鄜坊、邠寧、振武、涇原、銀夏、靈鹽、河東、易定、魏博、鎮冀、范陽、滄景、淮西、淄青等十五道七十一州不申戶口❽外，每歲賦稅倚辦止於浙江東・西、宣歙、淮南、江西、鄂岳、福建、湖南八道四十九州，一百四十四萬戶，比天寶稅戶四分減三。天下兵仰給縣官❾者八十三萬餘人，比天寶三分增一，大率二戶資❿一兵。其水旱所傷，非時調發⓫，不在此數。

【章旨】以上為第九段，寫憲宗時，唐王朝戶口減四分之三，而常備兵三分增一，大率兩戶養一兵，民不堪命。

【注釋】❶季友　于頔第四子。❷上以皇女普寧公主妻之　據《舊唐書》卷一百五十六〈于頔傳〉，憲宗以長女永昌公主下嫁于季友。❸頔二句　于頔為後周太師于謹七世孫，謹之先人于栗磾，本姓勿忸于氏，隨從拓跋氏起於代北，所以李絳說于頔是胡族。❹己卯　十二月二十六日。❺望外　希望之外；意料之外。❻諷　暗示。❼元和國計簿　書名，記唐憲宗時戶口、賦稅、兵籍。❽不申戶口　不申報戶口。鳳翔、鄜坊、邠寧、振武、涇原、銀夏、靈鹽、河東等八鎮其時為唐邊境地，而易定、魏博、鎮冀、范陽、滄景、淮西、淄青等七鎮為世襲藩鎮，唐中央無力控制，故均不申戶口，不納賦稅。❾縣官　國家；政府。❿資　供養。⓫非時調發　常賦之外的臨時稅收。

【語譯】山南東道節度使于頔懼怕憲宗的英明和威勢，為兒子于季友請求娶公主為妻，憲宗把女兒普寧公主下嫁于季友。翰林學士李絳勸諫皇帝說：「于頔是胡族人，于季友是于頔庶出的兒子，不值得有辱陛下的女兒，應該為公主另外選擇高門第的優秀人才。」憲宗說：「這其中緣由不是你所能知道的。」十二月二十六日己卯，普寧公主下嫁于季友，憲宗對于季友的恩典和禮遇十分隆重。于頔覺得出乎意料之外，大為高興。不久，憲宗讓人暗示于頔入朝謝恩，于頔於是奉詔入朝。

這一年，李吉甫編撰《元和國計簿》進呈給憲宗，書中總計天下軍鎮四十八個，州府二百九十五個，縣一千四百五十三個。其中鳳翔、鄜坊、邠寧、振武、涇原、銀夏、靈鹽、河東、易定、魏博、鎮冀、范陽、滄景、淮西、淄青等十五道七十一個州沒有申報戶口外，每年的賦稅徵收只靠浙江東、浙江西、宣歙、淮南、江西、鄂岳、福建、湖南八個道四十九個州，一百四十四萬編戶，比天寶年間繳稅的編戶減少了四分之三。天下的軍隊仰賴國家供養的有八十三萬多人，比天寶年間增加了三分之一，大概每二戶人家要供養一個士兵。水災、旱災的損失，常賦外臨時徵調的稅收，不包括在這些數量內。

三年（戊子　西元八〇八年）

春，正月癸巳❶，羣臣上尊號曰睿聖文武皇帝。赦天下。「自今長吏❷詣闕，無得進奉。」知樞密❸劉光琦奏分遣諸使齎赦詣諸道，意欲分其饋遺。翰林學士裴垍、李絳奏「敕使所至煩擾，不若但附急遞❹。」上從之。光琦稱舊例，上曰：「例是則從之，苟為非是，柰何不改。」

臨涇❺鎮將郝玼❻以臨涇地險要，水草美，吐蕃將入寇，必屯其地。言於涇原節度使段祐❼，奏而城之，自是涇原獲安。

二月戊寅❽，咸安大長公主❾薨于回鶻。三月，回鶻騰里可汗卒。○癸巳❿，郇王總⓫薨。

辛亥⓬，御史中丞盧坦奏彈前山南西道節度使柳晟⓭、前浙東觀察使閻濟美⓮違赦進奉。上召坦褒慰之，曰：「朕已釋其罪，不可失信。」坦曰：「赦令宣布海內，陛下之大信也。晟等不畏陛下法，奈何存小信棄大信乎！」上乃命歸所進於有司。

夏，四月，上策試賢良方正、直言極諫⓯舉人，伊闕⓰尉牛僧孺⓱、陸渾⓲尉皇甫湜⓳、前進士李宗閔⓴皆指陳時政之失，無所避。吏部侍郎楊於陵㉑、吏部員外郎韋貫之㉒為考策官，貫之署為上第。上亦嘉之，乙丑[1]，詔中書優與處分㉓。李吉甫惡其言直，泣訴於上，且言「翰林學士裴垍、王涯㉔覆策㉕。湜，涯之甥也，涯不先言，垍無所異同㉖。」上不得已，罷垍、涯學士，垍為戶部侍郎，涯為都官員外郎㉗，貫之為果州㉘刺史。後數日，貫之再貶巴州㉙刺史，涯貶虢州㉚司馬。乙亥㉛，以楊於陵為嶺南㉜節度使，亦坐考策無異同也。僧孺等久之不調，各從辟於藩府㉝。僧孺，弘㉞之七世孫。宗閔，元懿㉟之玄孫。貫之，福嗣㊱之六世孫。湜，睦州新安人也。

丁丑(37)，罷五月朔宣政殿朝賀(38)。

以荊南(39)節度使裴均為右僕射。均素附宦官得貴顯，為僕射，自矜大(40)。嘗入朝，踰位而立。中丞盧坦揖而退之(41)，均不從。坦曰：「昔姚南仲(42)為僕射，位在此。」均曰：「南仲何人？」坦曰：「是守正不交權倖者。」坦尋改右庶子(43)。

五月，翰林學士、左拾遺(44)白居易上疏，以為「牛僧孺等直言時事，恩奬登科，而更遭斥逐，並出為關外官(45)。楊於陵等以考策敢收直言，裴垍等以覆策不退直言，皆坐譴謫(46)。盧坦以數舉職事黜庶子。此數人皆今之人望(47)，天下視其進退以卜時之否臧(48)者也。一旦無罪悉疏棄之，上下杜口(49)，眾心洶洶，陛下亦知之乎？且陛下既下詔徵之直言，索之極諫(50)，僧孺等所對如此，縱未能推而行之，又何忍罪而斥之乎！昔德宗初即位，亦徵直言極諫之士，策問天旱，穆質(51)對云：『兩漢故事，三公當免。卜式(52)著議，弘羊可烹。』德宗深嘉之，自纖尉(53)擢為左補闕。今僧孺等所言未過於穆質而遽斥之，臣恐非嗣祖宗之道也。」質，寧(54)之子也。

【章　旨】以上為第十段，寫牛僧孺、李宗閔等舉賢良，直言時事，宰臣李吉甫忌疑之。

【注釋】❶癸巳　正月十一日。❷長吏　此處指節度使、觀察使。❸知樞密　掌樞密使之職。知，主；掌管。樞密，樞密使之省稱。代宗永泰年間始置內樞密使，由宦官充任，承受表奏，宣布詔命，介於宰相與皇帝之間的傳達使職。後逐漸演變為樞密權在宰相之上，對宰相的任免，樞密成為皇帝的諮詢顧問。❹急遞　古代傳遞公文，急件馳驛兼程而行，稱急遞。❺臨涇　縣名，縣治在今甘肅鎮原。❻郝玼　憲宗時守邊名將。傳見《舊唐書》卷一百五十二、《新唐書》卷一百七十。❼段祐　又作段佐、段佑。以勇敢知名，少事郭子儀為牙將。終官右神策大將軍。傳見《舊唐書》卷一百五十二、《新唐書》卷一百七十。❽戊寅　二月二十六日。❾咸安大長公主　德宗之女，貞元四年（西元七八八年）十月下嫁回鶻。❿癸巳　三月十一日。⓫郇王總　原名湜，後改名總。順宗第七子。⓬辛亥　三月二十九日。⓭柳晟　（？—西元八一八年）肅宗皇后之甥，官至左金吾衛大將軍。傳見《舊唐書》卷一百八十三、《新唐書》卷一百五十九。⓮閻濟美　有長者之譽，簡澹為理，官至祕書監。傳見《舊唐書》卷一百八十五下、《新唐書》卷一百五十九。⓯賢良方正直言極諫　制科名稱，意謂選取賢良人士，敢於直言極諫的人。⓰伊闕　縣名，治所在今河南洛陽南。⓱牛僧孺　（西元七七九—八四七年）字思黯，安定鶉觚（今甘肅靈臺）人，貞元進士。穆宗、文宗時兩度入相。唐代牛李黨爭牛派首領。傳見《舊唐書》卷一百七十二、《新唐書》卷一百七十四。⓲陸渾　縣名，縣治在今河南嵩縣。⓳皇甫湜　字持正，睦州新安（今浙江衢州）人，中唐文學家。傳附《新唐書》卷一百七十六〈韓愈傳〉。⓴李宗閔　（？—西元八四六年）字損之，貞元進士。元和三年（西元八〇八年）對策，指陳時政，為宰相李吉甫所斥。李吉甫死，入朝為監察御史。與牛僧孺相結，排斥李吉甫之子李德裕，為牛李黨爭牛派主將。文宗朝入相。傳見《舊唐書》卷一百七十六、《新唐書》卷一百七十四。㉑楊於陵　（西元七五三—八三〇年）字達夫，弘農（今河南靈寶）人，器度弘雅。穆宗時官至戶部尚書。傳見《舊唐書》卷一百六十四、《新唐書》卷一百六十三。㉒韋貫之　（西元七六〇—八二一年）本名純，避憲宗李純諱，以字行。官至宰相。傳見《舊唐書》卷一百五十八、《新唐書》卷一百六十九。㉓詔中書優與處分　頒令中書省從優安置李宗閔等人的職任。㉔王涯　字廣津，太原人，時為主考官。官至宰相。傳見《舊唐書》卷一百六十九、《新唐書》卷一百七十九。㉕覆策　複查對策。㉖無所異同　沒有不同意見。李吉甫認為，韋貫之做主考官，取人不當；王涯、裴垍複查，王涯為皇甫湜之舅，應予迴避，不先說明，裴垍也裝聾作啞，一同作弊。㉗都官員外郎　官名，刑部第二司都官司次官。都官掌理官奴婢。㉘果州　州名，治所在今四川南充北。㉙巴州　州名，治所在今四川巴中。㉚虢州　州名，治所在今河南靈寶北。㉛乙亥　四月二十三日。㉜嶺南　方鎮名，唐肅宗至德元載（西元七五六年）升五府經略討擊使為嶺南節度使，治所廣州，在今廣東廣州。㉝各從辟於藩府　牛僧孺等各自應藩鎮辟舉為幕僚。㉞弘　牛弘，隋朝宰相。㉟元懿　唐高祖子，封鄭王。㊱福嗣　韋福嗣，官至隋內史舍人。見《新唐書》卷七十四上〈宰相世系表〉。㊲丁丑　四月二十五日。㊳罷五月朔宣政殿朝賀　唐德宗貞元七年（西元七九一年），敕每年五月一日御宣政殿與文武百官相見，至本年罷廢。㊴荊南　方鎮名，唐肅宗至德二載置荊南節度，治所荊州，在今湖北江陵城。㊵自矜大　驕矜自大。㊶揖而退之　向他打招呼，請他退回到自己的班位。㊷姚南仲　（西元七三〇—八〇三年）華州下邽（今陝西渭南市）人，官至尚書右僕射。傳見《舊唐書》卷一百五十三、《新唐書》卷一百六十二。㊸右庶子　官名，為東宮太子右春坊長官，掌東宮侍從、獻納、啟奏之事。㊹左拾遺　官名，門下省屬官，掌供奉諷諫，從八品上。㊺關外官　指邊遠的藩鎮屬官。㊻讁謫　貶謫。㊼人望　為人所景仰的人；眾望所歸的人。㊽否臧　壞和好。㊾杜口　閉口不言。㊿徵之直言二句　徵召直言不諱，尋找極言切諫之士。(51)穆質　德宗初即位，穆質對策擢官左補闕，歷官給事中。憲宗時奏劾宦官吐突承璀被貶太子左庶子。傳見《舊唐書》卷一百五十五、《新唐書》卷一百六十三。(52)卜式　與桑弘羊均漢武帝時大臣。兩人皆官至御史大夫。(53)畿尉　京兆府除兩赤縣外，其餘皆為畿縣。(54)寧　即穆寧，肅宗時與顏真卿同起兵討安祿山，德宗朝官祕書少監、右庶子。

【校記】①乙丑　原無此二字。據章鈺校，十二行本、乙十一行本、孔天胤本皆有此二字，今據補。乙丑，四月十三日。

【語譯】三年（戊子　西元八〇八年）

春，正月十一日癸巳，朝廷群臣給憲宗上尊號為睿聖文武皇帝。大赦天下。憲宗宣布「從今以後，地方長官到朝廷來，不准進獻錢物。」知樞密劉光琦上奏分別派遣使者帶著赦令前往各道，劉光琦心裡是想分得各道的饋贈。翰林學士裴垍、李絳上奏說「朝廷派出的使者所到之處煩擾，不如只交給驛站快速傳遞。」憲宗聽從了他們的意見。劉光琦說這是以前的慣例，憲宗說：「慣例對的就依從，如果做得不對，為什麼不改正。」

臨涇鎮將郝玼認為臨涇地區地勢險要，水草肥美，吐蕃要入侵，肯定屯駐在這裡。郝玼把這一想法對涇原節度使段祐說了，段祐向憲宗上奏後在臨涇修建城池，從此涇原得以平安無事。

二月二十六日戊寅，咸安大長公主在回鶻去世。三月，回鶻騰里可汗去世。〇十一日癸巳，郇王李總去世。

三月二十九日辛亥，御史中丞盧坦上奏彈劾前山南西道節度使柳晟、前浙東觀察使閻濟美，違犯憲宗赦令進獻財物。憲宗召見盧坦，褒獎安慰他，說：「朕已經免了他們的罪，不能失信。」盧坦說：「赦令宣布天下，是陛下的最大信用。柳晟等人不畏懼陛下的法令，陛下為什麼只講小信用，丟棄大信用呢！」憲宗於是命令把他們進獻的財物交給有關部門。

夏，四月，憲宗策試賢良方正、直言極諫，以此來選擇人才，伊闕縣尉牛僧孺、陸渾縣尉皇甫湜、前進士李宗閔都陳述時政失誤，無所迴避。吏部侍郎楊於陵、吏部員外郎韋貫之是主考官，韋貫之把他們列為上等。憲宗也讚賞他們，十三日乙丑，詔令中書省從優安置他們的職務。李吉甫憎恨他們直言，在憲宗面前哭訴，並且說「翰林學士裴垍、王涯負責覆試。皇甫湜是王涯的外甥，王涯事先沒有做說明，裴垍也沒有提出不同意見。」憲宗迫不得已，罷免了裴垍、王涯的翰林學士職務，任命裴垍為戶部侍郎，王涯為都官員外郎，韋貫之為果州刺史。後來過了幾天，又把韋貫之貶為巴州刺史，把王涯貶為虢州司馬。二十三日乙亥，憲宗任命楊於陵為嶺南節度使，也是因為主持考試沒有提出不同意見而受牽連。牛僧孺等人長時期得不到調用，各自應藩鎮辟舉為幕僚。牛僧孺，是牛弘的七世孫。李宗閔，是鄭王李元懿的玄孫。韋貫之，是韋福嗣的六世孫。皇甫湜，是睦州新安人。

四月二十五日丁丑，停止五月初一日在宣政殿群臣朝賀。

憲宗任命荊南節度使裴均為右僕射。裴均一向依附宦官得到顯赫高位，擔任了右僕射，驕矜自大。曾經上朝，在超越自己班位的地方站著。中丞盧坦向裴均行禮，讓他退回班位，裴均不聽從。盧坦說：「從前姚南仲擔任僕射時，姚南仲的位置就在這裡。」裴均說：「姚南仲是什麼人？」盧坦說：「是一個堅守正道，不交結有權勢寵臣的人。」盧坦不久改任右庶子。

五月，翰林學士、左拾遺白居易上疏，認為「牛僧孺等人直言不諱地談論時政，蒙陛下恩典而登上科第，卻又受到斥逐，都在邊遠軍鎮中做官。楊於陵等人因為負責考試，敢於錄取直言論事的人，裴垍等人因為覆試沒有斥退這些被錄取的人，都獲罪貶謫。盧坦以多次履行自己的職責而被降職為右庶子。這幾個人都是現在眾望所歸之人，天下人是觀察他們的進退來猜測朝政好壞的。他們無罪，一下子全都疏遠拋棄，使得上下閉口不言，人心惶惶，陛下對這種情況也知道嗎？而且陛下既然下詔徵召直言不諱，尋求極言切諫，牛僧孺等人所作的策對正是這樣，即使他們的論議不能推廣施行，又怎麼能忍心加罪把他們斥逐呢！從前德宗剛剛即位時，也徵召直言極諫的人士，策試天氣乾旱的問題，穆質回答說：『按照兩漢舊制，應當罷免三公。根據卜式的說法，桑弘羊應當受烹刑。』德宗對穆質深加讚賞，把他從京城郊畿的縣尉提升為左補闕。現在牛僧孺等人所論議的沒有超過穆質，卻馬上斥逐了他們，我擔心這不是繼承祖宗之道。」穆質，是穆寧的兒子。

丙午❶，冊回鶻新可汗為愛登里囉汨密施合毗伽保義可汗。〇西原蠻❷酋長黃少卿❸請降。六月癸亥❹，以為歸順州刺史。

沙陀勁勇❺冠諸胡，吐蕃置之甘州❻，每戰，以為前鋒。回鶻攻吐蕃，取涼州❼。吐蕃疑沙陀貳於回鶻，欲遷之河外。沙陀懼，酋長朱邪盡忠❽與其子執宜❾謀復自歸於唐，遂帥部落三萬循烏德鞬山❿而東。行三日，吐蕃追兵大至，自洮水⓫轉戰至石門⓬，凡數百合，盡忠死，士眾死者太半。執宜帥其餘眾猶近萬人，騎三千，詣靈州⓭降。靈鹽節度使范希朝聞之，自帥眾迎於塞上，置之鹽州，為市牛羊，廣其畜牧，善撫之。詔置陰山府⓮，以執宜為兵馬使。未幾，盡忠弟葛勒阿波又帥眾七百詣希朝降，詔以為陰山府都督。自是靈鹽每有征討，用之所向皆捷⑮，靈鹽軍益彊。

秋，七月辛巳朔⑯，日有食之。

以右庶子盧坦為宣歙觀察使。蘇彊⑰之誅也，兄弘在晉州⑱幕府，自免歸，人莫敢辟⑲。坦奏「弘有才行，不可以其弟故廢之，請辟為判官。」上曰：「鄉使蘇彊不死，果有才行，猶可用也，況其兄乎！」坦到官，值旱饑，穀價日增，或請抑其價。坦曰：「宣、歙土狹穀少，所仰四方之來者。若價賤，則商船不復來，益困矣。」既而米斗二百，商旅輻湊⑳，民賴以生[1]。

九月庚寅㉑，以于頔為司空，同平章事如故。加右僕射裴均同平章事，為山南東道節度使。

淮南節度使王鍔入朝。鍔家巨富，厚進奉及賂宦官，求平章事。翰林學士白居易上言[2]，以為「宰相，人臣極位，非清望大功不應授。昨除裴均，外議已紛然，今又除鍔，則如鍔之輩皆生冀望㉒。若盡與之，則典章大壞，又不感恩。不與，則厚薄有殊，或生怨望。倖門㉓一啟，無可柰何。且鍔在鎮五年㉔，百計誅求，貨財既足，自入進奉。若除宰相，四方藩鎮皆謂鍔以進奉得之，競為刻剝，則百姓何以堪㉕之。」事遂寢。

壬辰㉖，加宣武節度使韓弘同平章事。○丙申㉗，以戶部侍郎裴垍為中書侍郎、同平章事。上雖以李吉甫故罷垍學士，然寵信彌厚㉘，故未幾復擢為相。初，德宗不任宰相，天下細務皆自決之，由是裴延齡輩得用事。上在藩邸㉙，心固非之。及即位，選擢宰相，推心委之。嘗謂垍等曰：「以太宗、玄宗之明，猶藉輔佐以成其理㉚，況如朕不及先聖萬倍㉛者乎！」垍亦竭誠輔佐。上嘗問垍：「為理之要何先？」對曰：「先正其心。」

舊制，民輸稅有三㉜：一曰上供，二曰送使，三曰留州。建中初定兩稅㉝，貨重錢輕㉞。是後貨輕錢重㉟，民所出已倍其初。其留州、送使者，所在又降省估就實估㊱，以重斂於民㊲。及垍為相，奏「天下留州、送使物，請一切用省估。其觀察使先稅所理之州以自給，不足，然後許稅於所屬之州。」由是江、淮之民稍蘇息㊳。

先是，執政多惡諫官言時政得失，垍獨賞之。垍器局峻整㊴，人不敢干㊵以私。嘗有故人自遠詣之，垍資給優厚，從容款狎㊶。其人乘間求京兆判司㊷，垍曰：「公不稱此官，不敢以故人之私傷朝廷至公。它日有盲宰相憐公者，不妨得之，垍則必不可。」

戊戌㊸，以中書侍郎、同平章事李吉甫同平章事，充淮南節度使。○河中㊹、晉絳㊺節度使邠宣公杜黃裳薨。

冬，十二月庚戌㊻，置行原州㊼於臨涇，以鎮將郝玼為刺史。○南詔王異牟尋卒，子尋閤勸立。

【章旨】以上為第十一段，寫沙陀部眾降唐，置陰山都督府以安置之。翰林學士白居易、宰輔裴垍盡職直言，憲宗推心採納。

【注釋】❶丙午 五月二十五日。❷西原蠻 西原黃洞蠻，居於今廣西欽州。❸黃少卿 西原黃洞蠻酋長。德宗貞元十年（西元七九四年）反叛。❹癸亥 六月十二日。❺勁勇 勇敢強悍。❻甘州 州名，治所在今甘肅張掖。❼涼州 州名，治所在今甘肅武威。❽朱邪盡忠 （？—西元八〇八年）沙陀酋長骨咄支子。骨咄支從肅宗平安祿山，朱邪盡忠累遷金吾衛大將軍、酒泉縣公。貞元年間附吐蕃。事見《新唐書》卷二百十八。❾執宜 朱邪盡忠子，歸唐，官陰山府都督、代北行營招撫使。事見《新唐書》卷二百十八。❿烏德鞬山 回鶻語。即蒙古三音諾顏境內之杭愛山北山。⓫洮水 流經甘肅境內的黃河支流，在蘭州西入河。⓬石門 關名，在石門水（今清水河）上。故址在今寧夏固原西北。⓭靈州 州名，為靈鹽節度使治所，州城在今寧夏靈武西南。⓮陰山府 羈縻府，置於鹽州境內，在今內蒙古烏審旗境內。⓯所向皆捷 靈鹽軍無往而不勝。⓰辛巳朔 七月初一日。⓱蘇彊 劉闢之婿，元和元年（西元八〇六年）坐逆黨誅。⓲晉州 州名，治所在今山西臨汾。⓳人莫敢辟 沒有人敢聘用他。辟，徵召；聘用。⓴商旅輻湊 商人四方雲集。㉑庚寅 九月十一日。㉒冀望 非分之望。㉓倖門 僥倖進身的門戶。㉔鍔在鎮五年 德宗貞元十九年（西元八〇三年）三月，任命王鍔為淮南節度使，至此五年。㉕堪 忍受；承受。㉖壬辰 九月十三日。㉗丙申 九月十七日。㉘彌厚 更加深厚。㉙藩邸 藩王府邸。指憲宗為廣陵王時之府第。㉚理 治。㉛不及先聖萬倍 不及先皇萬分之一，差一萬倍。先聖，指唐太宗、唐玄宗。㉜輸稅有三 交稅有三種。一為上供，送京師國庫；二為送使，送給節度使、觀察使；三為留州，留在本州、本縣支用。㉝建中初定兩稅 德宗建中元年

（西元七八〇年）定兩稅法，農民納租稅要將實物折成錢計算，起初物貴錢輕，後來物輕（價賤）錢貴，農民交錢要多用一倍的貨物來換錢交稅，實際負擔加重了一倍。㉞貨重錢輕　物貴價高，貨幣貶值。㉟貨輕錢重　物賤價低，貨幣升值。㊱降省估就實估　指送使、留州的部分不按官價而按市價，又加重了盤剝。省估，朝廷所定的物價，即官價。省，指尚書省。實估，市場實價。㊲重斂於民　加重對百姓的賦稅徵收。㊳稍蘇息　略有了生氣；稍微喘了一口氣。㊴垍器局峻整　裴垍的儀表威武莊重。㊵干　求取。㊶從容款狎　大方地款待顯得十分親切。㊷求京兆判司　請求任職京兆府的佐吏。凡州府諸曹參軍佐吏，皆稱判司。㊸戊戌　九月十九日。㊹河中　方鎮名，唐肅宗至德二載（西元七五七年）升河中防禦為河中節度，治所蒲州，在今山西永濟。㊺晉絳　方鎮名，唐德宗興元元年（西元七八四年）置晉慈隰節度使，治所晉州，在今山西臨汾。㊻庚戌　十二月初三日。㊼行原州　行，置治所於他州。唐原州，本治平高縣（在今寧夏固原），代宗廣德元年（西元七六三年）沒於吐蕃，後置行原州於靈臺，貞元十九年（西元八〇三年）徙治平涼，今徙治臨涇。臨涇屬涇州，在今甘肅鎮原。

【校記】[1]民賴以生　此四字原無。據章鈺校，十二行本、乙十一行本、孔天胤本有，今據補。[2]上言　原無此二字。據章鈺校，十二行本、乙十一行本、孔天胤本皆有此二字，今據補。

【語譯】五月二十五日丙午，冊封回鶻的新可汗為愛登里囉汨密施合毗伽保義可汗。〇西原蠻族的酋長黃少卿請求投降朝廷。六月十二日癸亥，憲宗任命他為歸順州刺史。

沙陀族人在各胡族人中最為勇敢強悍，吐蕃把他們安置在甘州，每次作戰，讓沙陀人作為先鋒。回鶻進攻吐蕃，奪取了涼州。吐蕃懷疑沙陀有二心，暗中支持回鶻，打算把沙陀人遷到黃河以西。沙陀人很害怕，酋長朱邪盡忠和他的兒子朱邪執宜商量再次主動歸順唐朝，於是帶領部落三萬人馬，沿著烏德鞬山東進。走了三天，吐蕃的追兵大批到來，沙陀人從洮水轉戰到石門，總共交戰幾百次，朱邪盡忠戰死，士兵和百姓死了一大半。朱邪執宜帶領其餘的部眾，還有將近一萬人，騎兵三千人，前往靈州向唐朝投降。靈鹽節度使范希朝聽說這件事後，親自帶領人馬在邊塞上迎接，把他們安置在鹽州，為他們購買牛羊，擴大他們的畜牧範圍，很好地安撫他們。憲宗下詔設置陰山府，任命朱邪執宜為兵馬使。不久，朱邪盡忠的弟弟葛勒阿波又率領部眾七百人前往范希朝這裡投降，憲宗下詔任命葛勒阿波為陰山府都督。從此，靈鹽每有征戰，調用沙陀人，打到哪裡都能取勝，靈鹽的軍力更加強大了。

秋，七月初一日辛巳，發生日蝕。

憲宗任命右庶子盧坦為宣歙觀察使。劉闢的女婿蘇彊被殺時，蘇彊的哥哥蘇弘在晉州幕府中任職，自己卸職回家，沒有人敢聘用。盧坦上奏皇帝說「蘇弘有才能，品行好，不能因為弟弟的緣故而荒廢了他，請求聘用蘇弘為判官。」憲宗說：「假如以前蘇彊沒有死，果真有才能和品行，也還可以任用，更何況是蘇彊的哥哥呢！」盧坦到任，適逢天旱鬧饑荒，穀價每天上漲，有人請求抑制穀價。盧坦說：「宣、歙地狹穀少，糧食依靠四方運來。如果穀價低了，那麼商船不再來了，糧食就更加困難了。」不久每斗米二百錢，商旅四方雲集，百姓賴以生存。

九月十一日庚寅，憲宗任命于頔為司空，同平章事一職仍然保留。憲宗加授右僕射裴均為同平章事，擔任山南東道節度使。

淮南節度使王鍔進京朝拜。王鍔家巨富，對宮廷進奉豐厚，又賄賂宦官，尋求擔任平章事。翰林學士白居易上言，認為「宰相職務是做臣子的最高職位，不是德高望重和立有大功的人，不應該授予這一職務。昨天任命裴均為宰相，外頭已經議論紛紛，今天又要任命王鍔為宰相，那麼像王鍔這類人都要萌生非分之望。如果都給他們宰相職位，那麼國家的法令規章就要受到沉重破壞，他們又不會感恩戴德。如果不給他們宰相職位，那就有厚薄不同，有的人就生出怨恨。僥倖進身的門戶一經打開，就沒有辦法了。而且王鍔在軍鎮五年，千方百計地搜刮財物，錢財既然豐足了，自己就進獻朝廷。如果任命他為宰相，四方藩鎮都認為王鍔是因為向宮廷進獻財物得到官職的，就會競相盤剝百姓，那麼，老百姓怎麼能忍受得了。」於是事情擱置下來。

九月十三日壬辰，憲宗加授宣武軍節度使韓弘為同平章事。〇十七日丙申，憲宗任命戶部侍郎裴垍為中書侍郎、同平章事。憲宗雖然因為李吉甫的緣故罷免了裴垍的翰林學士職務，但是對裴垍的寵愛和信任更加深重，所以，沒過多久又提升為宰相。

當初，德宗不任用宰相理政，天下細小事情都親自裁決，因此，像裴延齡這種人能獨攬朝廷大權。憲宗在藩王府邸時，本來就從內心覺得這樣做不對。等到即皇帝位之後，選拔宰相，推心置腹地委任他們。憲宗曾經對裴垍說：「憑太宗、玄宗那樣英明，還要借助輔佐大臣來達到天下大治，何況我比先聖差一萬倍呢！」裴垍也竭盡忠誠輔佐憲宗。憲宗曾問裴垍：「治理政務的關鍵，哪個放在前面？」裴垍回答說：「先端正自己的心術。」

以前的制度規定，百姓繳納的賦稅有三種：一是上供給朝廷，二是送交節度、觀察使，三是留給州縣。建中初年制定兩稅法，物貴價高，錢幣貶值。此後物賤價低，錢幣升值，農民上交的賦稅已比當初增加了一倍。那些留給州縣和送交節度、觀察使的部分，不按官價而按市價要農民交錢，加重對老百姓的賦稅徵收。等到裴垍擔任了宰相，他上奏說：「全國各地留給州縣和送交節度、觀察使的賦稅，請一律按尚書省規定的價錢為標準徵收。各觀察使先在所管州內收稅供應開支，不足的部分，允許在所屬州收稅。」因此，江、淮一帶的百姓稍稍喘了一口氣。

以前，執掌朝廷大政的人大多討厭諫官議論時政得失，只有裴垍一個人讚賞。裴垍儀表威武莊重，別人不敢在他那裡謀取私利。曾經有個老朋友從遠地前來，裴垍大方地款待顯得很親切。老朋友乘機向裴垍要求擔任京兆府佐吏，裴垍說：「你不勝任這一官職，我不敢因為和你有老朋友的交情損害朝廷的公正無私。以後哪一天有哪位瞎子宰相憐憫你，你不妨得到這個官職，我是一定不會給你的。」

九月十九日戊戌，憲宗任命中書侍郎、同平章事李吉甫仍然擔任同平章事，充任淮南節度使。〇河中、晉絳節度使邠宣公杜黃裳去世。

冬，十二月初三日庚戌，在臨涇設置行原州，任命鎮守將領郝玼為刺史。〇南詔王異牟尋去世，兒子尋閣勸即王位。

四年（己丑　西元八〇九年）

春，正月戊子❶，簡王遘❷薨。◯渤海康王嵩璘❸卒，子元瑜立，改元永德。

南方旱饑，庚寅❹，命左司郎中鄭敬德[1]等為江、淮、二浙、荊、湖、襄、鄂等道宣慰使❺，賑恤之。將行，上戒之曰：「朕宮中用帛一匹，皆籍其數，惟賙救百姓，則不計費。卿輩宜識❻此意，勿效潘孟陽飲酒遊山而已。」

給事中李藩❼在門下，制敕有不可者，即於黃紙後批之。吏請更連素紙，藩曰：「如此，乃狀也，何名批敕！」裴垍薦藩有宰相器。上以門下侍郎、同平章事鄭絪循默取容❽，二月丁卯❾，罷絪為太子賓客，擢藩為門下侍郎、同平章事。藩知無不言，上甚重之。

河東節度使嚴綬在鎮九年❿，軍政補署一出監軍李輔光，綬拱手而已。裴垍具奏其狀，請以李鄘⓫代之。三月乙酉⓬，以綬為左僕射，以鳳翔節度使李鄘為河東節度使。

成德節度使王士真薨，其子副大使承宗⓭自為留後。河北三鎮相承各置副大使，以嫡長為之，父沒則代領軍務。

上以久旱，欲降德音⓮，翰林學士李絳、白居易上言，以為「欲令實惠及人，無如減其租稅。」又言「宮人驅使之餘，其數猶廣，事宜省費，物貴徇情⓯。」

又請「禁諸道橫斂以充進奉。」又言「嶺南、黔中、福建風俗，多掠良人賣為奴婢，乞嚴禁止。」閏月己酉⑯，制降天下繫囚，蠲租稅，出宮人，絕進奉，禁掠賣，皆如二人之請。己未⑰，雨。絳表賀曰：「乃知憂先於事⑱，故能無憂；事至而憂，無救於事。」

初，王叔文之黨既貶，有詔雖遇赦無得量移。吏部尚書、鹽鐵轉運使李巽⑲奏：「郴州⑳司馬程异㉑，吏才明辨，請以為揚子留後㉒。」上許之。巽精於督察，吏人居千里之外，戰栗如在巽前。异句檢簿籍㉓，又精於巽，卒獲其用。

魏徵玄孫稠貧甚，以故第㉔質㉕錢於人，平盧節度使李師道請以私財贖出之。上命白居易草詔，居易奏言：「事關激勸㉖，宜出朝廷。師道何人，敢掠斯美！望敕有司以官錢贖還後嗣。」上從之，出內庫錢二千緡贖賜魏稠，仍禁質賣。

【章旨】以上為第十二段，寫憲宗因旱求直言，特詔降天下繫囚，蠲租稅，出宮人，絕進奉，禁掠賣。

【注釋】❶戊子 正月十一日。❷簡王遘 代宗第八子李遘。德宗建中四年（西元七八三年）封簡王。❸嵩璘 渤海郡王欽茂子，德宗貞元十一年（西元七九五年）封嵩璘為渤海郡王。十四年加銀青光祿大夫、檢校司空，進封渤海國王。諡康王。事見《舊唐書》卷一百九十九下、《新唐書》卷二百十九。❹庚寅 正月十三日。❺宣慰使 臨時由中央派出執行賑濟、慰撫等事的特使，事畢即罷。❻識 知道。❼李藩 （西元七五五—八一二年）字叔翰，性忠謹，直言無隱。傳見《舊唐書》卷一百四十八、《新唐書》卷一百六十九。❽循默取容 循常規緘默無語，曲從討好於人。❾丁卯 二月二十一日。❿在鎮九

年 嚴綬貞元十七年出鎮河東，事見上卷。至今凡九年。⓫李鄘 字建侯，強直無私，猛決少思。歷官京兆尹、鳳翔、隴右、淮南等鎮節度使。傳見《舊唐書》卷一百五十七、《新唐書》卷一百四十六。⓬乙酉 三月初九日。⓭承宗 王士真子。繼為成德節度使，叛服無常。傳見《舊唐書》卷一百四十二、《新唐書》卷二百十一。⓮德音 詔旨。⓯物貴徇情 凡事要遵行情理。意謂簡放宮女，令其擇婿成家，既省費用，又順物情。⓰己酉 閏三月初三日。⓱己未 閏三月十三日。⓲憂先於事 事前憂心，作周密考慮。⓳李巽 （西元七四七—八〇九年）字令叔，趙州贊皇（今河北保定）人，長於吏事，忌刻強狠。傳見《舊唐書》卷一百二十三、《新唐書》卷一百四十九。⓴郴州 州名，治所郴縣，在今湖南郴州。㉑程异 永貞元年（西元七八五年）坐王叔文之黨貶郴州司馬。傳見《舊唐書》卷一百三十五、《新唐書》卷一百六十八。㉒揚子留後 揚州揚子縣，自唐代宗大曆以來，鹽鐵轉運使置巡院於此，故置留後。㉓句檢簿籍 檢查核對帳簿。㉔故第 老屋；舊宅。魏徵宅在丹鳳坊，直出南面永興坊內。元和四年憲宗嘉魏徵諫諍，詔訪故第，已典賣數姓，析為九家。㉕質 典賣。㉖事關激勸 為忠臣贖房這件事，關係到對臣下的激勵勸勉。

【校　記】 1鄭敬德 據《舊唐書》卷一百六十二與《新唐書》卷一百六十〈潘孟陽傳〉，「德」字係衍文。《舊唐書》卷一百五十八〈韋貫之傳〉，有「左司郎中鄭敬」，亦無「德」字。

【語　譯】四年（己丑　西元八〇九年）

春，正月十一日戊子，簡王李遘去世。〇渤海康王嵩璘去世，兒子元瑜繼承王位，改年號為永德。

南方乾旱鬧饑荒，正月十三日庚寅，憲宗任命左司郎中鄭敬德等人為江、淮、兩浙、荊、湖、襄、鄂等道的宣慰使，賑濟撫恤百姓。他們將要出發時，憲宗告誡他們說：「我在宮中用一匹絹帛，都要在帳簿上記數，只要賑救百姓，就不計算花費。你們應該知道我的這一心意，不要效仿潘孟陽飲酒遊山而已。」

給事中李藩在門下省任職，制書敕令中有不合適的，他就在寫著制書敕令的黃紙後面加上批語。辦事的官吏請李藩另外接續白紙，李藩說：「如果這樣，那就是狀文了，怎麼能叫批敕呢！」裴垍向憲宗推薦李藩有宰相的氣度。憲宗因為門下侍郎、同平章事鄭絪循規無語，曲從討好，二月二十一日丁卯，罷免了鄭絪，改任太子賓客，提升李藩為門下侍郎、同平章事。李藩知無不言，憲宗非常器重他。

河東節度使嚴綬在軍鎮任主帥九年，軍政大事、補官任職，完全由監軍李輔光決定，嚴綬不過袖手表示同意罷了。裴垍把這個情況向憲宗奏報了，請求用李鄘來代替嚴綬。三月初九日乙酉，任命嚴綬為左僕射，任命鳳翔節度使李鄘擔任河東節度使。

成德節度使王士真去世，兒子副大使王承宗自任為留後。河北地區的三個軍鎮，各自父子承襲，設置副大使一職，以嫡長子擔任，父親去世後就代理軍中事務。

憲宗因為長期乾旱，想頒布美德詔旨，翰林學士李絳、白居易進言，認為「要想讓百姓得到實惠，不如減免他們的田租賦稅。」又說「宮人們除了供驅使以外，數量還很多，辦事應該減少費用，萬物貴在順乎情理。」又請求「禁止各道橫徵暴斂錢財以向宮中進獻。」又說「嶺南、黔中、福建的風俗，很多人搶劫良民，賣給人家做奴婢，請求嚴加禁止。」閏三月初三日己酉，憲宗下詔，減輕對全國囚犯的處罰，蠲免租稅，放出宮女，杜絕向朝廷進獻錢財，禁止掠賣人口，其內容完全是李絳、白居易所請求的。十三日己未，天下了雨。李絳上表向憲宗祝賀說：「這才知道事前憂心，所以能夠沒有憂患；事情到了眼前而憂心，就不能挽救了。」

當初，王叔文的同黨被貶斥後，有詔令規定，雖然遇到大赦也不能酌情向內地遷任。吏部尚書、鹽鐵轉運使李巽上奏：「郴州司馬程异，是做官吏的材料，明辨是非，請任命他為楊子巡院的留後。」憲宗同意了。李巽精於督察部屬，下屬官員處在千里之外，戰戰兢兢，如同在李巽面前。程异檢查核對財產帳簿，又比李巽精明，最終得到了任用。

魏徵的玄孫魏稠極為貧困，拿祖傳老宅向別人典押借錢，平盧節度使李師道請求朝廷允許他用私人財產為魏稠贖回老宅。憲宗命令白居易草擬詔書，白居易上奏說：「這件事關係到對臣下的激勵和勸勉，應該由朝廷出面辦理。李師道是什麼人，敢於搶這一美名！希望陛下敕令有關部門用官府的錢贖回魏徵的老宅，交還魏徵的後人。」憲宗聽從了這一建議，拿出內庫的錢二千緡贖回老宅，賜予魏稠，還禁止典當出賣。

王承宗叔父士則以承宗擅自立，恐禍及宗❶，與幕客劉栖楚俱自歸京師，詔以士則為神策大將軍。

翰林學士李絳等奏曰：「陛下嗣膺大寶❷，四年于茲，而儲闈❸未立，典冊不行，是開窺覦之端，乖重慎之義，非所以承宗廟、重社稷也。伏望抑撝謙之小節，行至公之大典。」丁卯❹，制立長子鄧王寧❺為太子。寧，紀美人之子也。

辛未❻，靈鹽節度使范希朝奏以太原防秋[1]兵六百人衣糧給沙陀❼，許之。

夏，四月，山南東道節度使裴均恃有中人之助❽，於德音後進❾銀器千五百餘兩。翰林學士李絳、白居易等上言：「均欲以此嘗❿陛下，願卻之⓫。」上遽命出銀器付度支⓬。既而有旨諭進奏院⓭：「自今諸道進奉，無得申⓮御史臺。有訪問者，輒以名聞。」白居易復以為言，上不聽。

上欲革⓯河北諸鎮世襲之弊，乘王士真死，欲自朝廷除人⓰，不從則興師討之。裴垍曰：「李納⓱跋扈不恭⓲，王武俊有功於國⓳，陛下前許師道，今奪承宗，沮勸違理⓴，彼必不服。」由是議久不決。上以問諸學士，李絳等對曰：「河北不遵聲教㉑，誰不憤歎㉒！然今日取之，或恐未能。成德自武俊以來，父子相承四十餘年㉓，人情貫習㉔，不以為非。況承宗已總軍務，一旦易之，恐未必奉詔。

又范陽、魏博、易定、淄青以地相傳，與成德同體。彼聞成德除人，必內不自安，陰相黨助㉕。雖茂昭有請，亦恐非誠㉖。所以然者[2]，今國家除人代承宗，彼鄰道勸成，進退有利。若所除之人得入，彼則自以為功；若詔令有所不行，彼因潛相交結。在於國體，豈可遽休，須興師四面攻討，彼將帥則加官爵，士卒則給衣糧，按兵玩寇，坐觀勝負，而勞費之病盡歸國家矣。今江、淮水，公私困竭，軍旅之事，殆未可輕議也。」

左軍中尉㉗吐突承璀欲希㉘上意，奪裴垍權，自請將兵討之。上疑未決[3]。宗正少卿㉙李拭㉚奏稱：「承宗不可不討。承璀親近信臣，宜委以禁兵，使統諸軍，誰敢不服！」上以拭狀示諸學士曰：「此姦臣也。知朕欲將承璀，故上此奏。卿曹記之，自今勿令得進用。」

昭義節度使盧從史遭父喪，朝廷久未起復㉛。從史懼，因㉜承璀說上，請發本軍討承宗。壬辰㉝，起復從史左金吾大將軍，餘如故。

初，平涼之盟㉞，副元帥判官路泌㉟、會盟判官鄭叔矩皆沒於吐蕃。其後吐蕃請和，泌子隨㊱三詣闕號泣上表㊲，乞從其請。德宗以吐蕃多詐，不許。至是，吐蕃復請和，隨又五上表，詣執政泣請，裴垍、李藩亦言於上，請許其和。上從之。五月，命祠部郎中㊳徐復使吐蕃。

六月，以靈鹽節度使范希朝為河東節度使。朝議㊴以沙陀在靈武，迫近吐蕃，慮其反復，又部落眾多，恐長穀價㊵，乃命悉從希朝詣河東。希朝選其驍騎千二百，號沙陀軍，置使以領之，而處其餘眾于定襄川㊶。於是朱邪執宜[4]始保神武川㊷之黃花堆㊸。

左軍中尉㊹吐突承璀領功德使㊺，盛脩安國寺㊻，奏立聖德碑，高大一準㊼華嶽碑㊽，先構碑樓，請敕學士撰文，且言「臣已具錢萬緡，欲酬之。」上命李絳為之。絳上言：「堯、舜、禹、湯未嘗立碑自言聖德，惟秦始皇於巡遊所過，刻石高自稱述，未審陛下欲何所法㊾？且敘修寺之美，不過壯麗觀遊，豈所以光益聖德！」上覽奏，承璀適在旁，上命曳倒碑樓。承璀言：「碑樓甚大，不可曳，請徐毀撤㊿。」冀得延引(51)，乘間再論。上厲聲曰：「多用牛曳之！」承璀乃不敢言。凡用百牛曳之，乃倒。

【章　旨】以上為第十三段，寫唐憲宗結和吐蕃，推倒聖德碑，表現明主風采。

【注　釋】❶恐禍及宗　恐怕禍患涉及到宗族。❷嗣膺大寶　繼承皇位。❸儲闈　指太子。❹丁卯　閏三月二十一日。❺鄧王寧　（西元七九三—八一一年）憲宗長子，紀美人所生。元和元年（西元八〇六年）進封鄧王，後立為皇太子，元和六年十二月卒。傳見《舊唐書》卷一百七十五、《新唐書》卷八十二。❻辛未　閏三月二十五日。❼以太原防秋兵六百人衣糧給沙陀　以太原防秋兵衣糧給沙陀人，即以沙陀人防秋，代太原之兵。❽有中人之助　有宦官之助。裴均諂事宦官竇文場。❾於德音後進　在禁絕進奉的美詔之後進奉。❿嘗　試探。⓫卻之　退還給他。⓬上遽命出銀器付度支　憲宗立即命令，將銀器送出宮中交付給度支司。⓭進奏院　官署名，唐制，諸州以本州將吏為進奏官駐京城，置進奏院接納其事，為地方在京所設辦事機構。⓮申　申報。⓯革　革除。⓰除人　選擇人授予官職。⓱李納　李正己子，李師道之父，據淄青，自稱齊王。興元初年，歸順朝廷。傳見《舊唐書》卷一百二十四、《新唐書》卷二百十三。⓲跋扈不恭　專橫暴戾而不恭敬朝廷。⓳有功於國　指與李抱真破朱滔。⓴沮勸違理　意謂有功的人被剝奪，跋扈的人得到獎勵，有違常理。沮，敗壞，此指阻止王承宗襲成德節鎮之位。勸，勉勵，此指授李師道青淄節鎮。㉑河北不遵聲教　指范陽、魏博、易定、淄青等河北藩鎮，不遵奉朝廷的詔令與教化。㉒憤歎　憤慨歎息。㉓四十餘年　德宗建中三年（西元七八二年）置恆冀，王武俊始鎮，王士真繼之，至元和四年，父子相承實際二十八年。㉔貫習　習慣成俗。貫，通「慣」。㉕陰相黨助　暗中結黨相助。㉖雖茂昭有請二句　張茂昭與王武俊有隙，故請代王承宗。㉗左軍中尉　左神策軍護軍中尉。㉘希　迎合。㉙宗正少卿　官名，宗正寺副貳，從四品上。㉚李拭　李鄘之子，歷官宗正卿、京兆尹、河東、鳳翔節度使。事附《新唐書》卷一百四十六〈李鄘傳〉。㉛起復　臣下在守喪期被起用，稱起復。㉜因　通過；依靠。㉝壬辰　四月十七日。㉞平涼之盟　渾瑊為唐使，與吐蕃盟於平涼，吐蕃背約劫盟。事見本書卷二百三十二德宗貞元三年。㉟路泌　副元帥渾瑊之判官，從盟平涼被吐蕃所劫，死於異域。㊱隨　即路隨，路泌之子。文宗時官至宰相。傳見《舊唐書》卷一百五十九、《新唐書》卷一百四十二。路泌與子路隨同傳。㊲詣闕號泣上表　路隨到宮闕哭泣上表請唐與吐蕃結和，以便討回父親屍骨。㊳祠部郎中　禮部第二司祠部司主官，職掌祭祀。㊴朝議　重大事件，百官集議稱朝議。㊵恐長穀價　沙陀眾多，聚居於靈鹽，恐使穀價上漲。長，通「漲」。指穀價上漲。㊶定襄川　在今山西定襄。㊷神武川　在今山西山陰境。㊸黃花堆　故城在今山西山陰東北。㊹左軍中尉　左神策軍護軍中尉。㊺功德使　官名，貞元四年（西元七八八年）置，在京師為左、右街大功德使，東都為功德使，掌僧尼名籍及功役。㊻安國寺　在朱雀街東第四街長樂坊。原為睿宗在藩舊宅，景雲元年（西元七一〇年）捨為寺，以其本封安國相王為寺名。㊼高大一準　指為憲宗所立聖德碑高寬完全依華嶽碑為標準。㊽華嶽碑　唐玄宗立華嶽碑於華嶽祠前，高五十餘尺。㊾欲何所法　想要效法誰。意謂效法堯舜，還是效法秦始皇。㊿徐毀撤　慢慢地撤毀。(51)延引　拖延時間。

【校　記】①防秋　此二字原無。據章鈺校，十二行本、乙十一行本皆有此二字，今據補。②所以然者　此四字原無。據章鈺校，十二行本、乙十一行本、孔天胤本皆有此四字，張敦仁《通鑑刊本識誤》、張瑛《通鑑校勘記》同，今據補。③上疑未決　此四字原無。據章鈺校，十二行本、乙十一行本、孔天胤本皆有此四字，張敦仁《通鑑刊本識誤》、張瑛《通鑑校勘記》同，今據補。④朱邪執宜　原無「朱邪」二字。據章鈺校，十二行本、乙十一行本、孔天胤本有此二字，今據補。

【語　譯】王承宗的叔父王士則因為王承宗擅自置立自己的職務，擔心禍患連及宗族，便與幕客劉栖楚一起回到京城，憲宗下詔任命王士則為神策大將軍。

翰林學士李絳等人上奏憲宗說：「陛下繼承皇位，到現在已經四年了，而太子還沒有確立，沒有頒行冊命，這是形成某些人非分之想的開端，違背了對冊立太子極為慎重的原則，不是承繼祖宗、重視國家的做法。希望陛下抑制謙遜的小節，實施最公正的冊封大典。」閏三月二十一日丁卯，憲宗頒布制書冊立長子鄧王李寧為太子。李寧，是紀美人所生的兒子。

閏三月二十五日辛未，靈鹽節度使范希朝上奏皇帝，請求把太原防秋軍隊六百人的衣服糧食發給沙陀人，皇帝答應了。

夏，四月，山南東道節度使裴均依仗有宮中宦官相助，在憲宗頒布美詔之後向宮中進奉銀器一千五百多兩。翰林學士李絳、白居易等人進言：「裴均想用這些東西試探陛下，希望陛下拒絕。」憲宗立即下令把銀器送出宮中交付度支司。不久憲宗又有旨意傳給各軍鎮設在京城的進奏院：「從今以後各道向宮中進獻錢物，不能告訴御史臺。有查問的人，馬上就把他們的名字奏報上來。」白居易就這件事又一次進言，憲宗不採納。

憲宗想革除河北各軍鎮主帥世襲的弊端，乘王士真之死，想從朝廷中除授主帥，如果成德軍的人不服從，就興兵討伐。裴垍說：「李納飛揚跋扈，不恭敬朝廷，王武俊對國家有功，陛下在前面已經許諾李師道承襲李師古的主帥職務，現在要剝奪王承宗的主帥職務，那就是有功的人被剝奪，跋扈的人得到獎勵，有違情理，成德軍一定不服。」因此，這一事情朝廷長時間討論，沒有決定下來。憲宗就此事詢問各位翰林學士，李絳等人回答說：「河北各軍鎮不遵從詔令、教化，誰不為此而憤慨歎息呢！但是現在要攻下他們，恐怕不可能。

成德軍的主帥自從王武俊擔任以來，父子相承四十多年，人心習以為常，不覺得這樣做不對。何況王承宗已經總攬軍務，一旦要改派別人，恐怕未必接受詔令。另外，范陽、魏博、易定、淄青等軍鎮都是父子以地相傳，與成德軍情況相同。他們聽到朝廷除授成德軍的主帥，一定會內心惶恐不安，暗中互相結黨相助。雖然張茂昭請求朝廷派人去擔任成德軍主帥，也恐怕不是誠心誠意。之所以如此，現在朝廷任命主帥代替王承宗，他的相鄰軍鎮勸朝廷辦成這件事，或進或退都有利。如果朝廷任命的人得以進入成德軍，那麼這些鄰道就認為是自己的功勞；如果詔令不能執行，他們乘機暗中互相勾結。朝廷為了國家的體統，豈能立即罷休，該會興兵四面進攻，那些鄰道的將帥就會加官晉爵，他們的士兵，朝廷就要供應衣服糧食，他們按兵不動，輕蔑敵人，坐觀勝負，而勞師靡費之弊全歸於朝廷。現在江、淮一帶發大水，官府和百姓困窘，出兵打仗的事情，恐怕不能輕易地討論決定。」

左神策軍護軍中尉吐突承璀想迎合憲宗的想法，剝奪了裴垍的權力，自己請求率兵征討王承宗。憲宗遲疑不決。宗正少卿李拭上奏說：「王承宗不能不討伐。吐突承璀是陛下的親信近臣，應該把禁軍交給他，讓他統領各軍，誰敢不服從！」憲宗把李拭的奏章拿給各位翰林學士看，並說：「這是個奸臣。知道我想讓吐突承璀為統帥，所以上了這一道奏章。你們記住，從今以後不能進用李拭。」

昭義軍節度使盧從史遭遇父喪，朝廷長時間沒有重新起用。盧從史很恐懼，通過吐突承璀勸說憲宗，請求調派昭義軍討伐王承宗。四月十七日壬辰，起用盧從史為左金吾大將軍，其他職務一如從前。

當初，朝廷與吐蕃的平涼之盟，副元帥判官路泌、會盟判官鄭叔矩都被吐蕃人捉去了。後來吐蕃向朝廷求和，路泌的兒子路隨三次到皇宮前嚎哭上表，請求答應吐蕃人的請求。德宗認為吐蕃詭詐多端，沒有答應。到這時，吐蕃又請求和好，路隨又五次向憲宗上表，哭著到朝廷的當權者那裡去請求，裴垍、李藩也向憲宗進言，請求答應吐蕃求和，憲宗同意了。五月，憲宗命令祠部郎中徐復出使吐蕃。

六月，憲宗任命靈鹽節度使范希朝為河東節度使。朝廷中討論認為沙陀人在靈武，逼近吐蕃，擔心他們反覆無常，又因為他們部落眾多，恐怕糧價上漲，於是就命令沙陀人全部跟隨范希朝前往河東軍。范希朝選擇出他們的勇猛騎兵一千二百人，號稱沙陀軍，設置軍使統領他們，而把其餘的沙陀人安置在定襄川。到這個時候，朱邪執宜才開始駐守神武川的黃花堆。

左神策軍護軍中尉吐突承璀兼任功德使，大肆修建安國寺，奏請豎立聖德碑，長寬高完全依據華嶽碑的標準，先構建碑樓，請憲宗敕令翰林學士撰寫碑文，而且說「臣已經備齊了一萬緡錢，作為碑文的報酬。」憲宗下令李絳撰寫碑文。李絳進言說：「堯、舜、禹、湯，未曾立碑自述功德，只有秦始皇在巡遊所過之處，高調地刻石自我讚揚述說，不知道陛下想要效法誰？而且敘述修建安國寺的美妙，不過是建構如何壯麗和供遊人觀覽一類的話，怎麼能光大和增進陛下聖明的德操呢！」憲宗看這份奏章時，吐突承璀正好在旁邊，憲宗命令拉倒碑樓。吐突承璀說：「碑樓很大，不能拉倒，請允許慢慢拆毀。」吐突承璀希望拖延時間，乘機再辯解。憲宗聲音嚴厲地說：「多用些牛拉倒碑樓！」吐突承璀這才不敢言語。總共使用了一百頭牛，才拉倒了碑樓。

【研　析】本卷研析五事：高崇文建功、潘孟陽任大理卿、李錡反叛、憲宗下嫁普寧公主、推倒聖德碑。

高崇文建功。永貞元年（西元八〇五年）八月初九日，憲宗即皇帝位。八月十七日，西川節度使韋皋病死，支度副使劉闢自為留後。憲宗認為初即位，西川路途艱險，出兵不易，姑息任命劉闢為西川留後，代理節度使之職。劉闢得寸進尺，要求兼領三川，即要求朝廷把東川、山南兩鎮也劃歸西川，遭到王叔文的拒絕，如今劉闢如此囂張，此乃螳臂擋車，自不量力。右諫議大夫韋丹上疏，如果不誅討劉闢，全國各節度使將爭相效法，恐怕朝廷的號令只能行用於兩京了。憲宗不想輕易用兵，交給朝廷議論，公卿大臣都認為蜀險難取。宰相杜黃裳獨持異議，認為劉闢不過是一個瘋狂而呆笨的書生，討伐他就像撿拾東西一樣容易。杜黃裳推薦神策軍使高崇文有勇有謀，可以擔當重任。但要求憲宗做到兩件事，一不要遙控，二不要設置監軍，全權交給高崇文，一定成功。事情的發展，完全如杜黃裳所料，高崇文一路勢如破竹，三月進兵，九月就討平了西川。憲宗乘勢，又討平了夏綏兵變。高崇文建功如此順利，劉闢不懂兵略，此為原因之一。西川兵在西南鎮守防禦吐蕃，慣於征戰，高崇文征討使之迅速瓦解，更重要的原因，是憲宗不遙控，不設監軍，官兵義正，奮勇殺敵，此其二。西川廣大將士不願背叛，不似河北諸鎮，長期割據養成習慣，此其三。嗣後憲宗用兵河北，用宦官吐突承璀征討，官軍以眾臨寡卻遭敗北。憲宗用兵淮西，宰相裴度坐鎮，李愬建功，如同高崇文征西川，沒有宦官掣肘才取得的。成功與失敗，對比是這樣的鮮明，憲宗又號稱英明，為什麼成功於前，失敗於後呢？因為憲宗骨子裡仍然信用宦官，昏君基因的遺傳不可救藥。憲宗之後，唐室政權，如同日落西山，由中唐進入了晚唐。

潘孟陽任大理卿。潘孟陽，劉晏外孫，禮部侍郎潘炎之子，以門蔭入仕。德宗末，官至戶部侍郎。憲宗即位，鹽鐵轉運使請潘孟陽為副，任鹽鐵轉運副使。憲宗委派潘孟陽為宣慰使，巡察江淮財賦，並考察地方官吏善惡。潘孟陽生活豪侈，他帶領隨從三百人，一路觀山玩景，達旦歡宴。走一路，貪贓一路，不懲貪官，只是委任新官。回到京師，憲宗罷了潘孟陽財稅官鹽鐵轉運副使之職，改任大理卿，相當於現今的最高法院院長，負責中央百官犯罪的審理，以及由刑部轉來地方死刑犯的覆審。官僚腐敗，根源是懲治不力，在刑不上大夫的時代，根本就不懲貪。秦漢以後，法律健全，甚至有朱元璋剝貪官人皮的懲治手段，也不能禁絕貪贓。只有法律健全，而無制衡機制與透明的監察手法，法律、法官都是擺設品。貪官出任法官，欲使政治清廉，簡直是緣木求魚，南轅北轍，其結果可想而知。此外，潘孟陽貪贓未受懲罰而改任大理卿，這也是官僚政治的一種積弊，歷朝歷代都沒有改變。換個部門，或易地做官，代替懲貪，這一做法，恰恰是腐敗的溫床。

李錡反叛。李錡，唐皇室親族，是唐高祖堂弟開國功臣李神通玄孫，其父李國貞，官至河中節度使，為官清正廉潔，死於兵亂。李錡以父蔭入仕，德宗時累官潤州刺史，兼鹽鐵使。李錡利用掌鹽鐵的賦入，用重金賄賂宮人、宦官，以大量錢物進奉德宗，蒙受恩寵。有一個浙西人崔善貞到京師上奏封事，揭發李錡貪贓欺壓民眾罪惡，德宗用囚車將其送賜李錡，李錡活埋了崔善貞。李錡用重金招募一批善射弓箭手，為隨身警衛，稱為「挽強隨身」，又招募一批善鬥的胡、奚人，名為「蕃落健兒」。這兩種警衛各一個營。德宗晚年在潤州置鎮海軍，轄蘇、杭、湖、睦、潤五州。憲宗即位，諸鎮入朝，李錡也上表請入朝，只是試探憲宗，並不真心入朝。憲宗准奏徵李錡入朝，李錡不肯，於是發兵反叛。未等朝廷征討大軍到達，李錡被其部將張子良等擒獲。反正效順的主謀人是李錡的外甥裴行立，由此可見李錡不得人心如此。李錡被擒，他的兩營警衛挽強、蕃落，表示效忠，紛紛自殺，或投井而死。李錡送京，憲宗親自審問，責問李錡為何反叛。李錡委過部屬，說張子良等逼他造反。憲宗說：「你身為主帥，部屬造反，為什麼不殺掉造反的部屬，到朝廷來報告？」李錡無言以對，與其子一門被腰斬於市。

李錡反叛，只掀起一個小小的風波，卻有非常典型的意義，有多方面的教訓。其一，李錡無德無行，他的野心是恃恩驕恣，德宗一手培養起來的。李錡犯國法，德宗不但沒有懲罰，反而把舉報人員交給李錡報復。其二，德宗為何不懲貪，反而提升貪官，因為德宗吃人嘴短，拿人手軟，他吃了進奉，無可奈何。官僚政治的貪瀆腐敗，亦如是也。其三，李錡靠兩個營的近身侍衛就敢造反，可見唐朝自安史之亂以後政風的敗壞。

憲宗下嫁普寧公主。普寧公主，憲宗最親愛的女兒。山南東道節度使于頔想鞏固自己的地位，替自己的兒子于季友向憲宗求娶公主為妻，憲宗應允，許嫁普寧公主。翰林學士李絳勸憲宗，普寧公主應嫁給漢族高門的優秀子弟，怎麼可以嫁給胡族人的庶出兒子呢？于季友沒有資格娶普寧公主。憲宗說：「朕下嫁公主有原因，李學士你不懂。」元和二年（西元八〇七年）十二月二十六日，憲宗下嫁普寧公主給于季友，婚禮隆重舉行，嫁妝豐厚，于頔大喜過望。過不多久，憲宗使人暗示于頔入朝，于頔聽從。于頔自動入朝，為諸鎮節度使表率。這一樁政治婚姻，憲宗用心良苦。

憲宗推倒聖德碑。元和四年，吐突承璀任功德使，大肆修建安國寺，豎了一座高大的聖德碑，稱頌憲宗。吐突承璀用一萬緡的重金徵求碑文，上奏憲宗令翰林學士李絳來寫碑文。李絳藉機諫奏，說：「堯、舜、禹、湯，都沒有立碑來誇耀功德，他們是聖王；只有秦始皇到處刻石頌功，不知陛下效法哪一種人？」憲宗看閱這份奏章時，正好吐突承璀在身旁，憲宗命吐突承璀推倒碑樓。吐突承璀想拖延時間，找機會遊說，詭稱碑樓重，難以推倒。憲宗厲聲喝斥說：「多用些牛拉倒碑樓。」吐突承璀不敢再說話，用了一百頭牛才把碑樓拉倒。這一年，憲宗因天旱不雨，下詔求直言。翰林學士李絳和白居易上奏說，求直言，還不如辦一些實事。

奏疏陳述了蠲租稅，出宮人，絕進奉，禁掠賣人為奴僕，憲宗一一採納。史稱憲宗嗣位之初，捧讀先帝實錄，立志效法太宗、玄宗貞觀與開元之治，重開延英殿議政，要求輔臣同心輔助，放權宰相。元稹、李絳、白居易等，一批新進，敢言、直言，憲宗擇善而從，唐王朝出現了中興氣象。可惜憲宗持志不堅，剛一安定就服食仙丹求長生，便迷了眼睛。憲宗寵信宦官而被宦官所害，英年早逝，唐朝中興，曇花一現。

卷第二百三十八

唐紀五十四

起屠維赤奮若（己丑　西元八〇九年）七月，盡玄黓執徐（壬辰　西元八一二年）九月，凡三年有奇。

【題解】本卷記事起西元八〇九年七月，迄西元八一二年九月，凡三年又兩個月。當唐憲宗元和四年七月到元和七年九月。此時期憲宗施政，最大的失敗是違眾用兵河北，無功而返，朝廷大失威信。亦有最大的成功是外出吐突承璀，用李絳為相。吐突承璀，字仁貞，閩人，即今福建人，少小入宮，給事皇太子李誦，即憲宗父德宗，為東宮小黃門。吐突承璀聰明機伶，年紀與皇太孫，即憲宗李純相仿，兩人關係自小密切。憲宗即位，便任吐突承璀為內常侍，知內侍省事，總領宦官。不久，又任命吐突承璀為神策軍中尉，掌管禁軍。元和四年，成德節度使王士真死，長子王承宗自為留後。河北三鎮相沿成習，以節度使嫡長子為副大使，父死便稱留後，朝廷正式任命即為節度使。憲宗要革除這一藩鎮世襲的積弊，想藉官軍平定西川和鎮海兩節度之亂，乘勝用兵河北。朝臣都不贊同，認為河北三鎮世襲節度，蔓延連勢，已成積習，革除要等待時機。當時淮西吳少陽自為留後，朝臣主張討伐，杜絕世襲積弊在內地蔓延，且淮西地少勢孤，容易建功。唐憲宗忌刻朝臣建功，用吐突承璀為主將用兵河北，諸道並進，動員官軍達二十萬之眾，十倍於成德叛軍，結果勞而無功。此時憲宗還算清醒，他明白欲建功必須起用朝官。吐突承璀敗軍，又受賂案發，李絳彈劾，憲宗不得已外出吐突承璀，任用李絳為相，後果收李絳善謀之效，王承宗、田興，不待加兵而自服。憲宗又納李吉甫之言，沙汰冗官。又嘗與宰臣論寬嚴之政，盛暑而不知倦。

憲宗昭文章武大聖至神孝皇帝上之下

元和四年（己丑　西元八〇九年）

秋，七月壬戌❶，御史中丞❷李夷簡❸彈京兆尹楊憑❹，前為江西觀察使貪污僭侈。丁卯❺，貶憑臨賀❻尉。夷簡，元懿之玄孫也。上命盡籍❼憑資產，李絳諫曰：「舊制，非反逆不籍其家。」上乃止。

憑之親友無敢送者，櫟陽❽尉徐晦❾獨至藍田與別。太常卿❿權德輿⓫素與晦善，謂之曰：「君送楊臨賀，誠為厚矣，無乃⓬為累乎？」對曰：「晦自布衣蒙楊公知獎，今日遠謫，豈得不與之別！借如明公它日為讒人所逐，晦敢自同路人⓭乎！」德輿嗟歎，稱之於朝。後數日，李夷簡奏為監察御史。晦謝曰：「晦平生未嘗得望公顏色⓮，公何從而取之？」夷簡曰：「君不負楊臨賀⓯，肯負國乎！」

上密問諸學士曰：「今欲用王承宗為成德留後，割德、棣二州更為一鎮以離其勢⓰，并使承宗輸二稅，請官吏，一如師道，何如？」李絳等對曰：「德、棣之隸成德，為日已久，今一旦割之，恐承宗及其將士憂疑怨望，得以為辭。況其鄰道情狀一同，各慮他日分割，或潛相構扇⑰。萬一旅拒⑱，倍難處置，願更三思。所是二稅、官吏，願因⑲弔祭使⑳至彼，自以其意諭承宗，令上表陳乞如師道例，勿令知出陛下意。如此，則幸而聽命，於理固順；若其不聽，體亦無損。」

上又問：「今劉濟、田季安皆有疾，若其物故㉑，豈可盡如成德付授其子，天下何時當平！議者皆言宜乘此際代之，不受則發兵討之，時不可失，如何？」對曰：「羣臣見陛下西取蜀㉒，東取吳㉓，易於反掌㉔，故諂諛躁競之人㉕爭獻策畫，勸開河北㉖，不為國家深謀遠慮，陛下亦以前日成功之易而信其言。臣等夙夜思之，河北之勢與二方異。何則？西川、浙西皆非反側之地，其四鄰皆國家臂指之臣㉗。劉闢、李錡獨生狂謀，其下皆莫之與，闢、錡徒以貨財啗之，大軍一臨，則渙然離耳。故臣等當時亦勸陛下誅之，以其萬全故也。成德則不然，內則膠固歲深㉘，外則蔓連勢廣㉙，其將士百姓懷其累代煦嫗之恩㉚，不知君臣逆順之理，諭之不從㉛，威之不服㉜，將為朝廷羞。又，鄰道平居㉝或相猜恨，及聞代易，必合為一心。蓋各為子孫之謀，亦慮他日及此故也。萬一餘道或相表裏㉞，兵連禍結，財盡力竭，西戎㉟、北狄㊱乘間窺窬㊲，其為憂患可勝道哉！濟、季安與承宗事體不殊㊳，若物故之際，有間可乘，當臨事圖之，於今用兵，則恐未可。太平之業，非朝夕可致，願陛下審處之㊴。」

時吳少誠病甚，絳等復上言：「少誠病必不起。淮西㊵事體與河北不同，四旁皆國家州縣，不與賊鄰，無黨援相助。朝廷命帥㊶，今正其時，萬一不從，可議征討。臣願捨恆冀難致㊷之策，就申蔡易成之謀。脫或㊸恆冀連兵，事未如意，蔡州有釁，勢可興師，南北之役俱興，財力之用不足。儻事不得已，須赦承宗，則恩德虛施，威令頓廢㊹。不如早賜處分㊺，以收鎮冀㊻之心，坐待機宜，必獲申蔡之利。」既而承宗久未得朝命，頗懼，累表自訴。八月壬午㊼，上乃遣京兆少尹裴武㊽詣真定㊾宣慰。承宗受詔甚恭，曰：「三軍見迫，不暇俟朝旨，請獻德、棣二州以明懇款㊿。」

丙申(51)，安南都護(52)張舟奏破環王(53)三萬眾。

九月甲辰朔(54)，裴武復命。庚戌(55)，以承宗為成德節度使、恆・冀・深・趙州觀察使，德州刺史薛昌朝(56)為保信軍節度、德・棣二州觀察使。昌朝，嵩之子，王氏之壻也，故就用之。田季安得飛報(57)，先知之，使謂承宗曰：「昌朝陰(58)與朝廷通，故受節鉞。」承宗遽(59)遣數百騎馳入德州，執昌朝至真定囚之。中使送昌朝節❻⓪過魏州，季安陽❻①為宴勞，留使者累日，比至德州，已不及矣。

上以裴武為欺罔❻②，又有譖之者曰：「武使還，先宿裴垍家，明日乃入見。」上怒甚，以語李絳，欲貶武於嶺南。絳曰：「武昔陷李懷光軍中，守節不屈，豈容今日遽為姦回！蓋賊多變詐，人未易盡其情。承宗始懼朝廷誅討，故請獻二州。既蒙恩貸，而鄰道皆不欲成德開分割之端，計必有陰行[1]間說誘而脅之，使不得守其初心者，非武之罪也。今陛下選武使入逆亂之地，使還，一語不相應，遽竄之遐荒❻③，臣恐自今奉使賊庭者以武為戒，苟求便身，率為依阿兩可❻④之言，莫肯盡誠❻⑤具陳利害，如此，非國家之利也。且垍、武久處朝廷，諳練❻⑥事體❻⑦，豈有使還未見天子而先宿宰相家乎！臣敢為陛下必保其不然，此殆有讒人欲傷❻⑧武及垍者，願陛下察之。」上良久❻⑨曰：「理或有此❼⓪。」遂不問。

【章旨】以上為第一段，寫河北三鎮世襲節度使，蔓連勢廣，已成積弊，憲宗度察形勢，不得已而授王承宗節鉞。

【注釋】❶王戌　七月十八日。❷御史中丞　都史臺長官御史大夫的副佐，正四品下。❸李夷簡　（西元七五六—八二三年）字易之，唐高祖子鄭王元懿之玄孫。官至宰相。雖致位顯要，而家無餘財。傳見《新唐書》卷一百三十一。❹楊憑　字虛受，弘農（今河南靈寶）人，為官貪婪。傳見《舊唐書》卷一百四十六、《新唐書》卷一百六十。❺丁卯　七月二十三日。❻臨賀　縣名，縣治在今廣西賀縣。❼籍　登記在冊予以抄沒。❽櫟陽　縣名，京兆府屬縣，治所在今陝西臨潼北。❾徐晦字大章，官至中書舍人。傳見《舊唐書》卷一百六十五、《新唐書》卷一百六十。❿太常卿　官名，太常寺長官，掌宗廟禮儀。⓫權德輿　（西元七五九—八一八年）字載之，天水略陽（今甘肅秦安東北）人，四歲能作詩。官至宰相，有文集五十卷行世。傳見《舊唐書》卷一百四十八、《新唐書》卷一百六十五。⓬無乃　得無；難道。⓭自同路人　把自己當做路人一樣。路人，喻彼此不相關的人。⓮平生未嘗得望公顏色　平生與您未曾謀面。⓯楊臨賀　楊憑貶為臨賀縣尉，故有此稱。⓰以離其勢　用來分散他的勢力。⓱潛相構扇　暗中互相勾結煽動。⓲旅拒　聚眾抗拒。旅，眾也。⓳因　乘。⓴弔祭使　派往成德弔祭王士真的使者。㉑物故　死亡的代稱。㉒西取蜀　指平定劉闢。㉓東取吳　指平定李錡。㉔易於反掌　像反轉手掌那樣容易。㉕諂諛躁競之人　阿諛奉迎，急於爭利的人。㉖開河北　與河北成德等藩鎮作戰。㉗臂指之臣　語出《漢書·賈誼傳》，指郡縣之官，中央容易控制，如身之使臂，臂之使指。㉘膠固歲深　盤踞年代久遠，像膠膠合那樣堅固。㉙蔓連勢廣　勾連如同蔓草，勢力強大。㉚煦嫗之恩　撫育長養的恩德。㉛諭之不從　勸導他們，他們不聽從。㉜威之不服　威懾他們，他們不服從。㉝平居　平時。㉞或相表裏　互相配合，聯結在一起。㉟西戎　指吐蕃。㊱北狄　指回鶻。㊲乘間窺窬　乘機窺伺。㊳不殊　沒有區別。㊴審處之　審慎地處理這件事。之，指廢除河北諸鎮傳子這件事。㊵淮西　指吳少誠。㊶朝廷命帥　吳少誠死，中央直接任命淮西節度使。㊷難致　難取得成效。㊸脫或　假使。㊹則恩德虛施二句　那就使陛下的恩德白白施行，朝廷的威嚴和命令立即廢弛。㊺早賜處分　指早早地賜王承宗以節鉞。㊻鎮冀　此時恆州未改為鎮州，史書以後來所改名以書之。㊼壬午　八月初九日。㊽裴武　歷官京兆尹、司農卿，曾禁商賈「飛錢」。行跡散見《新唐書》卷五十四〈食貨志〉四、卷一百六十三〈孔戢傳〉、卷一百六十九〈裴垍傳〉等。㊾真定　縣名，恆州治所，在今河北正定。㊿以明懇款　用以表明忠誠於朝廷的心跡。(51)丙申　八月二十三日。(52)安南都護　方鎮名，唐玄宗天寶十載（西元七五一年）置安南管內經略使。治所交州，在今越南河內附近。(53)環王　本林邑國，亦叫占婆，即占城。在今越南東南部。傳見《新唐書》卷二百二十二。(54)甲辰朔　九月初一日。(55)庚戌　九月初七日。(56)薛昌朝　安、史舊將薛嵩之子，王士真之婿。(57)飛報　快投。(58)陰　暗地。(59)遽　立即。(60)節　任命薛昌朝為保信軍節度使的旌節。(61)陽　假裝。(62)欺罔　罪名，專指大臣欺騙朝廷之罪。(63)竄之遐荒　把他流放到邊遠的地區。(64)依阿兩可　依順別人，無所可否。(65)盡誠　盡心。(66)諳練　熟悉。(67)事體　規矩；制度。(68)傷　中傷；暗害。(69)良久　過了好久。(70)理或有此　按道理或許應是這樣。

【校　記】[1]陰行　原無此二字。據章鈺校，甲十一行本、乙十一行本、孔天胤本有此二字，張敦仁《通鑑刊本識誤》、張瑛《通鑑校勘記》同，今據補。

【語　譯】憲宗昭文章武大聖至神孝皇帝上之下

元和四年（己丑　西元八〇九年）

秋，七月十八日壬戌，御史中丞李夷簡彈劾京兆尹楊憑，以前擔任江西觀察使時貪汙受賄，過度奢侈。二十三日丁卯，憲宗把楊憑貶職為臨賀縣尉。李夷簡，是鄭王李元懿的玄孫。憲宗下令全部抄沒楊憑的資產，李絳勸諫說：「按以前的規定，不是反逆之罪，不抄沒其人的家產。」憲宗這才作罷。

楊憑的親戚朋友沒有敢送行的，只有櫟陽縣尉徐晦獨自一人到藍田與楊憑道別。太常卿權德輿一向與徐晦關係友善，對徐晦說：「你送行楊臨賀，確實厚道，難道你不怕受連累嗎？」徐晦回答說：「我徐晦在平民時受到楊公的知遇和獎掖，現在楊公被貶職遠方，怎麼能不與他道別呢！假如您他日被讒人所逐，我徐晦敢像路人一樣對待您嗎！」權德輿很是感慨，在朝廷中稱讚徐晦。過了幾天，李夷簡上奏憲宗任命徐晦為監察御史。徐晦向李夷簡道謝說：「我平生與您未曾謀面，您根據什麼取用我呢？」李夷簡說：「你不辜負楊臨賀，怎麼會辜負朝廷呢！」

憲宗私下徵詢各位學士說：「現在想任用王承宗為成德軍的留後，劃割德、棣二個州另設一個軍鎮，來分散王承宗的勢力，並且讓王承宗向朝廷繳納兩稅，向朝廷請求任命當地官員，完全如同李師道，你們看怎麼樣？」李絳等人回答說：「德州和棣州隸屬於成德軍，時間已久，現在一下子將它們分割出來，恐怕王承宗及其將士憂慮懷疑，怨恨朝廷，得以作為反叛的藉口。況且王承宗的各個鄰道情況相同，各自擔心自己的轄地在日後被分割，有的就會暗中相互勾結煽動。萬一聚眾抗拒，處理起來困難加倍，希望陛下再三考慮。而要王承宗上繳兩稅和向朝廷申請任免官吏，希望陛下乘派弔唁使者去成德的機會，讓弔唁使者用這個意思來開導王承宗，令他上奏表章請求效仿李師道的做法，不要讓王承宗知道這是陛下的意見。這樣一來，王承宗如果聽從命令，從道理上說固然很順；如果王承宗不聽從朝廷命令，也不損害朝廷的體統。」

憲宗又問道：「現在劉濟和田季安都有重病，如果他們死了，怎麼能完全像成德軍那樣把主帥職位交給他們的兒子，那天下什麼時候才能平定下來呢！朝廷上討論此事的人都說應乘這個機會派人代替他們，他們不服從朝廷命令，就發兵討伐，時機不可喪失，你們覺得該怎麼辦？」李絳等人回答說：「朝廷群臣看到陛下西邊攻下蜀地，東邊攻下吳地，易如反掌，所以阿諛奉迎和急於爭利的人，爭著為陛下出謀劃策，勸說陛下與河北地區藩鎮作戰，而不為國家深謀遠慮。陛下也因為以前取得勝利很容易，而相信了他們的話。我們日夜思考這一事情，認為河北地區的形勢與蜀、吳兩地不同。為什麼呢？西川和浙西都不是反覆無常的地區，它們的四鄰都是朝廷能隨意調動指揮的。只有劉闢、李錡產生了狂妄的圖謀，他們的部下都不贊同。劉闢、李錡只能用錢財來拉攏他們，朝廷的大軍一到，他們就分崩離析了。所以我們當時也勸陛下派兵去討伐他們，這是由於萬無一失的緣故啊。成德軍的情況就不是這樣，內部牢固地膠合在一起已經時間久遠，外部與各鄰道勾連如同蔓草，勢力強大。成德軍的將士和百姓都懷念王氏家族幾代人養育的恩德，不清楚君主與臣子、反叛和順從之間的道理，勸導他們不聽從，威懾他們不順服，將使朝廷蒙受羞辱。另外，相鄰的各道平時有的互相猜忌和憤恨，等到聽說朝廷派人代換他們，一定合為一心。這是因為他們都要為子孫後代考慮，也擔心他日自己也會遇上的緣故。萬一其他各道有的與他們相為表裡，兵連禍結，國家就會耗盡人力、財力，吐蕃、回鶻等乘機窺伺中原，那造成的憂患能說得完嗎！劉濟、田季安與王承宗的情況沒有差別，如果在他們死的時候，有機可乘，應該在事情發生後再採取對策，要是現在對他們用兵，恐怕不可以。天下太平的大業，不是一朝一夕可以實現的，希望陛下審慎地處理這件事。」

當時吳少誠病得很厲害，李絳等人又向皇帝進言說：「吳少誠這一病，一定好不了。淮西的情況與河北不同，它的四周都是朝廷所轄州縣，不與叛逆州道相鄰，沒有同黨相助。朝廷任命淮西主帥，現在正是時候，萬一他們不服從，可以商議出兵討伐。臣等希望陛下放棄對恆冀用兵這一難以取得成效的計畫，採用謀取申州、蔡州這一容易達到目的的策略。假如恆冀各鎮兵力聯合起來，事情就不能按計畫進行，但蔡州出現了問題，形勢就允許派兵去征討，如果南北兩地都開戰，朝廷的財政費用就不足了。倘如事情出於不得已，必須赦免王承宗，那就會使陛下的恩德白白施行，朝廷的威嚴和命令立即廢弛。不如早早地採取措施，來收攬恆冀地區的人心，然後坐等合適的機會，一定會獲得收申州、蔡州於朝廷控制之下的利益。」不久，王承宗長時間沒有得到朝廷的任命，很恐懼，接連向朝廷上表表白自己的心跡。八月初九日壬午，憲宗才派遣京兆府少尹裴武前往真定宣旨撫慰。王承宗十分恭敬地接受了詔令，說：「我受了屬下各支軍隊逼迫，來不及等候朝廷的命令就擔任了主帥，請讓我把德、棣二州獻給朝廷，以表明我的誠意。」

八月二十三日丙申，安南都護張舟向朝廷奏報打敗了環王三萬人馬。

九月初一日甲辰，裴武回朝奏報完成了使命。初七日庚戌，憲宗任命王承宗為成德軍節度使和恆、冀、深、趙四州觀察使，任命德州刺史薛昌朝為保信軍節度使和德、棣二州觀察使。薛昌朝，是薛嵩的兒子，是王氏家族的女婿，所以朝廷就地任用了薛昌朝。田季安得到快馬傳遞的這一消息，先知道了朝廷的任命，就派人對王承宗說：「薛昌朝暗中與朝廷相通，所以被任命為德、棣二州的主帥。」王承宗立即派遣幾百名騎兵馳入德州，抓了薛昌朝押到真定囚禁他。中使給薛昌朝送旌節路過魏州，田季安假裝設宴慰勞使者，把使者留下好幾天，等到到達德州，薛昌朝已經被抓走了。

憲宗認為裴武有欺罔之罪，又有誣陷裴武的人說：「裴武出使回來，先住在裴垍家裡，第二天早上才入宮朝見。」憲宗對裴武極為生氣，把此事說給李絳聽，想把裴武貶職流放到嶺南。李絳說：「裴武從前陷沒在李懷光的軍隊中，守節不屈，怎麼會現在突然去做奸邪的事情！大概是叛賊詭計多端，人們不容易完全瞭解其中的情況。王承宗開始害怕朝廷派兵討伐，所以請求把德、棣二州獻給朝廷。在蒙受陛下恩典寬大處理以後，相鄰各道都不希望成德軍開分割地盤的先例，我估計肯定有人暗中勸說威脅王承宗，讓他不能堅持最初的想法，這不是裴武的罪過。現在陛下挑選裴武出使叛亂之地，出使回來，裴武說的話一句不合，馬上把裴武流放到荒遠的地方，我擔心從今以後，奉命出使叛亂之地的人拿裴武作鑑戒，苟且求得自己便利，都說些依順別人，無所可否的話，不肯竭盡誠心陳述利害關係，這樣一來，對國家是不利的。而且裴垍、裴武久在朝廷，熟悉朝廷中的各種制度，哪裡會有出使回來，沒有朝見天子，而先住宿宰相家的事情呢！我敢為陛己亥㉟，吐突承璀將神策兵發長安，命恆州四面藩鎮各進兵招討㊱。

初，吳少誠寵其大將吳少陽㊲，名以從弟，署為軍職，出入少誠家如至親，累遷申州㊳刺史。少誠病，不知人，家僮鮮于熊兒詐以少誠命召少陽攝㊴副使、知軍州事。少誠有子元慶，少陽殺之。十一月己巳㊵，少誠薨，少陽自為留後。

是歲，雲南王尋閤勸㊶卒，子勸龍晟㊷立。

【章旨】以上為第二段，寫唐憲宗違眾任用宦官吐突承璀征討成德王承宗。淮西吳少陽自為留後。

【注釋】❶丙辰　九月十三日。❷拂梯泉　地名，又作「鸊鵜泉」，在今內蒙古杭錦後旗西北。❸辛未　九月二十八日。❹豐州　州名，治所九原，在今內蒙古五原西南。❺許孟容　字公範，京兆長安（今陝西西安東）人，為人方正，富有文學，歷官禮部員外郎、給事中、尚書右丞、京兆尹、吏部侍郎，官終東都留守。傳見《舊唐書》卷一百五十四、《新唐書》卷一百六十二。❻立期使償　規定期限責令償還。❼中尉　神策軍護軍中尉。❽中使　由皇帝從宮中派遣外出的宦官，奉旨行事，事畢即罷，權力頗大。❾輦下　指京城。❿京城震栗　指京師權貴、宦豎震驚而發抖。⓫還鎮　回到保信軍節度使及德州刺史任上。⓬不奉詔　不接受朝廷命令。⓭癸未　十月十一日。⓮招討處置等使　開元二十年（西元七三二年），置諸道採訪處置使，專掌觀省風俗，黜陟幽明。其後伐叛討有罪，則置招討處置使。⓯制將　節制諸軍進退的將領。⓰都統　官名，天寶末年討伐安史叛軍始置，職掌征伐，總領諸道兵馬，不常置，兵罷即撤銷。⓱指麾　指揮。⓲動關理亂　一舉一動關係到國家的治亂。⓳隳　毀壞。⓴職名　職務和名分。即官稱。㉑戊子　十月十六日。㉒李元素　字大朴，時官戶部尚書、判度支。傳見《舊唐書》卷一百三十二、《新唐書》卷一百四十七。㉓呂元膺　字景夫，官至吏部尚書。傳見《舊唐書》卷一百五十四、《新唐書》卷一百六十二。㉔極言其不可　認為對吐突承璀連續委任的高職是不妥當的。㉕極言　竭力陳言。㉖此屬　他們；此輩。㉗枉直　曲直。㉘跖蹻　春秋時秦盜跖、楚莊蹻，均率徒隸起事。㉙咈意　違反他們的意願。㉚龔黃　西漢龔遂、黃霸，均為良吏。㉛構成疑似之端　造成似是而非的跡象。㉜浸潤　逐漸滲透。㉝方冊　典籍。㉞漸　逐漸浸潤。㉟己

亥　十月二十七日。㊱命恆州句　朝廷命令四周節鎮皆出兵助官軍征討成德。恆州，指王承宗所據成德鎮。㊲吳少陽（？—西元八一四年）滄州清池（今河北滄州）人，淮西節度使吳少誠養為弟。少誠病重，少陽殺少誠子元慶自為留後。傳見《舊唐書》卷一百四十五、《新唐書》卷二百十四。㊳申州　州名，故治在今河南信陽南。㊴攝　暫代。㊵己巳　十一月二十七日。㊶尋閣勸　南詔國王，自稱「驃信」，即「君王」之意，元和三年（西元八〇八年）立。事見兩《唐書・南詔傳》。㊷勸龍晟　尋閣勸之子。繼位為南詔王，淫肆不道，上下怨疾，元和十一年（西元八一六年），為弄棟節度使王嵯巔所殺。事見兩《唐書・南詔傳》。

【校　記】 ①必輕　「輕」字原作「窺」。據章鈺校，甲十一行本、乙十一行本、孔天胤本皆作「輕」，張敦仁《通鑑刊本識誤》同。按，「輕」字於義較長，今據各本校改。②諫議大夫孟簡　原無此六字。據章鈺校，甲十一行本、乙十一行本、孔天胤本有此六字，張敦仁《通鑑刊本識誤》、張瑛《通鑑校勘記》同，今據補。按，《舊唐書》卷一百六十三〈孟簡傳〉載，元和四年孟簡任諫議大夫，知匭事。王承宗叛，詔以吐突承璀為招討使，簡抗疏論之，被外任為常州刺史。

【語　譯】 九月十三日丙辰，振武軍奏報朝廷，吐蕃五萬多名騎兵到了拂梯泉。二十八日辛未，豐州奏報朝廷，吐蕃一萬多名騎兵到了大石谷，把入朝進貢後回國的回鶻使者劫掠走了。

左神策軍的官吏李昱向長安城的富人借了八千緡錢，滿了三年沒有償還。京兆尹許孟容逮捕了李昱，戴上刑具，關押起來，規定期限，責令償還，說：「期限滿了不足額償還，罪當處死。」全軍大為震驚。左神策軍護軍中尉把這一事告到憲宗那裡，憲宗派遣中使向許孟容傳達旨意，把李昱交給左神策軍，許孟容不讓李昱走。中使再次到來，許孟容說：「我不接受詔令，罪當處死。臣下為陛下掌管京畿，不抑制豪強，怎麼能肅清京城！李昱的錢沒有還完，左神策軍不能得到李昱。」憲宗稱讚許孟容剛強正直，而答應了這個要求。京城震懼。

憲宗派遣中使曉諭王承宗，讓他打發薛昌朝返回本鎮，王承宗不接受詔令。冬，十月十一日癸未，憲宗下制書削奪王承宗的官爵，任命左神策軍中尉吐突承璀為左、右神策軍以及河中、河陽、浙西、宣歙等道行營兵馬使、招討處置等使。

翰林學士白居易上奏，認為「國家征討，應該把責任交給將帥來完成，近年來開始任命中使做監軍。從古代到現在，沒有徵調全國的軍隊，專門讓中使統率的。現在神策軍既然不設置行營節度使，那麼吐突承璀就是節制諸軍的主將了；他又充當各路軍馬的招討處置使，那麼就成了各軍的統帥了。臣下害怕天下各地聽到這一消息後，就會輕視朝廷；周邊夷胡聽到這一消息後，一定會恥笑大唐。陛下怎麼能忍受讓後代的人們相互傳說以中官做主將和統帥，是從陛下開始的呢？臣下又擔心劉濟、張茂昭以及范希朝、盧從史，乃至各道的將領都恥於接受吐突承璀的指揮，他們既然不能齊心，怎麼能為朝廷立功呢！這是幫助王承宗的計策，挫傷了各位將領的氣勢。陛下如果念及吐突承璀辛勤勞苦，讓他地位顯貴就行了；如果憐惜他忠心赤誠，讓他富有就行了。至於軍旅和國家大權，一舉一動關係到國家的治亂，朝廷的制度，是列祖列宗定下的。難道陛下寧肯忍心順從下人的要求而自己毀壞國家的法令制度，順從別人的欲望而損害自己的神聖和英明嗎？陛下為什麼一時不加思考，而取笑於萬世之後呢！」當時諫官和御史指陳吐突承璀職位與名分太重的人一個接一個，憲宗都不採納。十月十六日戊子，憲宗駕臨延英殿，度支使李元素、鹽鐵使李鄘、京兆尹許孟容、御史中丞李夷簡、諫議大夫孟簡、給事中呂元膺、穆質、右補闕獨孤郁等人都極力上言說任命吐突承璀不可以。憲宗迫不得已，第二天，削除吐突承璀的四道兵馬使職務，改處置使為宣慰使而已。

李絳曾經極力向憲宗陳說宦官驕橫，侵擾損害朝廷政務，誣陷毀謗忠貞大臣。憲宗說：「他們這一夥人哪敢向我進讒言呢！即使是有，朕也不聽信。」李絳說：「這一夥人大抵不知仁義，不分曲直，惟利是圖，得到賄賂就把盜跖、莊蹻譽美成廉潔善良的人，違背了他們的心願就把龔遂、黃霸毀謗成為貪婪殘暴的人。他們能用奸詐的機智捏造出似是而非的事端，早晚在陛下身邊，漸漸滲入陛下心中，陛下一定有時相信他們的話。自古以來宦官敗壞國事的事，全都記載在典籍中，陛下怎麼能不對他們的浸染加以防範呢！」

十月二十七日己亥，吐突承璀統領神策軍從長安城出發，下令恆州四面的軍鎮各自進兵討伐王承宗。

當初，吳少誠寵信他的大將吳少陽，稱之為堂弟，委任軍中職務，出入吳少誠的家就像最親的親屬一樣，累遷申州刺史。吳少誠患病，不省人事，家僕鮮于熊兒假稱吳少誠的命令，召來吳少陽，暫代節度副使，主持軍中與地方事務。吳少誠有一個兒子吳元慶，吳少陽把他殺了。十一月二十七日己巳，吳少誠去世，吳少陽自任為留後。

這一年，雲南王尋閤勸去世，兒子勸龍晟繼立為王。

田季安聞吐突承璀將兵討王承宗，聚其徒❶曰：「師❷不跨河二十五年矣，今一旦越魏伐趙，趙虜❸，魏亦虜矣，計為之柰何？」其將有超伍❹而言者，曰：「願借騎五千以除君憂。」季安大呼曰：「壯哉！兵決出，格沮❺者斬！」

幽州牙將絳❻人譚忠為劉濟使魏，知其謀❼，入謂季安曰：「如某之謀，是引❽天下之兵也。何者？今王師越魏伐趙，不使耆臣宿將❾而專付中臣❿，不輸天下之甲而多出秦甲⓫，君知誰為之謀？此乃天子自為之謀，欲將夸服⓬於臣下也。若師未叩趙⓭而先碎於魏⓮，是上之謀反不如下，且能不恥於天下⓯乎！既恥且怒，必任智士⓰畫長策⓱，仗⓲猛將練精兵，畢力⓳再舉涉河，鑑前之敗，必不越魏而伐趙，校⓴罪輕重，必不先趙而後魏，是上不上，下不下，當魏而來也。」季安曰：「然則若之何㉑？」忠曰：「王師入魏，君厚犒㉒之。於是悉甲壓境㉓，號曰伐趙，而可陰遺㉔趙人書曰：『魏若伐趙，則河北義士㉕謂魏賣友；魏若與趙，則河南忠臣㉖謂魏反君。賣友反君之名，魏不忍受。執事㉗若能陰解陴障㉘，遺魏一城，魏得持之奏捷天子以為符信[29]，此乃使魏北得以奉趙，西[30]得以為臣，於趙有角尖之耗[31]，於魏獲不世之利[32]，執事豈能無意於魏乎？』趙人脫[33]不拒君，是魏霸基安矣。」季安曰：「善！先生之來，是天眷[34]魏也。」遂用忠之謀，與趙陰計，得其堂陽[35]。

忠歸幽州，謀欲激[36]劉濟討王承宗，會[37]濟合諸將言曰：「天子知我怨趙，今命我伐之，趙亦必大備我[38]。伐與不伐孰利？」忠疾[39]對曰：「天子終不使我伐趙，趙亦不備燕。」濟怒曰：「爾何不直言濟與承宗反乎！」命繫忠獄[40]。使人視成德之境，果不為備。後一日，詔果來，令濟「專護北疆，勿使朕復掛胡憂[41]，而得專心於承宗。」濟乃解獄[42]召忠曰：「信如子斷矣[43]。何以知之？」忠曰：「盧從史外親燕，內實忌之；外絕趙，內實與之[44]。此為趙畫[45]曰：『燕以趙為障[46]，雖怨趙，必不殘趙[47]，不必為備。』一且示趙不敢抗燕，二且使燕獲疑天子[48]。趙人既不備燕，潞人[49]則走告于天子曰：『燕厚怨趙，趙見伐而不備燕，是燕反與趙也[50]。』此所以知天子終不使君伐趙，趙亦不備燕也。」濟曰：「今則柰何？」忠曰：「燕、趙為怨[51]，天下無不知。今天子伐趙，君坐全燕之甲[52]，一人未濟[53]易水[54]，此正使潞人以燕賣恩於趙，敗忠於上[55]，兩皆售也。是燕貯忠義之心，卒染私趙之口，不見德於趙人，惡聲徒嘈嘈(56)於天下耳，惟君熟思之。」濟曰：「吾知之矣。」乃下令軍中曰：「五日畢出，後者醢以徇(57)！」

【章　旨】以上為第三段，寫幽州牙將譚忠，效忠朝廷，以縱橫術離間魏博、盧龍兩鎮不與成德合謀一體反叛，使成德孤立無援。

【注　釋】(1)徒　部下。(2)師　指唐中央軍隊。(3)虜　被征服。(4)超伍　越出隊列。議事按級別列隊，越出隊列，即越過級別。(5)格沮　勸阻；阻止。(6)絳　州名，治所在今山西新絳。(7)知其謀　知田季安欲出兵邀擊唐軍之謀。(8)引　吸引。(9)耆臣宿將　老臣、老將。(10)中臣　宦官。(11)秦甲　關中之兵。(12)夸服　炫耀自己策略高明，以服臣下之心。(13)叩趙　指攻打成德。(14)碎於魏　指官軍被魏博打敗。(15)恥於天下　被天下人所恥笑。(16)任智士　任用智謀之士。(17)畫長策　籌劃長遠的計策。(18)仗　依靠。(19)畢力　全力。(20)校　衡量。(21)若之何　怎麼辦。(22)厚犒　豐厚地犒勞。(23)悉甲壓境　率領全部軍隊迫近成德軍邊境。(24)陰遺　暗地送信。遺，送。(25)河北義士　此指河北割據諸藩鎮。(26)河南忠臣　泛指河南忠於朝廷的藩鎮。(27)執事　對對方的敬稱。此處指王承宗。(28)陰解陴障　暗暗地解除守衛。(29)符信　憑信。(30)西　指長安。長安在魏西。(31)角尖之耗　極小的損失。(32)不世之利　罕有的利益。不世，罕有；非常。(33)脫　假使。(34)眷　眷戀；幫助。(35)堂陽　縣名，縣治在今河北新河縣。(36)激　激勵。(37)會　剛好。(38)大備我　對我大為戒備。(39)疾　急速；迅速。(40)命繫忠獄　命令將譚忠囚禁獄中。(41)復掛胡憂　又掛記著胡族的憂患。(42)解獄　打開監獄。(43)信如子斷矣　真像你判斷的那樣。(44)內實與之　實際上內心向著他。盧從史鎮潞州，欲與河北諸鎮連橫叛朝廷，故譚忠藉此說他拒燕附趙。燕，指幽州劉濟。趙，指恆州王承宗。(45)畫　謀劃。(46)障　屏障。(47)殘趙　攻打踐踏成德。(48)獲疑天子　受到天子懷疑。(49)潞人　指盧從史，因其鎮潞州。(50)是燕反與趙也　這是盧龍鎮反過來援助成德鎮。(51)燕趙為怨　自朱滔以來，盧龍與成德結怨。(52)君坐全燕之甲　你統率盧龍鎮的全部軍隊。坐甲，本謂衣甲備戰。(53)濟　渡。(54)易水　水名，有中易水、北易水、南易水，在河北易縣與定興境內。(55)敗忠於上　在天子面前敗壞你忠誠的名聲。(56)嘈嘈　播揚。(57)醢以徇　斬成肉醬示眾。

【語　譯】田季安聽到吐突承璀率兵討伐王承宗，集合部眾說：「朝廷軍隊不跨過黃河已經二十五年了，現在一下子越過魏博地來討伐成德軍，如果成德軍被朝廷征服了，那麼我們的魏博也要被征服，應該採取什麼樣的計策呢？」他的一個將領超越級別站出來說：「希望能借給我五千名騎兵，來為您排解憂患。」田季安大聲喊道：「真是個壯士！我已決定出兵，阻止的人當斬！」

幽州的牙將絳州人譚忠為劉濟出使魏博，知道了田季安的謀劃，進去對田季安說：「要是按那個人的計謀行事，那就是把天下的兵馬都招引到魏博來了。為什麼呢？現在朝廷的軍隊越過魏博境域討伐成德軍，不派老臣、老將統領軍隊，而專由宦官做統帥，不調遣天下各地的軍隊，而更多地出動關中軍隊，您知道這是誰的策略？這是天子自己謀劃的，想以此向大臣們誇耀，以服臣下之心。如果朝廷的軍隊還沒有去攻打成德軍，就先在魏博被打敗了，這就說明皇帝的謀略反而不如臣下的謀略，這事能不被天下所恥笑嗎！既被恥笑，又很憤怒，皇帝就一定任用智謀之士，籌劃長遠的計策，依靠勇猛的將領訓練精銳的士兵，竭盡全力再次渡過黃河，鑑於以前失敗的教訓，一定不會越過魏博去討伐成德軍，比較罪責的輕重，一定不會先打成德軍而後攻魏博，這就是不上不下，直衝魏博而來。」田季安說：「那該怎麼辦呢？」譚忠說：「朝廷軍隊進入魏博，您應該厚加犒勞。這時率領全部軍隊迫近成德軍的邊境，聲稱要討伐成德，而暗中可以派人給王承宗送信說：『如果魏博要攻打成德，那麼河北的仁義之士就會說魏博出賣朋友；如果魏博與成德站在一起，那麼河南地區的忠臣又會說魏博反叛君主。出賣朋友和反叛君王的名聲，魏博不能忍受。如果您能暗中解除守衛，送給魏博一座城邑，魏博拿它作為向天子報捷的憑據。這樣就能使魏博北面得以侍奉成德，西面得以做天子之臣。對成德而言，有一點小小的損耗，對魏博而言，卻是獲得了罕有的利益，難道您一點也不被魏博的利益打動嗎？』王承宗如果不拒絕您，那麼魏博的霸業基礎就牢靠了。」田季安說：「好！先生到魏博來，真是上天要眷顧魏博啊。」於是就採用譚忠的計謀，與成德暗中商議，得到了成德軍的堂陽縣。

譚忠返回幽州，打算用計謀激勵劉濟討伐王承宗，正碰上劉濟集合各位將領，對他們說：「天子知道我怨恨王承宗，現在命令我討伐他，成德軍也一定對我們大為戒備。去討伐和不去討伐，哪一個有利？」譚忠連忙回答說：「天子最終不會讓我們去討伐王承宗，王承宗也不會防備我們。」劉濟惱怒地說：「你為什麼不直接說我劉濟與王承宗一同反叛朝廷呢！」於是下令把譚忠囚禁獄中。劉濟派人去觀察成德軍的邊境，王承宗果然沒有進行防備。過後一天，朝廷的詔令果真下來了，命令劉濟「專心保護北部邊疆，不要讓朕又掛記著胡族的憂患，而能一心一意地討伐王承宗。」於是劉濟打開監獄，把譚忠叫來說：「事情真像你判斷的那樣。你是根據什麼知道的？」譚忠說：「盧從史表面上親近我們，心裡實際上嫉恨我們。他在外表上與成德斷絕了關係，實際上內心向著王承宗。他為王承宗謀劃道：『盧龍鎮以成德鎮為屏障，雖然怨恨成德鎮，但一定不會來踐踏成德，成德不必防備盧龍。』這一方面是暗示成德不敢與盧龍鎮對抗，另一方面是要讓盧龍鎮受到天子的懷疑。成德人既然不防備盧龍鎮，那麼盧從史就會跑去奏報天子說：『盧龍鎮與成德鎮結怨很深，成德鎮被討伐，但卻不防備盧龍鎮，這就是盧龍鎮反過來援助成德鎮了。』這就是我知道天子最終不讓您討伐成德，而成德也不防備我們的理由。」劉濟問：「那現今怎麼辦？」譚忠說：「盧龍與成德結怨，天下人沒有不知道的。現在天子討伐成德，您統率盧龍鎮的全部軍隊，沒有一個人渡過易水，這正是讓盧從史抓住破綻用盧龍鎮的現狀對成德鎮施小恩小惠，又在皇帝面前敗壞您忠誠的名聲，在這兩個方面都達到了目的。這就使盧龍鎮空有忠義之心，最終招來私下與成德勾結的口實，不被成德人所感激，徒有惡名在天下紛紛揚揚而已，希望您對此深思熟慮。」劉濟說：「我已經知道了。」於是下令全軍說：「五天之內全軍出動討伐成德，落在後面的剁成肉醬示眾！」

五年（庚寅　西元八一〇年）

春，正月，劉濟自將兵七萬人擊王承宗，時諸軍皆未進，濟獨前奮擊，拔饒陽❶、束鹿❷。

河東、河中、振武、義武四軍為恒州北面招討，會于定州。會望夜❸，軍吏以有外軍，請罷張燈。張茂昭曰：「三鎮❹，官軍也，何謂外軍！」命張燈，不禁行人，不閉里門，三夜如平日，亦無敢喧嘩❺者。

丁卯❻，河東將王榮拔王承宗洄湟鎮。吐突承璀至行營，威令不振，與承宗戰屢敗，左神策大將軍酈定進❼戰死。定進，驍將也，軍中奪氣❽。

河南尹房式有不法事，東臺❾監察御史元稹❿奏攝⓫之，擅令停務⓬。朝廷以為不可，罰一季俸，召還西京。至敷水驛⓭，有內侍⓮後至，破驛門呼罵而入，以馬鞭擊稹傷面。上復引稹前過⓯，貶江陵士曹⓰。翰林學士李絳、崔羣⓱言稹無罪。白居易上言：「中使陵辱朝士，中使不問而稹先貶，恐自今中使出外益暴橫，人無敢言者。又，稹為御史，多所舉奏，不避權勢，切齒者眾，恐自今無人肯為陛下當官執法，疾惡繩愆⓲，有大姦猾，陛下無從得知。」上不聽。

【章旨】以上為第四段，寫唐憲宗祖護宦官而壓抑朝士，元稹被貶官。

【注釋】❶饒陽　縣名，縣治在今河北饒陽。❷束鹿　縣名，縣治在今河北辛集。❸望夜　正月十五元宵夜。❹三鎮　指河中、河東、振武三鎮。張茂昭為義武軍節度使，領易、定二州。❺喧嘩　大聲說笑或喊叫。唐制，兩京及諸州、縣街巷，皆置巡邏打更的士兵，早晚傳呼，禁止夜行。但元宵節張燈，前後解除夜禁三天。定州城大軍在境，元宵節仍如同平日，也無人敢喧譁鬧事。❻丁卯　正月二十六日。❼酈定進　神策軍中勇將，從高崇文征蜀擒獲劉闢。❽奪氣　喪失銳氣；士氣低落。❾東臺　唐制，御史分司東都，叫做東臺。❿元稹　（西元七七九－八三一年）字微之，洛陽（今河南洛陽）人，唐詩人，與白居易友善，世稱「元白」。著有《元氏長慶集》等。傳見《舊唐書》卷一百六十六、《新唐書》卷一百七十四。⓫攝收捕。⓬擅令停務　元稹擅自讓房式停職。務，職任事務。⓭敷水驛　地名，在今陝西華陰境內。⓮內侍　宦官。據兩《唐書》中〈元稹傳〉、〈白居易傳〉，內侍為劉士元。⓯前過　指擅令河南尹房式停職之過。⓰士曹　士曹參軍。⓱崔羣　字敦詩，貝州武城（今山東武城）人，官至吏部尚書。傳見《舊唐書》卷一百五十九、《新唐書》卷一百六十五。⓲繩愆　糾正錯誤；懲治罪惡。

【語　譯】五年（庚寅　西元八一〇年）

春，正月，劉濟親自率兵七萬人攻打王承宗，當時各支軍隊都沒有進發，只有劉濟向前奮勇進擊，攻取了饒陽、束鹿。

河東、河中、振武、義武四支軍隊擔任從恆州北面討伐王承宗，他們在定州會合。適逢十五日夜晚，義武軍中的官吏認為定州駐有外地的軍隊，請求停止懸掛燈籠。張茂昭說：「河東、河中、振武三鎮軍隊，是朝廷的軍隊，怎麼能說是外地軍隊！」於是下令張燈結綵，不禁止行人，不關閉里巷的大門，三個晚上都像平時一樣，也沒有人敢大聲喧鬧的。

正月二十六日丁卯，河東軍的將領王榮攻下了王承宗的洄湟鎮。吐突承璀到了行營，軍威和命令不嚴整，與王承宗交戰一再失利，左神策軍的大將軍酈定進戰死。酈定進是一員勇將，神策軍將士因此士氣低落。

河南府尹房式有犯法的事情，東都洛陽的監察御史元稹上奏收捕了房式，擅自下令停止了房式的職務。朝廷認為這樣處理不可以，罰了元稹三個月的薪俸，召回西京長安。元稹到了敷水驛站，有宮廷內侍從後面到來，撞破驛站的大門，呼喊謾罵而入，用馬鞭打擊元稹，傷了面部。憲宗又牽連元稹前面的過失，把他貶職為江陵士曹。翰林學士李絳、崔羣上言元稹沒有過錯。白居易進言說：「中使陵辱朝廷大臣，不追究中使，而先把元稹貶職，恐怕從今以後，中使到外面去更加橫暴，人們沒有敢說什麼的。另外，元稹擔任御史，多所舉奏，不迴避權勢，切齒痛恨他的人很多，恐怕從今以後沒有人敢為陛下任官執法，痛恨邪惡，懲治罪惡，有了大奸大惡的人，陛下無從得知。」憲宗沒有聽從白居易的勸諫。

上以河朔方用兵，不能討吳少陽。三月己未❶，以少陽為淮西留後。

諸軍討王承宗者久無功，白居易上言，以為：「河北本不當用兵，今既出師，承璀未嘗苦戰，已失大將❷。與從史兩軍入賊境，遷延進退，不惟意在逗留，亦是力難支敵❸。希朝、茂昭至新市鎮❹，竟不能過。劉濟引全軍攻圍樂壽❺，久不能下。師道、季安元❻不可保，察其情狀，似相計會❼，各收一縣，遂不進軍。陛下觀此事勢，成功有何所望！以臣愚見，須速罷兵，若又遲疑，其害有四：可為痛惜者二，可為深憂者二。何則❽？

「若保有成❾，即不論用度多少；既的知❿不可，即不合虛費貲糧⓫。悟⓬而後行，事亦非晚。今遲校一日，則有一日之費，更延旬月，所費滋多⓭，終須罷兵，何如早罷！以府庫錢帛、百姓脂膏資助河北諸侯，轉令彊大。此臣為陛下痛惜者一也。

「臣又恐河北諸將見吳少陽已受制命⓮，必引事例輕重，同詞請雪⓯承宗。若章表繼來，即義無不許⓰。請而後捨⓱，體勢⓲可知，轉令承宗膠固同類⓳。如此，則與奪⓴皆由鄰道，恩信不出朝廷，實恐威權盡歸河北㉑。此為陛下痛惜者二也。

「今天時已熱，兵氣相蒸㉒，至於飢渴疲勞，疾疫暴露，驅以就戰，人何以堪㉓！縱不惜身，亦難忍苦。況神策烏雜㉔城市之人，例皆不慣如此。忽思生路㉕，或有奔逃[1]；一人若逃，百人相扇㉖；一軍若散，諸軍必搖。事忽至此，悔將何及！此為陛下深憂者一也。

「臣聞回鶻、吐蕃皆有細作㉗，中國之事，小大盡知。今聚天下之兵，唯討承宗一賊，自冬及夏，都未立功，則兵力之彊弱、資費之多少，豈宜使西戎㉘、北虜㉙一一知之！忽見利生心，乘虛入寇，以今日之勢力，可能救其首尾哉！兵連禍生，何事不有！萬一及此，實關安危。此其為陛下深憂者二也。」

【章旨】以上為第五段，寫白居易上奏請罷河北征討之軍，若不及時撤軍當有四害。

【注釋】❶己未　三月十九日。❷已失大將　指酈定進戰死。❸力難支敵　軍力難以招架敵人。❹新市鎮　地名，在今河北新樂境內。❺樂壽　縣名，治所在今河北獻縣西南。❻元　通「原」。❼似相計會　好像互相商議過。❽何則　為什麼這樣說呢。❾若保有成　如果保證能取得成功。❿的知　確實知道。⓫虛費貲糧　白白地浪費錢財、糧食。⓬悟　省悟。⓭滋多　甚多；更多。⓮制命　皇帝的命令。即指以吳少陽為淮西留後的任命。⓯雪　昭雪；雪理。⓰義無不許　按道義來說不能不答應。⓱請而後捨　指朝廷接受河北諸鎮挾制之請，而後放棄對王承宗的征討。⓲體勢　狀態。⓳膠固同類　與河北不順服的諸鎮緊密勾結。⓴與奪　給與和剝奪，即任免處置之權。㉑威權盡歸河北　威嚴和權力完全掌握在河北軍鎮手裡。㉒兵氣相蒸　戰爭和熱浪交相蒸騰。㉓人何以堪　人們怎麼能夠受得了。㉔烏雜　摻雜著；混雜著。㉕忽思生路　一旦想到要找條生路。㉖扇　通「煽」。煽惑；煽動。㉗細作　間諜人員。㉘西戎　指吐蕃。㉙北虜　指回鶻。

【校　記】①或有奔逃　原無此四字。據章鈺校，甲十一行本、乙十一行本、孔天胤本皆有此四字，今據補。

【語　譯】憲宗認為河朔正在用兵打仗，不能討伐吳少陽。三月十九日己未，任命吳少陽為淮西留後。

各路軍隊討伐王承宗，長期沒有戰功，白居易進言憲宗，認為：「河北地區本來不應該用兵，現在出兵以後，吐突承璀不曾艱苦力戰，已經失掉了大將。他與盧從史兩支軍隊進入叛賊的境內，進退拖延，不僅僅是有意停滯不前，也是他們的兵力難以招架王承宗的軍隊。范希朝和張茂昭到了新市鎮，竟然不能通過。劉濟帶領全軍圍攻樂壽縣，長期攻不下來。李師道、田季安原來就不作什麼指望，觀察他們的情況，好像相互商議過，他們各自獲取一個縣，就不進軍了。陛下看看這種形勢，有什麼成功的希望！根據臣下的愚昧見解，應該迅速停止用兵，如果再遲疑，那麼危害就有四個方面：其中可為痛惜的有兩個方面，可為深憂的有兩個方面。為什麼這樣說呢？

「如果確保戰事成功，那就可以不考慮花費多少；既然確實知道戰事不能成功，那就不應該白白浪費錢財和糧食。如果省悟了這個道理以後再行動，事情也不晚。現在糾正晚一天，就會有一天的費用，再拖延十天半月的，所花費用就很多了，最終應該停止用兵，不如早點停止用兵！用國庫的錢財和老百姓的血汗資助河北各鎮主帥，反而讓他們強大起來。這就是臣下為陛下痛惜的第一點。

「臣下又擔心河北的各個將帥見到吳少陽已經受到皇帝的任命，一定會援引這一事情作例子來進行輕重比較，大家同聲請求朝廷洗雪王承宗罪名。如果表章相繼送上來，就道義來說不能不答應。經過河北各鎮的請求後放棄對王承宗的討伐，那種狀況可想而知，這樣只會使王承宗與同類型的人更加緊密地勾結。這樣一來，對王承宗的任免處置都出自與他相鄰的各軍鎮，對王承宗的恩典和信義不是來自於朝廷，臣下實在擔心朝廷的威嚴和權力全都歸河北各軍鎮所有了。這是為陛下痛惜的第二點。

「現在天氣已經炎熱，戰爭和熱浪交相蒸騰，以至於將士飢渴疲勞，疾病和瘟疫流行，露宿野外，還驅使他們打仗，人們怎麼受得了！即使他們不愛惜生命，也難以忍受痛苦。何況神策軍中混雜著城市中的人，他們全都不習慣於這種環境。他們一旦想到要找一條生路，就可能有逃跑的；如有一人逃跑，就會一百人受到這一行為的煽動；一支軍隊如果潰散了，各支軍隊一定會動搖。事情忽然到了這一地步，怎麼來得及後悔啊！這是臣下為陛下深深擔憂的第一件事。

「我聽說回鶻、吐蕃都有間諜，大唐的事情，大大小小全都清楚。現在集中天下的兵力，只討伐王承宗這一個叛賊，從冬天到夏天，都未建戰功，那麼兵力的強弱、錢財花費了多少，這些哪能讓吐蕃、回鶻一一知道呢！如果他們突然看到有利可圖而心生歹意，乘虛入侵，以朝廷現在的力量，可能兼顧兩頭嗎！戰事相連，禍患叢生，什麼事情不會發生！萬一到了這一地步，實在關係到國家安危。這是我為陛下深深擔憂的第二件事。」

盧從史首建❶伐王承宗之謀，及朝廷興師，從史逗留不進，陰❷與承宗通謀，令軍士潛懷承宗號❸。又高芻粟之價以敗度支❹，諷❺朝廷求平章事，誣奏諸道與賊通，不可進兵。上甚患之。

會從史遣牙將王翊元入奏事，裴垍引與語，為言為臣之義，微動其心，翊元遂輸誠❻，言從史陰謀及可取之狀。垍令翊元還本軍經營❼，復來京師，遂得其都知兵馬使烏重胤❽等款要❾。垍言於上曰：「從史狡猾驕很，必將為亂。今聞其與承璀對營，視承璀如嬰兒，往來都不設備。失今不取，後雖興大兵，未可以歲月平也。」上初愕然，熟思良久，乃許之。

從史性貪，承璀盛陳奇玩⑩，視其所欲⑪，稍以遺之⑫。從史喜，益相昵狎⑬。甲申⑭，承璀與行營兵馬使李聽謀，召從史入營博⑮，伏壯士於幕下，突出，擒詣帳後縛之，內⑯車中，馳詣⑰京師。左右驚亂，承璀斬十餘人，諭以詔旨。從史營中士卒[1]聞之，皆甲以出⑱，操兵趨譁⑲。烏重胤當⑳軍門叱㉑之曰：「天子有詔，從者賞，敢違者斬！」士卒皆斂兵還部伍㉒。會夜，車疾驅，未明，已出境。重胤，承洽之子；聽，晟之子也。

丁亥㉓，范希朝、張茂昭大破承宗之眾於木刀溝㉔。

上嘉烏重胤之功，欲即授以昭義節度使。李絳以為不可，請授重胤河陽，以河陽節度使孟元陽鎮昭義。會吐突承璀奏，已牒㉕重胤句當㉖昭義留後。絳上言：「昭義五州據山東要害㉗，魏博、恆、幽諸鎮蟠結㉘，朝廷惟恃此以制之。邢、磁、洺入其腹內㉙，誠國之寶地，安危所繫也。曏為從史所據，使朝廷旰食㉚。今幸而得之，承璀復以與重胤，臣聞之驚歎，實所痛心！昨國家誘執從史，雖為長策，已失大體㉛。今承璀又以文牒差人為重鎮留後，為之求旌節，無君之心，孰甚於此！陛下昨日得昭義，人神同慶，威令再立；今日忽以授本軍牙將㉜，物情頓沮㉝，紀綱大紊。校計㉞利害，更不若從史為之。何則？從史雖蓄姦謀，已是朝廷牧伯㉟。重胤出於列校㊱，以承璀一牒代之，竊恐河南、北諸侯聞之，無不憤怒，恥與為伍。且謂承璀誘重胤逐從史而代其位，彼人人㊲麾下㊳各有將校，能無自危乎！儻劉濟、茂昭、季安、執恭、韓弘、師道繼有章表陳其情狀，并指㊴承璀專命之罪，不知陛下何以處之？若皆不報㊵，則眾怒益甚；若為之改除㊶，則朝廷之威重去矣。」上復使樞密使梁守謙㊷密謀於絳曰：「今重胤已總軍務，事不得已，須應與節㊸。」對曰：「從史為帥不由朝廷㊹，故啟㊺其邪心，終成逆節。今以重胤典兵，即授之節，威福之柄不在朝廷，何以異於從史乎！重胤之得河陽，已為望外之福㊻，豈敢更為旅拒㊼！況重胤所以能執從史，本以杖順成功㊽，一旦自逆詔命，安知同列㊾不襲其跡而動乎？重胤軍中等夷㊿甚多，必不願重胤獨為主帥。移之它鎮，乃愜眾心(51)，何憂其致亂乎！」上悅，皆如其請。壬辰(52)，以重胤為河陽節度使，元陽為昭義節度使。

戊戌(53)，貶盧從史驩州(54)司馬。

【章旨】以上為第六段，寫裴垍巧計除掉盧從史，李絳妥善酬功烏重胤。

【注釋】❶首建　首先建議。❷陰　暗中。❸潛懷承宗號　暗中懷著王承宗的軍隊番號。凡行軍各有番號，以相識別。❹又高芻粟之價以敗度支　又提高草料和糧食的價格，破壞度支對軍隊的供應。因吐突承璀統帥行營兵駐屯趙、邢地區，中央度使得人們的情緒立即沮喪，朝綱政紀大為紊亂。對比此事的利害關係，還不如盧從史擔任節度使。為什麼這樣說？盧從史雖然心蓄奸計，但已是朝廷的一方大吏。烏重胤出自將校，利用吐突承璀的一份公文代替了盧從史，我私下擔心河南、河北各軍鎮的主帥聽到這一消息，沒有不憤怒的，恥於與烏重胤並列。而且他們還會說吐突承璀引誘烏重胤驅逐盧從史，而取代盧從史的職位，他們人人的部下都有不少將校，能不感到自己也很危險嗎！假如劉濟、張茂昭、田季安、程執恭、韓弘、李師道相繼上奏表章，陳說這一情況，並且指責吐突承璀專擅朝命之罪，不知道陛下怎麼處理這件事？如果對他們的表章都不回覆，那麼他們會更加憤怒；如果因此改任節度使，那麼朝廷的威嚴就喪失了。」憲宗又派樞密使梁守謙與李絳祕密商議說：「現在烏重胤已經總攬軍務，此事迫不得已，應該給與節度使的旌節。」李絳回答說：「盧從史擔任主帥不是出自朝廷，所以開啟了盧從史奸邪的念頭，最後成了叛逆。現在因為烏重胤掌管了軍隊，就立即授給旌節，賞罰大權不在朝廷，這與盧從史有什麼不同呢！烏重胤得到河陽，已經是希望之外的福分了，哪裡敢再聚眾反抗呢！何況烏重胤之所以能抓捕盧從史，本來就是依仗效忠朝廷取得成功，一旦烏重胤自己違抗朝廷的命令，怎麼知道以前同級的將領不效仿他的做法來行動呢？烏重胤在昭義軍中的同級將領有很多，他們一定不希望烏重胤獨自擔任主帥。把烏重胤遷移到其他軍鎮，才能滿足大家的心意，哪裡用得著為將要導致禍亂而擔憂呢！」憲宗很高興，完全按照李絳的請求去做了。四月二十三日壬辰，憲宗任命烏重胤為河陽節度使，任命孟元陽為昭義節度使。

四月二十九日戊戌，把盧從史貶職為驩州司馬。

五月乙巳❶，昭義軍三千餘人夜潰，奔魏州。劉濟奏拔安平❷。○庚申❸，吐蕃遣其臣論思邪熱入見，且歸路泌、鄭叔矩之柩❹。○甲子❺，奚寇靈州❻。

六月甲申[7]，白居易復上奏，以為「臣比[8]請罷兵，今之事勢，又不如前，不知陛下復何所待！」是時，上每有軍國大事，必與諸學士謀之。嘗踰月不見學士，李絳等上言：「臣等飽食不言，其自為計則得矣，如陛下何！陛下詢訪理道[9]，開納直言，實天下之幸，豈臣等之幸！」上遽令「明日三殿[10]對來[11]」。

白居易嘗[12]因論事，言「陛下錯」，上色莊而罷[13]，密召承旨[14]李絳，謂曰[1]：「居易小臣不遜[15]，須令出院[16]。」絳曰：「陛下容納直言，故羣臣敢竭誠無隱。居易言雖少思[17]，志在納忠[18]。陛下今日罪之，臣恐天下各思箝口[19]，非所以廣聰明，昭[20]聖德也。」上悅，待居易如初。

上嘗欲近獵苑中[21]，至蓬萊池[22]西，謂左右曰：「李絳必諫，不如且止。」

秋，七月庚子[23]，王承宗遣使自陳為盧從史所離間，乞輸貢賦，請官吏，許其自新[24]。李師道等數上表請雪承宗，朝廷亦以師久無功，丁未[25]，制洗雪[26]承宗，以為成德軍節度使，復以德、棣二州與之。悉罷諸道行營將士，共賜布帛二十八萬端匹[27]。加劉濟中書令[28]。

劉濟之討王承宗也，以長子緄[29]為副大使，掌幽州留務[30]。濟軍瀛州，次子總[31]為瀛州刺史，濟署行營都知兵馬使，使屯饒陽。濟有疾，總與判官張玘、孔目官成國寶謀，詐使人從長安來，曰：「朝廷以相公逗留無功，已除副大使為節度使矣。」明日，又使人來告曰：「副大使旌節㉜已至太原。」又使人走而呼曰：「旌節已過代州。」舉軍驚駭㉝。濟憤怒，不知所為㉞，殺大將素與緄厚者數十人，追緄詣行營㉟，以張玘兄皋代知留務。濟自朝至日昃㊱不食，渴索飲，總因置毒而進之。乙卯㊲，濟薨。緄行至涿州㊳，總矯以父命杖殺之，遂領軍務。

【章旨】以上為第七段，寫朝廷征討成德無功而罷軍，幽州劉總弒父殺兄自領軍務。

【注釋】❶乙巳　五月初六日。❷安平　縣名，在今河北安平。❸庚申　五月二十一日。❹歸路泌鄭叔矩之柩　德宗貞元三年（西元七八七年），渾瑊與吐蕃盟平涼，吐蕃背盟，與渾瑊同行者判官路泌、鄭叔矩等沒於吐蕃，至此，泌、叔矩靈柩始歸唐。柩，棺材。❺甲子　五月二十五日。❻靈州　州名，治所在今寧夏靈武西南。❼甲申　六月十五日。❽比　多次。❾理道　治道；治理的方略。❿三殿　指麟德殿。殿有三面，故稱三殿。殿西即翰林學士院。⓫對來　言明日當召對，可以前來。當時皇帝召對群臣，詔書中率有「對來」一語。⓬嘗　曾經。⓭色莊而罷　面色莊重而停止議事。⓮承旨　翰林學士承旨，以久任翰林學士者充任。永貞元年（西元八〇五年）始命鄭絪為承旨。凡大誥令、大廢置、丞相之密畫，內外之密奏，皇帝甚為注意大事，無不專受專對。⓯不遜　沒禮貌。⓰出院　逐出翰林學士院。⓱少思　欠缺周密思考。⓲志在納忠　心意在於向皇帝獻納忠誠。⓳箝口　閉口不言。⓴昭　昭明；彰顯。㉑苑中　自蓬萊池西出玄武門，入重元門，即苑中。㉒蓬萊池　蓬萊池在蓬萊殿之北，一曰太液池，池中有蓬萊山。㉓庚子　七月初二日。㉔自新　改過自新。㉕丁未　七月初九日。㉖洗雪　赦免。㉗端匹　唐制，布帛六丈為端，四丈為匹。㉘中書令　中書省長官，正二品。中書令帶「平章事」即為宰相。中唐後多給節鎮加官中書令，是一種榮銜，以賞其功。㉙緄　劉緄，劉濟長子。為其弟劉總所殺。事見《新唐書》卷二百十二。㉚留務　留守事務。即為留後。㉛總　劉濟次子，性陰賊險譎，毒父，殺兄，為幽州節度使。後削髮為僧。傳見《舊唐書》卷一百四十三、《新唐書》卷一百十二。㉜旌節　指賜給幽州節度使的印信、符節。㉝驚駭　驚恐。㉞不知所為　不知怎麼辦才好。㉟追緹詣行營　派人傳劉緹到劉濟行營。㊱日昃　太陽西斜。㊲乙卯　七月十七日。㊳涿州　州名，治所在今河北涿州。

【校　記】①曰　原作「白」。胡三省注云：「『白』當作『曰』。」據章鈺校，甲十一行本作「曰」，張敦仁《通鑑刊本識誤》同，今據改。

【語　譯】五月初六日乙巳，昭義軍的士兵三千多人在夜間潰散，跑往魏州。劉濟奏報攻取了安平縣。○二十一日庚申，吐蕃派遣它的大臣論思邪熱進京朝見，並且送回了路泌、鄭叔矩的靈柩。○二十五日甲子，奚族人侵犯靈州。

六月十五日甲申，白居易又上奏憲宗，認為「臣下多次請求停止用兵，現在戰爭勢態，又不如從前，不知道陛下還要等待什麼！」當時，憲宗每有軍國大事，一定要與翰林院的各個學士商議。曾經過了一個月沒有召見學士們，李絳等人進言說：「臣等吃飽了，不說什麼話，要是從臣等自身考慮，則是很好的事情，但這對陛下有什麼益處呢！陛下詢問治理天下的方略，敞開接納直率的言論，這實在是天下的幸事，哪裡只是臣等的幸運呢！」憲宗立即命令他們「明天到麟德殿來奏對」。

白居易曾經因為議事時，說了「陛下錯誤」，憲宗神色莊重地停止了議事，暗中召來翰林院承旨李絳，對他說：「居易一個小小的臣子，出言不遜，必須將他調出翰林院。」李絳說：「陛下容納直言，所以群臣敢於竭盡忠誠，毫不隱諱。居易說話雖然缺少思考，但心意在於獻納忠誠。陛下今天把他治罪，臣下擔心天下每人都想閉口不言了，這不是擴大視聽，彰明陛下聖德的辦法。」憲宗聽了很高興，對白居易如從前一樣。

憲宗曾經想去苑中就近打獵，到了蓬萊池西邊，對左右隨從說：「李絳一定要進言勸諫，不如暫且停下來。」

秋，七月初二日庚子，王承宗派遣使者到朝廷來述說自己受了盧從史的挑撥離間，請求向朝廷送交賦稅，請朝廷委派官吏，允許他改過自新。李師道等人也幾次上表請求赦免王承宗，朝廷也因為軍隊長時間沒有戰功，初九日丁未，憲宗下制書赦免王承宗，任命為成德軍節度使，又把德、棣兩州給了王承宗。各道軍營的將士全部休戰，一共賞賜布帛二十八萬端匹。加授劉濟為中書令。

劉濟討伐王承宗的時候，任命長子劉緄為節度副大使，負責幽州留後事務。劉濟駐軍瀛州，二兒子劉總擔任瀛州刺史，劉濟任命劉總為行營都知兵馬使，讓他屯駐饒陽。劉濟患有重病，劉總與判官張玘、孔目官成國寶謀劃，讓人假冒從京城長安前來，對劉濟說：「朝廷因為您停止不前，沒有戰功，已經任命副大使為節度使了。」第二天，又派人來告訴劉濟說：「朝廷任命副大使劉緄的節度使旌節已經送到太原。」又派人跑著喊叫說：「節度使的旌節已經送過代州了。」全軍驚恐。劉濟很憤怒，不知道該怎麼辦，殺了大將中一向與劉緄關係很好的幾十人，速召劉緄前往行營，任命張玘的哥哥張皋代理幽州留後職務。劉濟從早上到太陽西沉沒有進食，口渴，要水喝，劉總乘機投毒，把水送給劉濟喝。七月十七日乙卯，劉濟去世。劉緄走到涿州，劉總假借父親的命令，用棍棒打死了劉緄，於是自己就總攬了軍中事務。

嶺南監軍許遂振以飛語❶毀節度使楊於陵於上，上命召於陵還，除冗官❷。裴垍曰：「於陵性廉直，陛下以遂振故黜藩臣，不可。」丁巳❸，以於陵為吏部侍郎。遂振尋自抵罪。

八月乙亥❹，上與宰相語及神仙，問：「果有之乎？」李藩對曰：「秦始皇、漢武帝學仙之效，具載前史，太宗服天竺僧長年藥❺致疾，此古今之明戒❻也。陛下春秋鼎盛❼，方勵志太平，宜拒絕方士❽之說。苟❾道盛德充，人安國理，何憂無堯、舜之壽❿乎！」

九月己亥[11]，吐突承璀自行營還。辛亥[12]，復為左衛上將軍，充左軍中尉。裴垍曰：「承璀首唱用兵[13]，疲弊天下，卒無成功，陛下縱以舊恩不加顯戮[14]，豈得全不貶黜以謝[15]天下乎！」給事中段平仲[16]、呂元膺言承璀可斬。李絳奏稱：「陛下不責承璀，它日復有敗軍之將，何以處之？若或誅之，則同罪異罰，彼必不服；若或釋之，則誰不保身而玩寇[17]乎！願陛下割[18]不忍之恩，行不易之典[19]，使將帥有所懲勸[20]。」間[21]二日，上罷承璀中尉，降為軍器使[22]，中外相賀。◯裴垍得風疾[23]，上甚惜之，中使候問旁午[24]於道。◯丙寅[25]，以太常卿權德輿為禮部尚書、同平章事。

義武節度使張茂昭請除代人[26]，欲舉族入朝。河北諸鎮互遣人說止之[27]，茂昭不從，凡四上表，上乃許之。以左庶子任迪簡[28]為義武行軍司馬[29]。茂昭悉以易、定二州簿書管鑰授迪簡，遣其妻子先行，曰：「吾不欲子孫染於污俗[30]。」

茂昭既去，冬，十月戊寅[31]，虞候[32]楊伯玉作亂，囚迪簡。辛巳[33]，義武將士共殺伯玉。兵馬使張佐元又作亂，囚迪簡，迪簡乞歸朝。既而將士復殺佐元，奉迪簡主軍務。時易定府庫罄竭[34]，閭閻亦空[35]，迪簡無以犒士[36]，乃設糲飯[37]與士卒共食之，身居戟門[38]下經月[39]。將士感之，共請迪簡還寢[40]，然後得安其位[41]。

上命以綾絹十萬匹賜易定將士。壬辰[42]，以迪簡為義武節度使。○甲午[43]，以張茂昭為河中、慈、隰、晉、絳節度使，從行將校皆拜官。

右金吾大將軍[44]伊慎以錢三萬緡賂右軍中尉第五從直，求河中節度使。從直恐事泄，奏之。十一月庚子[45]，貶慎為右衛將軍，坐死者三人。

初，慎自安州入朝[46]，留其子宥主留事，朝廷因以為安州刺史，未能去也。會宥母卒於長安，宥利於兵權，不時發喪[47]。鄂岳[48]觀察使郗士美[49]遣僚屬以事過其境，宥出迎，因告以凶問[50]，先備籃輿[51]，即日遣之。○甲辰[52]，會王纁[53]薨。

庚戌[54]，以前河中節度使王鍔[55]為河東節度使。上左右受鍔厚賂，多稱譽[56]之，上命鍔兼平章事，李藩固執[57]以為不可。權德輿曰：「宰相非序進[58]之官。唐興以來，方鎮非大忠大勳，則跋扈者，朝廷或不得已而加之。今鍔既無忠勳，朝廷又非不得已，何為遽以此名假之！」上乃止。

鍔有吏才，工於完聚[59]。范希朝以河東全軍出屯河北，耗散[60]甚眾。鍔到鎮之初，兵不滿三萬人，馬不過六百匹，歲餘，兵至五萬人，馬有五千匹，器械精利[61]，倉庫充實。又進家財[62]三十萬緡，上復欲加鍔平章事。李絳諫曰：「鍔在太原，雖頗著績效，今因獻家財而命之，若後世何[63]！」上乃止。○中書侍郎、同平章事[1]裴垍數以疾辭位。庚申[64]，罷為兵部尚書。

十二月戊寅[65]，張茂昭入朝，請遷祖考之骨于京兆[66]。○壬午[67]，以御史中丞呂元膺為鄂岳觀察使。元膺嘗欲夜登城，門已鎖，守者不為開。左右曰：「中丞也。」對曰：「夜中難辯[68]真偽，雖中丞亦不可。」元膺乃還。明日，擢為重職[69]。

翰林學士、司勳郎中[70]李絳面陳吐突承璀專橫，語極懇切[71]。上作色[72]曰：「卿言太過！」絳泣曰：「陛下置臣於腹心耳目[73]之地，若臣畏避左右，愛身不言，是臣負陛下；言之而陛下惡聞[74]，乃陛下負臣也。」上怒解，曰：「卿所言皆人所不能言，使朕聞所不聞[75]，真忠臣也。它日盡言，皆應如是。」己丑[76]，以絳為中書舍人，學士如故。

絳嘗從容諫上聚財[77]，上曰：「今兩河[78]數十州，皆國家政令所不及，河、湟[79]數千里淪於左衽[80]，朕日夜思雪祖宗之恥，而財力不贍[81]，故不得不蓄聚耳。不然，朕宮中用度極儉薄，多藏何用邪！」

【章旨】以上為第八段，寫李絳直言敢諫且又善諫，唐憲宗能黜抑吐突承璀者，李絳之力也。又寫王鍔有幹練之才而品德不濟。

【注釋】❶飛語　流言蜚語；謠言。❷冗官　閒散官，無所職事。❸丁巳　七月十九日。❹乙亥　八月初七日。❺長年藥長生不老之藥。唐太宗服用長生藥，事見本書卷二百一高宗總章二年。❻明戒　顯明的鑑戒。❼春秋鼎盛　年富力強。❽方士　古代好講神仙方術的人。❾苟　如果。❿堯舜之壽　傳說堯、舜均長壽。《史記・五帝本紀》載，堯在位七十年，命舜攝政二十八年，即在位九十八年，壽一百餘歲。舜三十歲被舉代堯攝政二十八年，守喪三年，又執政三十九年，共在位七十年，壽一百歲。⓫己亥　九月初二日。⓬辛亥　九月十四日。⓭首唱用兵　第一個建議出兵征討王承宗。⓮顯戮　明正典刑，當眾殺戮。⓯謝　謝罪。⓰段平仲　字秉庸，武威（今甘肅武威）人，性狷直，官至尚書左丞。傳見《舊唐書》卷一百五十三、《新唐書》卷一百六十二。⓱玩寇　消極對敵；隨意與敵人周旋。⓲割　割捨；拋棄。⓳行不易之典　施行不可更改的法典。⓴懲勸　懲戒和勸勉。㉑間　隔。㉒軍器使　官名，軍器庫主管，屬內諸司，以宦官充任。㉓風疾　中風病。㉔旁午　交錯紛繁；絡驛不絕。㉕丙寅　九月二十九日。㉖請除代人　請求任命代替他的人。㉗說止之　勸說阻止他。㉘任迪簡　京兆萬年（今陝西西安西北）人，歷官豐州刺史、天德軍使、太常少卿、太子左庶子，後代茂昭為義武節度使。傳見《舊唐書》卷十三、《新唐書》卷一百七十。㉙行軍司馬　節度使府高級佐官，協助掌理軍政，實權往往高於副大使。節鎮傳子或自推新節度使，先為留後，繼為朝廷任命；而朝廷委任新節度使，往往先為行軍司馬。㉚污俗　指節度使傳子的習俗。㉛戊寅　十月十一日。㉜虞候　節度使佐官，掌軍法。㉝辛巳　十月十四日。㉞罄竭　空虛。㉟閭閻亦空　里巷也空無人家。㊱犒士　犒賞士兵。㊲糲飯　糙米飯。糲，粗米。㊳戟門　指節度使官署大門。因藩鎮府門列戟，故謂之戟門。㊴經月　整整一月。㊵還寢　入居內府。㊶安其位　鞏固了節度使的地位。㊷壬辰　十月二十五日。㊸甲午　十月二十七日。㊹右金吾大將軍　右金吾及下文右衛，均為唐禁軍十六衛之一。大將軍高於將軍。伊慎以右金吾大將軍轉為右衛將軍，即從大將軍降為將軍，故下文云「貶」。㊺庚子　十一月初三日。㊻慎自安州入朝　伊慎為安黃節度使，入朝任右金吾衛大將軍。憲宗即位，伊慎入朝。事見本書卷二百三十六順宗永貞元年。安州，州名，治所安陸縣，在今湖北安陸。㊼不時發喪　不按時發喪。㊽鄂岳　方鎮名，唐代宗永泰元年（西元七六五年）升鄂州都團練使為觀察使。治鄂州，在今湖北武漢武昌。㊾郗士美　（西元七五六—八一九年）字和夫，高平金鄉（今山東金鄉）人，少好學，善記覽。官至忠武軍節度使。傳見《舊唐書》卷一百五十七、《新唐書》卷一百四十三。㊿凶問　母死之消息。(51)籃輿　竹轎子。(52)甲辰　十一月初七日。(53)會王纁　（？—西元八一〇年）順宗第十四子。憲宗弟。(54)庚戌　十一月十三日。(55)王鍔　（西元七四〇—八一五年）字昆吾，太原（今山西太原）人，官至河東節度使。傳見《舊唐書》卷一百五十一、《新唐書》卷一百七十。(56)稱譽　讚揚。(57)固執　堅持。(58)序進　循資序遷升。(59)工於完聚　善於修繕城郭，儲備財物。(60)耗散　損失、離散。(61)器械精利　武器精良鋒利。(62)進家財　進奉家財於朝廷。63若後世何　對於後代留下什麼教訓呢。即怎樣向後代的人作交代呢。64庚申　十一月二十三日。65戊寅　十二月十二日。66京兆　唐長安及其京畿地區為京兆府轄境，即今陝西西安周圍。67壬午　十二月十六日。68辯　通「辨」。69重職　重要的職位。70司勳郎中　吏部第三司主管，掌官吏勳級，從五品上。71懇切　至誠激切。72作色　變色；不悅而改變臉色。73腹心耳目　指翰林學士之職，為皇帝近侍。74惡聞　不願意聽；討厭聽見。75聞所不聞　聽到了沒有聽過的事情。76己丑　十二月二十三日。77諫上聚財　諫阻唐憲宗聚積財物。78兩河　指河南、河北，皆為藩鎮所割據。79河湟　黃河與湟水流域地區，今青海東部及甘肅蘭州以西地域。80左衽　指吐蕃。少數民族衣襟向左開合，故稱左衽。衽，衣襟。81不贍　不足。

【校　記】1同平章事　此四字原無。據章鈺校，甲十一行本、乙十一行本皆有此四字，今據補。

【語　譯】嶺南的監軍許遂振利用流言蜚語在皇帝那裡毀謗嶺南節度使楊於陵，憲宗命令召回楊於陵，任為散職。裴垍說：「楊於陵性格廉潔耿直，陛下因為許遂振幾句話的緣故罷免了一方的主帥，這樣不合適。」七月十九日丁巳，憲宗任命楊於陵為吏部侍郎。不久，許遂振承擔了這一事件的罪責。

八月初七日乙亥，憲宗與宰相談到了有關神仙的問題，憲宗問道：「果真有神仙嗎？」李藩回答說：「秦始皇、漢武帝學習神仙方術的效果，詳細記載在以前的史書上，太宗皇帝服用了天竺僧人的長壽藥後得了疾病，這是從古到今顯明的鑑戒。陛下年富力強，正勵志於天下太平，應該拒絕方術之士的學說。如果能夠使道德盛大，百姓安寧，國家治理，那還用得著擔心沒有堯、舜之壽嗎！」

九月初二日己亥，吐突承璀從行營中回到朝廷。十四日辛亥，又擔任左衛上將軍，充任左神策軍護軍中尉。裴垍說：「吐突承璀最先倡議朝廷對王承宗用兵，使天下疲困，終未成功，即使陛下因為舊日的恩情，對他沒有明正典刑，怎麼能一點也不加貶斥，來向天下人謝罪呢！」給事中段平仲、呂元膺奏言可把吐突承璀處斬。李絳上奏說：「陛下如果不懲罰吐突承璀，異日又有打了敗仗的將領，該如何處置呢？假如把敗將殺了，那敗將與吐突承璀罪責相同，懲處卻不一樣，他一定不服；如果把敗將釋放了，那麼有誰不保護自身而與敵人隨意周旋呢！希望陛下捨棄不忍下手的私恩，施行不可更改的法典，使將帥們有所警戒和勸勉。」隔了兩天，憲宗罷免了吐突承璀左神策軍護軍中尉的職務，降職為軍器使，朝廷內外的人都為此相互祝賀。

○裴垍得了中風病，憲宗很憐惜，中使去詢問病情的交錯於道。○二十九日丙寅，憲宗任命太常卿權德輿為禮部尚書、同平章事。

義武軍節度使張茂昭請求朝廷任命人來代替自己，打算帶全族的人進京入朝。河北地區的各軍鎮交相派人勸止他，張茂昭不聽，一共向朝廷四次上表，憲宗才答應了他。憲宗任命左庶子任迪簡為義武軍行軍司馬。張茂昭將易、定二州的帳簿文書和府庫鑰匙交給了任迪簡，打發妻子兒女先行，說：「我不想讓子孫們沾染汙濁的習俗。」

張茂昭離開義武軍以後，冬，十月十一日戊寅，虞候楊伯玉作亂，囚禁了任迪簡。十四日辛巳，義武軍的將士一起殺了楊伯玉。兵馬使張佐元又作亂，囚禁了任迪簡，任迪簡請求返回朝廷。不久，將士們又殺了張佐元，擁戴任迪簡主持軍中事務。當時易定府庫空虛，里巷也空無人家，任迪簡沒有什麼東西犒勞將士，於是就用粗米飯與士兵們一起吃，親身在軍府的大門前居處了一個月。將士受了感動，一起請求任迪簡回到軍府內就寢。之後，任迪簡的地位才鞏固下來。憲宗下令賞賜給易定的將士綾絹十萬匹。二十五日壬辰，憲宗任命任迪簡為義武軍節度使。○二十七日甲午，憲宗任命張茂昭為河中、慈、隰、晉、絳節度使，跟隨他一起入朝的將校都被朝廷委任了官職。

右金吾大將軍伊慎用三萬緡錢賄賂右軍中尉第五從直，求取河中節度使的職務。第五從直害怕事情洩露，向憲宗奏報了此事。十一月初三日庚子，憲宗把伊慎貶職為右衛將軍，獲罪處死的有三人。

當初，伊慎從安州進京入朝，留下他的兒子伊宥主理州事，朝廷因此任命伊宥為安州刺史，所以他沒有離開安州。正好伊宥的母親在長安去世，伊宥貪戀手中的兵權，不按時發布母親的死訊。鄂岳觀察使郗士美派遣屬下官吏辦事經過安州境內，伊宥出來迎接，乘機把母親的死訊告訴了來人，而且事先準備好了竹轎，當天就把來人打發上路了。○十一月初七日甲辰，會王李纁去世。

十一月十三日庚戌，憲宗任命前河中節度使王鍔為河東節度使。憲宗身邊的侍從接受了王鍔的很多賄賂，大多讚揚王鍔，憲宗下令王鍔兼任平章事，李藩堅持認為這樣做不合適。權德輿說：「宰相不是循資升遷的官職。大唐興起以來，各方的鎮帥不是大忠臣和有大功勳，就是專橫跋扈的人，朝廷有時迫不得已，才加授他們這一職務。現在王鍔既不是忠臣，又沒有功勳，朝廷又不是迫不得已，為什麼急忙把這一職位授予他呢！」憲宗這才作罷。

王鍔有當官的才幹，擅長修繕城郭和儲備財物。范希朝帶著河東的全部人馬出屯河北，消耗了很多。王鍔到河東鎮的初期，士兵不滿三萬人，馬不超過六百匹，一年多，士兵增加到了五萬人，馬有五千匹，兵器裝備精良鋒利，倉庫充實。王鍔又向朝廷進獻了私人財產三十萬緡，憲宗又打算加授王鍔平章事。李絳勸諫說：「王鍔在太原，雖然成績很顯著，現在因為向朝廷進獻私人財產而任命他為宰相，那怎麼向後世交代呢！」憲宗這才作罷。○中書侍郎、同平章事裴垍多次因為病重要求辭去職位。十一月二十三日庚申，裴垍被免去宰相職務，改任兵部尚書。

十二月十二日戊寅，張茂昭入朝，請求把祖父和父親的屍骨遷移到京兆府。○十六日壬午，憲宗任命御史中丞呂元膺為鄂岳觀察使。呂元膺曾經打算在晚上登城，城門已經鎖上了，守門的人不給他開門。呂元膺的隨行人員說：「這是呂中丞啊。」守門的人回答說：「晚上難辨真假，雖然是中丞也不能開門。」呂元膺就回去了。第二天，呂元膺把守門的人提升到重要職位上。

翰林學士、司勳郎中李絳當面向憲宗述說吐突承璀專橫，話語十分懇切。憲宗變了臉色，說：「你說得太過分了！」李絳哭著說：「陛下把臣下安置在心腹耳目之處，如果我害怕和迴避陛下身邊隨從，愛惜自身，不直率言事，那就是臣下辜負了陛下；臣下說了，而陛下討厭聽這些事，那就是陛下對不起臣下了。」憲宗的怒氣緩解了，說：「你所說的事情都是別人所不能說的，讓我聽到了沒有聽到過的事情，你真是忠臣。以後談事把話說完，都應該像今天這樣。」十二月二十三日己丑，憲宗任命李絳為中書舍人，翰林學士職務依舊。

李絳閒談時勸諫憲宗不要聚斂財物，憲宗說：「現在河南、河北幾十個州，都是朝廷政令達不到的地方，河、湟數千里淪陷於吐蕃，我日夜想著洗雪祖宗的恥辱，但是財力不足，所以不得不蓄積錢財罷了。如果不是這樣，我的宮廷用度極為儉省，儲藏許多財物又有什麼用處呢！」

六年（辛卯　西元八一一年）

春，正月甲辰❶，以彰義留後吳少陽為節度使。○庚申❷，以前淮南節度使李吉甫為中書侍郎、同平章事。○二月壬申❸，李藩罷為太子詹事❹。○己丑❺，忻王造❻薨。

宦官惡李絳在翰林，以為戶部侍郎，判本司❼。上問絳[1]：「故事，戶部侍郎皆進羨餘❽，卿獨無進，何也？」對曰：「守土之官❾，厚斂❿於人以市⓫私恩⓬，天下猶共非之；況戶部所掌，皆陛下府庫之物，給納有籍⓭，安得羨餘⓮！若自左藏⓯輸之內藏⓰以為進奉，是猶東庫移之西庫，臣不敢踵⓱此弊也。」上嘉其直，益重之。

乙巳⓲，上問宰相：「為政寬猛⓳何先？」權德輿對曰：「秦以慘刻⓴而亡，漢以寬大而興。太宗觀明堂圖㉑，禁抶㉒人背。是故安、史以來，屢有悖逆㉓之臣，皆旋踵㉔自亡，由祖宗仁政結於人心，人不能忘故也。然則寬猛之先後可見矣。」上善其言。

夏，四月戊辰㉕，以兵部尚書裴垍為太子賓客，李吉甫惡之也。

庚午㉖，以刑部侍郎、鹽鐵轉運使盧坦為戶部侍郎、判度支。或告泗州㉗刺史薛謇為代北水運使，有異馬不以獻。事下度支，使巡官往驗，未返，上遲之，使品官㉘劉泰昕按其事。盧坦曰：「陛下既使有司驗之，又使品官繼往，豈大臣不足信於品官乎！臣請先就黜免㉙。」上召泰昕還。

五月，前行營㉚糧料使㉛于皋謨、董溪坐贓數千緡，敕貸㉜其死。皋謨流春州㉝，溪流封州㉞，行至潭州㉟，並追遣中使賜死。權德輿上言，以為「皋謨等罪當死，陛下肆諸市朝㊱，誰不懼法！不當已赦而殺之。」溪，晉之子也。

庚子㊲，以金吾大將軍李惟簡㊳為鳳翔節度使。隴州㊴地與吐蕃接，舊常朝夕相伺，更入攻抄，人不得息。惟簡以為邊將當謹守備，蓄財穀以待寇，不當覩小利，起事盜恩㊵，禁不得妄入其㊶地。益市㊷耕牛，鑄農器，以給農之不能自具㊸者，增墾田數十萬畝。屬歲屢稔㊹，公私有餘，販者㊺流及他方。○賜振武節度使阿跌光進姓李氏。

【章旨】以上為第九段，寫唐憲宗與宰臣論寬嚴之政，李惟簡出鎮鳳翔，和好吐蕃，不邀邊功，社會安定，人口增殖。

【注　釋】❶甲辰　正月初九日。❷庚申　正月二十五日。❸壬申　二月初七日。❹太子詹事　官名，東宮屬官，詹事府主管，正三品，掌統三寺、十率府之政。❺己丑　二月二十四日。❻忻王造　李造（?—西元八一一年），代宗第十三子，封忻王。❼判本司　戶部第二司度支司，掌理財政。唐制，多以戶部外大臣兼理度支稱判度支，若以戶部侍郎兼理稱判本司。❽羨餘　唐官員以賦稅盈餘為名向皇室進貢的稅款。❾守土之官　指郡、縣等守護疆土的地方官員。❿厚斂　加重對人民的搜刮；加重徵收賦稅。⓫市　收買。⓬私恩　取得個人私下的恩寵。⓭給納有籍　收支有帳冊記載。⓮安得羨餘　哪有多餘財物。⓯左藏　戶部所掌國家倉庫。⓰內藏　皇帝私有倉庫。⓱踵　跟著；沿襲。⓲乙巳　三月十一日。⓳寬猛　寬，指德治。猛，指法治。⓴慘刻　慘酷刻剝。㉑太宗觀明堂圖　唐太宗讀《明堂針灸書》說：「人五藏之系，咸附於背。」下令今後不得打犯人的脊背。事見本書卷一百九十三唐太宗貞觀四年。㉒抶　鞭打。㉓悖逆　背理叛逆。㉔旋踵　旋轉腳跟。形容時間短暫。踵，腳後跟。㉕戊辰　四月初四日。㉖庚午　四月初六日。㉗泗州　州名，治所在今江蘇盱眙西北。㉘品官　唐內侍省有品官，白身，二千九百三十二人。㉙黜免　貶黜、免職。㉚前行營　指前討王承宗行營。㉛糧料使　管理軍糧的官員。㉜貸　寬免。㉝春州　州名，治所在今廣東陽春。㉞封州　州名，治所在今廣東封開東南。㉟潭州　州名，治所在今湖南長沙。㊱肆諸市朝　刑而陳屍於市集示眾。㊲庚子　五月初七日。㊳李惟簡　李惟岳弟，官至鳳翔節度使。傳見《新唐書》卷二百十一。㊴隴州　州名，治所在今陝西隴縣東南。㊵盜恩　挑起事端，竊取恩賞。㊶其　指吐蕃。㊷市　買。㊸自具　自己備辦。㊹屢歲屢稔　連年豐收。㊺販者　商人。

【校　記】①絳　原無此字。據章鈺校，甲十一行本、乙十一行本有，張瑛《通鑑校勘記》同，今據補。

【語　譯】六年（辛卯　西元八一一年）

春，正月初九日甲辰，憲宗任命彰義留後吳少陽為節度使。〇二十五日庚申，憲宗任命前淮南節度使李吉甫為中書侍郎、同平章事。〇二月初七日壬申，李藩被罷免宰相職務，改任太子詹事。〇二十四日己丑，忻王李造去世。

宦官們討厭李絳在翰林院任職，便讓憲宗任命李絳為戶部侍郎，負責度支事務。憲宗問李絳：「根據以前的慣例，戶部侍郎都要向宮廷進獻盈餘的錢財，獨有你不進獻，為什麼？」李絳回答說：「守護疆土的地方官，加重向百姓徵收賦稅來換取私下的恩寵，天下的人還都非難他，何況戶部所掌管的，都是陛下府庫中的錢財，支出和收入有帳簿記載，哪有什麼盈餘！如果把錢財從朝廷的左藏送到宮廷的內藏中去，作為對陛下的進獻，這就好比把東庫的東西轉移到西庫，臣下不敢承襲這一弊端。」憲宗很讚賞李絳的直率，更加器重李絳。

三月十一日乙巳，憲宗問宰相：「治理國家，德治與法治哪一種做法放在前面？」權德輿回答說：「秦朝因為殘酷刻剝而滅亡，漢朝因為寬緩大度而興盛。太宗皇帝看了〈明堂圖〉，禁止鞭打人的背。因此，安祿山、史思明叛亂以來，屢有叛逆之臣，全都轉眼之間自己滅亡了，這是因為列祖列宗的仁政扎根於人心，人們不能忘卻的緣故啊。那麼，德治與法治的先後就可以看出來了。」憲宗覺得這話說得很好。

夏，四月初四日戊辰，憲宗任命兵部尚書裴垍為太子賓客，這是由於李吉甫討厭他。

四月初六日庚午，憲宗任命刑部侍郎、鹽鐵轉運使盧坦為戶部侍郎、判度支。有人上告泗州刺史薛謇擔任代北水運使，他有一匹不同尋常的馬，卻不進獻給宮廷。憲宗把這件事交由度支處理，盧坦派巡官去核查，派去的人還沒有回來，憲宗認為處理得太遲緩，就派宮中的品官劉泰昕去查證這件事。盧坦說：「陛下既然讓有關部門去查處這件事，又派品官跟著去處理，難道是相信大臣的程度還不如品官嗎！請陛下先就地罷免了臣下的官職。」憲宗召回了劉泰昕。

五月，從前征討王承宗的行營糧料使于皋謨和董溪因為貪汙幾千緡錢財獲罪，憲宗下敕書寬免了他們的死罪。于皋謨被流放到春州，董溪被流放到封州，走到潭州，憲宗都追派中使賜令他們自殺。權德輿向憲宗進言，認為「于皋謨等人的罪行應當處死，陛下把他們陳屍市集示眾，那還有誰不畏懼法律呢！不應該已經赦免了又殺他們。」董溪，是董晉的兒子。

五月初七日庚子，憲宗任命金吾大將軍李惟簡為鳳翔節度使。隴州地域與吐蕃接壤，以前經常相互間早晚偵察，交互攻入對方的境內搶掠，人們不得安寧。李惟簡認為守衛邊疆的將領應該嚴謹防備，蓄積錢財糧食以備敵人入侵，不應當看見小利益，就挑起事端，竊取恩賞，他嚴禁將士隨便進入吐蕃人的境內。他更多地購買耕牛，鑄造農具，以供應給那些農耕而自己不能備辦耕牛和農具的人，增墾田地幾十萬畝。一連幾年都獲得豐收，公家和私人都有了餘糧，販賣糧食的人遠走外地去銷售。○憲宗賜振武節度使阿跌光進姓李。

六月丁卯❶，李吉甫奏：「自秦至隋十有三代❷，設官之多，無如國家❸者。天寶以後，中原宿兵，見在可計者八十餘萬，其餘為商賈、僧、道不服田畝❹者什有五六，是常以三分勞筋苦骨之人❺奉七分待衣坐食之輩❻也。今內外官以稅錢給俸者❼不下萬員，天下州三百，千三百餘縣[1]，或以一縣之地而為州，一鄉之民而為縣者甚眾，請敕有司詳定❽廢置，吏員可省者省之，州縣可併者併之，入仕之塗可減者減之。又，國家舊章❾，依品制俸❿，官一品月俸錢三十緡，職田⓫祿米不過千斛。艱難以來⓬，增置使額⓭，厚給俸錢。大曆中，權臣月俸至九千緡，州無大小，刺史皆千緡。常袞為相，始立限約⓮。李泌又量其閒劇⓯，隨事增加，時謂通濟，理難減削。然猶有名存職廢，或額去俸存，閒劇之間，厚薄頓異。請敕有司詳考俸料、雜給，量定以聞。」於是命給事中段平仲、中書舍人韋貫之、兵部侍郎許孟容、戶部侍郎李絳同詳定。

秋，九月，富平⓰人梁悅報父仇，殺秦杲，自詣縣請罪。敕：「復讎，據禮經則義不同天⑰，徵法令則殺人者死。禮、法二事，皆王教之大端⑱，有此異同，固資論辯，宜令都省⑲集議聞奏。」職方員外郎⑳韓愈議，以為：「律無其條，非闕文也㉑。蓋以不許復讎，則傷孝子之心而乖先王之訓；許復讎，則人將倚法專殺㉒，無以禁止其端㉓矣。故聖人丁寧其義於經㉔，而深沒其文於律㉕，其意將使法吏一斷於法㉖，而經術之士得引經而議㉗也。宜定其制曰：『凡復父讎者，事發，具申尚書省集議奏聞，酌其宜㉘而處之。』則經、律無失其指矣。」敕梁悅杖一百，流循州㉙。

甲寅㉚，吏部奏準敕併省內外官計八百八員，諸司流外㉛一千七百六十九人。

黔州㉜大水壞城郭，觀察使竇羣㉝發溪洞蠻以治之。督役太急，於是辰、漵二州蠻反。羣討之，不能定。戊午㉞，貶羣開州㉟刺史。

冬，十一月，弓箭庫使㊱劉希光受羽林大將軍孫璹錢二萬緡，為求方鎮㊲，事覺，賜死。事連左衛上將軍、知內侍省事吐突承璀，丙申㊳，以承璀為淮南監軍。上問李絳：「朕出承璀何如？」對曰：「外人不意陛下遽能如是。」上曰：「此家奴耳，曏以其驅使之久，故假以恩私；若有違犯，朕去之輕如一毛耳！」

十六宅諸王㊴既不出閤㊵，其女嫁不以時㊶，選尚者皆由宦官，率以厚賂自達。

李吉甫上言：「自古尚主㊷必擇其人，獨近世不然。」十二月壬申㊸，詔封恩王㊹等六女為縣主㊺，委中書、門下、宗正、吏部選門地人才稱可者嫁之。

己丑㊻，以戶部侍郎李絳為中書侍郎、同平章事。李吉甫為相，多修舊怨㊼，上頗知之，故擢絳為相。吉甫善逢迎上意，而絳鯁直，數爭論於上前。上多直絳而從其言，由是二人有隙㊽。

閏月辛卯朔㊾，黔州奏：辰、溆賊帥張伯靖寇播州㊿、費州51。

試52太子通事舍人53李涉知上於吐突承璀恩顧未衰54，乃投匭上疏55，稱「承璀有功，希光無罪。承璀久委心腹，不宜遽棄。」知匭使、諫議大夫孔戣56見其副章57，詰責不受。涉乃行賂，詣光順門通之58。戣聞之，上疏極言「涉姦險欺天，請加顯戮。」戊申59，貶涉峽州60司倉。涉，渤61之兄。戣，巢父之子也。○辛亥62，惠昭太子寧63薨。

是歲，天下大稔64，米斗有直二錢者。

【章旨】以上為第十段，寫憲宗納李吉甫之奏沙汰冗官，聽李絳之言外出吐突承璀，採韓愈之奏，朝議復仇殺人刑事案，表現明主風采。

【注釋】❶丁卯 六月初四日。❷自秦至隋十有三代 從秦到隋十三代為：秦、西漢、東漢、魏、晉、宋、齊、梁、陳、北魏、北齊、周、隋。❸國家　指唐朝。❹不服田畝　不從事耕種田地的人。❺勞筋苦骨之人　身體勞苦的人，主要指農民。❻待衣坐食之輩　不事農耕而坐待衣食的各類人，即士卒、商賈、僧道等等。❼內外官以稅錢給俸者　內外官員用賦稅供作薪俸的。此亦為待衣坐食之人。內官，指京官。外官，指地方官。給俸者，供給俸祿的人。❽詳定　詳細審定。❾舊章　舊的章程、制度。❿依品制俸　依照品級高下制定俸祿。⓫職田　職分田。唐制，給職官以職分田，一品為六十頃，逐品遞減五頃，離職時繳還。⓬艱難以來　指安、史之亂以來。⓭增置使額　增設如招討使、宣慰使等使職名額，增加了開支。⓮常袞為相二句　代宗朝宰相常袞制定了中外官有標準的俸祿。事見本書卷二百二十五代宗大曆十二年。⓯閑劇　指職事的輕閒與繁重。李泌增俸，事見本書卷二百三十三德宗貞元四年。⓰富平　縣名，縣治在今陝西富平。⓱義不同天　從道理上說，與仇人不共戴天。《禮記・曲禮上》說：「父之讎，弗與共戴天。」⓲王教之大端　指禮與法是帝王實行教化的重要方面。⓳都省　尚書省之別稱。⓴職方員外郎　兵部第二司職方司副主管，掌地圖、城隍、鎮戍、烽候、防人道路之遠近及四夷歸化之事，從六品上。㉑律無其條二句　法律中沒有子報父仇的條文，並不是出現了疏漏而缺條文。㉒倚法專殺　依據法律擅自殺人。謂若法律也明文規定子可報父仇，那就會出現依法殺人合理而擅自殺人。㉓無以禁止其端　謂法律無法禁止殺人事件的發生。端，開端；發生。㉔聖人丁寧其義於經　聖人在經書裡反覆叮嚀子報父仇的道理。丁寧，通「叮嚀」。㉕深沒其文於律　在法律條文中則深深地埋沒。即法律條文中沒有子報父仇的規定。㉖一斷於法　依法律條文判決。按律，殺人有罪，子報父仇殺人也應有罪。㉗經術之士得引經而議　謂子報父仇只可在經學之士中援經講論，不能是法官的判案依據。㉘酌其宜　根據具體情況。㉙循州　州名，治所在今廣東惠州東。㉚甲寅　九月二十二日。㉛流外　不入九品的職官。唐時諸司員吏大都由流外官充任。㉜黔州　州名，治所在今重慶市彭水苗族土家族自治縣。㉝竇羣　字丹列，京兆（今陝西西安）人，以詩聞名。傳見《舊唐書》卷一百五十五、《新唐書》卷一百七十五。㉞戊午　九月二十六日。㉟開州　州名，治所盛山，在今重慶市開縣。㊱弓箭庫使　官名，管弓箭，由宦官擔任，位在軍器庫使之下。㊲求方鎮　請求節度使之職。㊳丙申　十一月初五日。㊴十六宅諸王　開元以來，皇子多居禁中，分院而居，先為十王，後又就封六王，均入內宅。㊵出閤　走出京師藩王宅，指到封地就職。㊶不以時　不按時。㊷尚主　娶公主。此指尚公主之人。㊸壬申　十二月十一日。㊹恩王　李連，代宗子。㊺縣主　諸王公主封爵品級。㊻己丑　十二月二十八日。㊼多修舊怨　對過去有怨仇的人加以報復。㊽有隙　有矛盾。㊾辛卯朔　閏十二月初一日。㊿播州　州名，治所在今貴州遵義。(51)費州　州名，故治在今貴州德江縣東南。(52)試　唐制，擔任某一官職而未正式任命稱試。(53)太子通事舍人　東宮官屬。屬右春坊，掌導宮臣辭見，承令勞問，正七品下。李涉以五品試職。54恩顧未衰　恩寵未減退。55投匭上疏　唐武后時，置匭四枚，共為一室，列於朝堂，供人投訴。設知匭使掌其事。匭，即今之檢舉箱。56孔戣　德宗朝御史大夫孔巢父之子。唐憲宗時官知匭使、諫議大夫。傳見《舊唐書》卷一百五十四、《新唐書》卷一百六十三。57副章　副本。58詣光順門通之　到光順門投狀。唐制，除投匭上疏外，還可至光順門上疏，由閤門使收進。59戊申　閏十二月十八日。60峽州　州名，治所夷陵，在今湖北宜昌西北。61渤　隱士李渤，仕於穆、敬、文三朝。傳見《舊唐書》卷一百七十一、《新唐書》卷一百八十一。62辛亥　閏十二月二十一日。63惠昭太子寧　寧立為太子，見上卷憲宗元和四年三月。64大稔　大豐收。

【校　記】1天下州三百千三百餘縣　此二句原作「天下三百餘縣」，顯係訛脫，唐代縣數從來沒有如此之少。《新唐書》卷一百四十六〈李吉甫傳〉云：「今列州三百、縣千四百，以邑設州，以鄉分縣，費廣制輕，非致化之本。」按，《通鑑》脫「州三百千」四字。此當言「州三百」、「千三百餘縣」，方與下文「一縣之地而為州」、「一鄉之民而為縣」相應。「州三百千」四字當是刻者脫落。

【語　譯】六月初四日丁卯，李吉甫上奏說：「自秦朝到隋朝有十三個朝代，各朝設置官員之多，沒有像本朝這樣的。天寶年間以後，中原地區駐紮的軍隊，現在可以統計出來的有八十多萬人，其餘的做商賈、僧人、道士等不從事耕種田地的人，佔總人口的十分之五六，這就是經常用佔總人口十分之三的人辛勤勞動，來養活佔總人口十分之七的不事農耕而坐待衣食的人。現在朝廷內外官員用賦稅供給薪俸的不少於一萬人，全國三百個州，一千三百多個縣，有的用一個縣的地方設置一個州，用一個鄉的百姓作為一個縣的情況很多，請陛下敕令有關部門詳細審定州縣的廢除和設置，官吏可以省去的就省去，州縣可以合併的就合併，入仕的途徑可以減少的就減少。另外，國家舊制，根據官職的品級制定供給薪俸的標準，一品官每個月的薪俸為三十緡錢，職分田得到的祿米不超過一千斛。自從安、史之亂以來，國家增設招討使、宣慰使等使職名額，給與優厚的俸錢。大曆年間，當權大臣的月俸到了九千緡錢，州不論大小，刺史的月俸全都一千緡。常袞擔任宰相，才開始設置限制進行約束。李泌又酌量職務的輕閒和繁重，根據情況增加薪俸，當時認為這樣做通情達理，能辦成事情，按理說難以削減。但是，還是有的空有其名，職事荒廢，有的員額沒有了，俸錢尚在，輕閒和繁重之間，薪俸厚薄差別很大。請陛下敕令有關部門詳細審查薪俸和雜項供給，根據情況審定後上奏。」憲宗於是命令給事中段平仲、中書舍人韋貫之、兵部侍郎許孟容、戶部侍郎李絳一同詳細加以審定。

秋，九月，富平縣人梁悅替父親報仇，殺了秦杲，自己前往縣府請求治罪。憲宗下敕令說：「關於復仇這個問題，根據《禮記》，從道理上說，殺父之仇不共戴天，但求之於法令條文的規定，那麼殺人的要處死。禮儀和法令兩方面，都是君王教化天下的重要方面，二者存在著如此不同的差別，固然可供辯論，應該讓尚書省召集人員討論後上奏。」職方員外郎韓愈表示建議，認為：「在律令中沒有這方面的律文，並不是缺失了相關律文。這大概是因為不允許為父報仇，就會傷害孝子的心，而違背了先王以孝治天下的訓導。允許報殺父之仇，那麼人們就會根據這條法令擅自殺人，而沒有辦法禁止這種殺人現象的發生了。所以先聖在經書中反覆叮嚀子報父仇的道理，而在法律條文中沒有子報父仇的規定，這一用意就在於讓執法的官吏一概以法律條文判決，而經學之士得以引經據典地進行議論。應該就處理這種事情制定一個條文為：『凡是報殺父之仇的，事情發生後，詳細申報尚書省集體討論上奏，根據具體情況進行處置。』這樣就能使經典和法律都不失其旨意。」憲宗敕令打梁悅一百棍，流放到循州。

九月二十二日甲寅，吏部上奏說依據敕令共計減省朝廷內外官吏八百零八人，以及各部門九品以下的吏員一千七百六十九人。

黔州發大水毀壞了城牆，觀察使竇羣徵發溪洞蠻來修築城牆。對工程催促得太急切，於是辰、溆二州的蠻人造反，竇羣討伐他們，未能平定。九月二十六日戊午，把竇羣貶職為開州刺史。

冬，十一月，弓箭庫使劉希光接受了羽林大將軍孫璹的錢二萬緡，為孫璹尋求節度使之職，事情被發覺，憲宗賜令劉希光自殺。事情牽連了左衛上將軍、負責內侍省事務的吐突承璀。初五日丙申，憲宗任命吐突承璀為淮南監軍。憲宗問李絳：「我調出吐突承璀，怎麼樣？」李絳回答說：「朝外的人沒有想到陛下很快地能夠這樣。」憲宗說：「吐突承璀是一個家奴而已，以前是因為使喚他很長時間了，所以因私恩寬大了他。如果他有違法亂紀的事情，我拋棄他容易得像丟掉一根毫毛！」

十六宅諸王既然沒有離京到封地去，他們的女兒都不能按時出嫁，選擇匹配公主的男子都由宦官負責，這些男子大都用豐厚的錢財賄賂宦官們來推薦自己。李吉甫上奏說：「自古以來娶公主的人，一定要選擇合適的人選，只有近世不這樣做。」十二月十一日壬申，憲宗下詔冊封恩王等人的六個女兒為縣主，委託中書省、門下省、宗正和吏部選擇門第、人才合適的人士，把縣主嫁給他們。

十二月二十八日己丑，憲宗任命戶部侍郎李絳為中書侍郎、同平章事。李吉甫擔任宰相，經常報復舊時的怨仇，憲宗很瞭解這一情況，所以提拔李絳擔任宰相。李吉甫善於迎合憲宗的心意，而李絳耿直，多次在憲宗面前爭論。憲宗大多認為李絳正直而聽從李絳的意見，由此，李絳和李吉甫有了矛盾。

閏十二月初一日辛卯，黔州上奏朝廷說：辰州和溆州叛賊的頭目張伯靖侵擾播州、費州。

試太子通事舍人李涉知道憲宗對吐突承璀的恩寵眷顧沒有減退，於是投匭上疏，說「吐突承璀有功勞，劉希光沒有罪過。吐突承璀長期被陛下當作心腹，不應該急急忙忙地拋棄他。」擔任知匭使和諫議大夫的孔戣看到了李涉上疏的副本，斥責李涉，不接受奏疏。李涉於是行賄，前往光順門上疏。孔戣聽說此事，上疏憲宗，極力述說「李涉奸邪險惡，欺蒙天下，請把他公開在鬧市處斬示眾。」閏十二月十八日戊申，李涉被貶職為峽州司倉。李涉，是李渤的哥哥。孔戣，是孔巢父的兒子。○二十一日辛亥，惠昭太子李寧去世。

這一年，天下糧食大獲豐收，一斗米，有只值二文錢的地方。

七年（壬辰　西元八一二年）

春，正月辛未❶，以京兆尹元義方❷為鄜坊❸觀察使。初，義方媚事吐突承璀，李吉甫欲自託於承璀，擢義方為京兆尹。李絳惡義方為人，故出之。義方入謝，因言「李絳私其同年❹許季同，除京兆少尹，出臣鄜坊，專作威福，欺罔聰明❺。」

上曰：「朕諳李絳不如是。明日，將問之。」義方惶愧❻而出。明日，上以詰絳曰：「人於同年固有情乎？」對曰：「同年，乃九州四海之人偶同科第，或登科然後相識，情於何有❼！且陛下不以臣愚，備位宰相，宰相職在量才授任，若其人果才，雖在兄弟子姪之中猶將用之，況同年乎！避嫌而棄才，是乃便身，非徇公❽也。」上曰：「善！朕知卿必不爾❾。」遂趣❿義方之⓫官。

振武河溢⓬，毀東受降城⓭。

三月丙戌⓮，上御延英殿。李吉甫言：「天下已太平，陛下宜為樂。」李絳曰：「漢文帝時兵木無刃⓯，家給人足，賈誼猶以為厝火積薪之下⓰，不可謂安。今法令所不能制⓱者，河南、北五十餘州。犬戎腥羶，近接涇、隴，烽火⓲屢驚。加之水旱時作⓳，倉廩空虛，此正陛下宵衣旰食⓴之時，豈得謂之太平，遽為樂哉！」上欣然曰：「卿言正合朕意。」退，謂左右曰：「吉甫專為悅媚㉑，如李絳，真宰相也！」

上嘗問宰相：「貞元中政事不理㉒，何乃至此？」李吉甫對曰：「德宗自任聖智㉓，不信宰相而信他人，是使姦臣得乘間弄威福㉔。政事不理，職此故也㉕。」上曰：「然此亦未必皆德宗之過。朕幼在德宗左右，見事有得失，當時宰相亦未有再三執奏㉖者，皆懷祿偷安㉗，今日豈得專歸咎於德宗邪！卿輩宜用此為戒，事有非是，當力陳不已㉘，勿畏朕譴怒而遽止㉙也。」

李吉甫嘗言：「人臣不當強諫，使君悅臣安，不亦美乎？」李絳曰：「人臣當犯顏苦口㉚，指陳得失。若陷君於惡，豈得為忠！」上曰：「絳言是也。」吉甫至中書㉛，臥不視事㉜，長吁而已。李絳或久不諫，上輒詰㉝之曰：「豈朕不能容受邪，將無事可諫也？」

李吉甫又嘗㉞言於上曰：「賞罰，人主之二柄，不可偏廢。陛下踐阼㉟以來，惠澤深矣㊱，而威刑未振㊲，中外懈惰，願加嚴以振之。」上顧李絳曰：「何如？」對曰：「王者之政，尚德不尚刑㊳，豈可捨成、康、文、景而效秦始皇父子乎！」上曰：「然。」後旬餘，于頔入對，亦勸上峻刑㊴。又數日，上謂宰相曰：「于頔大是姦臣，勸朕峻刑，卿知其意乎？」皆對曰：「不知也。」上曰：「此欲使朕失人心耳。」吉甫失色，退而抑首㊵不言笑竟日㊶。

夏，四月丙辰㊷，以庫部郎中㊸、翰林學士崔羣為中書舍人，學士如故。上嘉羣讜直㊹，命學士「自今奏事，必取崔羣連署㊺，然後進之。」羣曰：「翰林舉動皆為故事。必如是，後來萬一有阿媚之人為之長，則下位直言無從而進矣。」

固不奉詔㊻，章三上，上乃從之。

五月庚申㊼，上謂宰相曰：「卿輩屢言淮、浙去歲水旱，近有御史自彼還，言不至為災，事竟如何？」李絳對曰：「臣按淮南、浙西、浙東奏狀，皆云水旱，人多流亡，求設法招撫㊽。其意似恐朝廷罪之者，豈肯無災而妄言有災邪！此蓋御史欲為姦諛㊾，以悅上意耳。願得其主名㊿，按致其法(51)。」上曰：「卿言是也。國以人為本，聞有災當亟救之，豈可尚復疑之邪！朕適者(52)不思，失言耳。」命速蠲(53)其租賦。

上嘗與宰相論治道於延英殿，日旰(54)，暑甚，汗透御服。宰相恐上體倦，求退。上留之曰：「朕入禁中，所與處者獨宮人、宦官耳，故樂與卿等且共談為理(55)之要，殊不知倦也。」

【章旨】以上為第十一段，寫唐憲宗思治，與宰臣論治，雖盛暑而不知倦。李吉甫逢迎上意，李絳鯁直正言，二人每議必急，於是有隙。

【注釋】❶辛未　正月十一日。❷元義方　媚事吐突承璀。李吉甫欲結援吐突承璀，用為京兆尹。李絳惡其人，出為鄜坊觀察使。傳見《新唐書》卷二百一。❸鄜坊　方鎮名，唐肅宗上元元年（西元七六〇年），置渭北鄜坊節度使。治所坊州，在今陝西黃陵東南。❹同年　唐人謂同榜進士為同年。❺聰明　指皇上。❻惶愧　驚慌而慚愧。❼情於何有　有什麼交情呢。❽徇公　以身為公。❾不爾　不這樣。❿趣　通「促」。⓫之　赴；前往。⓬河溢　黃河暴漲漫溢。⓭東受降城　唐張仁愿所築。受降城有三，東受降城在今內蒙古托克托西黃河東岸。⓮丙戌　三月二十八日。⓯兵木無刃　兵器不鋒利。借指天下太平，無戰事。⓰厝火積薪之下　語出《漢書・賈誼傳》中〈治安策〉，意謂將火放置在堆積的柴草之下，比喻潛伏著極大的危機。⓱制　制約。⓲烽火　報警烽煙。借指戰爭。⓳時作　時時發生。⓴宵衣旰食　天不亮就穿衣起身，天晚了才吃飯。指皇帝勤於政事。㉑悅媚　獻媚討好。㉒不理　不治。㉓自任聖智　自己用聖明的智慧辦事。實即剛愎自用的委婉語。㉔乘間弄威福　乘機作威作福。㉕職此故也　責任就在於這個緣故。職，責。㉖再三執奏　不斷地堅持上奏。㉗懷祿偷安　貪戀祿位，苟且偷安。㉘力陳不已　盡力奏諫不止。㉙遽止　立即停止進諫。㉚犯顏苦口　冒犯人君發怒的臉色而苦口婆心地進諫。㉛中書　中書省。㉜臥不視事　躺倒不辦事。㉝詰　責問。㉞嘗　曾經。㉟踐阼　即位。㊱惠澤深矣　恩惠是很深厚了。㊲振　振興。㊳尚德不尚刑　崇尚德政而不崇尚刑罰。㊴峻刑　嚴峻的刑法。㊵抑首　低著頭。㊶竟日　整整一天。㊷丙辰　四月二十九日。㊸庫部郎中　兵部第四司庫部司主官，掌戎器、鹵簿、儀仗等，正五品上。㊹讜直　正直。㊺連署　一起具名。㊻固不奉詔　堅決不接受連署的詔命。㊼庚申　五月初三日。㊽設法招撫　想辦法進行招撫。㊾姦諛　奸詐阿諛。㊿主名　主事者的姓名。(51)按致其法　按問得實後給予法律制裁。(52)適者　剛才。(53)蠲　免除。(54)日旰　日已晚。(55)為理　為治。唐因避高宗李治諱，故改「治」為「理」。

【語　譯】七年（壬辰　西元八一二年）

春，正月十一日辛未，朝廷任命京兆尹元義方為鄜坊觀察使。當初，元義方對吐突承璀獻媚逢迎，李吉甫想以吐突承璀為靠山，就提拔元義方為京兆尹。李絳厭惡元義方的為人，所以就將元義方調出外任。元義方進宮向憲宗謝恩，乘機說：「李絳為他同年科舉的許季同謀私利，任命他為京兆府少尹，把臣調出到鄜坊任職，李絳專斷，作威作福，欺蒙陛下的視聽。」憲宗說：「朕熟悉李絳，他不是這樣。明天，我要問問這事。」元義方又驚慌又慚愧地出了宮。第二天，憲宗責問李絳說：「人們對自己同年登科舉的人徇私情嗎？」李絳回答說：「所謂同年，就是分布在九州四海的人偶然在同一年科考登進士第，有的人是登科以後相認識，有什麼交情呢！而且陛下不因為臣下愚昧，讓臣下位居宰相，宰相的職責在於衡量才能，授予職任。如果那個人果真有才能，雖然在自己的兄弟子姪之中，也還要任用他，何況只是一個同榜的進士呢！為了避嫌而拋棄人才，這是有利於自身，而不是以身為公。」憲宗說：「很好！我知道你一定不會徇私情。」於是就催促元義方前往鄜坊赴任。

振武軍內的黃河大水漫溢，毀壞了東受降城。

三月二十八日丙戌，憲宗駕臨延英殿。李吉甫說：「天下已經太平無事，陛下應該好好享樂。」李絳說：「漢文帝時期兵器不鋒利，家家充實，人人富足，賈誼還認為火種放置在堆積的柴草之下，不能說是平安無事。現在朝廷法令不能制約的地方，在黃河南、北地區有五十多個州。吐蕃、回鶻的蹤跡，靠近涇州和隴州，邊塞烽火屢次報警。加上水災旱災時常發生，國家倉庫空虛，這正是陛下辛勤操勞政事的時候，豈能說是太平無事，可以立即享樂呢！」憲宗高興地說：「卿說的正符合我的想法。」退朝後，憲宗對左右侍從說：「李吉甫一味地獻媚討好，像李絳，才是真正的宰相啊！」

憲宗曾經問宰相：「貞元年間，朝廷政治不清明，是什麼原因導致這樣的呢？」李吉甫回答說：「德宗皇帝自己用聖明的智慧辦事，不信任宰相而相信別人，這樣就使得奸臣乘機作威作福。朝廷政治不清明，責任就在這個緣故。」憲宗說：「但這也未必都是德宗皇帝的過錯。朕年幼時在德宗皇帝身邊，見到事情在成敗得失之際，當時的宰相也沒有不斷地堅持上奏的，他們都貪戀俸祿，苟且偷安，現在怎麼能把過錯全歸罪於德宗皇帝呢！你們應該以此為鑑戒，事情有不對的地方，應當盡力奏諫不止，不要害怕朕生氣和譴責而立即停止勸諫。」

李吉甫曾經說：「做人臣的人不應該強行勸諫，讓君王高興，臣下安寧，不也是很美的事嗎？」李絳說：「做人臣的，應當敢冒犯聖上怒顏，苦口婆心，陳述事情的得失。如果讓君王陷入壞事之中，怎麼能說是忠誠呢！」憲宗說：「李絳的話正確。」李吉甫到了中書省，躺倒不辦事，長吁短歎而已。李絳有時很長時間不勸諫憲宗，憲宗就要責問他說：「難道是我不能接受你的勸諫嗎？或者是沒有事情可勸諫呢？」

李吉甫又曾進言憲宗說：「獎賞與懲罰，是君王的兩大權力，不能夠偏廢。陛下即位以來，給天下的恩澤很深厚了，但是威嚴和刑罰卻沒有起到大的作用，朝廷內外鬆懈懶惰，希望更加嚴厲地施行刑罰來激發他們。」憲宗回頭看著李絳說：「你覺得怎麼樣？」李絳回答說：「君王的政治，崇尚道德而不崇尚刑罰，怎麼能捨棄了周成王、周康王、漢文帝、漢景帝而效仿秦始皇父子呢！」憲宗說：「你說得對。」後來十多天，于頔入朝奏對，也勸皇帝嚴刑峻法。又過了幾天，憲宗對宰相們說：「于頔是個大奸臣，勸告我用嚴刑峻法，你們知道他的用意嗎？」宰相們都回答說：「不知道。」憲宗說：「他這是想讓朕失去人心。」李吉甫嚇得變了臉色，退朝後低著頭，一整天不說不笑。

夏，四月二十九日丙辰，憲宗任命庫部郎中、翰林學士崔羣為中書舍人，翰林學士職依舊。憲宗欣賞崔羣正直，命令翰林學士「從今以後奏報事情，一定要同崔羣一起具名，然後進呈。」崔羣說：「翰林院的一舉一動都會成為慣例。一定要這樣做，以後萬一有一個阿諛逢迎的人做了翰林院的長官，那麼下面的直言就無從進奏了。」崔羣堅持不接受詔令，向憲宗三次上奏章，憲宗才聽從了崔羣的建議。

五月初三日庚申，憲宗對宰相們說：「你們多次談到淮南、兩浙一帶去年有水旱災害，近日有御史從那裡回朝，說不至於成災，這究竟怎麼回事？」李絳回答說：「臣察看了淮南、浙西、浙東上奏的章疏，都談到水旱災害，百姓多有流亡，要求想辦法招撫。他們的意思好像擔心朝廷治他們的罪，怎麼肯沒有災害而瞎說受災呢！這大概是御史奸詐阿諛，想以此討得陛下的歡心罷了。我希望知道這個御史的名字，按問後給予法律制裁。」憲宗說：「卿說得對。國家以百姓為根本，聽說有災害應當趕快賑救，怎麼能還懷疑事情是假的呢！朕剛才沒有思考，失言而已。」憲宗下令趕快免除受災地的賦稅。

憲宗曾經與宰相們在延英殿討論治理國家的策略，天色已晚，天氣極熱，汗水溼透了憲宗的衣服，宰相們擔心憲宗身體疲倦，要求退朝。憲宗挽留他們說：「朕進入宮禁中，與朕相處的都只是宮女和宦官，所以朕很高興與眾卿一起談論治理天下的要領，一點也不覺得疲倦。」

六月癸巳❶，司徒、同平章事杜佑以太保致仕❷。

秋，七月乙亥❸，立遂王宥❹為太子，更名恆。恆，郭貴妃之子也。諸姬子澧王寬❺，長於恆，上將立恆，命崔羣為寬草讓表。羣曰：「凡推己之有以與人謂之讓。遂王，嫡子也，寬何讓焉！」上乃止。

八月戊戌❻，魏博節度使田季安薨。

初，季安娶洛州刺史元誼女，生子懷諫❼，為節度副使。牙內兵馬使❽田興❾，庭玠之子也，有勇力，頗讀書，性恭遜。季安淫虐❿，興數規諫，軍中賴之⓫。季安以為收眾心，出為臨清鎮將⓬，將[1]欲殺之。興陽⓭為風痹，灸灼滿身⓮，乃得免。季安病風，殺戮無度⓯，軍政廢亂，夫人元氏召諸將立懷諫為副大使，知軍務，時年十一。遷季安於別寢⓰，月餘而薨。召田興為步射都知兵馬使⓱。

辛亥⓲，以左龍武大將軍薛平為鄭滑⓳節度使，欲以控制魏博。

上與宰相議魏博事，李吉甫請興兵討之。李絳以為魏博不必用兵，當自歸朝廷。吉甫盛陳⓴不可不用兵之狀，上曰：「朕意亦以為然。」絳曰：「臣竊觀兩河藩鎮之跋扈者，皆分兵以隸諸將㉑，不使專在一人，恐其權任太重，乘間而謀己㉒故也。諸將勢均力敵，莫能相制㉓。欲廣相連結，則眾心不同，其謀必泄；欲獨起為變，則兵少力微，勢必不成。加以購賞既重，刑誅又峻㉔，是以諸將互相顧忌，莫敢先發，跋扈者恃此以為長策㉕。然臣竊思之，若常得嚴明主帥能制諸將之死命者㉖以臨之，則粗能自固矣。今懷諫乳臭子，不能自聽斷㉗，軍府大權必有所歸，諸將厚薄不均，怨怒必起，不相服從，則鄉日分兵之策，適足為今日禍亂之階也。田氏不為屠肆㉘，則悉為俘囚矣，何煩天兵㉙哉！彼自列將㉚起代主帥，鄰道所惡㉛，莫甚於此㉜。彼不倚朝廷之援以自存，則立㉝為鄰道所虀粉㉞矣。故臣以為不必用兵，可坐待魏博之自歸也。但願陛下按兵養威㉟，嚴敕諸道選練士馬，以須後敕㊱。使賊中知之，不過數月，必有自效於軍中者㊲矣。至時，惟在朝廷應之敏速，中其機會㊳，不愛爵祿㊴以賞其人，使兩河藩鎮聞之，恐其麾下㊵效之以取朝廷之賞，必皆恐懼，爭為恭順㊶矣。此所謂不戰而屈人兵㊷者也。」上曰：「善！」

它日，吉甫復於延英盛陳用兵之利，且言芻糧金帛㊸皆已有備。上顧問㊹絳，絳對曰：「兵㊺不可輕動。前年討恆州，四面發兵二十萬，又發兩神策兵自京師赴之㊻，天下騷動，所費七百餘萬緡，訖無成功，為天下笑。今瘡痍未復，人皆憚戰㊼。若又以敕命驅之，臣恐非直㊽無功，或生它變。況魏博不必用兵，事勢明白，願陛下勿疑。」上奮身撫案㊾曰：「朕不用兵決矣！」絳曰：「陛下雖有是言，恐退朝之後，復有熒惑㊿聖聽者。」上正色51厲聲曰：「朕志已決，誰能惑之！」絳乃拜賀曰：「此社稷52之福也。」

既而田懷諫幼弱，軍政皆決於家僮53蔣士則，數以愛憎移易諸將54，眾皆憤怒。朝命55久不至，軍中不安。田興晨入府，士卒數千人大譟56，環57興而拜，請為留後。興驚仆於地，眾不散。久之，興度不免58，乃謂眾曰：「汝肯聽吾言乎？」皆曰：「惟命59。」興曰：「勿犯60副大使61，守朝廷法令，申版籍62，請官吏63，然後可。」皆曰：「諾。」興乃殺蔣士則等十餘人，遷64懷諫於外65。

【章旨】以上為第十二段，寫李絳識大局，善應對，朝廷不用兵戈而魏博歸順。

【注釋】❶癸巳　六月初七日。❷以太保致仕　給杜佑以太保的榮銜退休。太保，三師之一，名義為皇上之師，正一品，無實權，是加給元老重臣的榮銜。❸乙亥　七月十九日。❹遂王宥　（西元七九五—八二四年）名恆，憲宗第三子，即唐穆宗。❺澧王寬　憲宗第二子。元和元年（西元八〇六年）封澧王。❻戊戌　八月十二日。❼懷諫　田季安子。季安風病，其妻召諸將立懷諫，年十一，政決於私奴蔣士則，後被推翻。傳見《舊唐書》卷一百四十一、《新唐書》卷二百十。❽牙內兵馬使　官名，節度使屬官，掌親軍。❾田興　即田弘正。弘正幼通兵法，善騎射，族父田承嗣愛之，以為必興田氏宗族，名之曰「興」。元和八年正月，憲宗給田興賜名弘正。❿淫虐　荒淫暴虐。⓫賴之　信賴他。⓬臨清鎮將　鎮守臨清縣的將領。⓭陽　假裝。⓮灸灼滿身　滿身都是針灸、艾灼的痕跡。⓯無度　沒有節制。⓰別寢　另外的房間。⓱步射都知兵馬使　節度使屬官，統率馬、步軍。⓲辛亥　八月二十五日。⓳鄭滑　方鎮名，治所鄭州，在今河南鄭州。⓴盛陳　大肆陳述。㉑分兵以隸諸將　把兵力分散隸屬於各個將領。㉒乘間而謀己　乘機會算計自己。㉓莫能相制　不能互相制服。㉔峻　嚴刻。㉕長策　好辦法；善策。㉖制諸將之死命者　控制諸將能為自己效命的人。㉗自聽斷　自己聽政決斷。㉘屠肆　肉鋪。喻全家遭誅滅。㉙天兵　天子之兵。㉚列將　部將。㉛惡　厭恨。㉜莫甚於此　沒有比這更嚴重的了。㉝立　立即。㉞韲粉　切碎。比喻粉身碎骨。㉟按兵養威　按兵不動，蓄養軍威。㊱以須後敕　等待以後朝廷的命令。㊲自效於軍中者　在魏博軍中一定有自己效命朝廷的人。㊳中其機會　抓住機會。㊴不愛爵祿　不吝惜官爵俸祿，即不吝重賞。㊵麾下　部下。㊶爭為恭順　爭先恐後地恭恭敬敬地順從朝廷。㊷不戰而屈人兵　語出《孫子兵法》，意謂不使用武力而使敵人屈服。㊸芻糧金帛　馬草、軍糧、財用、布帛。㊹顧問　回過頭來詢問。㊺兵　軍隊。㊻赴之　前往征討。㊼憚戰　害怕戰爭。㊽非直　非但。㊾奮身撫案　跳起身來，拍著臺子。㊿熒惑　用花言巧語蠱惑別人。(51)正色　臉色嚴肅。(52)社稷　國家。(53)家僮　家中僕人。(54)數以愛憎移易諸將　多次以自己的愛憎調動將領。(55)朝命　朝廷的任命。(56)大譟　大聲呼叫。(57)環　包圍。(58)興度不免　田興估計免不了要被推戴為節度使留後。(59)惟命　惟你之命是從。(60)犯　侵犯。(61)副大使　指田懷諫。(62)申版籍　申報土地、戶口。(63)請官吏　請求朝廷任命官吏。(64)遷　遷移。(65)外　節度府衙之外。

【校　記】[1]將　據章鈺校，甲十一行本、乙十一行本皆無此字。

【語　譯】六月初七日癸巳，司徒、同平章事杜佑以太保的職位退休。

秋，七月十九日乙亥，憲宗冊立遂王李宥為太子，改名為恆。李恆，是郭貴妃所生的兒子。妃子生的兒子灃王李寬比李恆年齡大。憲宗準備冊立李恆為太子時，命令崔羣為李寬草擬推讓皇太子的表章。崔羣說：「凡是把自己擁有的東西給別人叫做推讓。遂王是正妻生的兒子，灃王李寬推讓了什麼！」憲宗於是作罷。

八月十二日戊戌，魏博節度使田季安去世。

當初，田季安娶了洛州刺史元誼的女兒為妻，生了兒子田懷諫，擔任了節度副使。牙內兵馬使田興，是田庭玠的兒子，勇猛有力，讀過一些書，性格恭謹謙遜。田季安為人荒淫暴虐，田興多次勸諫，軍中將士都信賴田興。田季安認為田興拉攏人心，調出田興任臨清鎮守將領，準備殺了田興。田興假裝得了風溼病，滿身都是針灸、艾灼痕跡，才得免死。田季安得了瘋病，無限制地殺人，軍政事務荒廢混亂，夫人元氏召集各位將領立田懷諫為副大使，掌管軍中事務，這一年田懷諫十一歲。又將田季安遷移到另外的房間，一個多月後田季安去世。田懷諫召回田興，擔任步射都知兵馬使。

八月二十五日辛亥，憲宗任命左龍武大將軍薛平為鄭滑節度使，想以此來控制魏博。

憲宗與宰相們商議魏博的事情，李吉甫請求興兵討伐。李絳認為魏博不必動用軍隊，該會自動歸順朝廷。李吉甫大肆述說不能不派兵征討的理由，憲宗說：「我的想法也認為應該派兵征討。」李絳說：「臣下私下觀察黃河南北軍鎮中專橫跋扈的主帥，都把軍隊分散隸屬諸將，不讓兵權集中在一個人，這是害怕一個人權力太大，乘機算計自己的緣故。各位將領勢均力敵，不能相互控制。如果他們想廣泛地聯合起來，那麼大家的心思不一，他們的計畫一定會洩露。打算一個人獨力發動兵變，兵力太少，力量微弱，勢必不能成功。加上各鎮主帥懸賞豐厚，刑罰又嚴刻，因此各將之間互相顧忌，不敢率先發難，專橫跋扈的主帥以此作為自己的善策。但臣下私下考慮，如果長期有一個嚴明的主帥能夠控制各位將領為自己拼死效力，那麼局勢大體能夠穩固了。現在田懷諫是一個乳臭未乾的小孩子，不能夠自己聽政決斷，軍府中的大權一定會落到什麼人手裡，如果對待各位將領厚薄不均，一定產生怨憤，不服從上司的命令，那麼，以前所採取的分散兵力的策略，恰恰成了現在發生禍亂的階梯。田氏家族不是全被殺戮，就是全成了被俘的囚徒了，哪還用得著麻煩天子的士兵呢！那個人從部將中出來代替主帥，相鄰各道所憎恨的，沒有比這一點更厲害了。他如果不依靠朝廷的援助而自我生存下來，那就會立刻被鄰道所粉碎了。所以臣下認為不必對魏博用兵，可以坐等魏博鎮自己歸順朝廷。只希望陛下按兵不動，蓄養聲威，嚴令各軍鎮選練人馬，等待以後朝廷的命令。使魏博的將士們知道這件事，過不了幾個月，在魏博軍中一定有自己效命朝廷的人。到那個時候，只要朝廷反應敏捷迅速，抓住機會，不要吝嗇官爵俸祿，用它來賞賜給合適的人，讓黃河南北各軍鎮主帥都知道這種賞賜，從而擔心自己的部下起來效仿而獲得朝廷的獎賞，他們一定全都恐懼，爭著要恭敬地順從朝廷。這就是所說的不使用武力便可以讓敵人屈服的辦法啊。」憲宗說：「很好！」

又一天，李吉甫又在延英殿向皇帝大肆述說對魏博用兵的好處，而且說糧草錢帛都已經準備好了。憲宗回過頭來詢問李絳，李絳回答說：「軍隊不能輕易地啟動。前年討伐王承宗，四面八方發兵二十萬人，又派遣左右神策軍從京城前往征討，天下騷動不安，花費七百多萬緡，最後沒有成功，被天下所笑。現在，戰爭的創傷沒有恢復，人們都害怕戰爭。如果又下命令驅使他們，臣下擔心不但不會成功，或許生出其他變故。何況對魏博不必動用武力，事情和形勢明明白白，希望陛下不要懷疑。」憲宗跳起身來，拍著桌子說：「我已經決定不使用武力了！」李絳說：「陛下雖然已經有了這個話，恐怕退朝以後，又有迷惑陛下視聽的人。」憲宗面色嚴肅地厲聲說道：「我的心意已經決定下來，誰還能夠迷惑我！」李絳於是向憲宗行禮祝賀道：「這就是國家的福氣啊。」

不久，因為田懷諫年幼力弱，軍政事務都由他的家僕蔣士則決斷，多次以自己的好惡調動各位將領，大家都很憤怒。朝廷對主帥的任命長時間沒有到來，軍中不安。田興早晨進入軍府，幾千名士兵大聲呼喊，圍著田興行禮，請求田興擔任留後。田興吃驚地撲倒在地，士兵們不散開。過了很長時間，田興估計自己免不了被推戴為留後，才對大家說：「你們肯聽我的話嗎？」大家都說：「惟命是從。」田興說：「不要侵犯副大使，遵守朝廷的法令，向朝廷申報土地、戶籍，請求朝廷任命官吏，答應了這些以後我才擔任留後。」大家都說：「好。」田興於是殺了蔣士則等十幾人，把田懷諫遷移到軍府之外去居住。

【研　析】本卷研析三事：吐突承璀兵敗河北、李絳入相、憲宗問宰臣寬嚴之政。

吐突承璀兵敗河北。當初，元和元年（西元八〇六年），憲宗兵征西川劉闢，這時淄青節度使李師古去世。李師古異母弟李師道自為留後，宰相杜黃裳主張討伐，憲宗認為劉闢還沒有平定，不願兩線用兵，姑息李師道，任命為節度使。嗣後王士真的兒子王承宗自為留後，此時憲宗志欲革除軍鎮世襲的弊政，打算用兵征討。宰相裴垍和翰林學士李絳都認為河北三鎮世襲節度已相沿成習，三鎮又唇齒相依，不易征討。淮西吳少誠當年自為留後而被朝廷任命，現已患病，朝廷派人去取代，若不受命，派兵征討，因環繞淮西諸鎮皆為朝廷控制，淮西得不到鄰鎮的援助，官軍可以取勝，阻止軍鎮世襲蔓延到內地。這一正確方針，憲宗不予採納。神策軍中尉吐突承璀請命征討河北，憲宗聽從。吐突承璀自小入宮，給事東宮侍奉順宗，年紀與憲宗相當，兩人自幼交好。憲宗即位，用為神策軍中尉。吐突承璀還掌控內侍省，是宦官的總頭領，憲宗寵信無比。既然朝官反對用兵河北，憲宗索性任用吐突承璀為統帥，任命吐突承璀為左、右神策、河中、河陽、浙西、宣歙等道行營兵馬使、招討處置使，統兵討伐王承宗。白居易等朝臣群起反對任用宦官為兵馬統帥，各鎮將領以受宦官指揮為恥辱，不肯用命。憲宗固執己見，他只是在名義上取消吐突承璀行營兵馬使的頭銜，改招討使為宣慰使，仍用吐突承璀為統帥，集中官軍二十餘萬十倍於王承宗的優勢討伐成德，果如朝臣所料，各鎮官兵互相觀望，河北三鎮聯合對抗，久不建功。朝廷花了七百多萬緡軍費，財力不支，只好接受王承宗的歸順，任命他為節度使，朝廷罷兵。

元和五年，吐突承璀回朝，憲宗不追究吐突承璀的敗軍之罪，仍用為神策軍中尉，李絳等朝官力爭，憲宗不得已貶吐突承璀為軍器使。第二年，吐突承璀貪贓事發，出為淮南監軍。憲宗對李絳說，吐突承璀只是一個家奴，無論給他多大權力，去掉他就像去掉一根毛。憲宗違眾任用吐突承璀為統帥，認為軍隊在家奴手中就是在自己手中，吐突承璀勝利了，就是皇上英明，使群臣畏服。憲宗的心裡深處，仍是猜忌朝官和諸將，自己站到宦官一邊。宦官從小在宮中，不知稼穡之艱難，哪能體恤人民的疾苦。宦官多不讀書，不明禮義。宦官身為刑餘之人，身心遭受嚴重摧殘，整日目睹皇上與嬪妃花天酒地的豪侈生活，頤指氣使家奴的威風，日久天長，怎不染上權力之欲。所以宦官一旦擅權，十之八九皆為禍患，唐憲宗視為一根毛，大錯特錯。正是這一錯誤觀念，讓昏君們疏遠朝官，信用家奴，最終失控，受制於家奴。憲宗死於宦官之手，這是他做夢也想不到的，悲哉，惜也。

李絳入相。河北用兵的失敗，使唐憲宗認識到，不信用朝官，想有一番作為是不可能的。唐憲宗當時還有進取心，這是他的可愛處，為了任用李絳為相，唐憲宗才貶吐突承璀為淮南監軍，當唐憲宗要一腳踢開李絳時，吐突承璀又被召還為中尉，這是後話，按下不提。

李絳，字深之，趙郡贊皇（今河北贊皇）人。歷仕德宗、順宗、憲宗、穆宗、敬宗、文宗六朝，清正廉直。居官廟堂，以匡諫為己任，外任地方，恪盡職守。終官山南西道節度使，死於監軍煽動的亂兵之手。貞元末，李絳任監察御史，憲宗即位，拜李絳為翰林學士，策劃軍國事務。誅李錡，推倒聖德碑，皆李絳之力。

李絳是當時朝官耿直派的代表，深惡宦官。憲宗用兵河北失敗，轉而起用李絳為相，貶吐突承璀出京，標誌朝官耿直派得勢，朝廷政治出現了振興的氣象。元和七年，魏博鎮內訌，將士擁立田弘正為留後。田弘正舉魏博六州地歸順朝廷。其經始營創，也是李絳之力。憲宗曾與李絳討論玄宗一朝，為什麼開元大治，天寶大亂，一個人前後治亂相反。李絳說，開元之時，任用姚崇、宋璟賢才輔政，玄宗皇帝納諫思治，君臣同心，中外安寧。開元後期，奸人李林甫、楊國忠為相，誘以興利，武夫說以開邊，玄宗皇帝聽不到直言，驕侈逸樂，導致天寶大亂。治亂安危，全取決於皇上的所作所為。憲宗說：「人主怎樣辨才好呢？」李絳說：「只要人主不吝改過，從善如流，臣等敢言，什麼事情都能辦好。」憲宗說：「朕任用卿等，就是希望卿等直言，不要有什麼保留，以彌補朕的不足。」唐憲宗只是這樣說，時間一長就動搖了立場。唐憲宗和德宗一樣，寵信宦官，貪財好貨。憲宗罷免了進奉，不久又恢復了進奉。憲宗貶逐了吐突承璀，時時想要召回，而且李絳之言，只要涉及宦官，就不採用。憲宗仍然是腐朽勢力的代表，而非中興之主。局勢好轉，憲宗的感情就倒向了與宦官勾結的宰相李吉甫一邊。李絳與李吉甫道不同不相為謀，兩人在憲宗面前總是爭執。憲宗心知李絳忠直，總是採納李絳的論奏。元和九年，憲宗終於沉不住氣了，罷了李絳的相，召吐突承璀還朝，李吉甫得勢。李絳只做了三年的宰相，也是唐憲宗為明君的時期。

憲宗問宰臣寬嚴之政。元和六年三月十一日，憲宗問宰臣：「治理國家，寬和與威嚴哪一個應當放在首位？」宰相權德輿回答說：「秦王朝施政威嚴而滅亡，漢朝施政寬和而興盛。本朝太宗皇帝，禁止用刑時鞭打人的背。因此，安史之亂以來，叛亂不斷發生，但轉眼間反叛的人都滅亡了。這是因為列祖列宗施行寬和的仁政，凝聚了天下人心，唐室總是轉危為安。這樣看來，治理天下，寬和與威嚴哪個在先，不是很清楚了嗎！」鞭刑杖臀，只傷皮肉，若杖人之背，往往打死人。權德輿以此為喻，刑杖為的是治病救人，不是把人打死，就是寬和，打死人就是苛嚴。德宗後期政治，十年不赦。憲宗即位，不問是非輕重，所謂王叔文同黨，一概貶逐。德宗、憲宗深惡朝臣朋黨，因此，朝臣是不是朋黨，只要認定，一概斥逐，施以苛嚴。權德輿主張用政尚寬，回答憲宗之問，憲宗認為有道理。被貶八司馬之程异等，得到了重新任用。

有一天李吉甫勸憲宗皇帝要施威嚴整頓綱紀。憲宗問李絳：「卿的意見如何？」李絳回答說：「聖明君主的政治，崇尚道德而不崇尚刑罰，怎麼能夠放棄周成王、周康王、漢文帝、漢景帝的做法，而效法秦始皇、秦二世呢？」周與漢行仁政，有成康之治與文景之治，秦政苛酷，二世而亡。這次談話過了十多天，山南東道節度使于頔入朝，勸憲宗用嚴刑。於是憲宗對宰臣們說：「于頔是個大奸臣，他勸朕用嚴刑峻法，卿等知道于頔的用心嗎？」宰臣們回答：「不知道。」憲宗說：「于頔的用意是讓朕喪失人心。」李吉甫驚出了一身冷汗。憲宗清醒時，還是能明辨是非。

卷第二百三十九

唐紀五十五

起玄黓執徐（壬辰 西元八一二年）十月，盡柔兆涒灘（丙申 西元八一六年），凡四年有奇。

【題解】本卷記事起西元八一二年十月，迄西元八一六年，凡四年又三個月。當唐憲宗元和七年十月到元和十一年。此時期是唐憲宗執政取得輝煌成績的時期，李絳為相，直言敢諫，又善策劃。元和七年，魏博節度使田季安死，其子田懷諫，年十一，被軍士立為留後，宰相李吉甫主張用兵，李絳策劃，只要朝廷不派中使慰問，不授節鉞，魏博鎮當自歸於朝。事勢發展果如李絳之策。魏博效順，重賞將士，處置事宜，皆為李絳所策。李吉甫善逢迎，和柔自媚，排擠李絳。唐憲宗思念吐突承璀，元和九年，唐憲宗召吐突承璀回京師，官復原職，為左神策軍中尉，李絳罷相。淮西節度使吳少陽死，其子吳元濟自領軍務，朝廷大發十六道兵征討。淄青節度使李師道出兵陽為討賊，暗助淮西。李師道還派刺客到京師殺宰相武元衡，傷裴度，又欲血洗東都，為東都留守呂元膺挫敗。韓愈上平淮西之策。柳宗元著政論〈梓人傳〉、〈種樹郭槖駝傳〉諷諭時政。成德王承宗再叛助賊，唐憲宗違眾開闢河北第二戰場，志在表明討逆決心。

憲宗昭文章武大聖至神孝皇帝中之上

元和七年（壬辰　西元八一二年）

冬，十月乙未❶，魏博監軍以狀聞❷，上亟❸召宰相，謂李絳曰：「卿揣魏博若符契❹。」李吉甫請遣中使宣慰❺，以觀其變。李絳曰：「不可。今田興奉其土地兵眾，坐待詔命，不乘此際推心撫納❻，結以大恩，必待敕使至彼，持將士表來為請節鉞，然後與之，則是恩出於下，非出於上，將士為重，朝廷為輕，其感戴❼之心亦非今日之比也。機會一失，悔之無及！」吉甫素與樞密使梁守謙相結，守謙亦為之言於上曰：「故事，皆遣中使宣勞，今此鎮獨無，恐更不諭。」上竟遣中使張忠順如魏博宣慰，欲俟其還而議之。

癸卯❽，李絳復上言：「朝廷恩威得失，在此一舉❾，時機可惜，柰何棄之❿！利害⓫甚明，願聖心勿疑。計忠順之行，甫⓬應過陝⓭，乞明旦即降白麻⓮除興節度使，猶可及也⓯。」上且欲除留後，絳曰：「興恭順如此，自非恩出不次⓰，則無以使之感激殊常⓱。」上從之。甲辰⓲，以興為魏博節度使。忠順未還，制命已至魏州。興感恩流涕，士眾無不鼓舞。

庚戌⓳，更名皇子寬曰惲⓴，察曰悰㉑，寰曰忻㉒，寮曰悟㉓，審曰恪㉔。

李絳又言：「魏博五十餘年不霑皇化㉕，一旦舉六州之地來歸，刳㉖河朔之腹心，傾叛亂之巢穴，不有重賞過其所望㉗，則無以慰士卒之心，使四鄰勸慕，請發內庫錢百五十萬緡以賜之。」左右宦官以為「所與太多，後有此比，將何以給之？」上以語絳。絳曰：「田興不貪專地之利，不顧四鄰之患，歸命聖朝，陛下柰何愛小費而遺大計，不以收一道人心！錢用盡更來，機事㉘一失不可復追。借使國家發十五萬兵以取六州，期年㉙而克之，其費豈止百五十萬緡而已乎！」上悅，曰：「朕所以惡衣菲食㉚，蓄聚貨財，正為欲平定四方㉛。不然，徒貯之府庫何為！」十一月辛酉㉜，遣知制誥㉝裴度㉞至魏博宣慰，以錢百五十萬緡賞軍士，六州百姓給復一年㉟。軍士受賜，歡聲如雷。成德、兗鄆㊱使者數輩見之，相顧失色㊲，歎曰：「倔強者果何益乎！」

度為興陳君臣上下之義㊳，興聽之，終夕不倦。待度禮極厚，請度徧至所部州縣㊴，宣布朝命。奏乞除節度副使於朝廷，詔以戶部郎中河東胡証㊵為之。興又奏所部缺官九十員，請有司注擬㊶，行朝廷法令，輸賦稅。田承嗣以來室屋僭侈㊷者，皆避不居。

鄆㊸、蔡㊹、恆㊺遣游客間說㊻百方，興終不聽。李師道使人謂宣武㊼節度使韓弘㊽曰：「我世與田氏約相保援，今與非田氏族，又首變兩河事㊾，亦公之所惡㊿也！我將與成德合軍討之。」弘曰：「我不知利害51，知奉詔行事耳。若兵北度河，我則以兵東取曹州52！」師道懼，不敢動。

田興既葬田季安，送田懷諫于京師。辛巳53，以懷諫為右監門衛將軍54。

【章旨】以上為第一段，寫唐憲宗重賞魏博歸順將士，處置事宜皆李絳所策。

【注釋】❶乙未　十月初十日。❷以狀聞　以魏兵廢田懷諫而立田興的奏章上聞。❸亟　急；立即。❹符契　符節。本為信物，上書文字，雙方各持一半，兩者相合，作為取證的憑據。此喻料事如神。❺宣慰　宣撫慰問。❻推心撫納　推誠招撫接納。❼感戴　感恩戴德。❽癸卯　十月十八日。❾在此一舉　在這一次行動之中。❿柰何棄之　為什麼拋棄它呢。⓫利害　利益和弊害。⓬甫　剛。⓭陝　陝州。唐常置節度使、觀察使、防禦使於陝州。治所在今河南陝縣。⓮白麻　任命書。唐制，有關立后妃、封親王、建儲君，任命將相、樞密使、三公、三少、節度使等高級官員，以及大赦、曲赦、德音，或宣布重大戰事的詔令，皆用白麻紙書寫，每行四字，不蓋印。俗稱白麻。⓯猶可及也　還來得及。⓰不次　不按常規。⓱殊常　異於平常。⓲甲辰　十月十九日。⓳庚戌　十月二十五日。⓴惲　憲宗第二子，元和元年（西元八〇六年）封澧王。㉑悰　憲宗第四子，元和元年封深王。㉒忻　憲宗第五子，元和元年封洋王。㉓悟　憲宗第六子，元和元年封絳王。㉔恪　憲宗第十子，元和元年封建王。以上諸皇子傳均見《舊唐書》卷一百七十五、《新唐書》卷八十二。㉕不霑皇化　沒有沾潤皇上的教化。㉖剞　挖。㉗過其所望　超過他自己的希望。㉘機事　機會。㉙期年　一週年。㉚惡衣菲食　粗劣的衣服，儉省的食物。㉛四方　全國。㉜辛酉　十一月初六日。㉝知制誥　官名，唐開元以後，以他官掌起草詔令者稱知制誥。時裴度本官為司封郎中。㉞裴度　（西元七六五—八三九年）字中立，河東聞喜（今山西聞喜）人，力主削藩，督師破蔡州，擒吳元濟。官至宰相。傳見《舊唐書》卷一百七十、《新唐書》卷一百七十三。㉟給復一年　免除賦稅一年。㊱兗鄆　方鎮名，即淄青、平盧軍節度使。㊲相顧失色　互相對視，變了臉色。㊳義　道理。㊴所部州縣　所管轄的州縣。㊵胡証　（西元七五八—八二八年）字啟中，河東（今山西永濟）人，官至嶺南節度使。傳見《舊唐書》卷一百六十三、《新唐書》卷一百六十四。㊶注擬　唐制，考試合格後，由吏部擬定官職，叫做注擬。㊷室屋僭侈　住宅超越禮制規定。指仿造的宮室。㊸鄆　指李師道。㊹蔡　指吳少陽。

㊺恆 指王承宗。㊻間說 遊說。㊼宣武 方鎮名，唐德宗建中二年（西元七八一年），置宋亳潁節度使，尋號宣武軍節度使，治所汴州，在今河南開封。㊽韓弘 滑州匡城（今河北長垣）人，莊重寡言，沉謀勇斷。傳見《舊唐書》卷一百五十六、《新唐書》卷一百五十八。㊾首變兩河事 指田興悉心尊奉唐朝廷，首次改變兩河藩鎮割據獨立局面。㊿惡 厭恨。(51)不知利害 不知成敗利弊。(52)曹州 州名，在今山東曹縣，為李師道巡屬。(53)辛巳 十一月二十六日。(54)右監門衛將軍 唐禁衛軍官名，掌諸門禁衛及門籍。

【語譯】憲宗昭文章武大聖至神孝皇帝中之上

元和七年（壬辰 西元八一二年）

冬，十月初十日乙未，魏博監軍把將士們擁戴田興而廢黜田懷諫的事情向朝廷奏報，憲宗急忙召見宰相，對李絳說：「你對魏博事態發展的預料，真是若合符契。」李吉甫請求憲宗派遣中使去魏博宣旨撫慰，藉以觀察事態的發展。李絳說：「不能這樣做。現在田興奉獻魏博的土地和軍隊，等待朝廷的詔令，不乘這個機會對田興推心置腹，安撫接納，用很大的恩寵團結田興，而一定讓敕使到那裡以後，拿著將士們的表章前來為田興請求節度使旌節，然後把節度使職務授給田興，那就是恩德來自田興的將士們，不是出自陛下。將士們在田興的心中重要，朝廷在田興的心中就輕了，田興對朝廷感恩戴德的心意是不能和現在的期望相比了。機會一旦喪失，後悔就來不及了！」李吉甫一向與樞密使梁守謙相交結，梁守謙也為李吉甫對憲宗說：「從前的慣例，都是派遣中使去宣旨慰勞，現在只有魏博一鎮不這樣，恐怕魏博更加不明白朝廷的意向了。」憲宗最後還是派遣中使張忠順前往魏博鎮宣旨慰問，打算等張忠順回來後商議主帥任命事宜。

十月十八日癸卯，李絳又對憲宗進言說：「朝廷施行的恩典和威嚴，成功與失敗，在此一舉。應珍惜時機，為什麼放棄呢！事情的利弊極為清楚，希望陛下心裡不要懷疑。估計張忠順的行程，應該剛過陝州，請求陛下明天早上就頒布白麻紙詔書，任命田興為節度使，事情還來得及。」憲宗暫時想任命田興為留後，李絳說：「田興對朝廷這樣恭敬順從，如果朝廷不對田興給與非同尋常的恩典，那就不能讓田興對朝廷有異乎尋常的感激。」憲宗聽從了李絳的建議。十九日甲辰，憲宗任命田興為魏博節度使。張忠順沒有返回，制命已經到了魏州。田興感謝皇帝的恩典，流下了淚水，將士沒有不受鼓舞的。

十月二十五日庚戌，憲宗給皇子們改名，李寬改為李惲，李察改為李悰，李寰改為李忻，李寮改為李悟，李審改為李恪。

李絳又對憲宗說：「魏博鎮五十多年沒有沾潤皇上的教化，現在突然一下子帶著全鎮六州的土地前來歸順朝廷，挖了河朔地區的心臟，傾覆了黃河南北地區叛亂的巢穴，朝廷沒有超出他們意料的重賞，那就沒辦法安慰士卒之心，使相鄰四周各道受到勸勉而羨慕，請陛下拿出宮中內庫的錢一百五十萬緡用來賞賜給他們。」憲宗身邊的宦官們認為「賞賜得太多，以後有這類事情，將用什麼來賞賜呢？」憲宗把這話告訴了李絳。李絳說：「田興不貪圖專擅一地的權力，不顧忌四方鄰道的危害，歸順朝廷，陛下怎麼能吝惜小小的費用而丟棄了重大的計策，不藉此收攏一道的人心呢！錢用光了還會再來的，機會一旦喪失，就不能再追回來了。假如朝廷調發十五萬兵力去攻取這六個州，滿一年攻下來，那麼花費豈止一百五十萬緡而已！」憲宗高興了，說道：「朕之所以穿粗劣的衣服，吃儉省的食物，蓄積錢財，正是打算要平定天下四方。要不然，將錢財白白地存在倉庫裡幹什麼呢！」十一月初六日辛酉，憲宗派遣知制誥裴度到魏博鎮宣旨慰勞，拿錢一百五十萬緡賞賜將士，免除六州百姓一年賦稅。將士們受到朝廷的賞賜，歡聲如雷。成德、淄青、平盧三鎮的幾批使者見到這種場面，相視著，臉上黯然失色，感歎道：「不服從朝廷的人到底有什麼好處呢！」

裴度替田興講述君臣上下之間的道理，田興聽了，整個晚上不覺得疲倦。他對待裴度的禮儀極為周到，請裴度走遍他所轄州縣，宣布朝廷的命令。田興上奏朝廷請求任命節度副使，憲宗下詔任命戶部郎中河東人胡証去做節度副使。田興又上奏朝廷說他的屬下還缺九十名官員，請求有關部門選擬，奉行朝廷的法令，向朝廷交納賦稅。田承嗣以來房屋超過規定的，田興全都迴避，不去居住。

鄆州李師道、蔡州吳少陽、恆州王承宗派遣說客千方百計地勸說田興，田興始終不聽從。李師道派人對宣武節度使韓弘說：「我李家世代與田家約定互相保護援助，現在田興不是田承嗣的同宗，又首先改變了黃河南北地區軍鎮的規矩，這也是您所厭惡的！我準備與成德軍聯合討伐田興。」韓弘說：「我不知道你說的利弊關係，只知道奉詔行事而已。如果你的軍隊向北渡過黃河，我就派兵東進，攻取曹州！」李師道害怕了，不敢出兵。

田興安葬了田季安以後，把田懷諫送到了京城。十一月二十六日辛巳，憲宗任命田懷諫為右監門衛將軍。

李絳奏：「振武、天德❶左右良田可❷萬頃，請擇能吏開置營田❸，可以省費足食。」上從之。絳命度支使盧坦經度❹用度，四年之間，開田四千八百頃，收穀四千餘萬斛❺，歲省度支錢二十餘萬緡，邊防賴之❻。

上嘗於延英謂宰相曰：「卿輩當為朕惜官❼，勿用之私親故。」李吉甫、權德輿皆謝不敢。李絳曰：「崔祐甫有言：『非親非故，不諳❽其才。』諳者尚不與官，不諳者何敢復與！但問其才器與官相稱否耳。若避親故之嫌，使聖朝虧❾多士之美❿，此乃偷安之臣，非至公之道也。苟所用非其人，則朝廷自有典刑，誰敢逃之！」上曰：「誠如卿言⓫。」

是歲，吐蕃寇涇州⓬，及⓭西門⓮之外，驅掠人畜而去。上患之。李絳上言：「京西⓯、京北⓰皆有神策鎮兵⓱，始置之欲以備禦吐蕃，使與節度使掎角⓲相應也。今則鮮衣美食，坐耗縣官⓳。每有寇至，節度使邀與俱進，則云申取中尉⓴處分。比其得報，虜去遠矣。縱有果銳㉑之將，聞命奔赴，節度使無刑戮以制之，相視如平交，左右前卻，莫肯用命，何所益乎！請據所在之地士馬及衣糧、器械，皆割隸當道節度使，使號令齊壹㉒，如臂之使指，則軍威大振，虜不敢入寇矣。」上曰：「朕不知舊事如此，當亟行之。」既而神策軍驕恣㉓日久，不樂隸節度使，竟為宦者所沮而止。

【章　旨】以上為第二段，寫唐憲宗寵信宦官重於朝士，李絳之言，只要事及宦官，則不得施行。

【注　釋】❶天德　方鎮名，本為安德都護。唐代宗大曆十四年（西元七七九年）置天德軍，治所在今內蒙古烏拉特旗西北。❷可　大約。❸營田　屯田。❹經度　計算；規劃。❺收穀四千餘萬斛　胡三省注：「『千』，當作『十』。」胡注當是。❻賴之　依靠它。❼惜官　珍惜官職。❽諳　熟悉；瞭解。❾虧　損失；失去。❿多士之美　盛用人才的美譽。⓫誠如卿言　的確像你所說的那樣。⓬涇州　州名，治所涇川，在今甘肅涇川縣。⓭及　到。⓮西門　涇州城西門。⓯京西　指鳳翔、秦、隴、原、涇、渭。⓰京北　指邠、寧、丹、延、鄜、坊、慶、靈、鹽、夏、綏、銀、宥。⓱神策鎮兵　中央派禁軍神策兵在上述地區鎮守稱神策鎮兵。⓲掎角　分兵於不同處所，以便牽制敵人或互相支持。⓳縣官　指國家。⓴中尉　唐神策鎮兵分屯於外，皆屬左、右神策護軍中尉。㉑果銳　果敢勇銳。㉒號令齊壹　號令統一。㉓驕恣　驕縱恣肆。

【語　譯】李絳上奏：「振武軍和天德軍一帶有良田將近一萬頃，請選擇能幹的官吏開墾屯田，可以節省費用，糧食充足。」憲宗聽從了這一建議。李絳命令度支使盧坦計算所需費用，在四年之內，開墾田地四千八百頃，收穫穀物四千多萬斛，每年節省度支的開支二十多萬緡錢，邊防駐軍依靠屯田收入來開銷。

憲宗曾經在延英殿對宰相們說：「你們應該為朕珍惜官職，不要用它來私自給與親戚故舊。」李吉甫和權德輿都表示說不敢這樣做。李絳說：「崔祐甫說過一句話：『不是親戚，不是故舊，就不熟悉他的才能。』對熟悉的人尚且不能給與官職，不熟悉的人又怎麼敢給與官職呢！只要過問這個人的才能和器識與他的官職是否相稱而已。如果迴避任用親戚故舊的嫌疑，使本朝沒有盛用人才的美譽，這是苟且偷安之臣，不是大公無私的原則。假如用人不當，那麼朝廷自有刑典，誰敢逃脫懲罰呢！」憲宗說：「確實像你說的那樣。」

這一年，吐蕃侵犯涇州，到了涇州城西門外邊，驅掠人畜離去。憲宗為此事擔憂。李絳上奏說：「京城西邊、京城北邊都有神策軍的鎮守部隊，最初，把他們安置在那裡是想用來防禦吐蕃，讓他們與各邊鎮節度使的軍隊互相支援，彼此響應。現在他們穿著鮮亮的衣服，吃著美味的食物，坐在那裡消耗國家的錢財。每當有敵人到來，節度使要求與他們一起進兵，他們就說要報告護軍中尉來指揮。等得到護軍中尉的答覆時，敵人已經遠去了。即使有果敢勇銳的神策軍將領，聽到命令後立即出擊，但節度使沒有刑罰和處死的權力來約束他們，對待他們就像平級官員一樣，節度使指揮他們進退左右，他們不肯聽從命令，這些人有什麼用處呢！請陛下根據他們所在的地點，將人馬和衣服糧食、武器裝備分割出來，劃給當地節度使，使號令整齊統一，指揮自如，那麼，軍隊的聲威大為振作，敵人就不敢入侵了。」憲宗說：「朕不知道原來情況是這樣，應該立即實行這一措施。」後來因為神策軍驕縱恣肆時間久了，不願意隸屬於節度使，這事最後被宦官們設置障礙而作罷。

八年（癸巳　西元八一三年）

春，正月癸亥❶，以博州❷刺史田融為相州刺史。融，興之兄也[1]。融、興幼孤，融長，養而教之。興嘗於軍中角射❸，一軍莫及。融退而扶之❹，曰：「爾不自晦❺，禍將及矣❻！」故興能自全於猜暴之時❼。

勃海定王元瑜❽卒，弟言義❾權知國務。庚午❿，以言義為勃海王。

李吉甫、李絳數爭論於上前，禮部尚書、同平章事權德輿居中無所可否，上鄙之。辛未⑪，德輿罷守本官。

辛卯⑫，賜魏博節度使田興名弘正⑬。

司空、同平章事于頔久留長安⑭，鬱鬱不得志。有梁正言者，自言與樞密使梁守謙同宗，能為人屬請⑮。頔使其子太常丞敏重賂正言，求出鎮。久之，正言詐⑯漸露，敏索其賂不得，誘其奴支解⑰之，棄溷⑱中。事覺，頔帥其子殿中少監季友⑲等素服詣建福門⑳請罪，門者不內㉑。退，負南牆而立㉒，遣人上表，閤門㉓以無印引㉔不受，日暮方歸。明日，復至。丁酉㉕，頔左授㉖恩王傅，仍絕朝謁。敏流雷州，季友等皆貶官，僮奴死者數人。敏至秦嶺㉗而死。

事連僧鑒虛㉘。鑒虛自貞元以來，以財交權倖㉙，受方鎮賂遺㉚，厚自奉養，吏不敢詰㉛。至是，權倖爭為之言，上欲釋之，中丞薛存誠㉜不可。上遣中使詣臺㉝宣旨曰：「朕欲面詰此僧，非釋之也。」存誠對曰：「陛下必欲面釋此僧，請先殺臣，然後取之。不然，臣期不奉詔㉞。」上嘉而從之。三月丙辰㉟，杖殺鑒虛，沒其所有之財。

甲子㊱，徵前西川節度使、同平章事武元衡入知政事。

夏，六月，大水。上以為陰盈之象㊲，辛丑㊳，出宮人二百車。

【章 旨】以上為第三段，寫唐憲宗懲治請託，貶于頔，杖殺僧人鑒虛。

【注 釋】❶癸亥 正月初九日。❷博州 州名，治所聊城，在今山東聊城。❸角射 比賽射箭，以中者為勝。❹抶之 鞭打他。❺自晦 自為韜晦之計。❻禍將及矣 禍祟將降臨到你頭上了。❼猜暴之時 指田季安的猜疑、殘暴統治時期。❽元瑜（？—西元八一三年）勃海國王，年號永德，死後謚定王。傳見《舊唐書》卷一百九十九下〈北狄·渤海靺鞨〉。❾言義 元瑜弟。襲王位，改元朱雀。與元瑜同傳。❿庚午 正月十六日。⓫辛未 正月十七日。⓬辛卯 二月初七日。辛卯前脫「二月」二字。⓭弘正 即田興（西元七六四—八二一年），字安道，幼通兵法，善騎射。官魏博節度使，歸附朝廷，屢立戰功。傳見《舊唐書》卷一百四十一、《新唐書》卷一百四十八。⓮久留長安 于頔任山南東道節度使，在元和二年入朝，任司空、同平章事。頔入朝事見本書卷二百三十七。⓯屬請 請託。⓰詐 欺騙。⓱支解 分割肢體。⓲溷 廁所。⓳季友 于頔之子，尚憲宗女普寧公主。⓴建福門 唐大明宮端門叫丹鳳門，其西為建福門。㉑內 通「納」。㉒負南牆而立 背靠著南牆立著。㉓閤門 東、西上閤門的簡稱，大明宮宣政殿東、西兩側通向內廷的閤門。戒備甚嚴，中唐以後特設閤門使，由宦官充任。日常奏表由東上閤門奉進。㉔無印引 于頔無職印，又無內引。㉕丁酉 二月十三日。㉖左授 降職。㉗秦嶺 山名，即長安城南之終南山。于敏未出京畿而死。㉘事連僧鑒虛 于敏行賄事牽連到和尚鑒虛。㉙權倖 地位高、有權勢而又被皇帝寵幸的人。㉚賂遺 賄賂和饋贈。㉛詰 盤問；訊問。㉜薛存誠 字子明，河東（今山西永濟）人，官至御史中丞。傳見《舊唐書》卷一百五十三、《新唐書》卷一百六十二。㉝詣臺 前往御史臺。㉞臣期不奉詔 《史記·張丞相列傳》載周昌廷爭漢高祖欲立如意為太子事，有「臣期期不奉詔」之語。期期，形容口吃，說話艱澀。這裡指態度堅決。㉟丙辰 三月初三日。㊱甲子 三月十一日。㊲陰盈之象 陰氣充盈的徵象。㊳辛丑 六月二十日。

【校 記】[1]融興之兄也 此五字原刻作小字，誤為胡三省注文。

【語 譯】八年（癸巳 西元八一三年）

春，正月初九日癸亥，憲宗任命博州刺史田融為相州刺史。田融，是田興的哥哥。田融和田興年齡很小的時候就失去了父母，田融年齡大，撫養並教育田興。田興曾在軍中比賽射箭，全軍沒有人比得上田興。田融退場後鞭打了田興，對他說：「你不自為韜晦，禍患就要臨頭了！」所以田興能夠在田季安的猜疑、殘暴時期自我保全下來。

勃海定王元瑜去世，弟弟言義暫時負責勃海國中事務。正月十六日庚午，憲宗冊封言義為勃海王。

李吉甫和李絳多次在憲宗面前爭論，禮部尚書、同平章事權德輿在中間不偏不倚，憲宗鄙視他。正月十七日辛未，權德輿被罷免宰相職務，擔任原職禮部尚書。

二月初七日辛卯，憲宗給魏博節度使田興賜名弘正。

司空、同平章事于頔長期居留在長安，鬱悶不得志。有一個叫梁正言的人，自稱和樞密使梁守謙同一宗族，能夠為別人辦好所託的事情。于頔派他的兒子太常丞于敏對梁正言重加賄賂，要求出去做節度使。時間長了，梁正言行騙的事情逐漸暴露，于敏追索不回所賄賂的財物，就引誘梁正言的家奴，肢解了梁正言，丟到廁所裡。事情暴露了，于頔帶著他的兒子殿中少監于季友等人穿著素色衣服前往建福門請憲宗治罪，守門的人不讓他們進去。他們退下來後，背靠著南牆站著，派人上表，閤門中值班的人因為表章上無職印，又無內引，不肯接受，天黑時才回家。第二天，又到了這裡。二月十三日丁酉，憲宗把于頔降職為恩王的師傅，禁止于頔奉朝請。把于敏流放到雷州，于季友等人都被貶職，奴僕為此事死的有好幾個人。于敏走到秦嶺時就死了。

這件事牽連了僧人鑒虛。鑒虛自從貞元年間以來，用錢財交結權貴寵臣，接受方鎮的賄賂和饋贈，使自己生活得十分優裕，官吏們也不敢盤問鑒虛的事。到這時，權貴寵臣爭著為鑒虛說情，憲宗想赦免鑒虛，御史中丞薛存誠認為不能這樣做。憲宗派中使前往御史臺宣旨說：「朕想當面責問這個僧人，不是赦免他。」薛存誠回答說：「陛下一定要當面寬貸這個僧人，就請先殺了臣下，然後再把他從御史臺提走。否則，臣下肯定不接受詔令。」憲宗很讚賞薛存誠，聽從了他的意見。三月初三日丙辰，用棍棒打死了鑒虛，沒收了他的所有財產。

三月十一日甲子，憲宗徵召前任西川節度使、同平章事武元衡入朝處理朝廷事務。

夏，六月，發大水。憲宗認為這是陰氣太盛的徵象，二十日辛丑，放出了二百車宮女。

秋，七月辛酉[1]，振武節度使李光進請修受降城❶，兼理河防。時受降城為河所毀，李吉甫請徙其徒於天德故城❷。李絳及戶部侍郎盧坦以為：「受降城，張仁愿所築，當磧口❸，據虜要衝，美水草，守邊之利地。今避河患退二三里可矣，柰何捨萬代永安之策，徇❹一時省費之便乎！況天德故城僻處确瘠❺，去河絕遠，烽候❻警急不相應接，虜忽唐突❼，勢無由知，是無故而蹙國❽二百里也。」及城使周懷義奏利害，與絳、坦同。上卒❾用吉甫策，以受降城騎士隸天德軍。

李絳言於上曰：「邊軍徒有其數而無其實，虛❿費衣糧；將帥但緣私⓫役使，聚貨財以結權倖而已，未嘗訓練以備不虞⓬。此不可不於無事之時豫留聖意⓭也。」時受降城兵籍舊四百人，及天德軍交兵，止有五十人，器械止有一弓，自餘稱是；故絳言及之。上驚曰：「邊兵乃如是其虛邪！卿曹當加按閱⓮。」會絳罷相而止。

乙巳⓯，廢天威軍⓰，以其眾隸神策軍。

丁未⓱，辰、溆賊帥張伯靖請降。九月辛亥[2]，以伯靖為歸州司馬，委⓲荊南軍前驅使⑲。

【章　旨】以上為第四段，寫唐憲宗惜小費，李吉甫順適聖意排擠李絳，不納李絳策，以至於受降城失修縮地二百里，邊兵空缺，不加按閱。

【注　釋】❶受降城　唐受降城有三，張仁愿所築。事見本書卷二百九中宗景龍元年。中受降城，在今內蒙古五原黃河北面。東受降城，在今內蒙古托克托黃河東岸。西受降城，在今內蒙古臨河烏拉托中後旗西南黃河北岸。❷天德故城　地名，在西受降城東二百里大同川。❸磧口　沙漠的口子上。磧，淺水中的沙石，引申為沙漠。❹徇　從。❺僻處确瘠　偏僻瘠薄。确，也作「埆」。瘠薄。❻烽候　烽火、斥候。均為邊防偵察、報警設施。❼唐突　突然襲擊。❽蹙國　減少國土。❾卒　最終。❿虛　空；白白地。⓫緣私　藉公役之名為其私人服役，即假公濟私。⓬不虞　意想不到的事發生。⓭豫留聖意　在意外事端（指外敵入侵）發生之前，請陛下事先留意。⓮按閱　核查。⓯乙巳　八月二十五日。乙巳前脫「八月」二字。⓰天威軍　元和初，併左、右神威軍為一軍，號天威軍。至此廢除。神威軍，本殿前射生軍。⓱丁未　八月二十七日。⓲委　屬。⓳驅使　差遣。

【校　記】①辛酉　七月十二日。此二字原脫。據章鈺校，甲十一行本、乙十一行本、孔天胤本皆有此二字，張敦仁《通鑑刊本識誤》、張瑛《通鑑校勘記》同，今據補。②九月辛亥　九月初二日。「九月」二字原脫。據章鈺校，甲十一行本、乙十一行本、孔天胤本皆有此二字，張敦仁《通鑑刊本識誤》同，今據補。

【語　譯】秋，七月十二日辛酉，振武節度使李光進請求修築受降城，兼帶治理黃河堤防。當時受降城被黃河所毀，李吉甫請求把受降城的民眾遷移到天德軍舊城。李絳和戶部侍郎盧坦認為：「受降城是張仁愿修建的，地處大沙漠的出口，佔據胡人的要害之地，水草肥美，是守衛邊疆很有利的地方。現在躲避黃河水患，退後二、三里就行了，怎麼能捨棄萬世長遠安定的策略，而從一時節省開支的便利著想呢！何況天德軍舊城偏僻瘠薄，離黃河極遠，烽火急警不能互相接應，胡虜突然襲擊，勢必無從得知，這是無緣無故地縮減國土二百里啊。」等到受降城的城防使周懷義上奏講述利弊得失，意見與李絳和盧坦相同。憲宗最後採用了李吉甫的計策，把受降城的騎兵隸屬於天德軍。

李絳向憲宗進言說：「邊防軍空有其數，而實際上沒有那麼多人，白白浪費了衣服和糧食；將帥們只知道假公濟私，儲積錢財以交結權貴寵臣，未曾訓練士兵，以防備不測。這種情況不能不在還沒有發生事情的時候請陛下事先留意。」當時受降城的士兵名冊上原有四百人，等到與天德軍移交兵員，僅有五十人，兵器只有一張弓，其餘的東西跟這差不多，因此李絳就談到了這一事情。憲宗吃驚地說：「邊防軍隊竟然這樣空虛呀！你們應該加以核查。」正巧李絳免除相職，這事就作罷了。

八月二十五日乙巳，憲宗撤銷天威軍，把天威軍的部眾隸屬於神策軍。

八月二十七日丁未，辰州和溆州叛賊首領張伯靖請求投降。九月初二日辛亥，任命張伯靖為歸州司馬，交給荊南節度使差遣。

初，吐蕃欲作烏蘭橋❶，先貯材於河側❷，朔方常潛遣人投之於河，終不能成。虜知朔方、靈鹽節度使王佖❸貪，先厚賂之，然後併力成橋，仍築月城❹守之。自是朔方禦寇不暇❺。

冬，十月，回鶻發兵度磧南❻，自柳谷❼西擊吐蕃。壬寅❽，振武、天德軍奏回鶻數千騎至鸊鵜泉❾，邊軍戒嚴。

振武節度使李進賢不恤❿士卒，判官嚴澈，綬之子也，以刻覈⓫得幸於進賢。進賢使牙將楊遵憲將五百騎趣東受降城以備回鶻，所給資裝多虛估⓬。至鳴沙⓭，遵憲屋處⑭而士卒暴露⑮。眾發怒，夜，聚薪⑯環其屋而焚之，卷甲⑰而還。庚寅⑱夜，焚門，攻進賢，進賢踰城走，軍士屠其家，并殺嚴澈。進賢奔靜邊軍⑲。

羣臣累表請立德妃郭氏⑳為皇后。上以妃門宗彊盛，恐正位之後，後宮莫得進㉑，託以歲時禁忌㉒，竟不許。

丁酉㉓，振武監軍駱朝寬奏亂兵已定，請給將士衣。上怒，以夏綏㉔節度使張煦為振武節度使，將夏州兵二千赴鎮，仍命河東節度使王鍔以兵二千納之，聽以便宜從事㉕。駱朝寬歸罪於其將蘇若方而殺之。

發鄭滑、魏博卒鑿黎陽古河㉖十四里，以紓滑州水患。

上問宰相：「人言外間朋黨㉗大盛，何也？」李絳對曰：「自古人君所甚惡㉘者，莫若人臣為朋黨，故小人譖㉙君子必曰朋黨。何則？朋黨言之則可惡，尋之則無跡㉚故也。東漢之末，凡天下賢人君子，宦官皆謂之黨人而禁錮㉛之，遂以亡國。此皆羣小欲害善人之言，願陛下深察之。夫君子固與君子合，豈可必使之與小人合，然後謂之非黨邪！」

【章旨】以上為第五段，寫邊將貪暴，或受賂吐蕃，或不恤士卒以致兵變，而朝廷懲治不力，憲宗卻忌刻朋黨。

【注釋】❶烏蘭橋 橋名，吐蕃造於黃河之上，在今甘肅靖遠。❷河側 河邊。❸王佖 （？—西元八二三年）李晟之甥，雄武善騎射，性貪，接受吐蕃賄賂，使其造成烏蘭橋，常寇振武。傳見《舊唐書》卷一百三十三、《新唐書》卷一百五十四。❹月城 半圓形小城。❺不暇 沒有空閒的時間。❻度磧南 度過沙漠南下。❼柳谷 在古交河縣，即在今新疆吐魯番西。❽壬寅 十月二十三日。❾鷿鵜泉 地名，在今內蒙古杭錦後旗西北。❿不恤 不愛惜；不體恤。⓫刻覈 苛刻。⓬虛估 物資裝備不給實物，虛估其價，折價後給與其他物資。⓭鳴沙 縣名，縣治在今寧夏中衛南。人馬行經此地沙漠，隨路有聲，故稱鳴沙。⓮屋處 住在屋裡。⓯暴露 露宿在野外。⓰聚薪 堆積柴草。⓱卷甲 收起鎧甲。⓲庚寅 十二月十一日。⓳靜邊軍 唐置靜邊都督府，在今陝西米脂西。⓴德妃郭氏 郭子儀孫女，郭曖之女。傳見《舊唐書》卷五十二、《新唐書》卷七十七。㉑後宮莫得進 後宮不得進御。㉒託以歲時禁忌 以歲時禁忌為藉口。㉓丁酉 十二月十八日。㉔夏綏 方鎮名，唐德宗貞元三年（西元七八七年）置夏州節度觀察處置押蕃落使。治所巖綠，在今陝西靖邊東北白城子。㉕便宜從事 授以相機行事的權力。㉖黎陽古河 黃河古道經黎陽山之東，稱黎陽古河，後南徙，威脅滑州。故仍開鑿黎陽古河，以緩解滑州水患。㉗朋黨 指同類的人為自私目的而互相勾結。㉘甚惡 最厭恨的。㉙譖 誣毀。㉚跡 蹤跡；痕跡。㉛禁錮 禁止做官或參與政治活動。

【語譯】當初，吐蕃人想修建烏蘭橋，先在黃河邊上儲存了木材，朔方軍經常暗中派人把木材丟進黃河，烏蘭橋始終架不成。吐蕃知道朔方、靈鹽節度使王佖貪婪，就先用厚重的禮物賄賂他，然後集中力量架好了橋，還在橋旁修築一座月牙型的城牆防守。從此，朔方忙於抵禦吐蕃，不得閒暇。

冬，十月，回鶻調兵穿過沙漠南下，從柳谷向西攻擊吐蕃。二十三日壬寅，振武軍、天德軍奏報朝廷回鶻幾千名騎兵到了鷿鵜泉，邊防軍隊加強了警備。

振武軍節度使李進賢不體恤士兵，判官嚴澈是嚴綬的兒子，因為苛刻而得到李進賢的寵信。李進賢派遣牙將楊遵憲率領五百名騎兵奔赴東受降城去防備回鶻，所發給物資裝備，大多虛估其價。軍隊到了鳴沙縣，楊遵憲住在屋裡，將士們露宿在外。大家十分憤怒，夜裡，圍著楊遵憲住的房屋堆積了柴草，放火焚燒楊遵憲，收起鎧甲返回振武軍。十二月十一日庚寅夜裡，他們燒毀了振武軍城的城門，攻擊李進賢，李進賢越過城牆跑了，士兵殺了他的全家，連同嚴澈也殺了。李進賢跑往靜邊軍。

朝廷群臣多次上表請求憲宗冊立德妃郭氏為皇后。憲宗因為郭妃家族勢力強盛，擔心冊立她為皇后以後，後宮不得進御，就以歲時禁忌為藉口，最終沒有答應。

十二月十八日丁酉，振武軍監軍駱朝寬上奏朝廷說叛亂的士兵已經平定，請求發給將士們衣服。憲宗很生氣，任命夏綏節度使張煦為振武節度使，帶領夏州的二千士兵前往鎮所，憲宗還命令河東節度使王鍔帶領二千士兵去迎接，聽任張煦見機行事。駱朝寬把罪責算在將領蘇若方身上，把他殺了。

憲宗調發鄭滑、魏博的士兵開鑿黎陽山黃河古河道十四里，借以緩解滑州的水災。

憲宗問宰相們說：「人們說外面拉幫結派的風氣很盛，這是為什麼？」李絳回答說：「自古以來君主最厭恨的，莫如人臣結成朋黨，所以小人要詆毀君子一定說他們結成朋黨。這是為什麼呢？這是因為結成朋黨，說起來則是很可惡，尋查它卻沒有痕跡。東漢末年，凡是天下的賢人和君子，宦官都說他們是黨人而永不任用他們，於是使東漢亡國。這都是一群小人們想陷害好人的話，希望陛下深入地考察一下。那君子本該與君子在一起，難道能夠一定讓他們與小人們合群，然後才說他們不是朋黨嗎！」

九年（甲午　西元八一四年）

春，正月甲戌❶，王鍔遣兵五千會張煦於善羊柵❷。乙亥❸，煦入單于都護府❹，誅亂者蘇國珍等二百五十三人。二月丁丑❺，貶李進賢為通州❻刺史。甲午❼，駱朝寬坐❽縱亂者，杖之八十，奪色❾，配役定陵❿。

李絳屢以足疾辭位，癸卯⓫，罷為禮部尚書。○初，上欲相絳⓬，先出吐突承璀為淮南監軍。至是，上召還承璀，先罷絳相。甲辰⑬，承璀至京師，復以為弓箭庫使、左神策中尉。

李吉甫奏：「國家舊置六胡州⑭於靈、鹽之境，開元中廢之，更置⑮宥州⑯以領降戶。天寶中，宥州寄理⑰於經略軍⑱。寶應以來，因循遂廢。今請復之，以備回鶻，撫党項。」上從之。夏，五月庚申⑲，復置宥州，理經略軍，取鄜城⑳神策屯兵九千以實之㉑。

先是，回鶻屢請昏㉒，朝廷以公主出降㉓，其費甚廣，故未之許。禮部尚書李絳上言，以為「回鶻凶彊，不可無備；淮西窮蹙㉔，事要經營㉕。今江、淮大縣，歲所入賦有二十萬緡者，足以備降主之費。陛下何愛一縣之賦，不以羈縻㉖勁虜？回鶻若得許昏，必喜而無猜㉗。然後可以修城塹，蓄甲兵。邊備既完，得專意淮西，功必萬全。今既未降公主而虛弱西城㉘，磧路㉙無備，更修天德㉚以疑虜心。萬一北邊有警，則淮西遺醜㉛復延歲月之命矣。儻虜騎南牧㉜，國家非步兵三萬、騎五千，則不足以抗禦。借使㉝一歲而勝之，其費豈特㉞降主之比哉！」上不聽。〇乙丑㉟，桂王綸㊱薨。

六月壬寅㊲，以河中節度使張弘靖㊳為刑部尚書、同平章事。弘靖，延賞之子也。

翰林學士獨孤郁，權德輿之壻也。上歎郁之才美曰：「德輿得壻郁，我反不及邪！」先是尚主㊴皆取貴戚及勳臣之家，上始命宰相選公卿大夫子弟文雅可居清貫㊵者。諸家多不願，惟杜佑孫司議郎悰㊶不辭。秋，七月戊辰㊷，以悰為殿中少監、駙馬都尉，尚岐陽公主。公主，上長女，郭妃所生也。八月癸巳㊸，成昏。公主有賢行，杜氏大族，尊行㊹不翅㊺數十人，公主卑委怡順㊻，一同家人禮度㊼，二十年間，人未嘗以絲髮間指為貴驕。始至，則與悰謀曰：「上所賜奴婢，卒不肯窮屈㊽，奏請納之，悉自市㊾寒賤可制指者㊿。」自是閨門落然(51)不聞人聲(52)。

【章　旨】以上為第六段，寫唐憲宗召吐突承璀入朝復任中尉，李絳罷相。憲宗長女岐陽公主賢淑。

【注　釋】❶甲戌　正月二十六日。❷善羊柵　地名，在朔州善陽縣境內，善陽縣在今山西朔州。胡三省注：「『善羊』，當作『善陽』。唐朔州治善陽縣，西北至單于府百二十里，柵蓋立於縣界。」❸乙亥　正月二十七日。❹單于都護府　振武節度使治所在單于都護府。❺丁丑　二月己卯朔，無丁丑，丁丑疑作丁未。丁未，二月二十九日。❻通州　州名，治所在今四川達縣。❼甲午　二月十六日。❽坐　坐罪；獲罪。❾奪色　削奪其品官服色，成為平民。❿配役定陵　發配去守護定陵。定陵，唐中宗陵，在今陝西富平西北。⓫癸卯　二月二十五日。⓬相絳　以李絳為宰相。⓭甲辰　二月二十六日。⓮六胡州　即在靈州、夏州地區所置魯州、麗州、含州、塞州、依州、契州。六胡州皆以唐人為刺史，安置投降的突厥人。⓯更置　改置。⓰宥州　州名，此時宥州僑居經略軍治所，元和十五年（西元八二〇年）移治長澤縣，在今內蒙古鄂托克旗東南城川古城。⓱寄理　即寄治，地方官屬僑居他地。⓲經略軍　天寶中置，治所在今內蒙古鄂托克旗東北。⓳庚申　五月十四日。⓴鄜

城　縣名，縣治在今陝西洛川縣東南鄜城。㉑實之　此謂充實宥州。㉒昏　通「婚」。㉓出降　出嫁。㉔窮蹙　指處境困窘。㉕經營　謀劃。㉖羈縻　籠絡。㉗無猜　對我沒有猜疑。㉘西城　指西受降城。此前天德軍治所在西受降城。㉙磧路　通往沙漠之路。㉚天德　天德軍故城，在今內蒙古烏拉特前旗北。上年七月，西受降城為水所毀，令西受降城的天德軍治所移於天德故城。為此而更修天德故城。㉛遺醜　殘餘的醜類。指淮西藩鎮吳少陽等。㉜南牧　南進放牧馬匹，即向南方進攻。㉝借使　假使。㉞豈特　豈但。㉟乙丑　五月十九日。㊱桂王綸　（？—西元八一四年）順宗第二十子。㊲壬寅　六月二十七日。㊳張弘靖　（西元七六〇—八二四年）字元理，德宗朝宰相張延賞之子。雅厚信直，官至宰相。傳見《舊唐書》卷一百二十九、《新唐書》卷一百二十七。㊴尚主　娶公主為妻。㊵文雅可居清貫　溫文爾雅，可以位居清貴之選，如翰林學士、諫官、史館等職。清貫，清貴的官職。㊶悰　杜佑孫，尚憲宗女岐陽公主。官至宰相，無才學，尸位而已。傳見《舊唐書》卷一百四十七、《新唐書》卷一百六十六。㊷戊辰　七月二十三日。㊸癸巳　八月十九日。㊹尊行　尊長輩，即長輩。㊺不翅　不少於。㊻卑委怡順　謙卑和順。怡順，和顏隨順。㊼一同家人禮度　一概如同家人禮數。即不擺公主架子。㊽窮屈　屈從。㊾自市　自買。㊿可制指者　可以控制使喚的人。(51)落然　安靜的樣子。(52)不聞人聲　聽不見閒雜聲音。

【語譯】九年（甲午　西元八一四年）

春，正月二十六日甲戌，王鍔派遣五千士兵在善羊柵與張煦會合。二十七日乙亥，張煦進入單于都護府城內，殺了叛亂的蘇國珍等二百五十三人。二月丁丑日，憲宗把李進賢貶為通州刺史。十六日甲午，駱朝寬因為縱容叛亂而獲罪，打了八十棍棒，削奪了官品和官服，發配到定陵服勞役。

李絳多次因腳病向憲宗請求辭職，二月二十五日癸卯，李絳被罷免宰相職務，擔任禮部尚書。〇當初，憲宗想讓李絳擔任宰相，先把吐突承璀外放為淮南監軍。到這時，憲宗召回吐突承璀，就先罷免了李絳的宰相職務。二十六日甲辰，吐突承璀到了京城，憲宗又讓他擔任了弓箭庫使、左神策軍護軍中尉。

李吉甫上奏說：「國家以前在靈州和鹽州境內設置六個胡州，開元年間廢除了，另外設置宥州來統領歸降的胡人。天寶年間，宥州寄治於經略軍。寶應年間以來，遵循舊制又廢除了宥州。現在請求陛下恢復宥州，以防備回鶻，安撫党項。」憲宗採納了這一建議。夏，五月十四日庚申，又設置了宥州，治所在經略軍，用駐防鄜城的神策軍九千人充實宥州。

此前，回鶻可汗多次向朝廷請求娶公主為妻，朝廷因為公主出嫁，費用很多，所以沒有答應。禮部尚書李絳進言，認為「回鶻兇猛強悍，不能沒有防備；淮西處境困窘，要謀劃收復大計。現在江、淮大縣，每年所納賦稅有二十萬緡錢的，足夠備辦公主下嫁的費用。陛下為什麼愛惜一個縣的賦稅收入，而不用它來籠絡強悍的胡人？回鶻如果得到朝廷答應婚姻，一定高興而不猜疑朝廷。然後朝廷可以修築城牆溝塹，儲備鎧甲兵器。邊疆防備完成以後，就能夠專心致志地對付淮西地區，一定獲得萬無一失的成功。現在既沒有下嫁公主，而受降城防衛空虛，又不防備通往沙漠之路，還修建天德軍故城，讓回鶻心中疑慮。萬一北部邊疆有警報，那麼淮西的殘餘醜類就又可以苟延殘喘了。假如回鶻的騎兵南進，國家沒有三萬步兵、五千騎兵，就無法抵禦。假如一年戰勝了回鶻，那費用豈止是下嫁公主花費的那麼多數量！」憲宗沒有聽從。〇五月十九日乙丑，桂王李綸去世。

六月二十七日壬寅，憲宗任命河中節度使張弘靖為刑部尚書、同平章事。張弘靖，是張延賞的兒子。

翰林學士獨孤郁，是權德輿的女婿。憲宗稱讚獨孤郁才華優異說：「權德輿能夠以獨孤郁為女婿，朕反而比不上權德輿呢！」在此之前，聘娶公主的人全都選取權貴、皇室的親戚以及勳臣之家，憲宗這才開始命令宰相選擇公卿大臣的子弟中溫文爾雅，可以擔當清貴官職的人。但是各家大多不願意迎娶公主，只有杜佑的孫子司議郎杜悰不推辭。秋，七月二十三日戊辰，憲宗任命杜悰為殿中少監、駙馬都尉，娶岐陽公主為妻。岐陽公主是憲宗的長女，是郭妃生的。八月十九日癸巳，杜悰與岐陽公主完成婚禮。岐陽公主有賢淑的品行，杜氏是一個大家族，是公主長輩的不下幾十人，岐陽公主謙卑和順，一概如同家人禮數，在二十年內，家人未曾以絲毫的藉口指責公主嬌貴傲慢。岐陽公主剛到杜家時，就與杜悰商量說：「陛下所賜奴婢，最終不會屈從，上奏請陛下把他們收回去，我們全都自己買那些出身寒微貧賤可以控制使喚的人。」從此以後，閨門寂然，聽不見閒雜聲音。

閏月丙辰❶，彰義節度使吳少陽薨。少陽在蔡州，陰聚亡命❷，牧養馬騾，時抄掠壽州❸茶山以實其軍。其子攝❹蔡州刺史元濟❺匿喪，以病聞，自領軍務。

上自平蜀即欲取淮西，淮南節度使李吉甫上言：「少陽軍中上下攜離❻，請徙理壽州❼以經營之。」會朝廷方討王承宗，未暇❽也。及吉甫入相，田弘正以魏博歸附❾。吉甫以為汝州❿扞蔽⓫東都，河陽宿兵⓬，本以制魏博，今弘正歸順，則河陽為內鎮，不應屯重兵以示猜阻⓭。辛酉⓮，以河陽節度使烏重胤為汝州刺史，充河陽、懷、汝節度使，徙理汝州。己巳⓯，弘正檢校右僕射，賜其軍錢二十萬緡。弘正曰：「吾未若移河陽軍之為喜⓰也。」

九月庚辰⓱，以洺州刺史李光顏為陳州刺史，充忠武⓲都知兵馬使。以泗州刺史令狐通⓳為壽州防禦使。通，彰之子也。丙戌⓴，以山南東道節度使袁滋㉑為荊南節度使，以荊南節度使嚴綬為山南東道節度使。

吳少陽判官蘇兆、楊元卿、大將侯惟清皆勸少陽入朝，元濟惡之，殺兆，囚惟清。元卿先奏事在長安，具以淮西虛實及取元濟之策告李吉甫，請討之。時元濟猶匿喪，元卿勸吉甫，凡蔡使入奏者，所在㉒止之。少陽死近四十日，不為輟朝，但易環蔡㉓諸鎮將帥，益兵㉔為備。元濟殺元卿妻及四男以圬射堋㉕。淮西宿將㉖董重質，吳少誠之壻也，元濟以為謀主。

戊戌㉗，加河東節度使王鍔同平章事。

李吉甫言於上曰：「淮西非如河北，四無黨援㉘，國家常宿㉙數十萬兵以備之，勞費㉚不可支也。失今不取，後難圖矣。」上將討之，張弘靖請先為少陽輟朝、贈官㉛，遣使弔贈，待其有不順之迹，然後加兵。上從之，遣工部員外郎李君何弔祭。元濟不迎敕使，發兵四出，屠舞陽㉜，焚葉㉝，掠魯山㉞、襄城㉟，關東㊱震駭。君何不得入而還。

冬，十月丙午㊲，中書侍郎、同平章事趙公李吉甫薨。

壬戌㊳，以忠武節度副使李光顏為節度使。○甲子㊴，以嚴綬為申、光、蔡招撫使，督諸道兵招討吳元濟。乙丑㊵，命內常侍知省事㊶崔潭峻監其軍。○戊辰㊷，以尚書左丞呂元膺為東都留守。

党項寇振武。

十二月戊辰㊸，以尚書右丞韋貫之同平章事。

【章　旨】以上為第七段，寫淮西節度使吳少陽死，其子吳元濟不發喪，自領軍務，唐憲宗與宰臣決策征討。

【注釋】❶丙辰 閏八月十二日。❷陰聚亡命 暗暗地招募亡命之徒。❸壽州 州名，治所在今安徽壽縣。❹攝 暫代。❺元濟 （西元七九一－八一七年）吳少陽長子，淮西節度使。為李愬所擒，處死。傳見《舊唐書》卷一百四十五、《新唐書》卷二百十四。❻上下攜離 上下離心。❼徙理壽州 把淮南節鎮遷移到壽州。淮南節度使治揚州，請遷壽州便於經略淮西。❽未暇 沒有時間考慮。❾歸附 歸順唐朝廷。❿汝州 州名，治所梁縣，在今河南汝州。⓫扞蔽 捍衛、屏蔽。⓬河陽宿兵 河陽節度使境內所駐守的宿衛軍。⓭以示猜阻 用以表示對魏博的猜疑和隔閡。⓮辛酉 閏八月十七日。⓯己巳 閏八月二十五日。⓰喜 此田弘正之喜，在於朝廷把河陽的軍隊移到汝州。⓱庚辰 九月初七日。⓲忠武 方鎮名，即陳許。德宗貞元三年（西元七八七年）置，貞元十年賜號忠武軍。李光顏為當時名將，守河北洺州，今遷陳州，為進攻淮西的部署。⓳令狐通 為肅宗時歸順朝廷的安史舊將令狐彰之子。父子同傳，見《舊唐書》卷一百二十四、《新唐書》卷一百二十八。⓴丙戌 九月十三日。㉑袁滋 字德深。傳見《舊唐書》卷一百八十五下、《新唐書》卷一百五十一。㉒所在 當地。㉓環蔡 蔡州周圍。㉔益兵 增兵。㉕以圬射堋 用泥墁為射垛，埋在土坑裡。圬，塗牆用的工具。堋，射箭垛。㉖宿將 老將。㉗戊戌 九月二十五日。㉘黨援 同黨相援助。㉙常宿 經常屯宿；經常駐紮。㉚勞費 指將士的辛勞和朝廷的費用。㉛輟朝贈官 表示對吳少陽的哀悼而罷朝，並給吳少陽加官。㉜舞陽 縣名，縣治在今河南舞陽。㉝葉 縣名，治所在今河南葉縣。㉞魯山 縣名，治所在今河南魯山縣。㉟襄城 縣名，治所在今河南襄城。㊱關東 泛指函谷關以東地域。㊲丙午 十月初三日。㊳壬戌 十月十九日。㊴甲子 十月二十一日。㊵乙丑 十月二十二日。㊶內常侍知省事 內常侍，唐內侍省屬官，正五品下。知省事，兼通判內侍省事。㊷戊辰 十月二十五日。㊸戊辰 十二月二十五日。

【語譯】閏八月十二日丙辰，彰義節度使吳少陽去世。吳少陽在蔡州，暗中聚集亡命之徒，牧養馬騾，經常搶劫壽州茶山來充實軍需。他的兒子、蔡州代理刺史吳元濟隱瞞吳少陽的死訊，向朝廷上奏說吳少陽病了，自己掌管了軍中事務。

憲宗自從平定西蜀劉闢後就打算攻取淮西，淮南節度使李吉甫上奏憲宗說：「吳少陽軍中上下之間人心離散，請讓我把治所遷到壽州來籌劃這件事。」適逢朝廷正在討伐王承宗，無暇考慮這事。等到李吉甫入朝為相，田弘正帶著魏博鎮歸順朝廷。李吉甫認為汝州護衛著東都洛陽，河陽的宿衛軍，本來是用來控制魏博鎮的，現在田弘正歸順，那麼河陽就成了內地軍鎮，不應該屯駐重兵，來表示對魏博的猜疑和隔閡。閏八月十七日辛酉，憲宗任命河陽節度使烏重胤為汝州刺史，充任河陽、懷州、汝州節度使，把治所遷移到汝州。二十五日己巳，田弘正為檢校右僕射，賞賜給魏博軍錢二十萬緡。田弘正說：「這些不如把河陽軍隊遷走讓我高興。」

九月初七日庚辰，憲宗任命洺州刺史李光顏為陳州刺史，充任忠武軍都知兵馬使。任命泗州刺史令狐通為壽州防禦使。令狐通，是令狐彰的兒子。十三日丙戌，憲宗任命山南東道節度使袁滋為荊南節度使，任命荊南節度使嚴綬為山南東道節度使。

吳少陽的判官蘇兆、楊元卿和大將侯惟清都勸說吳少陽進京入朝，吳元濟討厭他們，殺了蘇兆，囚禁了侯惟清。楊元卿先前入朝奏事人在長安，詳細地把淮西的虛實和攻取吳元濟的策略告訴了李吉甫，請求討伐吳元濟。當時吳元濟還隱瞞著父親的死訊，楊元卿勸李吉甫，對凡是蔡州派來的使者，他們到哪裡，哪裡就阻留他們。吳少陽死了將近四十天，憲宗沒有為吳少陽而停止上朝，只是調換了蔡州周圍各軍鎮的將帥，增兵防備。吳元濟殺了楊元卿的妻子和四個兒子，用泥墁為射垛，埋在坑裡。淮西的舊將董重質是吳少誠的女婿，吳元濟用他作為主要謀劃人。

九月二十五日戊戌，憲宗加授河東節度使王鍔為同平章事。

李吉甫對憲宗說：「淮西的情況不像河北，它的四周沒有同黨相助，朝廷經常在這裡駐紮幾十萬軍隊防備它，將士的辛勞和朝廷的開支都不能支撐。失掉現在的機會不去攻取，以後就難以謀算了。」憲宗準備討伐淮西，張弘靖請求先為吳少陽的死停止上朝，追贈吳少陽官爵，派遣使者去弔祭和贈送治喪的錢財，等吳元濟有了不恭順朝廷的跡象，然後使用武力。憲宗採納了張弘靖的建議，派遣工部員外郎李君何去弔祭。吳元濟不迎接朝廷的使者，調兵四面出擊，血洗舞陽縣，焚燒葉城，搶劫魯山和襄城，關東震恐。李君何不能進入蔡州，返回朝廷。

冬，十月初三日丙午，中書侍郎、同平章事趙公李吉甫去世。

十月十九日壬戌，憲宗任命忠武節度副使李光顏為節度使。〇二十一日甲子，憲宗任命嚴綬為申州、光州和蔡州招撫使，督領各道軍隊招撫討伐吳元濟。二十二日乙丑，憲宗命令負責內侍省事務的內常侍崔潭峻擔任嚴綬的監軍。〇二十五日戊辰，憲宗任命尚書左丞呂元膺為東都留守。

党項入侵振武軍。

十二月二十五日戊辰，憲宗任命尚書右丞韋貫之為同平章事。

十年（乙未　西元八一五年）

春，正月乙酉❶，加韓弘守司徒。弘鎮宣武，十餘年不入朝，頗以兵力自負❷，朝廷亦不以忠純❸待之。王鍔加同平章事[1]，弘恥班❹在其下，與武元衡書，頗露不平之意。朝廷方倚其形勢❺以制吳元濟，故遷官使居鍔上❻以寵慰之。

吳元濟縱兵侵掠，及於東畿❼。己亥❽，制削元濟官爵，命宣武等十六道進軍討之。嚴綬擊淮西兵，小勝，不設備❾，淮西兵夜還襲之。二月甲辰❿，綬敗于磁丘⓫，卻五十餘里，馳入唐州⓬而守之。壽州團練使令狐通為淮西兵所敗，走保州城，境上諸柵盡為淮西所屠。癸丑⓭，以左金吾大將軍李文通代之，貶通昭州⓮司戶。

詔鄂岳觀察使柳公綽⓯以兵五千授安州刺史李聽⓰，使討吳元濟。公綽曰：「朝廷以吾書生不知兵邪！」即奏請自行，許之。公綽至安州，李聽屬櫜鞬⓱迎之。公綽以鄂岳都知兵馬使、先鋒行營兵馬都虞候二牒⑱授之，選卒六千以屬⑲聽，戒其部校曰：「行營之事，一決都將⑳。」聽感恩畏威，如出麾下。公綽號令整肅，區處㉑軍事，諸將無不服。士卒在行營者，其家疾病死喪，厚給之；妻淫泆㉒者，沈之於江。士卒皆喜曰：「中丞㉓為我治家，我何得不前死！」故每戰皆捷。公綽所乘馬踶殺圉人㉔，公綽命殺馬以祭之。或曰：「圉人自不備耳。此良馬，可惜！」公綽曰：「材良性駑㉕，何足惜也！」竟殺之。

【章　旨】以上為第八段，寫唐憲宗大發兵十六道討淮西。鄂岳觀察使柳公綽公忠體國顧大局，雖為文士，而帶兵有方，士兵樂為死戰。

【注　釋】❶乙酉　正月十三日。❷頗以兵力自負　因為兵力強大，自以為很是了不起。❸忠純　忠誠、純正。❹班　班序；班次。❺形勢　指宣武軍地勢及兵力。宣武在淮西之北，軍力強盛，藉其以制淮西。❻使居鍔上　時王鍔官檢校司空，加同平章事；而韓弘已官檢校司空、同平章事，王鍔始與韓弘官相同，韓弘即不滿。《新唐書》卷一百五十八〈韓弘傳〉云：「弘以官與太原王鍔等，詒書宰相，恥為鍔下。憲宗方用兵淮西，藉其重，更授檢校司徒，班鍔上。」❼東畿　東都洛陽近郊。❽己亥　正月二十七日。❾不設備　不設防備。❿甲辰　二月初二日。⓫磁丘　地名，在今河南泌陽。⓬唐州　州名，治所在今河南泌陽。⓭癸丑　二月十一日。⓮昭州　州名，治所在今廣西平樂。⓯柳公綽　（？—西元八三〇年）字起之，又字寬，京兆華原（今陝西耀州）人，登賢良方正科，官兵部尚書。傳見《舊唐書》卷一百六十五、《新唐書》卷一百六十三。⓰李聽　字正思，仕憲、穆、敬、文四朝，終官河中節度使。傳見《舊唐書》卷一百三十三、《新唐書》卷一百五十四。⓱櫜鞬　帶著弓箭。即著戎裝。櫜，馬上盛箭器。鞬，馬上盛弓器。⓲二牒　二張任命書。⓳屬　歸。⓴都將　總諸部之軍。此指李聽。㉑區處　處理。㉒淫泆　淫蕩。㉓中丞　柳公綽官兼御史中丞，故稱之。㉔踶殺圉人　指柳公綽坐騎踢殺養馬人。㉕材

良性鷙　雖材質優良，但性情頑劣。

【校　記】1同平章事　原脫「同」字。據章鈺校，甲十一行本、乙十一行本、孔天胤本皆有此字，張敦仁《通鑑刊本識誤》同，今據補。

【語　譯】十年（乙未　西元八一五年）

春，正月十三日乙酉，憲宗加授韓弘兼司徒職位。韓弘鎮守宣武軍，十多年不進京入朝，因為兵力強大很是自負，朝廷也不把韓弘當做忠誠純正的臣子看待。朝廷加授王鍔同平章事，韓弘恥於班次在王鍔之下，給武元衡寫了一封信，稍微露出了一些不平的意思。朝廷正在利用韓弘之勢來控制吳元濟，所以給韓弘遷升官職，讓他在王鍔之上，以此來寵信和安慰韓弘。

吳元濟放縱士兵侵擾搶劫，波及到了東都洛陽的近郊。正月二十七日己亥，憲宗下制書削奪吳元濟的官職和爵位，命令宣武等十六道進軍討伐吳元濟。嚴綬進攻淮西的軍隊，獲得小勝，不設防備，夜裡被淮西軍隊返回襲擊。二月初二日甲辰，嚴綬在磁丘戰敗，後退五十多里，跑入唐州防守。壽州團練使令狐通被淮西的軍隊打敗，退保壽州城，壽州邊境上的各個營柵全被淮西兵屠戮。十一日癸丑，憲宗任命左金吾大將軍李文通代替令狐通，把令狐通貶職為昭州司戶。

憲宗下詔命令鄂岳觀察使柳公綽把士兵五千人交給安州刺史李聽，派他討伐吳元濟。柳公綽說：「朝廷認為我是書生不懂得用兵嗎！」就向朝廷上奏請求自己帶兵前去，朝廷同意了。柳公綽到達安州，李聽帶著弓箭去迎接他。柳公綽將鄂岳都知兵馬使和先鋒行營兵馬都虞候的兩項委任書給了李聽，挑選六千名士兵歸屬李聽。柳公綽告誡部下的將領說：「軍營之事，一切由都將決定。」李聽感激柳公綽的恩德，敬畏他的威嚴，就像柳公綽的部下一樣。柳公綽的軍令整齊嚴肅，處理軍中事務，各個將領沒有不服從的。士兵在軍營的，家中有生病和死亡的，柳公綽就給他們豐厚的財物；妻子淫蕩的，就把她沉在江中。士兵們都高興地說：「柳中丞為我們管理家庭，我們為什麼不前去拼命呢！」因此每次打仗都取得勝利。柳公綽所乘馬匹，踢死了養馬的人，柳公綽下令殺了馬來祭祀那個養馬的人。有人說：「養馬的自己不提防。這是匹好馬，殺了可惜！」柳公綽說：「材質優良，性子頑劣，有什麼值得可惜的！」最後還是把馬殺了。

河東❶將劉輔殺豐州❷刺史燕重旰，王鍔誅之，及其黨。

王叔文之黨坐謫官者，凡十年不量移❸。執政有憐其才欲漸進之者，悉召至京師。諫官爭言其不可，上與武元衡亦惡之。三月乙酉❹，皆以為遠州刺史，官雖進❺而地益遠。永州❻司馬柳宗元為柳州❼刺史，朗州❽司馬劉禹錫為播州❾刺史。宗元曰：「播非人所居，而夢得親在堂❿，萬無母子俱往理。」欲請於朝，願以柳易播⓫。會⓬中丞裴度亦為禹錫言曰：「禹錫誠有罪，然母老，與其子為死別⓭，良可傷⓮！」上曰：「為人子尤當自謹，勿貽親憂，此則禹錫重可責⓯也。」度曰：「陛下方侍太后，恐禹錫在所宜矜⓰。」上良久，乃曰：「朕所言，以責為人子者耳，然不欲傷其親心。」退，謂左右曰：「裴度愛我終切。」明日，禹錫改連州⓱刺史。

宗元善為文⓲，嘗作梓人傳⓳，以為：「梓人不執斧斤⓴刀鋸之技，專以尋引㉑、規矩、繩墨㉒度羣木之材㉓，視棟宇之制㉔，相㉕高深、圓方、短長之宜，指麾㉖

眾工，各趨其事㉗，不勝任者退之。大廈㉘[1]既成，則獨名其功㉙，受祿三倍㉚。亦猶相㉛天下者，立綱紀，整法度，擇天下之士使稱其職，居天下之人使安其業，能者進之，不能者退之。萬國既理，而談者獨稱伊、傅、周、召㉜，其百執事㉝之勤勞不得紀焉。或者㉞不知體要㉟，衒能矜名，親小勞，侵眾官，听听㊱於府庭，而遺其大者遠者，是不知相道㊲者也。」

又作種樹郭橐駝傳㊳曰：「橐駝之所種，無不生且茂㊴者。或問之，對曰：『橐駝非能使木壽且孳㊵也。凡木之性，其根欲舒㊶，其土欲故。既植之，勿動勿慮，去不復顧。其蒔㊷也若子，其置也若棄，則其天全而性得㊸矣。它植者則不然，根拳㊹而土易，愛之太恩，憂之太勤，旦視而暮撫，已去而復顧，甚者爪其膚以驗其生枯，搖其本以觀其疏密，而木之性日以離矣㊺。雖曰愛之，其實害之，雖曰憂之，其實讎之，故不我若也！為政亦然㊻。吾居鄉見長人者㊼，好煩其令，若甚憐焉而卒以禍之。旦暮吏來，聚民而令之，促其耕穫，督其蠶織，吾小人輟飧饔㊽以勞吏㊾之不暇，又何以蕃吾生㊿而安吾性(51)邪！凡病且怠，職此故(52)也。』」此其文之有理(53)者也。

【章　旨】以上為第九段，摘引柳宗元論時政的諷諭散文，認為執政者要用人唯才，垂拱無為，如梓人之使能，如種樹人之植樹一樣，任人辦事而拱手無為，沒有不能治理的。

【注　釋】❶河東　方鎮名，唐玄宗開元十八年（西元七三〇年），更太原府以北諸州節度為河東節度。治所太原，在今山西太原。❷豐州　州名，治所九原，在今內蒙古五原西。❸量移　酌情內移。❹乙酉　三月十四日。❺進　提升。❻永州　州名，治所在今湖南零陵。❼柳州　州名，治所在今廣西柳州。按唐時里程，永州距京師三千二百七十四里，柳州距京師五千四百七十里。柳宗元以永州司馬升柳州刺史，遷移後距京師更遠。❽朗州　州名，治所武陵，在今湖南常德。❾播州　州名，治所在今貴州遵義。劉禹錫以朗州司馬升播州刺史，距京師更遠。朗州距京師二千一百五十九里，播州距京師四千四百五十里。❿親在堂　有母親健在。⓫以柳易播　以柳州調換播州。⓬會　恰好。⓭死別　生死離別。⓮傷　哀傷。⓯重可責　應該重加責罰。⓰矜　可憐。⓱連州　州名，治所桂陽，在今廣東連州。⓲善為文　善於寫文章。⓳梓人傳　柳宗元作。以工匠作比喻，說明宰相應抓大事。⓴斧斤　刀斧。㉑尋引　八尺為尋，十丈為引。此指用尺子測量。㉒繩墨　墨繩、墨斗，用以規劃。㉓材　材質。㉔視棟宇之制　觀察房屋的規制結構。㉕相　觀察。㉖指麾　指揮。㉗各趨其事　各自做他們的本職工作。㉘大夏　大廈。夏，通「廈」。㉙獨名其功　梓人獨居其功，而書其名，此屋某某建造。㉚受祿三倍　接受一般匠人三倍的俸祿。㉛相　宰相。㉜伊傅周召　指商代賢相伊尹、傅說，周代賢相周公、召公。㉝執事　一般普通執事官員。㉞或者　有的宰相。㉟不知體要　不識大體。㊱听听　斤斤計較，爭辯不休。㊲相道　做宰相的原則。㊳種樹郭橐駝傳　柳宗元作，又稱〈郭橐駝種樹書〉。藉郭橐駝種樹比喻郡守、縣令應讓人民自然發展。㊴生且茂　不但成活而且繁茂。㊵壽且孳　長久活著而且滋長茂盛。㊶舒　舒張。㊷蒔　移栽。㊸天全而性得　樹木的天性保存下來，而自然生長條件也得到了。㊹拳　捲曲。㊺木之性日以離矣　一天一天脫離了樹木的自然本性。㊻為政亦然　處理政務也是一樣。㊼長人者　統治人民的人。人，通「民」。避李世民諱改。㊽輟饔飧　放下飯碗。㊾勞吏　招待官吏。㊿蕃吾生　發展我們的生計。(51)安吾性　使我們的天性安然。(52)職此故　原因在此。(53)文之有理　文章深含的哲理。

【校　記】[1]大夏　據章鈺校，甲十一行本、乙十一行本、孔天胤本皆作「大廈」。

【語　譯】河東軍的將領劉輔殺了豐州刺史燕重旰，王鍔殺了劉輔，以及他的同黨。

王叔文的同黨獲罪被貶官流放的，一共有十年沒有酌情內移。朝廷中執掌大政的人有的憐惜他們的才能，打算逐漸起用他們，把他們全都召到京城長安。諫官們爭著說這樣作不可以，憲宗和武元衡也討厭這些人。三月十四日乙酉，把他們全部任命為邊遠州的刺史，雖然升了官，而任職的地方更加遙遠。永州司馬柳宗元擔任柳州刺史，朗州司馬劉禹錫擔任播州刺史。柳宗元說：「播州不是人能住的地方，劉夢得的母親還健在，萬萬沒有母親和兒子一起前去的道理。」想向朝廷請求，願意將柳州刺史一職更換為播州刺史。正好御史中丞裴度也為劉禹錫向憲宗進言說：「劉禹錫確實有罪，但他的母親老了，要她同兒子生死離別，實在是太傷心了！」憲宗說：「作為兒子的尤其應該自我謹慎，不要給雙親帶來憂慮，這倒是劉禹錫應該重加責罰的。」裴度說：「陛下正侍奉太后，恐怕對劉禹錫該有所憐憫。」憲宗過了好一會兒，才說：「朕剛才說的話，是用來責備做兒子的人而已，但不想讓劉禹錫傷他母親的心。」退朝以後，憲宗對身邊的侍從說：「裴度對朕愛護得很深切啊。」第二天，劉禹錫改任連州刺史。

柳宗元擅長寫文章，曾寫了一篇〈梓人傳〉，認為：「負責建造房屋的工匠不使用刀斧的技巧，專門用尺子、圓規、繩墨測量各種木料的材質，他察看房屋的規制結構，觀測高度、方圓、長短是否合適，指揮工匠，各自做他們的本職工作，不能夠勝任職責的人就辭退他們。房屋建成之後，梓人獨居其功，得到一般匠人三倍的俸祿。朝廷的宰相也同他的情況一樣，建立政綱法紀、整肅法令制度，選擇天下的人才，讓他們與擔負的職位相稱，讓天下的百姓都安居下來，安心從事自己的職業，有才能的人就提拔起來，沒有才能的人就斥退出去。天下得到治理後，而談論這一事情的人只稱讚伊尹、傅說、周公、召公，那些朝廷官員的辛勤和勞苦都不能夠記載下來。有的宰相不識大體，炫弄才能，誇耀名聲，親執細務，侵犯眾官職權，在官署中爭論不休，而沒有抓住朝廷政務中重要的和長遠的，這是不知道做宰相的原則啊。」

柳宗元又寫了一篇〈種樹郭槖駝傳〉說：「郭槖駝所種的樹，沒有不成活而且長得茂盛的。有人問他其中的道理，郭槖駝回答說：『不是槖駝能使樹木長壽而且滋長繁茂。凡是樹木的特性，它的根要舒展，要用原來的舊泥土。栽下樹以後，就不要動它，不要為它擔心，離開這裡不再來看它。移栽樹木的時候要像子女一樣愛護，栽進泥土之後就像丟棄的東西一樣，那麼，樹木的天性保存下來，而自然生長條件也得到了。其他栽樹的人就不一樣，將樹根捲曲起來，而更換了原來的泥土，愛護它太深了，為它擔憂得太辛勤了，早上去看，晚上去摸，已經離開了又回來看，甚至抓破樹皮來檢查它活著還是死了，搖晃著樹幹來觀察兩樹之間的疏密距離，而使樹木一天天脫離了自然本性。雖然說是愛護它，其實是禍害它，雖然說是為它擔心，其實是仇恨它，所以他們都不如我了！處理政事也是這樣。我住在鄉下，看到統治百姓的人，喜歡不厭其煩地發號施令，像是很憐愛老百姓，而最後卻是禍害老百姓。早晚都有官吏來，集中老百姓，命令他們，催促他們耕種和收穫，督促他們養蠶織布，我們這些平民百姓忙得放下飯碗去招待官吏還來不及，又靠什麼發展生計，使我們天性安然呢！要說老百姓困窮懈怠，都是這個原因造成的。』」這是柳宗元具有深刻道理的文章。

庚子❶，李光顏奏破淮西兵於臨潁❷。○田弘正遣其子布❸將兵三千助嚴綬討吳元濟。○甲辰❹，李光顏又奏破淮西兵於南頓❺。

吳元濟遣使求救於恆❻、鄆❼，王承宗、李師道數上表請赦元濟，上不從。是時發諸道兵討元濟而不及淄青❽，師道使大將將二千人趣❾壽春，聲言助官軍討元濟，實欲為元濟之援也。

師道素養刺客奸人數十人，厚資給之。其人說❿師道曰：「用兵所急，莫先糧儲。今河陰院⓫積江、淮租賦，請潛往焚之。募東都惡少年數百，劫都市，焚宮闕，則朝廷未暇討蔡，先自救腹心。此亦救蔡一奇也。」師道從之。自是所在盜賊竊發⓬。辛亥⓭暮，盜數十人攻河陰轉運院，殺傷十餘人，燒錢帛三十餘萬緡匹、穀三萬餘斛，於是人情恇懼⓮。羣臣多請罷兵，上不許。

諸軍討淮西久未有功，五月，上遣中丞裴度詣行營宣慰⓯，察用兵形勢⓰。度還，言淮西必可取之狀⓱，且曰：「觀諸將，惟李光顏勇而知義⓲，必能立功。」上悅。

考功郎中⓳、知制誥韓愈上言，以為：「淮西三小州⓴，殘弊困劇㉑之餘，而當天下之全力㉒，其破敗可立而待。然所未可知者，在陛下斷與不斷㉓耳。」因條陳㉔用兵利害，以為：「今諸道發兵各二三千人，勢力單弱，羈旅異鄉㉕，與賊不相諳委㉖，望風懾懼。將帥以其客兵㉗，待之既薄，使㉘之又苦；或分割隊伍，兵將相失，心孤意怯，難以有功。又其本軍㉙各須資遣，道路遼遠，勞費倍多㉚。聞陳、許、安、唐、汝、壽等州與賊連接處，村落百姓悉㉛有兵器，習於戰鬭㉜，識賊深淺㉝。比來㉞未有處分㉟，猶願自備衣糧，保護鄉里。若令召募，立可成軍。賊平之後，易使歸農㊱。乞悉罷諸道軍，募土人㊲以代之。」又言：「蔡州士卒皆國家百姓，若勢力窮不能為惡者，不須過㊳有殺戮。」

【章　旨】以上為第十段，寫淄青節度使李師道暗助淮西吳元濟，燒官軍給養，擾亂東都。韓愈上奏平淮西之策。

【注　釋】❶庚子　三月二十九日。❷臨潁　縣名，在今河南臨潁。❸布　田弘正子田布（西元七八四—八二二年），字敦禮，幼機悟。官河陽節度使，魏博軍亂自殺。傳見《舊唐書》卷一百四十一、《新唐書》卷一百四十八。❹甲辰　四月初三日。甲辰前脫「四月」二字。❺南頓　縣名，縣治在今河南項城西。❻恆　指王承宗。❼鄆　指李師道。❽不及淄青　發兵事未涉及淄青平盧軍。❾趣　到。❿說　勸說。⓫河陰院　河陰，縣名，治所在今河南孟州。唐玄宗開元二十二年（西元七三四年），為便利東南漕運，築河陰倉，即河陰轉運院，並置河陰縣，將糧食轉運長安。⓬竊發　暗暗地發生。⓭辛亥　四月初十日。⓮恇懼　驚慌懼怕。⓯宣慰　宣諭慰勞。⓰形勢　局勢。⓱狀　情況。⓲勇而知義　勇敢而明白道理。⓳考功郎中　吏部第四司考功司主管，掌文武百官功過、善惡之考法及其行狀，從五品上。⓴三小州　指申、光、蔡三州。㉑殘弊困劇　殘破困苦。劇，困苦；艱難。㉒天下之全力　指唐中央兵力。㉓斷與不斷　指有沒有決心。㉔條陳　分析；逐條陳說。㉕羈旅異鄉　居留在他鄉。㉖不相諳委　不相熟悉、瞭解。㉗客兵　指諸道來的兵。㉘使　役使。㉙本軍　各道派出的自己的軍隊。㉚勞費倍多　勞力和費用加倍增多。㉛悉　都。㉜習於戰鬪　熟悉戰鬥。㉝識賊深淺　瞭解敵人的情況。㉞比來　近來。㉟處分　處置。這裡可理解為招募。㊱易使歸農　容易使他們回鄉務農。㊲土人　當地民居。此指陳、許、安、唐、汝、壽諸州百姓。㊳過　過分。

【語　譯】三月二十九日庚子，李光顏向朝廷奏報說在臨潁打敗了淮西的軍隊。〇田弘正派他的兒子田布率三千名士兵援助嚴綬進攻吳元濟。〇四月初三日甲辰，李光顏又向朝廷奏報在南頓縣打敗了淮西的軍隊。

吳元濟派遣使者向王承宗和李師道求救，王承宗、李師道多次上奏請求赦免吳元濟，憲宗不答應。當時朝廷調發各道軍隊討伐吳元濟，但沒有涉及淄青鎮，李師道派遣大將率領兩千人前往壽春，聲稱幫助官軍討伐吳元濟，實際上是想作為吳元濟的援軍。

李師道一直養著幾十個刺客和奸邪之輩，給他們的待遇十分優厚。他們勸李師道說：「用兵打仗最急需的，沒有先於糧食儲備的了。現在河陰轉運院聚積著江、淮一帶的賦稅，請讓我們暗中去燒毀它。召募東都洛陽幾百名不良少年，搶劫都市，焚燒宮殿，那麼朝廷就無暇顧及討伐蔡州，而先去自救腹地。這也是援救蔡州的一條奇策。」李師道聽從了他們的建議。從此，各地盜賊暗中活動。四月初十日辛亥的傍晚，幾十名盜賊攻打河陰轉運院，殺死殺傷十多人，燒毀了錢幣、布帛三十多萬緡、匹和穀物三萬多斛，這樣一來，人心驚慌害怕。朝廷群臣很多人請求停止用兵，憲宗沒有答應。

各路軍隊討伐淮西長時間沒有成效，五月，憲宗派遣御史中丞裴度到行營宣諭慰勞將士，觀察戰爭的形勢。裴度回來，談了淮西一定可以攻下的情況，並且說：「觀察各位將領，只有李光顏勇敢而明白道理，一定能立下戰功。」憲宗聽了很高興。

考功郎中、知制誥韓愈上奏朝廷，認為：「淮西地區有三個小州，在殘破困苦之後，面對著全國軍力的攻打，其失敗可以立即等到。但是現在所不清楚的，是陛下做出決定還是不做出決定。」於是逐條陳說用兵的利害，認為：「現在諸道調發兵力各有二、三千人，勢單力弱，居留他鄉，不瞭解敵人的情況，望見敵人就害怕。將帥們因為他們是外來的各道軍隊，給他們的待遇很菲薄，又苛刻地役使他們。有時拆散原來的隊伍，原來的士兵和將領相互分離，致使將士們心生孤獨，思想膽怯，難以立下戰功。另外，各道又各自為派出的軍隊運送給養，道路遙遠，煩勞和花費倍增。聽說陳、許、安、唐、汝、壽等州與敵人相鄰接壤，村落百姓全都有武器，熟悉戰陣，瞭解敵人的情況。近來雖然沒有召募他們，但他們還是願意自己準備衣服和糧食，保衛家鄉。如果下令召募他們，立即可以組成軍隊。敵人被平定以後，容易讓他們回鄉務農。請全部裁撤各道的軍隊，召募當地的百姓來代替他們。」又說：「蔡州地區的士兵都是朝廷的百姓，如果吳元濟山窮水盡不能夠再作惡下去時，不必過多地殺害他們。」

丙申❶，李光顏奏敗淮西兵於時曲❷。淮西兵晨壓其壘而陳❸，光顏不得出，乃自毀其柵之左右，出騎以擊之。光顏自將❹數騎衝其陳，出入數四，賊皆識之❺，矢集其身如蝟毛❻。其子攬轡❼止之，光顏舉刃叱去❽。於是人爭致死❾，淮西兵大潰，殺數千人。上以裴度為知人。

上自李吉甫薨，悉以用兵事委❿武元衡。李師道所養客說李師道曰：「天子所以銳意⓫誅蔡者，元衡贊之也，請密往刺之。元衡死，則它相不敢主其謀，爭勸天子罷兵矣。」師道以為然，即資給遣之⓬。

王承宗遣牙將尹少卿奏事，為吳元濟遊說。少卿至中書，辭指不遜⓭，元衡叱⓮出之。承宗又上書詆毀元衡。

六月癸卯⓯，天未明，元衡入朝，出所居靖安坊東門，有賊自暗中突出射之，從者皆散走，賊執⓰元衡馬行十餘步而殺之，取其顱骨⓱而去。又入通化坊擊裴度，傷其首，墜溝中。度氈帽厚，得不死。傔人⓲王義自後抱賊大呼，賊斷義臂而去。京城大駭⓳。於是詔宰相出入，加金吾騎士張弦露刃⓴以衛之，所過坊門呵索㉑甚嚴。朝士㉒未曉㉓不敢出門。上或㉔御殿久之，班猶未齊㉕。

賊遺紙㉖於金吾㉗及府、縣，曰：「毋急捕我，我先殺汝。」故捕賊者不敢甚急。兵部侍郎許孟容見上言：「自古未有宰相橫尸路隅㉘而盜不獲者，此朝廷之辱㉙也！」因涕泣。又詣㉚中書揮涕言：「請奏起裴中丞㉛為相，大索賊黨，窮其姦源[32]。」戊申[33]，詔中外所在搜捕，獲賊者賞錢萬緡，官五品；敢庇匿者，舉族誅之。於是京城大索[34]，公卿家有複壁[35]、重橑[36]者皆索之。

成德軍進奏院有恆州卒張晏等數人，行止無狀[37]，眾多疑之。庚戌[38]，神策將軍王士則等告王承宗遣晏等殺元衡。吏捕得晏等八人，命京兆尹裴武、監察御史陳中師鞫之[39]。癸亥[40]，詔以王承宗前後三表[41]出示百僚，議其罪。

裴度病瘡[42]，臥二旬，詔以衛兵宿其第[43]，中使問訊不絕。或[44]請罷度官以安恆、鄆之心，上怒曰：「若罷度官，是姦謀得成，朝廷無復綱紀。吾用度一人，足破二賊[45]。」甲子[46]，上召度入對。乙丑[47]，以度為中書侍郎、同平章事。度上言：「淮西，腹心之疾[48]，不得不除。且朝廷業已討之，兩河藩鎮跋扈者，將視此為高下[49]，不可中止。」上以為然，悉以用兵事委度，討賊甚急。初，德宗多猜忌，朝士有相過從[50]者，金吾皆伺察以聞，宰相不敢私第[51]見客。度奏：「今寇盜未平，宰相宜招延四方賢才與參謀議。」始請於私第見客，許之。

陳中師按[52]張晏等，具服[53]殺武元衡。張弘靖疑其不實，屢言於上，上不聽。戊辰[54]，斬晏等五人，殺其黨十四人，李師道客竟潛匿亡去[55]。

【章　旨】以上為第十一段，寫淄青刺客殺宰相武元衡於京師，憲宗任裴度為相，矢志討淮西。

【注　釋】❶丙申　五月二十六日。❷時曲　地名，在今河南漯河市境。❸壓其壘而陳　指淮西兵直逼官軍營壘列陣。壓，迫近。陳，通「陣」。❹自將　親自領兵。❺識之　認識他。❻蝟毛　像刺蝟的毛一樣密集。❼攬轡　拉住馬韁繩。❽舉刃叱去　舉起刀來，大聲叱責他離開。❾人爭致死　人人爭先死戰。❿委　委任；委託。⓫銳意　專心一意。⓬資給遣之　給他們路費，遣他們上路去行刺武元衡。⓭辭指不遜　說話不謙遜。⓮叱　叱責。⓯癸卯　六月初三日。⓰執　抓住。⓱顱骨　頭頂骨。⓲傔人　隨身侍從。⓳大駭　大為恐懼。⓴張弦露刃　拉滿弓，刀出鞘。即全副武裝。㉑呵索　呵斥搜索。㉒朝士　朝臣。㉓未曉　天未亮。指朝士不敢早行。

㉔或　有時。㉕班猶未齊　上朝百官還沒有到齊。㉖遺紙　留下紙條。指送匿名信。㉗金吾　指左右金吾衛，掌邏捕盜賊，治安京師。㉘路隅　路邊。㉙辱　恥辱。㉚詣　到。㉛裴中丞　指裴度。當時裴度任御史中丞。㉜窮其姦源　徹底追究暗殺的源頭。㉝戊申　六月初八日。㉞大索　大肆搜索。㉟複壁　夾壁，用以隱藏人、物。㊱重橑　雙層樓層，上下施椽，其間可以藏物。㊲行止無狀　行為不良善。㊳庚戌　六月初十日。㊴鞫之　審問他們。㊵癸亥　六月二十三日。㊶三表　三封奏章。㊷瘡　瘡傷。㊸宿其第　住宿在他家裡，加以保護。㊹或　有人。㊺二賊　指王承宗、李師道。㊻甲子　六月二十四日。㊼乙丑　六月二十五日。㊽腹心之疾　心腹之患。淮西地當江南運道，中唐以後，京師仰給江南，故稱淮西不平為腹心之疾。㊾高下　標準。㊿過從　交往。(51)私第　自己家裡。(52)按　按問。(53)具服　承認。(54)戊辰　六月二十八日。(55)潛匿亡去　暗中逃走。

【語　譯】五月二十六日丙申，李光顏奏報朝廷，在時曲打敗了淮西的軍隊。淮西兵早晨就緊逼著李光顏的營壘擺開陣勢，李光顏的軍隊不能出營，李光顏的軍隊於是自己毀壞營壘左右兩邊的柵欄，派騎兵攻打淮西兵。李光顏親自率領幾名騎兵衝鋒陷陣，多次出入敵軍，敵人都認識李光顏，箭射入李光顏身上，就像刺蝟一樣。兒子拉著李光顏的馬韁繩，李光顏對兒子舉著刀，大聲叱責他離開。於是，將士們爭相拼死殺敵，淮西的軍隊大規模潰敗，被殺了幾千人。憲宗認為裴度善於識別人才。

自從李吉甫去世以後，憲宗把調兵征討的事全部委任武元衡。李師道豢養的刺客勸李師道說：「天子之所以要專心一意地討伐蔡州，都是由於武元衡的贊同，請讓我們祕密地去刺殺他。武元衡死了，那麼其他宰相就不敢主持討伐蔡州的謀劃，會爭著勸說憲宗停止用兵了。」李師道覺得有道理，就給了很多錢打發他們去行刺。

王承宗派遣牙將尹少卿入朝奏事，為吳元濟說情。尹少卿到了中書省，說話不謙遜，武元衡把尹少卿呵斥出去。後來，王承宗又向憲宗上書毀謗武元衡。

六月初三日癸卯，天還沒有亮，武元衡去上朝，出了所居住的靖安坊東門，有賊人從暗地裡突然跑出來向武元衡射箭，隨從人員都逃散了，賊人牽著武元衡的馬走了十幾步，把武元衡殺了，砍下武元衡的頭顱後離去。賊人又進了通化坊攻擊裴度，傷了裴度的頭部，裴度墜落溝中。裴度氈帽很厚，得以不死。裴度的隨身侍從王義從背後抱住一個賊人大叫，賊人砍斷了王義的手臂後離去。京城大為震驚。於是憲宗詔令宰相出入住宅和朝堂，加派金吾騎兵拉滿弓，刀出鞘，進行保衛，所經過的街坊大門，嚴加呵斥搜查。朝中大臣天不亮不敢出家門。憲宗有時候上殿很久了，上朝的官員還沒有到齊。

賊人在金吾衛和京兆府與各縣留下紙條說：「不要急著抓捕我們，否則，我們先殺了你們。」所以，搜捕賊人的人不敢太急。兵部侍郎許孟容去見憲宗說：「自古以來，沒有宰相橫屍路邊，而沒有抓獲賊人的，這是朝廷的恥辱啊！」接著哭泣流淚。許孟容又到中書省抹著眼淚說：「請上奏任用裴中丞為宰相，大規模搜捕賊黨，徹底追究暗殺的源頭。」六月初八日戊申，憲宗下詔京城內外各地搜捕，抓獲賊人的賞錢一萬緡，給五品官職；膽敢包庇窩藏的，誅殺全族。於是，在京城大規模地進行了搜捕，王公卿相家有夾層牆壁的、雙層樓層的，都進行了搜索。

成德軍在京城長安的進奏院中有恆州士兵張晏等幾人，行為不良，很多人懷疑他們是刺客。六月初十日庚戌，神策軍的將軍王士則等人告發王承宗派遣張晏等人刺殺了武元衡。官吏們逮捕了張晏等八人，憲宗命令京兆尹裴武、監察御史陳中師審訊他們。二十三日癸亥，憲宗下詔把王承宗上的前後三封奏章出示群臣，商議如何處置王承宗。

裴度受了瘡傷，臥床二十天，憲宗下詔讓宮廷衛士守衛裴度的住宅，中使去詢問病情的人相繼不絕。有人請求憲宗罷免裴度的官職來安定恆州和鄆州的人心，憲宗生氣地說：「如果免了裴度的官職，那就是奸人的陰謀得逞了，朝廷不再有綱常法紀可言。我任用裴度一人，就足以打敗這兩個叛賊。」六月二十四日甲子，憲宗召裴度入朝商議事情。二十五日乙丑，憲宗任命裴度為中書侍郎、同平章事。裴度進言說：「淮西是朝廷的心腹大患，不能不剷除。況且朝廷已經在討伐吳元濟，黃河南北軍鎮中專橫跋扈的人，將視此為或上或下的標準，不能中止軍事行動。」憲宗覺得裴度說得對，就把用兵之事全部委任給裴度，加緊進攻吳元濟。當初，德宗懷疑頗多，大臣們有相互交往的，金吾衛的人都暗中偵察上報，宰相不敢在私宅會見客人。裴度上奏說：「現在叛賊沒有平定，宰相應該招攬延引四方的賢能人才參與謀議。」開始請求在私宅會見客人，憲宗同意了。

陳中師按問張晏等人，他們承認刺殺了武元衡。宰相張弘靖懷疑口供不實，多次向憲宗進言，憲宗不聽從。六月二十八日戊辰，殺了張晏等五人，還殺了他們的同夥十四人，最終李師道的刺客暗中逃跑了。

秋，七月庚午朔❶，靈武❷節度使李光進薨。光進與弟光顏友善，光顏先娶，其母委以家事。母卒，光進後娶，光顏使其妻奉管籥❸，籍財物❹，歸于其姒❺。光進反❻之曰：「新婦逮事先姑，先姑命主家事，不可易也。」因相持而泣。

甲戌❼，詔數❽王承宗罪惡，絕其朝貢，曰：「冀其翻然改過，束身❾自歸。攻討之期，更俟後命❿。」

八月己亥朔⓫，日有食之。

李師道置留後院⓬於東都⓭，本道人⓮雜沓⓯往來，吏不敢詰⓰。時淮西兵犯東畿，防禦兵悉屯伊闕⑰。師道潛內兵⑱於院中，至數十百人，謀焚宮闕，縱兵殺掠，已烹牛饗士⑲，明日將發。其小卒詣留守⑳呂元膺告變㉑，元膺亟追㉒伊闕兵圍之。賊眾突出，防禦兵踵㉓其後，不敢迫㉔。賊出長夏門㉕，望山而遁。是時都城震駭，留守兵寡弱。元膺坐皇城門㉖，指使部分㉗，意氣自若，都人賴以安。

東都西南接鄧㉘、虢㉙，皆高山深林，民不耕種，專以射獵㉚為生，人皆趫勇㉛，謂之「山棚」。元膺設重購㉜以捕賊。數日，有山棚鬻鹿㉝，賊遇而奪之。山棚走召其儕類㉞，且引官軍共圍之谷中，盡獲之㉟。按驗㊱，得其魁㊲，乃中岳寺㊳僧圓淨。故嘗為史思明將，勇悍過人，為師道謀，多買田於伊闕、陸渾㊴之間，以舍㊵山棚而衣食之。有訾嘉珍、門察㊶者，潛部分㊷以屬圓淨。圓淨以師道錢千萬，陽㊸為治佛光寺，結黨定謀，約令嘉珍等竊發㊹城中，圓淨舉火㊺於山中，集二縣㊻山棚入城助之。圓淨時年八十餘，捕者既得之，奮鎚㊼擊其脛㊽，不能折。圓淨罵曰：「鼠子㊾，折人脛且不能，敢稱健兒！」乃自置其脛，教使折之。臨刑㊿，歎曰：「誤我事，不得使洛城流血！」黨與(51)死者凡數千人。留守、防禦將二人(52)及驛卒八人皆受其職名(53)，為之耳目(54)。

元膺鞫(55)訾嘉珍、門察，始知殺武元衡者乃師道也。元膺密以聞(56)，以檻車(57)

送二人詣京師。上業已討王承宗，不復窮治58。元膺上言：「近日藩鎮跋扈不臣59，有可容貸60者。至於師道謀屠都城，燒宮闕，悖逆61尤甚，不可不誅。」上以為然。而方討吳元濟，絕王承宗，故未暇62治師道也。

【章　旨】以上為第十二段，寫東都留守呂元膺挫敗李師道血洗東都的陰謀。

【注　釋】❶庚午朔　七月初一日。❷靈武　方鎮名，治所在今寧夏靈武。❸奉管籥　捧著鑰鎖。即交出鑰鎖。❹籍財物　清點登記好財物。❺姒　妯娌相稱，本以年齡長少為名，長曰姒，少曰娣。俗以嫂為姒，弟媳曰娣。這裡正稱嫂為姒。❻反　送回。❼甲戌　七月初五日。❽數　歷數；開列。❾束身　縛著身子，待罪的意思。❿更俟後命　等待以後的命令。⓫己亥朔　八月初一日。⓬留後院　諸道在都城設置的辦事機關。⓭東都　洛陽。⓮本道人　指兗、鄆、淄、青人。⓯雜沓　紛至沓來。⓰詰　盤問。⓱伊闕　地名，在今河南洛陽南。⓲內兵　藏兵。內，通「納」。⓳烹牛饗士　煮牛犒勞士兵。⓴留守　東都最高長官。㉑告變　報告變故。㉒亟追　急調。㉓踵　跟在後面。㉔不敢迫　不敢逼近。㉕長夏門　東都洛陽南面三門，左叫長夏門。㉖皇城門　在皇城南面，有三門，中為端門，左為左掖門，右為右掖門。呂元膺坐於左掖門下。㉗指使部分　指揮、布置。部分，布置；部署，與指使同義。㉘鄧　鄧州，治所穰縣，在今河南鄧州。㉙虢　虢州，治所弘農，在今河南靈寶。㉚射獵　打獵。㉛趫勇　矯健勇猛。㉜重購　重金招募。㉝鬻鹿　賣鹿。㉞儕類　同伴。㉟盡獲之　將盜賊全部擒捉。㊱按驗　審訊。㊲魁　首領。㊳中岳寺　寺院名，在中嶽嵩山。㊴陸渾　縣名，縣治在今河南嵩縣東北。㊵舍　居住。㊶訾嘉珍門察　皆人名。㊷潛部分　暗中組織的部屬。㊸陽　表面。㊹竊發　暗中舉事。㊺舉火　放火為號。㊻二縣　指伊闕、陸渾。㊼奮鎚　用力舉起鐵錘。㊽脛　脛骨。在小腿部分。㊾鼠子　罵人的話。含蔑視意。㊿臨刑　將被處死時。(51)黨與　黨羽。(52)留守防禦將二人　留守兵之將與防禦兵之將各一人，共二將。(53)受其職名　接受李師道授予的軍職。(54)為之耳目　替李師道通風報信。(55)鞫　審訊。(56)密以聞　祕密告知憲宗。(57)檻車　囚車。(58)窮治　深入追究。(59)不臣　無臣子之心。(60)容貸　寬容。(61)悖逆　背理謀逆。(62)未暇　沒有時間。

【語　譯】秋，七月初一日庚午，靈武節度使李光進去世。李光進與弟弟李光顏關係很好，李光顏先娶妻室，他們的母親就把家事委託給李光顏的妻子。他們的母親去世後，李光進才娶妻室，李光顏讓他的妻子捧著鑰匙，清點登籍了財產，一同交給她的嫂子。李光進又送回給李光顏說：「弟媳曾侍奉過先母，先母讓她主持家務，這不能更改。」於是兄弟倆握著手哭起來。

七月初五日甲戌，憲宗下詔列舉王承宗的罪惡，斷絕了他的朝貢，說：「希望王承宗幡然醒悟，改正過錯，縛身請罪。進攻討伐的日期，再等以後的命令。」

八月初一日己亥，發生日蝕。

李師道在東都洛陽設立了留後院，本道人員紛至沓來，洛陽的官吏不敢盤問。當時淮西的軍隊侵犯東都近郊，洛陽的防禦兵全部駐守在伊闕。李師道暗中把士兵藏在洛陽的留後院中，人數達到了幾十上百人，他們策劃焚燒宮殿，縱兵殺戮搶劫，已經煮了牛肉犒勞士兵，第二天準備起事。其中有一名士兵前往東都留守呂元膺那裡告發了陰謀叛亂之事，呂元膺急調伊闕的士兵包圍留後院。賊眾衝出包圍，防禦兵緊跟在後邊，不敢逼近。賊眾出了長夏門，朝山上逃跑了。當時都城震驚，留守的兵力人數少力量弱。呂元膺坐在皇城門前，指揮部署，神態自如，東都的人依賴呂元膺才安心下來。

東都西南地區與鄧州和虢州接壤，都是高山深林，老百姓不耕種田地，專門以打獵為生，人們都矯健勇猛，稱之為「山棚」。呂元膺設重金招募他們捉捕賊寇。過了幾天，有一個山棚去賣鹿，遇上賊寇，奪走了他的鹿。山棚跑回去召集他的同夥，並且帶領官府的軍隊一起把賊寇包圍在山谷中，全部抓獲了他們。經過審訊，得知賊寇的頭目，乃是中岳寺的和尚圓淨。圓淨過去曾經做過史思明的將領，勇悍過人，向李師道建議，在伊闕和陸渾之間多買田地，讓打獵的山棚們居住下來，並給他們提供衣服糧食。有訾嘉珍、門察這兩個人，暗中組織部屬交給圓淨統領。圓淨用李師道的錢上千萬，表面上是修建佛光寺，實際上是集結同黨，確定計畫，約好讓訾嘉珍等人暗中在洛陽城起事，圓淨在山中舉火為號，集中伊闕、陸渾兩縣的山棚進洛陽城援助。圓淨當時八十多歲，搜捕的人抓到圓淨以後，用錘子奮力擊打他的小腿，不能打斷。圓淨罵道：「你們這些鼠輩，連別人的小腿都打不斷，還敢稱健兒！」於是自己擺好小腿，教他們折斷了自己的小腿。圓淨將被處死時，歎息說：「你們耽誤了我的大事，不能讓我使洛陽流血！」圓淨的同黨被殺死的總共有幾千人。有兩名東都留守和防禦的將領、以及八名驛站的士兵都接受了李師道授予的軍職，替李師道通風報信。

呂元膺審訊訾嘉珍、門察後，才知道刺殺武元衡的是李師道。呂元膺把此事密奏給憲宗，用囚車把訾嘉珍、門察送到京城長安。憲宗已經聲討王承宗，就不再深入追究李師道。呂元膺上奏說：「近些日子以來，軍鎮專橫跋扈，不臣服朝廷的，有可以寬容處置的人。至於李師道謀劃屠殺都城，焚燒宮殿，背理忤逆極為嚴重，不能不殺。」憲宗覺得呂元膺說得對。但是當時正在討伐吳元濟，禁絕王承宗向朝廷進貢，所以無暇懲治李師道。

乙丑❶，李光顏敗於時曲❷。

初，上以嚴綬在河東所遣裨將❸多立功，故使鎮襄陽❹，且督諸軍討吳元濟。綬無它材能，到軍之日，傾府庫，賚❺士卒，累年之積，一朝而盡。又厚賂宦官以結聲援❻。擁八州❼之眾萬餘人屯境上，閉壁經年❽，無尺寸功。裴度屢言其軍無政❾。

九月癸酉❿，以韓弘為淮西諸軍都統⓫。弘樂於自擅⓬，欲倚賊自重⓭，不願淮西速平。李光顏在諸將中戰最力⓮，弘欲結其歡心，舉大梁城索⓯得一美婦人，教之歌舞絲竹⓰，飾以珠玉金翠，直數百萬錢，遣使遺⓱之。使者先致書⓲。光顏乃[1]大饗將士⓳，使者進妓，容色絕世⓴，一座盡驚。光顏謂使者曰：「相公㉑愍㉒

光顏羈旅㉓，賜以美妓，荷德誠深。然戰士數萬，皆棄家遠來，冒犯白刃㉔，光顏何忍㉕獨以聲色自娛悅乎！」因流涕，座者皆泣。即於席上厚以繒帛㉖贈使者，并妓返之㉗，曰：「為光顏多謝相公，光顏以身許國，誓不與逆賊同戴日月，死無貳矣㉘！」

冬，十月庚子㉙，始分山南東道為兩節度，以戶部侍郎李遜㉚為襄、復、郢、均、房節度使，以右羽林大將軍高霞寓㉛為唐、隨、鄧節度使。朝議以唐與蔡接，故使霞寓專事攻戰㉜，而遜調五州之賦以餉㉝之。

辛丑㉞，刑部侍郎權德輿奏：「自開元二十五年修格式律令事類㉟後，至今長行敕㊱，近刪定為三十卷，請施行。」從之。

【章旨】以上為第十三段，寫李光顏盡心討賊。

【注釋】❶乙丑　八月二十七日。❷時曲　地名，在今河南漯河市境。❸裨將　副將。❹襄陽　山南東道節度使治所，在今湖北襄樊。❺賚　獎賞。❻聲援　援助。❼八州　指襄、鄧、唐、隨、均、房、郢、復八州。❽閉壁經年　整年閉守營壘。❾無政　沒有作戰能力。❿癸酉　九月初五日。⓫淮西諸軍都統　淮西各軍的統帥。⓬樂於自擅　喜歡自己獨斷專行。⓭倚賊自重　倚憑敵人的存在抬高自己的都統地位。⓮戰最力　作戰最為出力。⓯索　搜索。⓰歌舞絲竹　唱歌、跳舞、拉彈、吹奏。⓱遺　送。⓲致書　寫信給李光顏。⓳乃大饗將士　於是舉行盛大宴會犒勞將士。⓴絕世　當代最出色的。㉑相公　指韓弘。㉒愍　憐憫；可憐。㉓羈旅　流寓在外。㉔白刃　刀鋒。㉕何忍　怎麼忍心。㉖繒帛　絲帛；綢緞布匹。㉗并妓返之　連同歌伎一起退了回去。㉘死無貳矣　決死而無貳心。表明態度堅決。㉙庚子　十月初三日。㉚李遜　（約西元七六一—

八二三年）字友道，為政抑強扶弱，貧富均一。官終鳳翔節度使。傳見《舊唐書》卷一百五十五、《新唐書》卷一百六十二。㉛高霞寓　（？—約西元八二六年）幽州范陽（今河北定興）人，狡譎多變，官至右金吾衛大將軍。傳見《舊唐書》卷一百六十二、《新唐書》卷一百四十一。㉜專事攻戰　專門從事攻打吳元濟。㉝餉　供應。㉞辛丑　十月初四日。㉟格式律令事類　書名，屬法律制度類編的書。㊱長行敕　書名，屬詔旨彙編。

【校記】[1]乃　原無此字。據章鈺校，甲十一行本、乙十一行本、孔天胤本皆有「乃」字，張敦仁《通鑑刊本識誤》同，今據增補。

【語譯】八月二十七日乙丑，李光顏在時曲打了敗仗。

當初，憲宗因為嚴綬在河東所派出的副將大多立了功勞，所以就派嚴綬鎮守襄陽，並且督領各軍討伐吳元濟。嚴綬沒有什麼才能，到了軍鎮時，傾盡府庫所有拿出來獎賞士卒，軍府多年的積蓄，一下子就用光了。他又重賂宦官，作為自己的後援。他率領襄、鄧、唐、隨、均、房、郢、復八州的兵力一萬多人駐紮在邊境上，整年閉守營壘，沒有絲毫功勞。裴度多次向憲宗說嚴綬的軍隊沒有作戰能力。

九月初五日癸酉，憲宗任命韓弘為進攻淮西的各支軍隊的都統。韓弘喜歡自己獨斷專行，想借助敵人的存在抬高自己的地位，不希望淮西迅速平定。李光顏在各位將領中作戰最為強力，韓弘想取得李光顏的歡心，在整個大梁城中尋到一個美麗的女人，教她歌舞彈奏，用金銀珠寶裝飾她，總價值有幾百萬錢，派使者贈送給李光顏。使者先寫信給李光顏。李光顏於是大規模地犒勞將士，韓弘的使者進獻歌女，她的姿色容貌舉世無雙，滿座將士都驚呆了。李光顏對使者說：「韓相公憐憫我流寓在外，賞賜我美麗的歌女，我所蒙受的恩德實在是深厚。但是幾萬名將士，都是棄家遠來，冒著刀鋒，我李光顏怎麼能忍心獨自用聲色來自我娛樂呢！」說著就流下了眼淚，在座的將士們都哭泣起來。李光顏就在宴席上把很多絲帛送給使者，連同歌女一起退回韓弘，說：「你要替我李光顏多謝韓相公，我把身體交給了國家，發誓與叛賊不共戴天，死了也沒有二心！」

冬，十月初三日庚子，朝廷開始把山南東道分成兩個軍鎮，任命戶部侍郎李遜為襄、復、郢、均、房五州節度使，任命右羽林大將軍高霞寓為唐、隨、鄧三州節度使。朝廷大臣討論認為唐州與蔡州相鄰，所以讓高霞寓專門從事進攻吳元濟，而李遜徵調所轄五州的賦稅供應高霞寓的軍隊。

十月初四日辛丑，刑部侍郎權德輿上奏說：「自開元二十五年修撰《格式律令事類》後，到現行《長行敕》的有關律令，最近刪定為三十卷，請求下令施行。」憲宗採納了他的建議。

上雖絕王承宗朝貢，未有詔討之。魏博節度使田弘正屯兵於其境，承宗屢敗之。弘正忿，表❶請擊之，上不許。表十上，乃聽❷至貝州。丙午❸，弘正軍于貝州。

庚戌❹，東都奏盜焚柏崖倉❺。

十一月，壽州刺史李文通奏敗淮西兵。○壬申❻，韓弘請命眾軍合攻淮西。從之。○李光顏、烏重胤敗淮西兵於小溵水❼，拔其城。○乙亥❽，以嚴綬為太子少保。○盜焚襄州佛寺軍儲。盡徙京城積草於四郊以備火❾。○丁丑❿，李文通敗淮西兵於固始⓫。○戊寅⓬，盜焚獻陵⓭寢宮、永巷⓮。○詔發振武⓯兵二千，會義武軍⓰以討王承宗。○己丑⓱，吐蕃款⓲隴州塞，請互市⓳，許之。

初，吳少陽聞信州人吳武陵⓴名，邀以為賓友㉑，武陵不答。及元濟反，武陵以書諭之曰：「足下勿謂部曲不我欺㉒，人情與足下一也。足下反天子，人亦欲反足下。易地而論㉓，則其情可知矣。」

丁酉㉔，武寧㉕節度使李愿㉖奏敗李師道之眾。時師道數遣兵攻徐州，敗蕭㉗、沛㉘數縣。愿悉以步騎委都押牙㉙溫人王智興㉚，擊破之。十二月甲辰㉛，智興又破師道之眾，斬首二千餘級，逐北㉜至平陰㉝而還。愿，晟之子也。

東都防禦使呂元膺請募山棚以衛宮城，從之。

乙丑㉞，河東節度使王鍔薨。

王承宗縱兵㉟四掠，幽、滄、定三鎮皆苦之，爭上表請討承宗。上欲許之，中書侍郎、同平章事張弘靖以為「兩役並興㊱，恐國力所不支，請併力平淮西，乃征恆冀。」上不為之止，弘靖乃求罷。

【章旨】以上為第十四段，寫淄青李師道、成德王承宗公開助賊反叛朝廷，李師道寇徐州，王承宗縱兵四掠。

【注釋】❶表　上奏章。❷聽　聽任；允許。❸丙午　十月初九日。❹庚戌　十月十三日。❺柏崖倉　倉名，在今河南孟州柏崖城，儲糧之所。❻壬申　十一月初五日。❼小澱水　水名，即瀷水，為北汝河之下游，汝水支流。❽乙亥　十一月初八日。❾備火　防火。❿丁丑　十一月初十日。⓫固始　縣名，縣治在今河南固始。⓬戊寅　十一月十一日。⓭獻陵　唐高祖李淵墓，在今陝西三原北。⓮寢宮永巷　陵墓後殿及長巷。⓯振武　駐防朔州之兵。⓰義武軍　易定節度使之兵。⓱己丑　十一月二十二日。⓲款　納款。⓳互市　互相通商貿易。⓴吳武陵　信州（今江西上饒）人，有文才。傳見《新唐書》卷二百三。㉑賓友　客友。㉒不我欺　不欺騙我。賓語前置。㉓易地而論　換個位置來說。㉔丁酉　十一月三十日。㉕武寧　方鎮名，唐憲宗元和二年（西元八〇七年），置武寧節度使，治所徐州，在今江蘇徐州。㉖李愿　李晟子，政簡而嚴。官河中節度使。傳見《舊唐書》卷一百三十三、《新唐書》卷一百五十四。㉗蕭 蕭縣，縣治在今安徽蕭縣。㉘沛 沛縣，縣治在今江蘇沛縣。㉙都押牙 官名，節度使府掌牙兵長官。㉚王智興 歷官武寧、忠武、河中、宣武等節度使，加官至太傅。傳見《舊唐書》卷一百五十六、《新唐書》卷一百七十二。㉛甲辰 十二月初七日。㉜逐北 追趕敗兵。㉝平陰 縣名，縣治在今山東平陰。㉞乙丑 十二月二十八日。㉟縱兵 放縱士兵。㊱兩役並興 指既討淮西，又討恆冀。

【語 譯】憲宗雖然禁絕王承宗朝貢，但沒有下詔討伐他。魏博節度使田弘正在王承宗的邊境駐紮軍隊，王承宗多次打敗田弘正。田弘正很惱火，上表請求進攻王承宗，憲宗沒有同意。田弘正十次上表，憲宗才允許他到貝州。十月初九日丙午，田弘正駐紮在貝州。

十月十三日庚戌，東都奏報盜賊燒毀了柏崖倉。

十一月，壽州刺史李文通上奏說打敗了淮西的軍隊。〇初五日壬申，韓弘請求憲宗命令各路軍隊聯合攻打淮西。憲宗同意了。〇李光顏、烏重胤在小溵水打敗了淮西的軍隊，攻取了對方的城邑。〇初八日乙亥，憲宗任命嚴綬為太子少保。〇盜賊燒毀了襄州佛寺裡儲藏的軍用物資。把京城內堆積的柴草全部移到四周郊外，以防備盜賊縱火。〇初十日丁丑，李文通在固始縣打敗了淮西的軍隊。〇十一日戊寅，盜賊燒毀了獻陵的寢宮、永巷。〇憲宗下詔徵發振武軍的士兵二千人，會合義武軍，討伐王承宗。〇二十二日己丑，吐蕃與隴州交好，請求相互通商貿易，憲宗同意了。

當初，吳少陽聽說了信州人吳武陵的名聲，邀請吳武陵來做自己的賓客和朋友，吳武陵不回覆。等到吳元濟反叛，吳武陵寫信勸諭吳元濟說：「您不要以為部下不會欺蒙自己，您部下的心思與您的心思一樣。您反叛天子，您的部下也想反叛您。換個位置來討論，那麼，其中的情況就可以清楚了。」

十一月三十日丁酉，武寧節度使李愿奏報打敗了李師道的軍隊。當時李師道多次派兵攻打徐州，打敗了蕭縣、沛縣等幾個縣。李愿把全部步兵、騎兵都交給了都押牙溫州人王智興，打敗了李師道的軍隊。十二月初七日甲辰，王智興又打敗了李師道的軍隊，殺敵二千多人，追擊敗兵到達平陰縣後返回。李愿，是李晟的兒子。

東都防禦使呂元膺請求召募山棚來保衛宮城，憲宗同意了。

十二月二十八日乙丑，河東節度使王鍔去世。

王承宗縱兵四處搶掠，幽州、滄州、定州三個軍鎮都被他害苦了，爭相上表朝廷請求討伐王承宗。憲宗想答應他們，中書侍郎、同平章事張弘靖認為「南北兩地都調兵打仗，恐怕國力不能支撐，請求集中力量平定淮西，再去討伐王承宗。」憲宗不肯打消討伐王承宗的念頭，張弘靖於是請求免去宰相職務。

十一年（丙申　西元八一六年）

春，正月己巳❶，以弘靖同平章事，充河東節度使[1]。○幽州節度使劉總奏敗成德兵，拔武強❷，斬首千餘級。

庚辰❸，翰林學士・中書舍人錢徽❹、駕部郎中・知制誥蕭俛❺各解職❻守本官❼。時羣臣請罷兵者眾，上患之，故黜徽、俛以警其餘。徽，吳人也。

癸未❽，制削王承宗官爵，命河東、幽州、義武、橫海、魏博、昭義六道進討。韋貫之屢請先取吳元濟，後討承宗，曰：「陛下不見建中之事❾乎？始於討魏及齊❿，而蔡⓫、燕⓬、趙⓭皆應，卒致朱泚之亂⓮，由德宗不能忍數年之憤邑⓯，欲太平之功速成故也。」上不聽。

甲申⓰，盜斷建陵門戟四十七枝。

二月，西川奏吐蕃贊普⑰卒，新贊普可黎可足立。◯乙巳⑱，以中書舍人李逢吉⑲為門下侍郎、同平章事。逢吉，玄道⑳之曾孫也。◯乙卯㉑，昭義節度使郗士美㉒奏破成德兵，斬首千餘級。

南詔勸龍晟淫虐不道，上下怨疾，弄棟㉓節度王嵯巔弒之，立其弟勸利。勸利德嵯巔，賜姓蒙氏，謂之「大容」。容，蠻言兄也。

己未㉔，劉總破成德兵，斬首千餘級。

荊南㉕節度使袁滋㉖父祖墓在朗山㉗，請入朝，欲勸上罷兵。行至鄧州，聞蕭俛、錢徽貶官。及見上，更以必克勸之，僅得還鎮。

辛酉㉘，魏博奏敗成德兵，拔其固城㉙；乙丑㉚，又奏拔其鴉城㉛。

三月庚午㉜，太后㉝崩。辛未㉞，敕以國哀㉟，諸司公事權取中書門下處分㊱，不置攝冢宰㊲。◯壽州團練使李文通奏敗淮西兵於固始，拔鐵山㊳。◯己卯㊴，唐鄧節度使高霞寓奏敗淮西兵於朗山，斬首千餘級，焚二柵。◯幽州節度使劉總圍樂壽㊵。

夏，四月庚子㊶，李光顏、烏重胤奏敗淮西兵於陵雲柵㊷，斬首三千級。◯辛亥㊸，司農卿皇甫鎛㊹以兼中丞權判度支。鎛始以聚斂得幸。◯乙卯㊺，劉總奏破成德兵於深州㊻，斬首二千五百級。○乙丑㊼，義武節度使渾鎬㊽奏破成德兵於九門㊾，殺千餘人。鎬，瑊之子也。○宥州軍亂，逐刺史駱怡。夏州節度使田進討平之。

五月壬申㊿，李光顏、烏重胤奏敗淮西兵於陵雲柵，斬首二千餘級。

六月甲辰51，高霞寓大敗於鐵城52，僅以身免。時諸將討淮西者，勝則虛張殺獲，敗則匿之53。至是，大敗不可掩，始上聞，中外54駭愕。宰相入見，將勸上罷兵，上曰：「勝負兵家之常，今但當論用兵方略，察將帥之不勝任者易之，兵食不足者助之耳。豈得以一將失利，遽議罷兵邪！」於是獨用裴度之言，它人言罷兵者亦稍息矣。己酉55，霞寓退保唐州。

【章旨】以上為第十五段，寫唐憲宗違眾開闢第二條戰線，詔命六道進兵討成德。兩線作戰，官軍勢分，討淮西兵失利，罷兵之聲再起，憲宗不聽，獨用裴度之言，堅決征討。

【注釋】❶己巳　正月初三日。❷武強　縣名，縣治在今河北武強。❸庚辰　正月十四日。❹錢徽　（約西元七五六—八三〇年）字蔚章，官至吏部尚書。傳見《舊唐書》卷一百六十八、《新唐書》卷一百七十七。❺蕭俛　（？—西元八三七年）字思謙，性介獨，持法守正。官至宰相。傳見《舊唐書》卷一百七十二、《新唐書》卷一百一。❻各解職　各免去翰林學士職。❼守本官　仍擔任中書舍人、駕部郎中本官。❽癸未　正月十七日。❾建中之事　指德宗建中削藩失利，釀成朱泚之亂事。❿魏及齊　魏，指田承嗣、田悅。齊，指李正己、李納。⓫蔡　指李希烈。⓬燕　指朱滔。⓭趙　指王武俊。⓮朱泚之亂事見本書卷二百二十六至卷二百二十八德宗建中元年至四年。⑮憤邑　憤怒、鬱悒。邑，通「悒」。⑯甲申　正月十八日。⑰贊普　吐蕃謂強雄曰「贊」，謂丈夫曰「普」，故號君長為贊普。⑱乙巳　二月初九日。⑲李逢吉　（西元七五八—八三五年）字虛舟，隴西（今甘肅隴西）人，性奸譎，妒賢傷善。官至宰相。傳見《舊唐書》卷一百六十七、《新唐書》卷一百七十四。⑳玄道　李玄道，仕隋，入唐終官常州刺史。傳見《舊唐書》卷七十二、《新唐書》卷一百二。㉑乙卯　二月十九日。㉒郗士美　（西元七五六—八一九年）字和夫，高平金鄉（今山東濟寧）人，少好學，喜記覽，官至忠武節度使。傳見《舊唐書》卷一百五十七、《新唐書》卷一百四十三。㉓弄棟　城名，在今雲南姚安。南詔置節度使。㉔己未　二月二十三日。㉕荊南　方鎮名，唐肅宗至德二載（西元七五七年），置荊南節度，治所荊州，在今湖北荊州江陵。㉖袁滋　字德深，數為節度，皆畏懦無功。官至宰相，死於湖南觀察使任所。傳見《舊唐書》卷一百八十五下、《新唐書》卷一百五十一。㉗朗山　縣名，縣治在今河南確山縣。㉘辛酉　二月二十五日。㉙固城　地名，在今河北南宮境。㉚乙丑　二月二十九日。㉛鵶城　地名，在今河北南宮境。㉜庚午　三月初四日。㉝太后　順宗莊憲皇后王氏（？—西元八一六年），憲宗生母。順宗內禪，冊為太上皇后。傳見《舊唐書》卷五十二、《新唐書》卷七十七。㉞辛未　三月初五日。㉟國哀　國喪。㊱處分　處理；辦理。㊲攝冢宰　唐中世以來，天子崩，置攝冢宰，倣古者百官總己以聽於冢宰之制。㊳鐵山　地名，在今河南固始東。㊴己卯　三月十三日。㊵樂壽　縣名，治所在今河北獻縣西南。㊶庚子　四月初五日。㊷陵雲柵　地名，在今河南郾城東北。吳元濟立柵於此，以陵雲為名。㊸辛亥　四月十六日。㊹皇甫鎛　安定朝那（今甘肅平涼）人，聚斂媚上，刻削希恩，官至宰相。傳見《舊唐書》卷一百三十五、《新唐書》卷一百六十七。㊺乙卯　四月二十日。㊻深州　州名，治所在今河北深州。㊼乙丑　四月三十日。㊽渾鎬　（？—約西元八一八年）渾瑊第二子，性謙謹。官義武軍節度使。傳見《舊唐書》卷一百三十四、《新唐書》卷一百五十五。㊾九門　縣名，在今河北藁城西北。㊿壬申　五月初七日。(51)甲辰　六月初十日。(52)鐵城　地名，在今河南遂平西南。(53)匿之　隱瞞起來。(54)中外　朝廷內外。(55)己酉　六月十五日。

【校記】①以弘靖同平章事二句　原脫此二句，今據章鈺《胡刻通鑑正文校宋記》增補。

【語譯】十一年（丙申　西元八一六年）

春，正月初三日己巳，憲宗任命張弘靖為同平章事，充任河東節度使。○幽州節度使劉總奏報打敗了成德的軍隊，攻取了武強縣城，殺敵一千多人。

正月十四日庚辰，翰林學士、中書舍人錢徽和駕部郎中、知制誥蕭俛，各自解除翰林學士的職務，擔任原來的官位。當時朝廷群臣請求停止戰事的人很多，憲宗為此很擔憂，所以黜免錢徽、蕭俛的官職以警告其他的人。錢徽，是吳地人。

正月十七日癸未，憲宗下制書削除王承宗的官職爵位，命令河東、幽州、義武、橫海、魏博和昭義六道進軍討伐王承宗。宰相韋貫之多次請求憲宗先攻取吳元濟，之後討伐王承宗，說：「陛下難道沒有看到建中年間的事情嗎？開始是攻打魏博的田悅和淄青的李納，而蔡州的李希烈、盧龍的朱滔和恆冀的王武俊都起兵響應田悅和李納，最終導致了朱泚的叛亂，這是因為德宗皇帝不能夠忍受幾年的憤怒和鬱悒，想很快就使天下太平無事的緣故。」憲宗對韋貫之的意見沒有聽從。

正月十八日甲申，強盜折斷了建陵的門戟四十七枝。

二月，西川節度使上奏吐蕃贊普死了，新贊普可黎可足繼位。○初九日乙巳，憲宗任命中書舍人李逢吉為門下侍郎、同平章事。李逢吉，是李玄道的曾孫。○十九日乙卯，昭義節度使郗士美奏報打敗了成德的軍隊，殺敵一千多人。

南詔王勸龍晟荒淫殘暴，上下都痛恨他，弄棟的節度使王嵯巔把他殺了，擁立他的弟弟勸利。勸利感激王嵯巔，給王嵯巔賜姓為蒙氏，稱之為「大容」。容在蠻語中是哥哥的意思。

二月二十三日己未，劉總打敗成德的軍隊，殺敵一千多人。

荊南節度使袁滋的父親和祖父的墳墓在朗山縣，請求進京入朝，想勸說憲宗停止戰事。走到鄧州，聽說蕭俛和錢徽被貶職的消息。等到晉見憲宗，反過來用一定會攻下蔡州的話勸說憲宗，這才得以返回鎮所。

二月二十五日辛酉，魏博鎮奏報打敗了成德的軍隊，攻取了固城。二十九日乙丑，魏博鎮又奏報攻取了鴉城。

三月初四日庚午，皇太后王氏去世。初五日辛未，憲宗敕令說因為遭逢國喪，朝廷各部門的事情暫由中書省和門下省處理，不設置攝冢宰。○壽州團練使李文通奏報在固始縣打敗了淮西的軍隊，攻取了鏉山。○

十三日己卯，唐鄧節度使高霞寓奏報在朗山打敗了淮西的軍隊，殺死一千多人，燒毀了兩處營柵。○幽州節度使劉總包圍了樂壽城。

夏，四月初五日庚子，李光顏、烏重胤奏報在陵雲柵打敗了淮西的軍隊，殺敵三千人。○十六日辛亥，司農卿皇甫鎛以兼任御史中丞的身分暫負責度支事務。皇甫鎛因為善於聚斂錢財而得到憲宗的寵幸。○二十日乙卯，劉總奏報在深州打敗了成德的軍隊，殺敵二千五百人。○三十日乙丑，義武節度使渾鎬奏報在九門打敗成德軍隊，殺敵一千多人。渾鎬，是渾瑊的兒子。○宥州士兵譁變，驅逐了刺史駱怡。夏州節度使田進討伐並平定了他們。

五月初七日壬申，李光顏、烏重胤奏報在陵雲柵打敗了淮西的軍隊，殺敵二千多人。

六月初十日甲辰，高霞寓在鐵城大敗，僅僅脫身免死。當時各個進攻淮西的將領，打了勝仗就誇大殺敵和俘虜的數量，打了敗仗就隱瞞不報。到這時，打了大敗仗，不能掩蓋，才上報朝廷，朝廷內外震驚。宰相入朝謁見憲宗，準備勸說憲宗息兵，憲宗說：「勝敗是兵家常事，今日你們只應該討論用兵策略，審核將帥不勝任的人把他們撤換，軍隊糧食不充足的進行援助而已。怎麼能因為一個將領打了敗仗，就馬上商議停止用兵呢！」於是，憲宗只採納裴度一個人的建議，其他人主張停止用兵的也漸漸消失了。十五日己酉，高霞寓退守唐州。

上責高霞寓之敗，霞寓稱李遜應接不至。秋，七月丁丑[1]，貶霞寓為歸州❶刺史，遜亦左遷❷恩王❸傅❹。以河南尹鄭權❺為山南東道節度使。以荊南節度使袁滋為彰義節度、申・光・蔡・唐・隨・鄧觀察使，以唐州為理所。

壬午❻，宣武軍奏破郾城❼之眾二萬，殺二千餘人，捕虜千餘人。○田弘正奏破成德兵於南宮❽，殺二千餘人。

中書侍郎、同平章事韋貫之性高簡❾，好甄別流品❿，又數請罷用兵。左補闕張宿毀⓫之於上，云其朋黨。八月壬寅⓬，貫之罷為吏部侍郎。

諸軍討王承宗者互相觀望，獨昭義節度使郗士美引精兵壓⓭其境。己未⓮，士美奏大破承宗之眾於柏鄉⓯，殺千餘人，降者亦如之⓰，為三壘⓱以環⓲柏鄉。
○庚申⓳，葬莊憲皇后于豐陵⓴。

九月乙亥㉑，右拾遺獨孤朗㉒坐請罷兵，貶興元府倉曹㉓。朗，及㉔之子也。
○饒州㉕大水，漂失四千七百戶。

丙子㉖，以韋貫之為湖南觀察使，猶坐前事也。辛巳㉗，以吏部侍郎韋顗、考功員外郎韋處厚等皆為遠州刺史，張宿讒之，以為貫之之黨也。顗，見素㉘之孫。處厚，夐㉙之九世孫也。

乙酉㉚，李光顏、烏重胤奏拔吳元濟陵雲柵。○丁亥㉛，光顏又奏拔石、越二柵。壽州奏敗殷城㉜之眾，拔六柵。

冬，十一月壬戌朔㉝，容管㉞奏黃洞蠻㉟為寇。○乙丑㊱，邕管㊲奏擊黃洞蠻，卻之，復賓、巒等州。○丙寅㊳，加幽州節度使劉總同平章事。○李師道聞拔陵雲柵而懼，詐請輸款㊴。上以力未能討，加師道檢校司空。

王鍔家二奴告鍔子稷㊵改父遺表，匿所獻家財。上命鞫㊶於內仗㊷，遣中使詣東都檢括㊸鍔家財。裴度諫曰：「王鍔既沒，其所獻之財已為不少。今又因奴告檢括其家，臣恐諸將帥聞之，各以身後為憂㊹。」上遽㊺止使者。己巳㊻，以二奴付京兆，杖殺之。

庚子㊼，以給事中柳公綽為京兆尹。公綽初赴府㊽，有神策小將躍馬橫衝前導㊾，公綽駐馬㊿，杖殺之。明日，入對延英，上色甚怒，詰其專殺(51)之狀。對曰：「陛下不以臣無似(52)，使待罪(53)京兆。京兆為輦轂師表(54)，今視事之初，而小將敢爾唐突(55)，此乃輕陛下詔命，非獨慢臣(56)也。臣知杖無禮之人，不知其為神策軍將也。」上曰：「何不奏？」對曰：「臣職當杖之，不當奏。」上曰：「誰當奏者？」對曰：「本軍(57)當奏。若死於街衢，金吾街使(58)當奏。在坊內，左右巡使(59)當奏。」上無以罪之。退，謂左右曰：「汝曹(60)須作意(61)此人，朕亦畏之。」

討淮西諸軍近九萬，上怒諸將久無功。辛巳(62)，命知樞密梁守謙宣慰，因留監其軍，授以空名告身(63)五百通(64)及金帛，以勸死事(65)。庚寅(66)，先加李光顏等檢校官，而詔書切責(67)，示以無功必罰。〇辛卯(68)，李文通奏敗淮西兵於固始，斬首千餘級。

十二月壬寅[69]，程執恭奏敗成德兵於長河[70]，斬首千餘級。

義武節度使渾鎬與王承宗戰屢勝，遂引全師壓其境，距恆州三十里而軍[71]。承宗懼，潛遣兵入鎬境[72]，焚掠城邑，人心始內顧而搖[73]。會中使督其戰，鎬引兵進薄[74]恆州，與承宗戰，大敗，奔還定州。丙午[75]，詔以易州刺史陳楚為義武節度使。軍中聞之，掠鎬及家人衣，至於倮露[76]。陳楚馳入定州，鎮遏[77]亂者，斂軍中衣[78]以歸鎬，以兵衛送還朝。楚，定州人，張茂昭之甥也。

丁未[79]，以翰林學士王涯為中書侍郎、同平章事。

袁滋至唐州，去斥候[80]，止其兵不使犯吳元濟境。元濟圍其新興柵[81]，滋卑辭以請之，元濟由是不復以滋為意。朝廷知之，甲寅[82]，以太子詹事李愬[83]為唐、隨、鄧節度使。愬，聽之兄也。

初置淮、潁水運使[84]。楊子院[85]米自淮陰[86]泝[87]淮入潁，至項城[88]入溵，輸于郾城，以饋[89]討淮西諸軍，省汴運之費七萬餘緡。

己未[90]，容管奏黃洞蠻屠巖州[91]。

【章旨】以上為第十六段，寫兩線討逆官軍均連連告捷。柳公綽為京兆尹，當街杖殺犯禁的神策軍將官。

【注釋】❶歸州 州名，治所在今湖北秭歸。❷左遷 降職。❸恩王 名連，代宗第六子。❹傅 親王府官，掌傅相贊道，匡正過失。❺鄭權 （？—西元八二四年）滎陽開封（今河南開封）人，官至嶺南節度使。傳見《舊唐書》卷一百六十二、《新唐書》卷一百五十九。❻壬午 七月十八日。❼郾城 縣名，治所在今河南郾城。❽南宮 縣名，治所在今河北南宮。❾高簡 高雅簡約。❿好甄別流品 喜歡考核士吏的門第等級。⓫毀 詆毀。⓬壬寅 八月初九日。⓭壓 迫近。⓮己未 八月二十六日。⓯柏鄉 縣名，治所在今河北柏鄉。⓰如之 降者如死者之眾，亦一千餘人。⓱為三壘 修築三個營壘。⓲環 包圍。⓳庚申 八月二十七日。⓴豐陵 唐順宗陵墓，在今陝西富平東北。㉑乙亥 九月十三日。㉒獨孤朗 （？—西元八二七年）官諫議大夫、御史中丞、福建觀察使。傳見《舊唐書》卷一百六十八、《新唐書》卷一百六十二。㉓倉曹 即倉曹參軍，諸府屬官，掌兵糧儲備、賦稅徵收等事務。㉔及 獨孤及，代宗朝太常博士。㉕饒州 州名，治所鄱陽，在今江西鄱陽。㉖丙子 九月十四日。㉗辛巳 九月十九日。㉘見素 韋見素，玄宗朝天寶末宰相。㉙夐 韋夐，北周韋孝寬之兄。㉚乙酉 九月二十三日。㉛丁亥 九月二十五日。㉜殷城 地名，在今河南固始境。㉝壬戌朔 十一月初一日。㉞容管 方鎮名，唐玄宗天寶十四載（西元七五五年）置容州管內經略使，治所容州，在今廣西容縣。㉟黃洞蠻 居住在廣西容縣地區的少數民族。㊱乙丑 十一月初四日。㊲邕管 方鎮名，與容管置於同一年。邕管經略使治所邕州，在今廣西南寧。㊳丙寅 十一月初五日。㊴輸款 投誠。㊵稷 （？—西元八二二年）王鍔子。常留京師，以家財奉權要。官至德州刺史。傳見《舊唐書》卷一百五十一、《新唐書》卷一百七十。㊶鞫 審訊。㊷內仗 皇宮中儀衛。㊸檢括 搜索。㊹身後為憂 為死後擔憂。㊺遽 立即。㊻己巳 十一月初八日。㊼庚子 十一月壬戌朔，無庚子日，疑當作「庚午」。庚午，十一月初九日。㊽赴府 到京兆尹府任上。㊾前導 開路儀仗隊。㊿駐馬 停下馬來。(51)專殺 未請旨擅自殺人。(52)無似 不肖。謙詞。(53)待罪 任職京兆的自謙語。(54)輦轂師表 首都所在，為全國表率。(55)唐突 亂闖。(56)慢臣 輕視我。(57)本軍 指神策軍。(58)金吾街使 官名，金吾左右街使各一人，掌分察六街徼巡。(59)左右巡使 官名，掌左右街百坊之內謹啟閉徼巡。(60)汝曹 你們，指神策軍等禁衛軍士。(61)作意 留意。(62)辛巳 十一月二十日。(63)告身 授官憑信，即委任狀。(64)通 張；份。(65)以勸死事 用來激勵為國犧牲的人。(66)庚寅 十一月二十九日。(67)切責 嚴厲責備。(68)辛卯 十一月三十日。(69)壬寅 十二月十一日。(70)長河縣名，治所在今山東德州。❼軍　駐紮。❼鎬境　指義成軍定州境內。❼內顧而搖　指義成軍有內顧之憂而動搖。❼薄臨　近。❼丙午　十二月十五日。❼倮露　裸體。❼鎮遏　鎮壓、遏止。❼斂軍中衣　收繳軍士擄掠渾鎬家的衣服。❼丁未　十二月十六日。❽斥候　偵察瞭望設施。❽新興柵　原立於唐州東北邊界，以防備吳元濟。❽甲寅　十二月二十三日。❽李愬（西元七三三—八二一年）字元直，德宗朝神策軍名將李晟之子。有籌略，雪夜下蔡州擒吳元濟。官至太子少保。傳見《舊唐書》卷一百三十三、《新唐書》卷一百五十四。❽水運使　官名，掌漕運。❽楊子院　官署名，度支轉運使設在揚州的辦事機構。❽淮陰　縣名，治所在今江蘇淮陰西南甘羅城。❽泝　逆水而上。楊子院米自淮陰通淮河而上，運至壽州，入潁口。❽項城　縣名，治所在今河南沈丘。自潁口溯流至項城。❽饋　供應。❾己未　十二月二十八日。❾巖州　當為嚴州，治所來賓縣，在今廣西來賓東南。

【校　記】①丁丑　此二字原無。據章鈺校，甲十一行本、乙十一行本、孔天胤本有此二字，張敦仁《通鑑刊本識誤》同，今據補。丁丑，七月十三日。

【語　譯】憲宗責問高霞寓失敗的原因，高霞寓說李遜沒有到來接應。秋，七月十三日丁丑，憲宗貶高霞寓為歸州刺史，李遜也降職為恩王的師傅。任命河南府尹鄭權為山南東道節度使。任命荊南節度使袁滋為彰義節度使和申、光、蔡、唐、隨、鄧觀察使，以唐州為治所。

七月十八日壬午，宣武軍奏報打敗了郾城的兩萬名叛軍，殺死二千多人，抓獲俘虜一千多人。〇田弘正上奏說在南宮縣打敗成德的軍隊，殺死二千多人。

中書侍郎、同平章事韋貫之性情高雅簡約，喜歡品評官吏士人門第等級，又多次請求憲宗停止用兵。左補闕張宿在憲宗面前詆毀韋貫之，說他與人結成朋黨。八月初九日壬寅，韋貫之被罷免宰相職務，擔任吏部侍郎。

各支討伐王承宗的軍隊互相觀望，只有昭義節度使郗士美率領精銳軍隊逼近王承宗的境內。八月二十六日己未，郗士美奏報在柏鄉縣大敗王承宗的軍隊，殺敵一千多人，敵人投降的也有這麼多人，昭義軍修建了三個營壘把柏鄉城包圍起來。〇二十七日庚申，把莊憲皇后安葬在豐陵。

九月十三日乙亥，右拾遺獨孤朗因請求憲宗停止用兵而獲罪，被貶為興元府倉曹。獨孤朗，是獨孤及的兒子。○饒州發生洪水，漂走、淹沒了四千七百戶人家。

九月十四日丙子，憲宗任命韋貫之為湖南觀察使，這還是對韋貫之先前請求停止用兵一事的處罰。十九日辛巳，憲宗任命吏部侍郎韋顗、考功員外郎韋處厚等人都為遠州刺史，因為張宿誣陷他們，憲宗認為他們是韋貫之的同黨。韋顗，是韋見素的孫子。韋處厚，是韋夐的九世孫。

九月二十三日乙酉，李光顏、烏重胤奏報攻佔了吳元濟的陵雲柵。○二十五日丁亥，李光顏又奏報攻取了石、越兩個營柵。壽州奏報打敗了殷城的敵人，攻取了六個營柵。

冬，十一月初一日壬戌，容管奏報黃洞蠻人寇掠。○初四日乙丑，邕管奏報進攻黃洞蠻人，打退了他們，收復了賓州和巒州等州。○初五日丙寅，憲宗加授幽州節度使劉總為同平章事。○李師道聽說李光顏攻取了陵雲柵，很害怕，假稱請求投誠。憲宗因為沒有力量討伐李師道，就加授李師道檢校司空。

王鍔家的兩個奴僕上告王鍔的兒子王稷私下篡改父親的遺表，隱瞞了王鍔要進獻給朝廷的家產。憲宗命令皇宮儀衛審訊此案，派遣中使前往東都洛陽去搜查審核王鍔的家產。裴度規勸憲宗說：「王鍔已經死了，向朝廷進獻的財產已經不少了。現在又因為奴僕上告而搜查王鍔的家，臣下擔心各個將帥聽說這事以後，各自擔憂死後的事情。」憲宗立即停派使者去東都。十一月初八日己巳，把王鍔的兩個奴僕交給京兆府，用棍棒打死了他們。

庚子日，憲宗任命給事中柳公綽為京兆尹。柳公綽最初到京兆尹府時，有一個神策軍的下級將領策馬橫衝柳公綽前面的儀仗隊，柳公綽停下馬，用棍棒打死了這個人。第二天，柳公綽到延英殿去奏對，憲宗神色十分憤怒，責問柳公綽擅自殺人的情況。柳公綽回答說：「陛下不認為臣下不肖，讓我擔任京兆尹。京兆府是首都所在，為全國的表率，現在剛就職，而下級將領膽敢如此亂闖，這是他輕視陛下的詔令，不僅僅是輕視我。我只知道要杖殺一個無禮的人，不知道他是神策軍的將領。」憲宗說：「為什麼不上奏？」柳公綽回答說：「我的職責是應該杖殺他，不應該上奏。」憲宗問：「誰應該上奏此事？」柳公綽回答說：「神策軍應該上奏。如果死在大街上，金吾街使應該上奏。如果死在坊巷，左右巡使應該上奏。」憲宗拿不出理由加罪於柳公綽。退朝以後，憲宗對身邊的侍從們說：「你們應該留意這個人，朕也畏懼他。」

征討淮西的各路軍隊將近九萬人，憲宗對各個將領長期沒有戰功很惱怒。十一月二十日辛巳，憲宗命令負責樞密事務的梁守謙宣諭慰勞將士，就此留下來監督各軍，交給他空著姓名的官職委任書五百份以及金銀布帛，用來激勵為國犧牲的人。二十九日庚寅，憲宗加授李光顏等人檢校官，然後在詔書中嚴厲的責備他們，表示如果他們不立戰功，一定加以懲罰。〇三十日辛卯，李文通奏報在固始打敗了淮西的軍隊，殺敵一千多人。

十二月十一日壬寅，程執恭奏報在長河打敗了成德的軍隊，殺敵一千多人。

義武節度使渾鎬與王承宗交戰，多次獲勝，於是帶領全軍壓境，距離恆州三十里駐紮下來。王承宗很恐懼，暗中派兵進入渾鎬的境內，焚掠城鎮，渾鎬的軍心開始有內顧之憂動搖起來。正好中使督促他們作戰，渾鎬帶兵進逼恆州，與王承宗交戰，大敗，逃回了定州。十二月十五日丙午，憲宗下詔任命易州刺史陳楚為義武節度使。軍中的士兵聽到這一消息後，搶劫渾鎬和他家人的衣服，以至於赤身露體。陳楚快馬奔入定州，遏止了作亂的人，收繳軍中搶來的衣服還給渾鎬，派兵護送他回朝。陳楚，定州人，是張茂昭的外甥。

十二月十六日丁未，憲宗任命翰林學士王涯為中書侍郎、同平章事。

袁滋到了唐州，撤除了瞭望設施，阻止他的軍隊，不讓侵犯吳元濟的地界。吳元濟包圍了袁滋的新興柵，袁滋用卑謙的言詞請求吳元濟撤軍，吳元濟從此不再把袁滋放在心上。朝廷知道了這件事，十二月二十三日甲寅，憲宗任命太子府詹事李愬擔任唐、隨、鄧三州節度使。李愬，是李聽的哥哥。

朝廷開始設置淮、潁水運使。楊子轉運院的糧米從淮陰溯淮水而上進入潁水，到達項城以後進入溵水，運到郾城，以供應攻打淮西的各支軍隊，節省了通過汴水漕運的費用七萬多緡錢。

十二月二十八日己未，容管奏報黃洞蠻人屠戮嚴州。

【研析】本卷研析三事：憲宗懲治請託，柳公綽杖殺神策軍小將，柳宗元著文諷諭時政。

憲宗懲治請託。請託，今謂之走後門，就是運用各種手段，疏通人際關係，給個人撈好處。元和八年（西元八一三年），于頔居留京師，擔任檢校司空、同平章事的閒職，悶悶不樂。于頔的兒子太常丞于敏找了一個叫梁正言的人，用厚禮託梁正言疏通大宦官樞密使梁守謙的關係，替于頔謀節度使的職位。梁正言是個騙子，疏通不了這個關係。于敏損失了許多錢財要不回來，就殺了梁正言。事發後，于頔降職為恩王師傅，于敏被流放到雷州，走出京師不遠，到秦嶺就死了。這件事牽連了僧人鑒虛。鑒虛是當時的一個政治掮客，用賄賂與權貴寵臣和地方各鎮將帥交結。許多權貴替鑒虛說話，憲宗準備赦免他。御史中丞薛存誠抗旨，堅決不放鑒虛，憲宗很讚賞，終於用軍棍打殺鑒虛，沒收了鑒虛的財產。

柳公綽杖殺神策軍小將。柳公綽，字起之，唐代著名書法家柳公權之父，京兆華原（今陝西耀州）人。歷仕德宗、順宗、憲宗、穆宗、敬宗、文宗六朝，唐代著名的耿正大臣，能文能武，不畏強暴，深受朝野敬重。元和十一年，柳公綽以給事中為京兆尹。柳公綽初上任出行，就有神策軍一個下級軍官，跑馬橫衝直闖，冒犯了前行衛隊。柳公綽立即下馬，當場擒拿神策軍小將，杖殺在路邊。第二天，憲宗皇帝怒氣沖沖傳召柳公綽，親自責問他擅自殺人的過錯。打狗還看主人面，神策軍駕前衛隊，主子就是皇帝，柳公綽沒有請旨就殺了，是大不敬。柳公綽沒有被憲宗的滿面怒氣所嚇倒，而是從容不迫地說：「臣職為京兆尹，一舉一動要為全國做表率。臣剛上任就遭這個下級軍官冒犯，不僅是侮辱大臣，而且是蔑視詔令。臣殺的是一個無禮之人，不知道他是神策軍將領。」憲宗明知柳公綽是有意藉神策軍小將的頭來立威，整治綱紀，沒有理由加罪柳公綽。憲宗退朝，對身邊的人說：「你們見了柳公綽要小心謹慎，朕也懼怕他三分。」

柳公綽杖殺神策軍小將，冒了殺頭的危險，不如此不能整肅京師風氣，懲治豪強就要敢打老虎，拍幾個蒼蠅無濟於事。柳公綽敢摸老虎屁股，表現了一個盡忠職守的大臣的風采。唐憲宗折服於理，不護短神策軍，也表現了明君的風采。唐憲宗時昏時明，是一個多面性的人物。

柳宗元著文諷諭時政。柳宗元，字子厚，河東解縣（今山西運城柳州鎮）人。唐代著名文學家、哲學家。

世稱柳河東，貞元進士。柳宗元參與永貞革新被貶為永州司馬，後量移柳州刺史，故又稱柳柳州。與韓愈倡導古文運動，同列為「唐宋八大家」，並稱「韓柳」。柳宗元的散文峭拔矯健，說理透徹，關切時政，尖銳有力。司馬光引〈梓人傳〉和〈種樹郭槖駝傳〉兩文就是柳氏散文中典型的時政論，用通俗的類比，把深奧的政治說得通透明白。柳宗元認為宰相，其實是指君主，諷諭唐憲宗，勸諫君主治理國家，要像一個建築師和種樹人一樣，任用賢才，無為而治。梓人，木工頭，今稱之建築師。建築師本人並不使用刀鋸斧刨，只是指揮百工勞作，可是大廈建成，只留下建築師的姓名，百工勞作沒有分。人君就應當是一個政治梓人，任使賢才治國，而不是事事親為。人君還應當像一個種樹人一樣，不要拔苗助長，而是讓樹木自然生長。人君治政，應當無為而治，少干預老百姓，讓人民休養生息。柳宗元正如范仲淹在〈岳陽樓記〉中說的那樣：「居廟堂之高，則憂其民；處江湖之遠，則憂其君。」柳宗元長期處於遠州貶所，仍然在憂國憂民，寫出〈梓人傳〉、〈種樹郭槖駝傳〉這樣精彩的散文，所以司馬光才大段引入史中。在《資治通鑑》全書是不多見的。

卷第二百四十

唐紀五十六

起彊圉作噩（丁酉 西元八一七年），盡屠維大淵獻（己亥 西元八一九年）正月，凡二年有奇。

【題解】本卷記事起西元八一七年，迄西元八一九年正月，凡兩年又一個月。當唐憲宗元和十二年到元和十四年一月。此時期唐憲宗為政之要，仍是征討不服朝命的藩鎮，裴度為相，李愬為將，取得討平淮西的成績，又移兵淄青，取得決定性的勝利。當高霞寓和袁滋兩路官軍為淮西所敗，停戰之聲大起。唐憲宗起用李愬為將，代袁滋領軍。李愬智勇雙全，至軍存撫士卒，先計後戰，戰則必勝，積小勝為大勝，一個一個攻取淮西外圍據點，連戰皆捷，提振官軍士氣。李愬不殺俘虜，用恩信和大義誘降，使淮西勇將丁士良、吳秀琳戰敗請降。唐憲宗增兵李愬，又移河北之師於淮西，裴度又自請督師，奏罷中使監軍，由諸將自專軍事，故所戰皆捷。淮西震恐，李愬雪夜進兵，智破蔡州，擒吳元濟，淮西平定。李師道、王承宗恐懼，皆上表請罪自新。唐憲宗恢復王承宗官爵，集中全力討淄青，官軍節節進逼，李師道旦夕覆滅，已成定局。勝利衝昏了憲宗的頭腦，猜忌功臣，以朋黨為名壓抑朝官，又一頭扎進宦官的懷抱，任用奸邪小人皇甫鎛為相，五坊使作威作福，憲宗還求神拜佛，服食金丹求長生，大做佛教功德，迎佛骨入京。韓愈上表諫迎佛骨，被貶潮州。

憲宗昭文章武大聖至神孝皇帝中之下

元和十二年（丁酉　西元八一七年）

春，正月甲申❶，貶袁滋為撫州❷刺史。

李愬至唐州❸，軍中承喪敗之餘❹，士卒皆憚戰❺。愬知之，有出迓❻者，愬謂之曰：「天子知愬柔懦，能忍恥，故使來拊循爾曹❼。至於戰攻進取，非吾事也。」眾信而安之。

愬親行視❽士卒，傷病者存恤❾之，不事威嚴❿。或以軍政不肅⓫為言，愬曰：「吾非不知也。袁尚書⓬專以恩惠懷賊⓭，賊易之⓮。聞吾至，必增備，吾故示之以不肅。彼必以吾為懦而懈惰⓯，然後可圖也。」淮西人自以嘗敗高、袁二帥⓰，輕愬名位素微⓱，遂不為備。

遣鹽鐵轉運[1]副使程异督財賦於江、淮。

回鶻屢請尚公主⓲，有司⓳計其費近五百萬緡，時中原方用兵，故上未之許⓴。

二月辛卯朔㉑，遣回鶻摩尼僧㉒等歸國。命宗正少卿李誠使回鶻諭意㉓，以緩其期。

李愬謀襲㉔蔡州，表請益兵㉕。詔以昭義、河中、鄜坊㉖步騎二千給之。丁酉㉗，愬遣十將㉘馬少良將十餘騎巡邏，遇吳元濟捉生虞候㉙丁士良，與戰，擒之。士良，元濟驍將[30]，常為東邊患。眾請刳[31]其心，愬許之。既而召詰之，士良無懼色。愬曰：「真丈夫也！」命釋其縛。士良乃自言[32]：「本非淮西士，貞元中隸安州，與吳氏戰，為其所擒，自分死矣[33]。吳氏釋[34]我而用之，我因吳氏而再生，故為吳氏父子竭力。昨日力屈[35]，復為公所擒，亦分死矣，今公又生之，請盡死以報德。」愬乃給其衣服器械，署[36]為捉生將。

己亥[37]，淮西行營奏克蔡州古葛伯城[38]。

丁士良言於李愬曰：「吳秀琳擁三千之眾，據文城柵[39]，為賊左臂，官軍不敢近者，有陳光洽為之謀主[40]也。光洽勇而輕[41]，好[42]自出戰，請為公先擒光洽，則秀琳自降矣。」戊申[43]，士良擒光洽以歸[44]。

鄂岳觀察使李道古[45]引兵出穆陵關[46]。甲寅[47]，攻申州[48]，克其外郭[49]，進攻子城[50]。城中守將夜出兵擊之，道古之眾驚亂，死者甚眾。道古，皐之子也。

淮西被兵[51]數年，竭[52]倉廩以奉戰士，民多無食，采菱芡[53]魚鱉鳥獸食之，亦盡，相帥[54]歸官軍者前後五千餘戶。賊亦患其耗糧食，不復禁。庚申[55]，敕置行縣[56]以處之，為擇縣令，使之撫養，并置兵以衛之。

三月乙丑[57]，李愬自唐州徙屯宜陽柵[58]。〇郗士美敗於柏鄉[59]，拔營而歸，士卒死者千餘人。○戊辰[60]，賜程執恭名權。

戊寅[61]，王承宗遣兵二萬入東光[62]，斷白橋[63]路。程權不能禦，以眾歸滄州[64]。

吳秀琳以文城柵降于李愬。戊子[65]，愬引兵至文城西五里，遣唐州刺史李進誠將甲士八千至城下，召秀琳。城中矢石如雨，眾不得前。進誠還報：「賊偽降，未可信也。」愬曰：「此待我至耳。」即前至城下，秀琳束兵投身馬足下[66]。愬撫其背慰勞之，降其眾三千人。秀琳將李憲有材勇[67]，愬更其名曰忠義而用之。悉遷婦女於唐州，入據其城[2]。於是唐、鄧軍氣復振，人有欲戰之志。賊中降者相繼於道，隨其所便[68]而置之。聞有父母者，給粟帛[69]遣之[70]，曰：「汝曹皆王人[71]，勿棄親戚[72]。」眾皆感泣。

官軍與淮西兵夾溵水而軍[73]，諸軍相顧望[74]，無敢度溵水者。陳許兵馬使王沛先引兵五千度溵水，據要地為城，於是河陽、宣武、河東、魏博等軍相繼皆度，進逼郾城[75]。丁亥[76]，李光顏敗淮西兵三萬於郾城，走[77]其將張伯良，殺士卒什二三。

己丑[78]，李愬遣山河十將[79]董少玢等分兵攻諸柵。其日，少玢下[80]馬鞍山，拔路口柵。夏，四月辛卯[81]，山河十將馬少良下嵖岈山，擒淮西將柳子野。

吳元濟以蔡人董昌齡為郾城令[82]，質[83]其母楊氏。楊氏謂昌齡曰：「順死賢[84]於逆生，汝去逆而吾死，乃孝子也；從逆而吾生，是戮[85]吾也。」會官軍圍青陵[86]，絕郾城歸路。郾城守將鄧懷金謀於昌齡，昌齡勸之歸國[87]。懷金乃請降於李光顏曰：「城人[88]之父母妻子皆在蔡州，請公來攻城，吾舉烽[89]求救。救兵至，公逆擊[90]之，蔡兵必敗，然後吾降，則父母妻子庶免[91]矣。」光顏從之。乙未[92]，昌齡、懷金舉城降，光顏引兵入據之。吳元濟聞郾城不守，甚懼。時董重質將騾軍[93]守洄曲[94]，元濟悉發親近及守城卒詣重質以拒之。

李愬山河十將媯雅、田智榮下冶爐城[95]。丙申[96]，十將閻士榮下白狗、汶港[97]二柵。癸卯[98]，媯雅、田智榮破西平[99]。丙午[100]，遊弈兵馬使[101]王義破楚城[102]。

五月辛酉[103]，李愬遣柳子野、李忠義襲朗山[104]，擒其守將梁希果。

六鎮討王承宗者兵十餘萬，回環[105]數千里，既無統帥，又相去遠[106]，期約難壹[107]，由是歷二年無功。千里饋運[108]，牛驢死者什四五。劉總既得武強[109]，引兵出境纔五里，留屯不進，月給度支錢十五萬緡。李逢吉及朝士多言「宜併力先取淮西，俟淮西平，乘其勝勢，回取恆冀，如拾芥[110]耳！」上猶豫，久乃從之。丙子[111]，罷河北行營，各使還鎮。

丁丑(112)，李愬遣方城(113)鎮遏使李榮宗襲青喜城(114)，拔之。

【章　旨】以上為第一段，寫李愬代袁滋為將討淮西。李愬撫巡士卒，勵其鬥志，連戰皆捷，官軍士氣大振。唐憲宗又移討成德之軍增益李愬，集中全力討淮西。

【注　釋】❶甲申　正月二十四日。❷撫州　州名，治所臨川，在今江西臨川縣。❸唐州　州名，為唐隨鄧節度使治所。州城在今河南泌陽。❹喪敗之餘　喪師敗績的殘軍。官軍討淮西，先後有嚴綬敗於慈丘，高霞寓敗於鐵城，袁滋代之又敗。事見上卷。李愬之來，已四易其帥。❺憚戰　懼戰。❻迓　迎接。❼拊循爾曹　安撫你們。❽行視　巡視。❾存恤　安慰撫恤。❿不事威嚴　不威懾，不嚴厲。⓫軍政不肅　軍紀不整肅，作風拖沓。⓬袁尚書　對前任袁滋的尊稱。袁滋加檢校兵部尚書。⓭恩惠懷賊　袁滋臨鎮不進討吳元濟，反撤去斥候，卑辭與淮西結和，因而以無功被罷免，恩惠懷賊指此。實為柔懦畏敵的委婉語。⓮賊易之　敵人十分輕視他。⓯懈惰　放鬆戒備。⓰高袁二帥　指高霞寓、袁滋。⓱名位素微　名聲和地位向來低微。李愬自薦討淮西，在這之前僅出任坊、晉二州刺史，進太子詹事，宮苑閑廄使；出任唐隨鄧節度使亦只加官檢校左散騎常侍，故名位素微。⓲尚公主　娶唐室公主為妻。⓳有司　有關職能部門。⓴未之許　未允許回鶻請婚。㉑辛卯朔　二月初一日。㉒摩尼僧　隨回鶻使者於元和初入唐的回鶻僧人。㉓諭意　宣諭意旨。㉔襲　偷偷地攻打。㉕益兵　增兵。㉖鄜坊　方鎮名，唐肅宗上元元年（西元七六〇年），置渭北鄜坊節度使，治所坊州，在今陝西黃陵東南。㉗丁酉　二月初七日。㉘十將　軍校名，下級軍官。㉙捉生虞候　軍官名。㉚驍將　驍勇善戰的將領。㉛刳　剖；挖。㉜自言　自己說明。㉝自分死矣　自己認為必死無疑了。㉞釋　放。㉟力屈　力量不夠。㊱署　任命。㊲己亥　二月初九日。㊳葛伯城　古葛伯國，在今河南寧陵北葛鄉。㊴文城柵　城堡名，在今河南汝南縣西南。㊵謀主　主要出謀劃策的人員。㊶勇而輕　勇敢而輕率。㊷好　喜歡。㊸戊申　二月十八日。㊹以歸　而歸。㊺李道古　太宗子曹王明之孫，嗣曹王皐之子。道古馭軍無方，攻淮西無功。傳見《舊唐書》卷一百三十一、《新唐書》卷八十。㊻穆陵關　關名，在今湖北麻城的西北穆陵山上。㊼甲寅　二月二十四日。㊽申州　州名，治所在今河南信陽南。㊾外郭　外城。㊿子城　內城；小城。(51)被兵　經受戰爭。(52)竭　盡其所有。(53)菱芡　菱角、芡實。(54)相帥　相攜。(55)庚申　二月三十日。(56)行縣　暫時設置的縣，用以安置來歸附的人民。(57)乙丑　三月初五日。(58)宜陽柵　城堡名，在今河南遂平西南。(59)柏鄉　縣名，縣治在今河北柏鄉。(60)戊辰　三月初八日。(61)戊寅　三月十八日。

(62)東光　縣名，縣治在今河北東光。(63)白橋　架設在永濟渠上的橋樑。永濟渠在東光西四里處。(64)滄州　州名，治所在今河北滄州。(65)戊子　三月二十八日。(66)東兵投身馬足下　收起武器，撲在馬腳下，表示投降。(67)材勇　勇敢而有才智。(68)隨其所便　悉聽投降者的意願，根據他們的方便。(69)粟帛　糧食和布帛。(70)遣之　送他們回去。(71)王人　唐天子的百姓。(72)親戚　親人和戚屬。(73)軍　駐紮。(74)相顧望　互相觀望。(75)郾城　縣名，縣治在今河南郾城。(76)丁亥　三月二十七日。(77)走　趕跑；使敵將逃走。(78)己丑　三月二十九日。(79)山河十將　軍校名。山河，當時諸將常募土人有勇力者當兵攻吳元濟，號為山河子弟。十將，率領山河子弟的下級軍官。(80)下　攻克。(81)辛卯　四月初二日。(82)郾城令　郾城縣令。郾城，在今河南郾城東南。(83)質　人質。(84)賢　好；優。(85)戮　殺。(86)青陵　地名。在河南郾城西南。(87)歸國　歸降唐朝。(88)城人　指郾城中的將士、官吏。(89)舉烽　燃燒烽火。(90)逆擊　迎面攻擊。(91)庶免　大概可以免死了。(92)乙未　四月初六日。(93)騾軍　淮西精兵，以騾為騎。(94)洄曲　地名，又名時曲，在今河南漯河市沙河與澧河會流處下游一帶。(95)冶爐城　戰國韓國鑄劍之地，在今河南西平嵖岈山之東。(96)丙申　四月初七日。(97)白狗汶港　皆地名，在今河南正陽境內。(98)癸卯　四月十四日。(99)西平　縣名，縣治在今河南西平。(100)丙午　四月十七日。(101)遊弈兵馬使　中級軍官名。(102)楚城　地名，在今河南汝南縣西南。(103)辛酉　五月初二日。(104)朗山　縣名，縣治在今河南確山縣。(105)回環　環繞四周。(106)相去遠　互相距離太遠。(107)難壹　難以一致行動。(108)饋運　運輸糧食、裝備。(109)武強　縣名，縣治在今河北武強。(110)拾芥　像拾取小草那樣。比喻極容易。(111)丙子　五月十七日。(112)丁丑　五月十八日。(113)方城　縣名，治所在今河南方城。(114)青喜城　胡三省注云方城縣有青臺鎮，此作「青喜」，係筆誤。此城在今河南社旗青臺鎮。

【校　記】[1]轉運　此二字原無。據章鈺校，甲十一行本、乙十一行本皆有此二字，今據補。[2]入據其城　此句原無。據章鈺校，甲十一行本、乙十一行本皆有此句，張瑛《通鑑校勘記》、張敦仁《通鑑刊本識誤》同，今據補。

【語　譯】憲宗昭文章武大聖至神孝皇帝中之下

元和十二年（丁酉　西元八一七年）

春，正月二十四日甲申，憲宗把袁滋貶為撫州刺史。

李愬到了唐州，唐州軍隊在經歷喪師敗績之後，士卒都害怕打仗。李愬瞭解這一情況，有出來迎接他的人，李愬就對他們說：「天子知道我李愬柔弱怯懦，能忍受恥辱，所以派我來安撫你們。至於攻戰進取，不是我的事。」大家都相信李愬的話而安下心來。

李愬親自巡視士卒，有受傷生病的，就安慰撫恤，不威懾，不嚴厲。有人對李愬說軍中政事不夠整肅，李愬說：「我不是不知道這件事。袁尚書一味用恩惠安撫感召敵人，敵人輕視他。聽說我來了，一定加強防備，所以我故意表現出軍民不整肅的樣子。他們一定會認為我懦弱而放鬆戒備，然後才可以攻打他們。」淮西的人自以為曾經打敗過高霞寓和袁滋兩位主帥，輕視李愬的名聲和地位一直很卑微，於是不加防備。

憲宗派遣鹽鐵轉運副使程异在江、淮一帶督促徵收賦稅。

回鶻可汗多次請求娶公主為妻，有關部門計算下嫁公主的花費將近五百萬緡錢，當時中原正在打仗，所以憲宗沒有答應。二月初一日辛卯，憲宗打發回鶻的摩尼僧人等回國。命令宗正少卿李誠出使回鶻，向他們宣諭朝廷的意旨，以便延緩婚期。

李愬謀劃襲擊蔡州，上表朝廷請求增加兵力。憲宗下詔命令把昭義、河中、鄜坊的步兵、騎兵二千人撥給李愬。二月初七日丁酉，李愬派遣十將馬少良帶十幾名騎兵巡邏，遇到吳元濟的捉生虞候丁士良，與丁士良交戰，抓住了他。丁士良是吳元濟的一員猛將，經常禍害唐州和鄧州的東部地區。大家請求挖了丁士良的心，李愬同意了。不久李愬召見丁士良，責問他，丁士良沒有畏懼的神色。李愬說：「這是真正的男子漢！」便命令給丁士良鬆綁。丁士良這才自己說：「我本來不是淮西的士兵，貞元年間歸屬安州，與吳少陽作戰，被他們抓獲，當時我自以為必死無疑。吳氏把我放了，任用我。我因為吳氏而獲得再生，所以就為吳氏父子竭盡全力。昨日我力量不夠，又被您捉住了，也以為要死了，現在您又讓我活下去，請允許我為您拼盡死力來報答您的恩德。」李愬於是就給了丁士良衣服和武器，任命丁士良為捉生將。

二月初九日己亥，淮西行營奏報攻佔了蔡州的古城葛伯城。

丁士良對李愬說：「吳秀琳擁有三千名部眾，據守文城柵，為吳元濟的左臂，朝廷的軍隊不敢接近，這是因為有陳光洽做主謀。陳光洽勇敢而輕率，喜歡親自出營交戰，請讓我為您先擒獲陳光洽，那麼吳秀琳自然會投降了。」二月十八日戊申，丁士良擒獲陳光洽回營。

鄂岳觀察使李道古率領軍隊出了穆陵關。二月二十四日甲寅，進攻申州，攻下了它的外城，進攻內城。申州城的守將晚上襲擊李道古，李道古的軍隊驚慌混亂，死的人很多。李道古，是曹成王李皋的兒子。

淮西地區遭受戰爭多年，將倉庫中的儲藏全都拿去供應作戰的士兵，百姓大多沒有糧食吃，採獲菱角、芡實、魚鱉和鳥獸來吃，這些東西也沒有了，相攜投奔朝廷軍隊的前後有五千多戶人家。敵人也擔心他們消耗糧食，不再禁止他們。二月三十日庚申，憲宗敕令暫時設置一個縣來安置他們，為他們選擇縣令，讓縣令進行撫恤和養護，並設置軍隊保衛他們。

三月初五日乙丑，李愬從唐州移軍駐紮宜陽柵。〇郗士美在柏鄉打了敗仗，撤營而回，士兵死去的有一千多人。〇初八日戊辰，憲宗賜程執恭名權。

三月十八日戊寅，王承宗派兵二萬進入東光縣，切斷了白橋的通道。程權抵擋不住，帶領軍隊回到滄州。

吳秀琳獻出文城柵，向李愬投降。三月二十八日戊子，李愬帶兵到了文城柵西邊五里的地方，派遣唐州刺史李進誠帶領八千名身穿鎧甲的將士到了文城柵下，召吳秀琳出城投降。城中箭、石如同下雨，軍眾不能前進。李進誠回來向李愬報告說：「敵人假裝投降，不能相信。」李愬說：「這是等待我去而已。」李愬馬上來到文城柵下，吳秀琳收起兵器，撲在李愬的馬足前面。李愬撫摸著吳秀琳的背加以安慰，接受了吳秀琳三千名將士的投降。吳秀琳的將領李憲有才智又勇敢，李愬給他改名叫李忠義而加以任用。把文城柵的婦女全部遷移到唐州，部隊進入文城柵，佔據了它。這樣一來，唐州和鄧州軍隊的士氣又振作起來，人們有了出去打仗的願望。敵人投降李愬的絡繹不絕，李愬根據他們的意願進行安置。聽說投降的人中有父母的，就發給糧食、布帛打發他們回家，還說：「你們都是天子的臣民，不要扔下父母。」大家都感動得哭了。

朝廷軍隊和淮西的軍隊隔著溵水駐紮，朝廷的各支軍隊互相觀望，沒有敢渡過溵水的。陳許兵馬使王沛率先帶領五千士兵渡過溵水，佔據要害之地修建營壘，於是河陽、宣武、河東、魏博等各支軍隊都相繼渡過了溵水，進逼郾城。三月二十七日丁亥，李光顏在郾城打敗淮西的軍隊三萬人，趕走了這裡的將領張伯良，殺死了十分之二三的敵人。

三月二十九日己丑，李愬派遣山河子弟的十將軍官董少玢等人各帶人馬進攻淮西的各個營壘。當天，董少玢攻下馬鞍山，奪取了路口柵。夏，四月初二日辛卯，山河子弟的十將軍官馬少良攻下嵖岈山，活捉了淮西的將領柳子野。

吳元濟任命蔡州人董昌齡為郾城縣令，把他的母親楊氏作為人質。楊氏對董昌齡說：「歸順朝廷而死比反叛朝廷而活下去要好，你脫離叛賊，而我因此死了，那你才是孝子；你順從叛賊，而我活下去，那就是殺了我。」適逢朝廷軍隊包圍青陵，切斷了郾城通向蔡州的歸路。郾城的守將鄧懷金與董昌齡商議對策，董昌齡勸鄧懷金歸順朝廷。鄧懷金於是去向李光顏請求投降說：「守郾城的將士父母妻子兒女都在蔡州，請您前來攻城，我點起烽火求救。蔡州的救兵到來，您就迎擊他們，蔡州的軍隊必敗，然後我投降，那麼這些人的父母妻子兒女大概可以免死了。」李光顏聽從了他的要求。四月初六日乙未，董昌齡和鄧懷金獻城投降，李光顏帶兵進城駐守。吳元濟聽說郾城失守，極為恐懼。當時，董重質率領驟軍守衛洄曲，吳元濟調動全部親信將士和守蔡州城的士兵前往董重質那裡，用以抵抗李光顏。

李愬的山河十將媯雅、田智榮攻克了冶爐城。四月初七日丙申，十將閻士榮攻克了白狗和汶港兩座營柵。十四日癸卯，媯雅和田智榮攻克了西平城。十七日丙午，遊弈兵馬使王義攻下了楚城。

五月初二日辛酉，李愬派遣柳子野、李忠義襲擊朗山，擒獲了朗山的守將梁希果。

河東、幽州、義武、橫海、魏博、昭義等六個軍鎮討伐王承宗的軍隊有十幾萬人，環繞四周幾千里，既沒有統帥，又相隔很遠，很難約定統一行動，因此經過兩年也沒有成功。朝廷千里轉運軍用物資，牛和驢死掉的有十分之四五。劉總得到了武強縣以後，帶兵離開武強縣境內才五里，便駐留不進，每月度支給他錢十五萬緡。李逢吉和朝中大臣很多說「應該集中力量先取淮西，等淮西平定後，乘著勝利的形勢，回師攻取恆冀，如同拾根草一樣容易！」憲宗猶豫，過了很久才採納這一建議。五月十七日丙子，撤除河北行營，讓各支軍隊返回本軍鎮去。

五月十八日丁丑，李愬派遣方城鎮遏使李榮宗襲擊青臺城，攻取了該城。

愬每得降卒，必親引問委曲❶，由是賊中險易遠近虛實盡知之。愬厚待吳秀琳，與之謀取蔡。秀琳曰：「公欲取蔡，非李祐❷不可，秀琳無能為也。」祐者，淮西騎將❸，有勇略，守興橋柵❹，常陵暴❺官軍。庚辰❻，祐率士卒刈麥❼於張柴村❽，愬召廂虞候❾史用誠，戒❿之曰：「爾以三百騎伏彼林⓫中，又使人搖幟於前⓬，若⓭將焚⓮其麥積⓯者。祐素易官軍⓰，必輕騎來逐之。爾乃發騎掩之⓱，必擒之。」用誠如言而往，生擒祐以歸。將士以祐鄉日⓲多殺官軍，爭請殺之。愬不許，釋縛，待以客禮。

時愬欲襲蔡，而更密其謀，獨召祐及李忠義屏⓳人語，或至夜分⓴，它人莫得預聞。諸將恐祐為變㉑，多諫愬，愬待祐益厚。士卒亦不悅，諸軍日有牒㉒稱祐為賊內應，且言得賊諜者㉓具言其事。愬恐謗㉔先達於上㉕，己不及救，乃持祐㉖泣曰：「豈天不欲平此賊邪！何吾二人相知㉗之深而不能勝㉘眾口也？」因謂眾曰：「諸君既以祐為疑，請令歸死㉙於天子。」乃械㉚祐送京師。先密表其狀㉛，且曰㉜：「若殺祐，則無以成功。」詔釋之，以還愬。愬見之喜，執其手曰：「爾之得全㉝，社稷之靈也。」乃署散兵馬使㉞，令佩刀巡警，出入帳中。或與之同宿，密語不寐達曙㉟。有竊聽於帳外者，但聞祐感泣㊱聲。時唐、隨牙隊㊲三千人，號六院兵馬，皆山南東道之精銳也。愬又以祐為六院兵馬使㊳。舊軍令㊴，舍賊諜者㊵屠其家。愬除其令，使厚待之，諜反以情告愬，愬益知賊中虛實。乙酉㊶，愬遣兵攻朗山，淮西兵救之，官軍不利，眾皆悵恨㊷，愬獨歡然曰：「此吾計也！」乃募敢死士三千人，號曰突將，朝夕自教習之㊸，使常為行備㊹，欲以襲蔡。會久雨，所在㊺積水，未果㊻。

閏月己亥㊼，程异還自江、淮，得供軍錢㊽百八十五萬緡。

諫議大夫韋綬㊾兼太子侍讀，每以珍膳㊿餉太子，又悅太子以諧謔〔51〕。上聞之，丁未〔52〕，罷綬侍讀，尋出為虔州〔53〕刺史。綬，京兆人。

吳元濟見其下數叛〔54〕，兵勢日蹙〔55〕，六月壬戌〔56〕，上表謝罪，願束身〔57〕自歸。上遣中使賜詔，許以不死，而為左右及大將董重質所制〔58〕，不得出。

秋，七月，大水，或平地二丈。

【章　旨】以上為第二段，寫李愬以恩信招降，迅速攻下淮西外圍防線，吳元濟始懼。

【注　釋】❶委曲　情況。❷李祐　（?—西元八二九年）本蔡州牙將，降李愬，破蔡州，官至滄景節度使。傳見《舊唐書》卷一百六十一、《新唐書》卷二百十四。❸騎將　騎軍將領。❹興橋柵　城堡名，在張柴村東。❺陵暴　欺陵。❻庚辰　五月二十一日。❼刈麥　割麥。❽張柴村　地名，在文城柵東六十里。❾廂虞候　軍官名，掌左、右廂之兵。❿戒　囑咐。⓫彼林　那片樹林。⓬搖幟於前　在前面搖著旗子。⓭若　好像。⓮焚　燒。⓯麥積　麥垛。⓰素易官軍　一向輕視朝廷軍隊。

⑰掩之　突然襲擊他。⑱曏日　從前。⑲屏　摒退；避開。⑳夜分　半夜。㉑為變　發生變化，即指叛變。㉒牒　文書。㉓諜者　情報人員。㉔謗　毀謗。㉕先達於上　先傳到皇帝那裡。㉖持祐　拉著李祐。㉗相知　瞭解。㉘勝　勝過。㉙歸死　送死。㉚械　加上刑具。㉛密表其狀　祕密先上表言與祐密謀襲蔡之狀。㉜且曰　進一步說。㉝爾之得全　你能夠保全。㉞散兵馬使　軍官名，係散員，不統兵。㉟不寐達曙　不睡覺到天亮。㊱感泣　感恩而涕泣。㊲牙隊　節度使警衛隊。㊳六院兵馬使　軍官名，節度使警衛軍統領官。㊴舊軍令　過去軍隊命令。㊵舍賊諜者　窩藏敵人情報人員。㊶乙酉　五月二十六日。㊷悵恨　惆悵而憤恨。㊸自教習之　親自訓練他們。㊹行備　作出發的準備。㊺所在　到處。㊻未果　沒有結果。指計畫暫時沒有實施。㊼己亥　閏五月初十日。㊽供軍錢　供給軍隊使用的錢。㊾韋綬　（？—西元八二二年）字子章，京兆（今陝西西安）人，御事無術。傳見《舊唐書》卷一百六十二、《新唐書》卷一百六十。㊿珍膳　珍貴的菜飯。51譸謔　不莊重而開玩笑的話。52丁未　閏五月十八日。53虔州　州名，治所在今江西贛縣。54數叛　多次叛變。55日蹙　日益窮迫。56壬戌　六月初四日。57束身　自縛其身。表示歸順。58制　控制。

【語　譯】李愬每次獲得敵人投降的士兵，一定讓人帶來親自詢問詳細情況，因此，敵人哪裡有險哪裡無險，部隊的遠近虛實，全都知道。李愬對吳秀琳十分優厚，與他謀劃攻取蔡州。吳秀琳說：「你打算攻取蔡州，沒有李祐不行，秀琳無能為力。」李祐是淮西的騎兵將領，有勇有謀，防守興橋柵，經常欺陵朝廷的軍隊。五月二十一日庚辰，李祐帶領士兵在張柴村割麥子，李愬叫來廂虞候史用誠，告誡他說：「你用三百名騎兵埋伏在那一帶的樹林中，再派人在李祐的前面搖旗，好像準備燒他們的麥垛。李祐一向輕視朝廷的軍隊，一定輕裝騎馬來驅逐我們。你就發動騎兵襲擊他，一定會抓住他。」史用誠按照李愬說的去做，活捉了李祐回來。將士們因為李祐往日殺害了很多朝廷的士兵，爭著要求李愬殺了李祐。李愬不同意，給李祐鬆了綁，用賓客禮對待他。

當時李愬想襲擊蔡州，一切策劃更加保密，只召見李祐和李忠義避開別人交談，有時談到半夜，其他人沒有機會參與討論。各位將領害怕李祐叛變，很多人勸阻李愬，李愬對待李祐反而更優厚。士兵們也不高興，各支軍隊每天都有文書來聲稱李祐要做吳元濟的內應，並且說是抓獲的敵人間諜交代的這一事情。李愬擔心毀謗的話先傳到憲宗那裡，自己來不及救李祐，於是拉著李祐的手哭著說：「難道是上天不想平定吳元濟這個叛賊嗎！為什麼我們兩人彼此瞭解得這樣深刻，還不能勝過大家的議論呢？」於是就對大家說：「大家既然懷疑李祐，就請讓他到天子那裡送死。」於是把李祐戴上刑具押送京城。李愬事先向憲宗上一密奏講明與李祐商議襲擊蔡州的事，並且說：「如果殺了李祐，攻佔蔡州就無法成功。」憲宗下詔赦免了李祐，把李祐交還李愬。李愬見了李祐很高興，拉著李祐的手說：「你得以保全，是社稷的福分啊。」就任命李祐為散兵馬使，讓李祐佩帶刀劍巡視警戒，出入軍帳中。李愬有時與李祐同住一處，祕密交談，整夜不睡，直到天亮。有在軍帳外偷聽的人，只聽到李祐受感動的哭泣聲。當時唐州和隨州節度使的衛隊有三千人，號稱六院兵馬，都是山南東道的精銳。李愬又任命李祐為六院兵馬使。

根據過去的軍令，窩藏敵人間諜的人，要殺了窩藏者全家。李愬廢除了這條軍令，讓人們厚待窩藏者的家人。這樣，敵人的間諜反而把各種情況告訴了李愬，李愬更加瞭解敵人裡面的虛實。五月二十六日乙酉，李愬派兵攻打朗山，淮西的軍隊援救它，朝廷軍隊失利，將士們都惆悵憤恨，只有李愬高興地說：「這是我的計策啊！」李愬於是召募敢死士卒三千人，號稱突將，自己親自早晚訓練，讓他們經常做好出發的準備，打算用他們來襲擊蔡州。適逢長期下雨，到處積水，襲擊沒有實行。

閏五月初十日己亥，程异從江、淮地區回朝，督收供應軍需的錢一百八十五萬緡。

諫議大夫韋綬兼任太子侍讀，常常拿珍貴的飯菜讓太子吃，又說些詼諧的笑話讓太子高興。憲宗知道了這件事，閏五月十八日丁未，罷免了韋綬的太子侍讀職務，不久外放為虔州刺史。韋綬，是京兆府人。

吳元濟見部下多次叛變，軍事形勢日益窘迫，六月初四日壬戌，向朝廷上表稱有罪，願意縛身歸順朝廷。憲宗派遣中使賜給吳元濟詔令，答應免吳元濟一死，但吳元濟被身邊的人和大將董重質所控制，不能出蔡州。

秋，七月，發大水，有的地方平地水深二丈。

初，國子祭酒孔戣❶為華州❷刺史，明州❸歲貢蚶、蛤、淡菜❹，水陸遞夫❺勞費，戣奏疏罷之。甲辰❻，嶺南節度使崔詠薨，宰相奏擬代詠者數人，上皆不用，曰：「頃❼有諫進蚶、蛤、淡菜者為誰，可求其人與之。」庚戌❽，以戣為嶺南節度使。

諸軍討淮、蔡，四年不克，饋運疲弊❾，民至❿有以驢耕者。上亦病⓫之，以問宰相。李逢吉等競言⓬師老財竭⓭，意欲罷兵。裴度獨無言，上問之，對曰：「臣請自往督戰⓮。」乙卯⓯，上復謂度曰：「卿真能為朕行乎？」對曰：「臣誓不與此賊⓰俱生。臣比⓱觀吳元濟表，勢實窘蹙⓲。但諸將心不壹，不併力迫之，故未降耳。若臣自詣行營⓳，諸將恐臣奪其功，必爭進破賊矣。」上悅。丙戌⓴，以度為門下侍郎、同平章事、兼彰義節度使，仍充淮西宣慰招討處置使。又以戶部侍郎崔羣為中書侍郎、同平章事。制下，度以韓弘已為都統，不欲更為招討，請但稱㉑宣慰處置使。仍奏刑部侍郎馬總㉒為宣慰副使，右庶子韓愈為彰義行軍司馬，判官、書記，皆朝廷之選㉓，上皆從之。度將行，言於上曰：「臣若賊滅，則朝天㉔有期；賊在，則歸闕無日。」上為之流涕。

八月庚申㉕，度赴淮西，上御通化門㉖送之。右神武將軍張茂和，茂昭弟也，嘗以膽略自衒㉗於度。度表為都押牙，茂和辭以疾，度奏請斬之。上曰：「此忠順之門㉘，為卿遠貶。」辛酉㉙，貶茂和永州司馬。以嘉王㉚傅高承簡㉛為都押牙。承簡，崇文之子也。

李逢吉不欲討蔡，翰林學士令狐楚㉜與逢吉善，度恐其合中外之勢㉝以沮㉞軍事，乃請改制書數字，且言其草制失辭。壬戌㉟，罷楚為中書舍人。

李光顏、烏重胤與淮西戰，癸亥㊱，敗于賈店㊲。

裴度過襄城㊳南白草原㊴，淮西人以驍騎七百邀之㊵。鎮將㊶楚丘曹華㊷知而為備，擊卻之。度雖辭招討名，實行元帥事，以郾城為治所。甲申㊸，至郾城。先是，諸道皆有中使監陳，進退不由主將。勝則先使獻捷，不利則陵挫百端㊹。度悉奏去之，諸將始得專軍事，戰多有功。

【章　旨】以上為第三段，寫裴度自請督師，奏罷中使監軍，諸將始專軍事，戰多有功。

【注　釋】❶孔戣　字君嚴，官至嶺南節度使。傳見《舊唐書》卷一百五十四、《新唐書》卷一百六十三。❷華州　州名，治所在今陝西華縣。❸明州　州名，治所在今浙東寧波。❹蚶蛤淡菜　均為海產貝類食品，味極鮮美。蚶，食用貝類，有泥蚶等。蛤，食用貝類，即蛤蜊。淡菜，貽貝的肉經煮熟後曬乾而成。❺遞夫　傳遞運送人員。❻甲辰　七月十七日。❼頃　不久前；近來。❽庚戌　七月二十三日。❾疲弊　疲乏。❿至　甚至。⓫病　憂慮。⓬競言　爭先恐後地說。⓭師老財竭　軍隊疲困，財政枯竭。⓮督戰　親臨前線，督促戰鬥。⓯乙卯　七月二十八日。⓰此賊　指吳元濟。⓱比　近來。⓲勢實窘

蹙　形勢實在窘迫危蹙。⑲自詣行營　親自前往元帥行營。⑳丙戌　七月戊子朔，無丙戌。疑為丙辰，七月二十九日，後乙卯一日。㉑但稱　只稱。㉒馬總　（？—西元八二三年）字會元，扶風（今陝西扶風）人，少孤貧，好學，性剛直，清廉不撓，官至戶部尚書。著有《奏議集》、《年曆》、《通曆》、《子鈔》等書。傳見《舊唐書》卷一百五十七、《新唐書》卷一百六十三。㉓皆朝廷之選　都是從朝廷中選拔出來的人才。㉔朝天　朝見皇帝。㉕庚申　八月初三日。㉖通化門　長安城東面北來第一門。㉗自衒　自己誇耀。㉘忠順之門　指張茂和之父孝忠、兄茂昭鎮易定，比河朔諸鎮為忠順。㉙辛酉　八月初四日。㉚嘉王　李運，代宗之子，貞元十七年（西元八〇一年）卒。此指嗣嘉王李運子孫。㉛高承簡　（？—西元八二七年）官至邠寧慶等州節度觀察處置使。傳見《舊唐書》卷一百五十一、《新唐書》卷一百七十。㉜令狐楚　（西元七六六—八三七年）字殼士，才思俊麗，風儀綽約，累居重任，貞操如初。官山南西道節度使。傳見《舊唐書》卷一百七十二、《新唐書》卷一百六十六。㉝合中外之勢　聯合禁中與外朝的勢力。中，禁中，翰林學士令狐楚居禁中。外，外朝，宰相李逢吉在外朝。㉞沮　敗壞；阻遏。㉟壬戌　八月初五日。㊱癸亥　八月初六日。㊲賈店　地名，在今河南郾城東南。㊳襄城　縣名，治所在今河南襄城。㊴白草原　地名，在河南襄城東二十五里。㊵邀之　攔截他。㊶鎮將　指襄城鎮將。㊷曹華　宋州楚丘（今山東曹縣東南）人，官至義成軍節度使。傳見《舊唐書》卷一百六十二、《新唐書》卷一百七十一。㊸甲申　八月二十七日。㊹陵挫百端　百般陵辱。

【語　譯】當初，國子祭酒孔戣擔任華州刺史，明州每年要向朝廷進貢蚶子、蛤蜊、淡菜，水陸長途轉運的運夫又辛苦又耗費，孔戣上疏停止這項進貢。七月十七日甲辰，嶺南節度使崔詠去世，宰相上奏了幾個代替崔詠的人選，憲宗都沒有任用，說：「不久前有進諫停貢蚶子、蛤蜊、淡菜的人是誰，可以找到這個人，把嶺南節度使的職務交給這個人。」二十三日庚戌，憲宗任命孔戣為嶺南節度使。

各路官軍討伐淮西，四年攻不下蔡州，軍需物資的轉運使人們疲憊不堪，百姓甚至有用驢耕田的。憲宗也擔憂此事，就徵詢宰相們的意見。李逢吉等人爭相說軍隊疲困，財政枯竭，意思是想停止用兵。只有裴度一個人不說話，憲宗詢問他，他回答說：「我請求親自前去督戰。」七月二十八日乙卯，憲宗又對裴度說：「你真能為我去前線督戰嗎？」裴度回答說：「我發誓不與吳元濟這個賊人同在人世。我近來觀看吳元濟的奏表，他的形勢實際上已經窘迫。只是我們各路將領心不齊，沒有合力進逼他，所以他才沒有投降。如果臣下親往行營，各位將領擔心臣下奪取他們的功勞，一定爭著進軍破敵了。」憲宗很高興。丙戌日，任命裴度為門下侍郎、同平章事、兼任彰義節度使，還充任淮西宣慰招討處置使。憲宗又任命戶部侍郎崔羣為中書侍郎、同平章事。委任的制書頒布後，裴度認為韓弘已經做了都統，不想再擔任招討一職，請求只稱宣慰處置使。裴度還上奏請刑部侍郎馬總擔任宣慰副使，右庶子韓愈擔任彰義行軍司馬，判官和書記官都要是從朝廷中選拔出來的人才，憲宗全都答應了這些要求。裴度將要啟程時，對憲宗說：「臣下如果消滅了吳元濟，那麼，回來朝見陛下就會有日期；如果吳元濟還在，我回朝就沒有日期了。」憲宗聽了為之流下眼淚。

八月初三日庚申，裴度前往淮西，憲宗駕臨通化門為裴度送行。右神武將軍張茂和，是張茂昭的弟弟，曾經在裴度面前炫耀自己有膽略。裴度上表請求任命張茂和為都押牙，張茂和以有病為藉口加以推辭，裴度上奏請求殺了張茂和。憲宗說：「這是忠順之家，朕為你將他貶斥到遙遠的地方去。」初四日辛酉，貶張茂和為永州司馬。任命嘉王傅高承簡為都押牙。高承簡，是高崇文的兒子。

李逢吉不想討伐蔡州，翰林學士令狐楚與李逢吉關係很好，裴度擔心他們聯合禁中與外朝的勢力阻撓軍事行動，就請求憲宗在制書上改動幾個字，並且說令狐楚起草制書措辭失當。八月初五日壬戌，憲宗把令狐楚罷免原職，改任中書舍人。

李光顏、烏重胤與淮西的軍隊交戰，八月初六日癸亥，在賈店戰敗。

裴度經過襄城南邊的白草原，淮西派出七百名驍勇的騎兵來攔截他。襄城的鎮守將領楚丘人曹華事先得知這事，做了準備，把敵人打退了。裴度雖然辭去了招討使之名，實際上卻行使元帥的職責，以郾城為指揮所。八月二十七日甲申，裴度到了郾城。此前，各道的軍隊都有中使監戰，進退不由主帥決定。勝利了，監軍就率先派人向朝廷報捷，失利了，監軍就百般陵辱將帥。裴度上奏憲宗撤除所有監軍，各位將帥才得以獨掌戰事，作戰多有建樹。

九月庚子❶，淮西兵寇溵水鎮❷，殺三將，焚芻藁❸而去。

初，上為廣陵王，布衣張宿以辯口❹得幸。及即位，累官至比部員外郎❺。宿招權受賂於外，門下侍郎、同平章事李逢吉惡之❻。上欲以宿為諫議大夫，逢吉曰：「諫議重任，必能可否朝政❼，始宜為之。宿小人，豈得竊❽賢者之位！必欲用宿，請去臣乃可。」上由是不悅。逢吉又與裴度異議❾，上方倚❿度以平蔡，丁未⓫，罷逢吉為東川節度使。

甲寅⓬，李愬將攻吳房⓭，諸將曰：「今日往亡⓮。」愬曰：「吾兵少，不足戰，宜出其不意。彼以往亡不吾虞⓯，正可擊也。」遂往，克其外城，斬首千餘級。餘眾保子城，不敢出。愬引兵還以誘之，淮西將孫獻忠果以驍騎五百追擊其背⓰。眾驚，將走⓱，愬下馬據胡牀⓲，令曰：「敢退者斬！」返旆力戰⓳，獻忠死，淮西兵乃退。或勸愬乘勝攻其子城，可拔⓴也。愬曰：「非吾計也。」引兵還營。

李祐言於李愬曰：「蔡之精兵皆在洄曲㉑，及四境拒守，守州城者皆羸老之卒，可以乘虛直抵㉒其城。比㉓賊將聞之，元濟已成擒㉔矣。」愬然之。冬，十月，甲子㉕，遣掌書記㉖鄭澥至郾城，密白㉗裴度。度曰：「兵非出奇不勝，常侍㉘良圖㉙也。」

上竟用張宿為諫議大夫，崔羣、王涯固諫㉚，不聽，乃請以為權知諫議大夫，許之。宿由是怨執政及端方之士㉛，與皇甫鎛㉜相表裏㉝，譖去之㉞。

裴度帥僚佐觀築城於沱口㉟，董重質帥騎出五溝㊱，邀之㊲，大呼而進，注弩挺刃㊳，勢將及度㊴。李光顏與田布力戰拒之，度僅得㊵入城。賊退，布扼㊶其溝中歸路，賊下馬踰溝㊷，墜壓死者千餘人。

辛未㊸，李愬命馬步都虞候、隨州刺史史旻留鎮文城，命李祐、李忠義帥突將㊹三千為前驅，自與監軍㊺將三千為中軍，命李進誠[1]將三千人殿其後。軍出，不知所之㊻。愬曰：「但東行㊼！」行六十里，夜，至張柴村，盡殺其戍卒㊽及烽子㊾，據其柵。命士少休㊿，食乾糒(51)，整羈靮(52)，留義成軍五百人鎮之，以斷朗山救兵，命丁士良將五百人斷[2]洄曲及諸道橋梁。復夜引兵出門，諸將請所之，愬曰：「入蔡州取吳元濟！」諸將皆失色(53)。監軍哭曰：「果落李祐姦計！」時大風雪，旌旗裂(54)，人馬凍死者相望(55)。天陰黑，自張柴村以東道路，皆官軍所未嘗行(56)，人人自以為必死。然畏愬，莫敢違(57)。夜半，雪愈甚，行七十里，至州城(58)。近城有鵝鴨池(59)，愬令擊之(60)以混軍聲(61)。

自吳少誠拒命[62]，官軍不至蔡州城下三十餘年，故蔡人不為備[63]。壬申[64]，四鼓[65]，愬至城下，無一人知者。李祐、李忠義钁其城[66]，為坎[67]以先登，壯士從之。守門卒方熟寐[68]，盡殺之，而留擊柝者[69]，使擊柝如故[70]。遂開門納眾[71]，及裏城[72]亦然[73]，城中皆不之覺。雞鳴，雪止，愬入居[74]元濟外宅[75]。或[76]告元濟曰：「官軍至矣！」元濟尚寢，笑曰：「俘囚[77]為盜耳，曉當盡戮之。」又有告者曰：「城陷矣！」元濟曰：「此必洄曲子弟就吾[78]求寒衣也。」起，聽於廷[79]，聞愬軍號令曰：「常侍傳語。」應者近萬人。元濟始懼，曰：「何等常侍[80]，能至於此！」乃帥左右登牙城拒戰[81]。

時董重質擁[82]精兵萬餘人據洄曲。愬曰：「元濟所望者，重質之救耳。」乃訪[83]重質家，厚撫之，遣其子傳道持書諭重質，重質遂單騎詣愬降。

愬遣李進誠攻牙城，毀其外門，得甲庫[84]，取器械。癸酉[85]，復攻之，燒其南門，民爭負薪芻[86]助之，城上矢如蝟毛[87]。晡時[88]，門壞，元濟於城上請罪[89]，進誠梯而下之[90]。甲戌[91]，愬以檻車[92]送元濟詣[93]京師，且[94]告于裴度。是日，申、光二州及諸鎮兵二萬餘人相繼來降。

自元濟就擒，愬不戮一人[95]，凡元濟官吏、帳下[96]、廚廄之卒[97]，皆復其職，使之不疑，然後屯於鞠場(98)以待裴度。

以淮南節度使李鄘為門下侍郎、同平章事。

【章旨】以上為第四段，寫李愬雪夜取蔡州。

【注釋】❶庚子　九月十四日。❷溵水鎮　地名，在今河南郾城境內。❸芻藁　馬的草料。❹辯口　口才很好；能言善辯。❺比部員外郎　官名，刑部第三司比部司副長官，掌句覈內外賦斂、經費等，從六品上。❻惡之　厭恨他；討厭他。❼可否朝政　對朝政表示贊同與反對，猶言是非朝政。❽竊　竊居。❾異議　議論平淮西事意見不同。❿倚　倚靠；倚仗。⓫丁未　九月二十一日。⓬甲寅　九月二十八日。⓭吳房　縣名，縣治在今河南遂平。⓮往亡　據陰陽家說，八月以白露後十八日為「往亡」，九月以寒露後二十七日為「往亡」。⓯不吾虞　不防備我。⓰背　指李愬軍的背後。⓱走　逃跑。⓲據胡牀　坐在胡床上，表示無後退意。胡牀，從少數民族傳入，用繩為之，古稱交床，今稱馬札。⓳返旆力戰　回軍奮力作戰。旆，旗。這裡借指軍隊。⓴拔　攻破；攻取。㉑洄曲　又名時曲，在今河南漯河市境。溵水到此迴曲，故名。㉒抵　到；達。㉓比比及；等到。㉔成擒　擒獲。㉕甲子　十月初八日。㉖掌書記　節度使府幕職官，掌簿書、案牘等。㉗密白　祕密稟告。㉘常侍　指李愬。李愬帶檢校散騎常侍。㉙良圖　好計謀。㉚固諫　堅決諫阻。㉛端方之士　品德端正的人士。㉜皇甫鎛　以刻剝媚上得宰相，穆宗立，貶鎛崖州司戶，死貶所。傳見《舊唐書》卷一百三十五、《新唐書》卷一百六十七。㉝相表裏　互相勾結。㉞譖去之　詆毀崔羣、王涯，使他們離位而去。㉟沱口　地名，在今河南郾城沱口鎮。㊱五溝　地名，在洄曲之北。㊲邀之　攔截裴度。㊳注弩挺刃　張著弓、挺著刀。㊴勢將及度　將要靠近裴度。㊵僅得　僅僅能夠。㊶扼　控扼。㊷踰溝　越過溝去。㊸辛未　十月十五日。㊹突將　李愬招募的敢死士。㊺監軍　官軍討伐吳元濟，各道軍隊皆有中使監陣。監軍即指中使監陣者。㊻不知所之　不知道要去哪裡。㊼但東行　只向東面行進。㊽戍卒　防守士兵。㊾烽子　唐制，烽火臺設烽帥、烽副、烽子。烽子負責候望，有警情時舉烽火。㊿少休　稍事休息。(51)乾糒　乾飯；乾糧。(52)整羈靮　整理馬絡頭和馬韁。(53)失色　驚慌而變了臉色。(54)旌旗裂　旗幟被凜冽的寒風颳破。(55)相望　指凍死的人馬隨處可以見到。(56)未嘗行　未曾走過。(57)莫敢違　不敢違背。(58)至州城　到蔡州城下。(59)鵝鴨池　養鵝鴨的池塘。(60)擊之　打擊鵝鴨使之叫喚。(61)以混軍聲用來掩蓋行軍的腳步聲。(62)拒命　拒絕接受朝廷命令。(63)不為備　不作防備。(64)壬申　十月十六日。(65)四鼓　四更。(66)钁其城　用大鋤挖蔡州城牆。(67)為坎　挖成踏腳的洞坎。(68)熟寐　熟睡。(69)擊柝者　敲更的人。(70)如故　像以前一樣。(71)納眾　接納其他士兵。(72)及裏城　到內城。(73)亦然　亦同進外城一樣。(74)居　佔據。(75)外宅　節度使府外宅。(76)或　有人。(77)俘囚　俘虜的囚徒。(78)就吾　到我這裡來。(79)聽於廷　在廳堂處理事情。(80)何等常侍　怎麼樣的常侍。(81)登牙城拒戰　登上節度使府的牙城進行抵抗。(82)擁　擁有；率領。(83)訪　訪問。(84)甲庫　武器倉庫。(85)癸酉　十月十七日。(86)薪芻　柴草。(87)矢如蝟毛　愬軍集中射擊，箭集城上如刺蝟的毛。(88)晡時　太陽偏西時。(89)請罪　請求治罪，即謂投降。(90)梯而下之　用梯子叫吳元濟從城上下來。(91)甲戌　十月十八日。(92)檻車　囚車。(93)詣　到。(94)且　並且。(95)不戮一人　不殺一個人。(96)帳下　部下士兵。(97)廚廄之卒　廚子、馬夫。(98)鞠場　鞠球場。

【校記】[1]李進誠　《舊唐書》卷一百三十三、《新唐書》卷一百五十四〈李晟傳〉皆作「田進誠」，當是。唐亦有名李進誠者，行跡與田進誠不同。[2]朗山救兵命丁士良將五百人斷　此十三字原脫。據章鈺校，甲十一行本、乙十一行本皆有此十三字，張瑛《通鑑校勘記》同，今據補。

【語譯】九月十四日庚子，淮西的軍隊侵犯溵水鎮，殺死三個將領，焚燒了餵牲口的草料後離去。

當初，憲宗做廣陵王時，平民百姓張宿因為能言善辯得到了寵信。等到憲宗即位，張宿多次遷官後，升到了刑部的比部員外郎。張宿在外結納權貴，收受賄賂，門下侍郎、同平章事李逢吉很討厭他。憲宗想任命張宿為諫議大夫，李逢吉說：「諫議大夫責任重大，一定要能是非朝政，才適宜擔任這一職務。張宿是個小人，怎麼能夠竊居賢明者的職位呢！陛下一定想任用張宿，請免了臣下的職務才可以。」憲宗因此不高興。李逢吉又與裴度意見不同，憲宗正依靠裴度平定蔡州，九月二十一日丁未，憲宗罷免了李逢吉宰相職務，改任為東川節度使。

九月二十八日甲寅，李愬準備攻打吳房縣，各位將領說：「今天是往亡日。」李愬說：「我們的兵力少，作戰人數不夠，行動應該出乎敵人的意料。敵人因為今天是往亡日，不會防備我們，我們正可以進攻。」於是帶軍前去，攻下吳房縣的外城，殺敵一千多人。殘餘的敵人守衛裡城，不敢出戰。李愬率軍返回，藉以引誘敵人出城，淮西的將領孫獻忠果然帶領五百名驍勇騎兵跟著李愬後面追擊。李愬的將士很驚慌，準備逃跑，李愬下馬坐在胡床上，命令說：「膽敢後退的就殺了！」將士們回軍奮力作戰，孫獻忠被殺死，淮西的士兵這才退回去。有人勸李愬乘勝攻打吳房內城，說可以攻取。李愬說：「這並非我的策略。」於是帶領軍隊回營。

李祐對李愬建議道：「蔡州的精兵都在洄曲，以及在四面邊境上抵禦，防守蔡州城的都是老弱的士兵，可以乘蔡州空虛直接進攻蔡州城。等到敵人的將領們聽到這一消息，吳元濟已經被我們擒獲了。」李愬贊同李祐的意見。冬，十月初八日甲子，李愬派遣掌書記鄭澥到達郾城，把這個計畫祕密地告訴了裴度。裴度說：「用兵不採用奇計，就不能取勝，李常侍的計謀很好。」

憲宗最終任用了張宿為諫議大夫，崔羣和王涯堅持勸諫，憲宗沒有聽從，於是他們就請憲宗讓張宿暫時代理諫議大夫，憲宗答應了。張宿從此以後怨恨執掌朝政的人和品德端正的人士，與皇甫鎛互相勾結，誣陷這些人，把他們趕出朝廷。

裴度帶著僚屬佐吏視察沱口的築城情況，董重質率領騎兵從五溝這個地方出來，攔截裴度一行，大聲呼叫著進擊，張著弓，挺著刀，將要靠近裴度。李光顏和田布奮力作戰，抵擋住了敵人，裴度才得以進入沱口城內。敵人撤退，田布控制了敵人退回五溝的歸路，敵人紛紛下馬跨溝，掉到溝裡和壓死的有一千多人。

十月十五日辛未，李愬命令馬步都虞候、隨州刺史史旻留在文城柵鎮守，命令李祐和李忠義率領三千名突將作前鋒，自己與監軍帶三千名將士作中軍，命令李進誠率領三千人殿後。軍隊出發後，將領們不知要去哪裡。李愬說：「只管向東前進！」行軍六十里，夜裡，到達張柴村，全部殺死了在這裡守衛的淮西士兵和守候烽火報警的士兵，佔領了這裡的營壘。李愬命令士兵們稍事休息，吃一些乾糧，整理一下馬絡頭和馬韁，留下義成軍的五百人在這裡鎮守，以阻絕朗山的救兵，命令丁士良率領五百人切斷洄曲和各條通往蔡州道路上的橋樑。李愬又連夜率領軍隊出了營門，各位將領們詢問去往哪裡，李愬說：「進入蔡州城拿下吳元濟！」各位將領都大驚失色。監軍哭著說：「我們果然中了李祐的奸計！」當時正遇上大風雪，旌旗撕裂，凍死的人和馬隨處可以見到。天氣陰沉漆黑，從張柴村以東的道路，都是官軍沒有走過的，人人自以為一定死去。但是害怕李愬，不敢違抗。半夜時，雪下得更大，走了七十里，到達蔡州城。靠近蔡城邊有一處養鵝鴨的池塘，李愬下令擊打鵝鴨，來掩蓋軍隊行動的聲音。

自從吳少誠拒絕朝廷的命令以來，官軍有三十多年沒有來到蔡州城下，所以蔡州人不設防備。十月十六日壬申，凌晨四更時分，李愬的軍隊到達蔡州城下，蔡州城內沒有一個人知道。李祐和李忠義用钁頭在城牆上挖掘，弄成洞坎，率先登城，強壯的士兵隨著上城。守衛城門的士兵正在熟睡，把他們全殺了，而留下敲更的人，讓他敲更如故。然後打開城門放軍隊進城，等軍隊到了內城，也跟前面一樣，城內沒有一個人覺察。雞叫時，大雪停止，李愬進去佔據了吳元濟的外宅。有人告訴吳元濟說：「官軍到了！」吳元濟還在睡覺，笑著說：「被俘的囚徒在鬧事罷了，天亮後一定把他們全殺了。」又有人告訴吳元濟說：「州城淪陷了！」吳元濟說：「這一定是洄曲的士兵到我這裡索要禦寒衣服的。」他起床，在聽堂中處理事情，聽到李愬的軍隊傳達號令說：「常侍傳令。」響應的人將近一萬人。吳元濟這才害怕了，說：「這是什麼樣的常侍，能到這裡來！」於是率領侍衛登上節度使府的牙城上抵抗。

當時，董重質率領一萬多名精銳部隊據守洄曲。李愬說：「吳元濟所希望的，只是董重質的救援而已。」於是去拜訪董重質的家，優厚地安撫他的家人，派他的兒子董傳道帶著自己的信去勸諭董重質，董重質於是單人匹馬前往李愬那裡投降。

李愬派遣李進誠進攻吳元濟的軍府城牆，毀壞城牆的外門，得到武器庫，取出兵器。十月十七日癸酉，李愬的軍隊又進攻，焚燒吳元濟軍府的南門，百姓爭著背柴草來協助，城牆上的箭簇多如蝟毛。太陽偏西時，城門被攻破，吳元濟在城牆上請求治罪，李進誠用梯子讓吳元濟下來。十八日甲戌，李愬用囚車押送吳元濟前往京城長安，並且報告了裴度。這一天，申、光二州以及各軍鎮援助淮西的士兵二萬多人，相繼前來投降。

從吳元濟被擒以後，李愬沒有殺一人，凡是吳元濟的官吏、部下士兵、廚子、馬夫，全都恢復原來的職事，讓他們不起疑心，然後軍隊駐紮在毬場上等待裴度。

憲宗任命淮南節度使李鄘為門下侍郎、同平章事。

己卯❶，淮西行營奏獲吳元濟。光祿少卿❷楊元卿❸言於上曰：「淮西大有珍寶，臣能[1]知之，往取必得。」上曰：「朕討淮西，為人除害，珍寶非所求也❹。」

董重質之去❺洄曲軍也，李光顏馳入其壁❻，悉降其眾。庚辰❼，裴度遣馬總先入蔡州慰撫❽。辛巳❾，度建彰義軍節❿，將降卒萬餘人入城。李愬具櫜鞬出迎⓫，拜於路左⓬。度將避之，愬曰：「蔡人頑悖⓭，不識上下之分，數十年矣，願公因而示之⓮，使知朝廷之尊。」度乃受之。

李愬還軍文城⓯，諸將請曰：「始公敗於朗山而不憂，勝於吳房而不取，冒⓰大風甚雪⓱而不止，孤軍深入而不懼，然卒以成功，皆眾人所不諭⓲也，敢問其故？」愬曰：「朗山不利，則賊輕我而不為備矣。取吳房，則其眾奔蔡，併力⓳固守，故存之以分其兵。風雪陰晦，則烽火不接，不知吾至。孤軍深入，則人皆致死⓴，戰自倍矣㉑。夫視遠者不顧近，慮大者不計細[2]。若矜小勝，恤小敗，先自撓㉒矣，何暇立功乎！」眾皆服。愬儉於奉己㉓而豐於待士㉔，知賢不疑㉕，見可能斷㉖，此其所以成功也。

【章旨】以上為第五段，寫李愬智勇，與諸將論取勝之道。

【注釋】❶己卯　十月二十三日。❷光祿少卿　官名，光祿寺次長官，掌祭祀、朝會的酒禮供饌。❸楊元卿　（西元七五二—八三一年）慷慨有才略，官至太子太保。傳見《舊唐書》卷一百六十一、《新唐書》卷一百七十一。❹非所求也　不是我所追求的。❺去　離開。❻壁　壁壘。即營盤。❼庚辰　十月二十四日。❽慰撫　慰諭安撫。❾辛巳　十月二十五日。❿建彰義軍節　執持彰義軍旌節。彰義為淮西節度軍號。⓫李愬具櫜鞬出迎　李愬背負弓箭出郊迎接裴度，表示為先導，古時極隆重的禮節。櫜，用以藏弓。鞬，用以藏箭。⓬拜於路左　在道路左側拜迎。自北而來者，以道東為左，自南而來者，以道西為左。古時乘車尚左，故拜迎於車下者皆拜於道左，以示尊敬。⓭頑悖　愚頑悖逆，不知禮數。⓮示之　做個榜樣顯示給他們看。⓯文城　文城柵。⓰冒　頂著。⓱甚雪　大雪。⓲不諭　不明白。⓳併力　合力。⓴致死　拼死命作戰。㉑戰自倍矣　加倍努力作戰，死裡求生。㉒自撓　自己首先喪氣。㉓儉於奉己　對於自己非常節儉。㉔豐於待士　對於軍士非常豐厚。㉕知賢不疑　對於賢士，用之不懷疑。㉖見可能斷　見到可以執行的能夠決斷。

【校記】①能　張敦仁《通鑑刊本識誤》作「素」，當是。②計細　「計」字原作「詳」。據章鈺校，甲十一行本、乙十一行本皆作「計」，張瑛《通鑑校勘記》同，今據改。按，「計」字於義較長。

【語譯】十月二十三日己卯，淮西行營上奏擒獲了吳元濟。光祿少卿楊元卿對憲宗說：「淮西有很多珍奇寶貝，臣下能瞭解得很清楚，臣下去取，一定能得到。」憲宗說：「朕討伐淮西，為民除害，珍寶不是朕所追求的。」

董重質離開洄曲的軍隊時，李光顏率軍馳入洄曲的營壘，全部收降了他的部眾。十月二十四日庚辰，裴度派遣馬總先進蔡州慰諭安撫。二十五日辛巳，裴度執持彰義軍的旌節，帶著投降的士兵一萬多人進入蔡州城。李愬背負弓箭出郊迎接，在路的左側向裴度行禮。裴度準備迴避李愬的拜禮，李愬說：「蔡州人愚頑悖逆，不懂得上下的名分，已經幾十年了，希望您藉此做給他們看，讓他們知道朝廷的尊嚴。」裴度這才接受李愬的拜禮。

李愬回軍文城柵，各位將領請教說：「開始時您敗於朗山而不憂慮，在吳房打了勝仗卻不攻取縣城，冒著大風大雪行軍不止，孤軍深入敵境而不畏懼，最終取得了勝利，這都是大家所不明白的，請問這是什麼緣故？」李愬說：「朗山失利，那麼敵人會輕視我們而不加防備了。要是攻取了吳房縣，那麼敵人會逃向蔡州，合力固守蔡州，所以把吳房縣放在那裡，以此來分散敵人的兵力。在大風大雪的陰暗天氣中，敵人的烽火不能接應，就不知道我們到來。我們孤軍深入敵境，那麼人們就會拼命，加倍努力作戰。一般來說，看得遠的人不會顧及近處的事情，考慮大事的人不計較瑣細的事情。如果因一次小勝利而洋洋自得，因一次小失敗而憂心忡忡，首先自己喪氣，哪裡還有時間來立功呢！」大家聽了全都佩服。李愬自己生活節儉，但對將士們卻很優厚，任用賢明的人不加懷疑，見到可以執行的事能夠決斷，這就是他之所以獲得成功的原因。

裴度以蔡卒❶為牙兵❷，或❸諫曰：「蔡人反仄❹者尚多，不可不備。」度笑曰：「吾為彰義節度使，元惡既擒，蔡人則吾人也，又何疑焉！」蔡人聞之感泣❺。先是吳氏父子阻兵，禁人偶語於塗❻，夜不然燭❼，有以酒食相過從❽者罪死。度既視事，下令惟禁盜賊，餘皆不問，往來者不限晝夜，蔡人始知有生民之樂❾。

甲申❿，詔韓弘、裴度條列⓫平蔡將士功狀及蔡之將士降者，皆差第⓬以聞。淮西州縣百姓，給復⓭二年，近賊四州⓮，免來年夏稅。官軍戰亡者，皆為收葬，給其家衣糧五年。其因戰傷殘廢者，勿停衣糧⓯。

十一月丙戌朔[1]，上御興安門⓰受俘⓱，遂以吳元濟獻廟社⓲，斬于獨柳⓳之下。

初，淮西之人劫⑳於李希烈、吳少誠之威虐，不能自拔㉑，久而老者衰，幼者壯，安於悖逆㉒，不復知有朝廷矣。自少誠以來，遣諸將出兵，皆不束以法制㉓，聽各以便宜㉔自戰，故人人得盡其才。韓全義之敗于溵水也，於其帳中得朝貴㉕所與問訊書㉖，少誠束㉗以示眾曰：「此皆公卿屬全義書，云破蔡州日，乞一將士妻女為婢妾。」由是眾皆憤怒，以死為賊用。雖居中土㉘，其風俗獷戾㉙過於夷貊㉚。故以三州之眾，舉天下之兵環而攻之，四年然後克之。

官軍之克元濟也，李師道募人通使於蔡，察㉛其形勢。牙前虞候劉晏平應募，出汴、宋間，潛行㉜至蔡。元濟大喜，厚禮而遣之。晏平還至鄆，師道屏人㉝而問之，晏平曰：「元濟暴兵㉞數萬於外，阽危㉟如此，而日與僕妾遊戲博奕㊱於內，晏然㊲曾無憂色。以愚觀之，殆㊳必亡，不久矣。」師道素倚淮西為援，聞之驚怒，尋㊴誣㊵以他過，杖殺之。

戊子㊶，以李愬為山南東道節度使，賜爵涼國公，加韓弘兼侍中，李光顏、烏重胤等各遷官有差㊷。

舊制，御史二人知驛㊸。壬辰㊹，詔以宦者為館驛使。左補闕裴潾㊺諫曰：「內臣㊻外事，職分各殊㊼，切在塞㊽侵官之源，絕出位之漸。事有不便，必戒於初㊾；

令或有妨，不必在大。」上不聽。

甲午[50]，恩王連[51]薨。○辛丑[52]，以唐、隨兵馬使李祐為神武將軍，知軍事[53]。

裴度以馬總為彰義留後。癸丑[54]，發[55]蔡州。上封二劍以授梁守謙，使誅吳元濟舊將。度至郾城，遇之，復[56]與俱入蔡州，量罪施刑[57]，不盡如詔旨[58]，仍上疏言之。

十二月壬戌[59]，賜裴度爵晉國公，復入知政事[60]。以馬總為淮西節度使。

初，吐突承璀方貴寵用事，為淮南監軍。李鄘為節度使，性剛嚴[61]，與承璀互相敬憚[62]，故未嘗相失。承璀歸，引鄘為相。鄘恥由宦官進，及將佐出祖[63]，樂作[64]，鄘泣下曰：「吾老安外鎮[65]，宰相非吾任也！」戊寅[66]，鄘至京師，辭疾[67]，不入見，不視事，百官到門，皆辭不見。

庚辰[68]，貶淮西降將董重質為春州[69]司戶。重質為元濟謀主，屢破官軍。上欲殺之，李愬奏先許重質以不死。

【章旨】以上為第六段，寫裴度優撫淮西士民，處置善後事宜。

【注釋】❶蔡卒 原淮西軍士兵。❷牙兵 警衛士兵。❸或 有人。❹反仄 即反側。指謀叛者。❺感泣 感激之深而流淚。❻偶語於塗 在路上互相交談。塗，通「途」。❼然燭 點蠟燭。然，通「燃」。❽以酒食相過從 用酒食相招待的。❾生

民之樂　人生的樂趣。⑩甲申　十月二十八日。⑪條列　逐條開列。⑫差第　分析不同情況，列出等差次第。⑬給復　免除賦役。⑭四州　指陳、許、潁、唐四州。⑮勿停衣糧　即國家不要停止供給衣服和糧食，供養終生。⑯興安門　大明宮南面有五門，興安門在最西面。⑰受俘　接受所獻淮西俘虜吳元濟。⑱廟社　宗廟社稷。⑲獨柳　唐代在京師處決罪犯行刑的地方。⑳刦　受刦持。㉑不能自拔　不能自己解救自己。㉒安於悖逆　對於無理違逆的統治，心安理得。㉓不束以法制　不用法令約束。㉔便宜　自己自由處置。㉕朝貴　朝廷中地位崇高的官員。㉖問訊書　詢問消息的書信。㉗束　捆在一起。㉘中土　中原土地。㉙獷戾　粗獷暴戾。㉚夷貊　泛指少數民族。㉛察　窺探。㉜潛行　暗地裡趕路。㉝屏人　摒退旁人。㉞暴兵　動用軍隊。㉟阽危　面臨危險。㊱博奕　下圍棋。奕，通「弈」。圍棋。㊲晏然　太平無事的樣子。㊳殆　大概。㊴尋　不久。㊵誣　誣陷。㊶戊子　十一月初三日。㊷遷官有差　根據功勞大小，升任不同等級的官職。㊸知驛　掌管館驛事務。唐開元中，令監察御史兼巡傳驛，至二十五年（西元七三七年），以監察御史檢校兩京館驛。大曆十四年（西元七七九年），兩京以御史一人知館驛，號館驛使。㊹壬辰　十一月初七日。㊺裴潾　穆宗時官至集賢殿學士、刑部侍郎。傳見《舊唐書》卷一百七十一、《新唐書》卷一百十八。㊻內臣　指宦官。㊼各殊　各不相同。㊽塞　堵塞。㊾必戒於初　在開始的時候就應引起警戒。㊿甲午　十一月初九日。(51)恩王連　（？—西元八一七年）代宗第六子。(52)辛丑　十一月十六日。(53)知軍事　掌管禁衛兵事務。憲宗任命李祐為神武將軍，僅為名號而已，不掌兵權。此云「知軍事」，則是真正握有兵權。(54)癸丑　十一月二十八日。(55)發　出發。(56)復　再。(57)量罪施刑　根據罪行施以刑罰。(58)不盡如詔旨　不完全按詔旨所說那樣做。(59)壬戌　十二月初七日。(60)入知政事　入朝主政，即入朝擔任宰相。(61)剛嚴　剛毅威嚴。(62)敬憚　尊敬而畏懼。(63)出祖　餞別。(64)樂作　奏樂。(65)吾老安外鎮　我到老都安心於在軍鎮任外官。(66)戊寅　十二月二十三日。(67)辭疾　以疾辭位。(68)庚辰　十二月二十五日。(69)春州　州名，治所在今廣東陽春。

【校　記】①丙戌朔　此三字原脫。據章鈺校，甲十一行本、乙十一行本皆有此三字，張瑛《通鑑校勘記》、張敦仁《通鑑刊本識誤》同，今據補。丙戌朔，即十一月初一日。

【語　譯】裴度用蔡州的士兵作節度使的衛隊，有人勸阻說：「蔡州人中反覆無常的人還很多，不能不作防備。」裴度笑著說：「我擔任彰義節度使，元兇被擒獲後，蔡州人就是我們的人，又懷疑什麼呢！」蔡州人聽了這話感動得流淚。此前，吳少陽父子擁兵抗拒朝廷，禁止人在路上交談，夜裡不得點蠟燭，有用酒和食品相互招待的人，罪當死。裴度主持政事之後，下令只是禁止盜賊，其餘的全都不過問，相互往來的人沒有白天黑夜的限制，蔡州人這才知道有人生的樂趣。

十月二十八日甲申，憲宗詔令韓弘和裴度逐一開列平定蔡州的將士們的功勞情況以及蔡州投降的將士名單，都分列等級上奏朝廷。淮西各州縣百姓，免除賦稅兩年，靠近淮西的四個州，免除來年的夏稅。朝廷軍隊戰死的人，都要收屍埋葬，發給他們的家屬五年的衣服和糧食。那些在戰場上因打仗殘廢的人，不要停止供給衣服和糧食。

十一月初一日丙戌，憲宗駕臨興安門接受獻俘，便把吳元濟獻祭宗廟社稷，斬於獨柳之下。

當初，淮西的百姓被李希烈、吳少誠的暴虐所迫脅，不能自我解救出來，時間久遠，年老的人衰弱了，年幼的成了壯年，都安於悖逆朝廷的現狀，不再知道有朝廷了。自吳少誠統治以來，派遣各個將領出兵，都不用法令制度來約束他們，聽任各自根據情況自由處置，所以每個人都能施展自己的才幹。韓全義在溵水被打敗時，淮西兵在他的營帳中得到朝廷中的權貴們寫給他的詢問消息的書信，吳少誠把信件捆起來出示給大家，說：「這都是王公卿相們給韓全義的信，說在攻下蔡州的那一天，要求弄一個蔡州將士的妻子和女兒做婢妾。」因此大家都非常憤怒，拼死為賊所用。淮西雖然地處中原，但這裡風俗粗獷暴戾超過胡族。所以，吳元濟利用三個州的軍民，朝廷用全國的兵力四面圍攻，四年之後才攻下來。

官軍攻打吳元濟的時候，李師道招募人做使者去蔡州聯絡，窺探蔡州的形勢。牙前虞候劉晏平應召，從汴州和宋州之間穿行，暗中走到蔡州。吳元濟大為高興，送給他很貴重的禮物打發他回去。劉晏平回到鄆州，李師道避開其他人，詢問劉晏平，劉晏平說：「吳元濟動用軍隊幾萬人到外地防守，面臨如此危險，而他天天與僕人侍妾賭博下棋，太平無事的樣子，沒有一點憂慮的神色。依我的愚見看來，吳元濟大概會敗亡，時間不會太久了。」李師道一向依靠淮西作為後援，聽到這話又驚訝又惱怒，不久用別的過錯誣陷他，用棍棒打死了劉晏平。

十一月初三日戊子，憲宗任命李愬為山南東道節度使，賜爵涼國公，加授韓弘兼任侍中，李光顏、烏重亂等人都有不同等級的升遷。

以前的制度規定，兩名監察御史掌管全國驛站。十一月初七日壬辰，憲宗下詔任命宦官為館驛使。左補闕裴潾勸諫憲宗說：「宮禁內的臣子和朝廷的事務，職責和名分各不相同，關鍵的是堵住侵犯官員職守的根源，杜絕越位任職的勢頭。如果事情處理得不合適，一定在最初就引起警戒；頒行的命令如果有妨礙，不一定是大事情才糾正。」憲宗不聽從這一意見。

十一月初九日甲午，恩王李連去世。〇十六日辛丑，憲宗任命唐州、隨州兵馬使李祐為神武將軍，掌管軍中事務。

裴度任命馬總為彰義留後。十一月二十八日癸丑，裴度從蔡州出發。憲宗封好兩把寶劍，授予梁守謙，讓他去殺吳元濟的舊時將領。裴度到達郾城，遇上梁守謙，又與梁守謙一起進入蔡州城，衡量罪行，施加刑罰，不完全與憲宗的詔旨相同，於是上疏陳述自己的意見。

十二月初七日壬戌，憲宗賜裴度為晉國公，又入朝主政。任命馬總為淮西節度使。

當初，吐突承璀正位高受寵，主政用事，擔任淮南監軍。李鄘為淮南節度使，性格剛毅威嚴，與吐突承璀相互尊敬畏懼，所以關係未曾弄僵。吐突承璀回朝以後，引薦李鄘為宰相。李鄘恥於經過宦官而得以晉升，等到將領僚佐為他餞行，奏樂時，李鄘流著眼淚說：「我到老都安於在軍鎮任外官，宰相一職不是我能勝任的啊！」十二月二十三日戊寅，李鄘到了京城長安，以生病為由辭職，不入朝晉見憲宗，不處理政事，百官到他家門口，李鄘全都推辭不見。

十二月二十五日庚辰，憲宗將淮西投降的將領董重質貶職為春州司戶。董重質為吳元濟的主謀，多次打敗朝廷軍隊。憲宗打算殺死董重質，李愬上奏說事先許諾董重質不被處死。

十三年（戊戌　西元八一八年）

春，正月乙酉朔❶，赦天下。

初，李師道謀逆命❷，判官高沐與同僚郭昈❸、李公度屢諫之。判官李文會、孔目官林英素為師道所親信，涕泣言於師道曰：「文會等盡心❹為尚書❺憂家事，反為高沐等所疾，尚書柰何不愛十二州❻之土地，以成沐等之功名乎！」師道由是疏沐等，出沐知萊州❼。會林英入奏事，令進奏吏❽密申師道云：「沐潛輸款於朝廷。」文會從而構之。師道殺沐，并囚郭昈。凡軍中勸師道效順❾者，文會皆指為高沐之黨而囚之。

及淮西平，師道憂懼，不知所為❿。李公度及牙將李英曇因其懼而說之，使納質獻地⓫以自贖⓬。師道從之，遣使奉表，請使長子入侍，并獻沂、密、海三州。上許之。乙巳⓭，遣左常侍李遜詣鄆州宣慰。

上命六軍⓮修麟德殿，右龍武統軍張奉國、大將軍⓯李文悅以外寇初平，營繕⓰太多，白宰相，冀有論諫。裴度因奏事言之。上怒，二月丁卯⓱，以奉國為鴻臚卿⓲，壬申⓳，以文悅為右武衛⓴大將軍，充威遠營使。於是浚㉑龍首池㉒，起承暉殿，土木浸興㉓矣。

李愬奏請判官、大將以下官凡百五十員，上不悅，謂裴度曰：「李愬誠有奇功㉔，然奏請過多。使如李晟、渾瑊，又何如哉！」遂留中㉕不下。

李鄘固辭相位，戊戌㉖，以鄘為戶部尚書，以御史大夫李夷簡為門下侍郎、同平章事。

初，渤海僖王言義卒，弟簡王明忠立，改元太始。一歲卒，從父仁秀立，改元建興。乙巳㉗，遣使來告喪。

橫海㉘節度使程權㉙自以世襲滄景，與河朔三鎮無殊㉚，內不自安㉛。己酉㉜，遣使上表，請舉族入朝，許之。橫海將士樂自擅㉝，不聽權去。掌書記林蘊諭以禍福，權乃得出。詔以蘊為禮部員外郎。

【章旨】以上為第七段，寫朝廷平定淮西，淄青李師道恐懼，假意效順，稱將派長子入朝為質。

【注釋】❶乙酉朔　正月初一日。❷逆命　違背朝廷。❸郭昕　任淄青節度使判官。❹盡心　傾盡心力。❺尚書　指李師道，因李師道曾加檢校工部尚書。❻十二州　指李師道所佔鄆、兗、曹、濮、淄、青、齊、海、登、萊、沂、密十二州。❼萊州　州名，治所在今山東萊州。❽進奏吏　李師道派駐京師進奏院的官員。❾效順　順從唐王朝。❿不知所為　不知道怎麼辦才好。⓫納質獻地　送人質，獻土地。⓬自贖　自己贖罪。⓭乙巳　正月二十一日。⓮六軍　即左右龍武、左右神武、左右羽林軍。⓯大將軍　此謂右龍武大將軍。⓰營繕　修建。⓱丁卯　二月十三日。⓲鴻臚卿　鴻臚寺長官，掌賓客及凶儀之事，從三品。⓳壬申　二月十八日。⓴右武衛　屬南衙十六衛之一。㉑浚　疏浚。㉒龍首池　大明宮東有東內苑，苑中有龍首殿，龍首池當在其旁。池水來自城南龍首渠。㉓土木浸興　漸漸地大興土木了。㉔誠有奇功　確實有奇特功勳。㉕留中　留李愬奏章在禁中。㉖戊戌　三月十五日。戊戌上脫「三月」二字。㉗乙巳　三月二十二日。㉘橫海　方鎮名，唐德宗貞元三年（西元七八七年）置横海節度使，治所滄州，在今河北滄州。㉙程權　程懷信子，襲横海軍節度使。㉚無殊　沒有兩樣。㉛內不自安　內心不安穩。㉜己酉　三月二十六日。㉝樂自擅　樂於自己專擅一方。

【語　譯】十三年（戊戌　西元八一八年）

春，正月初一日乙酉，大赦天下。

當初，李師道圖謀背叛朝廷，判官高沐和同僚郭昈、李公度多次勸阻他。判官李文會、孔目官林英一向被李師道所親信，流著眼淚對李師道說：「我們這些人全心全意為您的家事而憂心，反而被高沐等人所憎恨，您為什麼不愛惜自己十二個州的土地，用它來成就高沐等人的功名呢！」李師道從此疏遠了高沐等人，把高沐外放到萊州去做刺史。適逢林英進京上奏事情，他讓進奏院的官吏祕密報告李師道說：「高沐暗中向朝廷表示忠誠。」李文會接著誣陷高沐等人。李師道殺了高沐，並囚禁了郭昈。凡是軍中勸說李師道順從朝廷的人，都被李文會指認為高沐的黨羽而囚禁起來。

等到淮西被平定，李師道既擔憂又害怕，不知所措。李公度和牙將李英曇乘李師道害怕而勸說他，讓李師道向朝廷送上人質、獻出土地來自我贖罪。李師道聽從了這一建議，派遣使者向朝廷上奏，請求讓長子進京侍奉憲宗，並向朝廷獻出沂、密、海三個州。憲宗同意了。正月二十一日乙巳，憲宗派遣左常侍李遜前往鄆州宣詔慰問。

憲宗下令中央禁軍的六軍修建麟德殿，右龍武統軍張奉國、大將軍李文悅認為外地的寇賊剛平定，營造繕修的地方太多了，就把這事向宰相說了，希望能有所論議和勸諫。裴度借著上奏事情的時候向憲宗談了此事。憲宗很生氣，二月十三日丁卯，憲宗任命張奉國為鴻臚卿，十八日壬申，任命李文悅為右武衛大將軍，充任威遠營使。從此以後，疏浚龍首池，起建承暉殿，漸漸地大興土木。

李愬向憲宗上奏請求任命判官、大將軍以下的官員共有一百五十人，憲宗很不高興，對裴度說：「李愬確實有奇特的功勞，但奏請任命的官員太多。假使像李晟、渾瑊那樣立了功勞，又該怎麼辦呢！」於是把李愬的奏章留在宮中，不下達中書省。

李鄘堅決辭去宰相職位，三月十五日戊戌，憲宗任命李鄘為戶部尚書，任命御史大夫李夷簡為門下侍郎、同平章事。

當初，渤海僖王言義去世，弟弟簡王明忠繼位，改年號為太始。一年以後死了，叔叔仁秀繼位，改年號為建興。三月二十二日乙巳，仁秀派遣使者向朝廷報喪。

橫海節度使程權自己認為世襲滄景主帥，與河朔三個軍鎮沒有區別，內心不安。三月二十六日己酉，派遣使者上表朝廷，請求率領全族進京入朝，憲宗答應了。橫海軍的將士樂於自己專擅一方，因此，不讓程權離開。掌書記林蘊曉諭禍福，程權才得以離開。憲宗下詔任命林蘊為禮部員外郎。

裴度之在淮西也，布衣❶柏耆以策干❷韓愈曰：「吳元濟既就擒，王承宗破膽❸矣。願得奉丞相書往說之，可不煩兵而服。」愈白度，為書遣之。承宗懼，求哀❹於田弘正，請以二子為質❺，及獻德、棣二州，輸租稅❻，請官吏❼。弘正為之奏請。上初不許，弘正上表相繼，上重違❽弘正意，乃許之。夏，四月甲寅朔❾，魏博遣使送承宗子知感、知信及德、棣二州圖印❿至京師。

幽州大將譚忠說⓫劉總曰：「自元和以來，劉闢、李錡、田季安、盧從史、吳元濟阻兵馮險⓬，自以為深根固蒂⓭，天下莫能危也。然顧盼之間⓮，身死家覆，皆不自知，此非人力所能及，殆天誅也。況今天子神聖威武，苦身焦思⓯，縮衣節食，以養戰士，此志豈須臾⑯忘天下哉！今國兵⑰駸駸⑱北來，趙人⑲已獻城十二⑳，忠深為公憂之。」總泣且拜曰：「聞先生言，吾心定矣！」遂專意歸朝廷。

戊辰㉑，內出廢印二紐㉒，賜左、右三軍辟仗使㉓。舊制，以宦官為六軍辟仗使，如方鎮之監軍，無印。及張奉國得罪，至是始賜印，得糾繩軍政㉔，事任專達㉕矣。

庚辰[1]，詔洗雪㉖王承宗及成德將士，復其官爵。

【章旨】以上為第八段，寫成德效順，朝廷恢復王承宗官爵。

【注釋】❶布衣　沒有出身、沒有官職的人。❷干　求取。❸破膽　嚇破膽。❹求哀　哀求；請求憐恤。❺質　人質。❻輸租稅　向朝廷繳納租稅。❼請官吏　請求朝廷任命官員。❽重違　難以違背、拂逆。❾甲寅朔　四月初一日。❿圖印　地圖和印信。⓫說　勸說。⓬阻兵憑險　仗恃軍隊，憑藉險要。⓭深根固蒂　語出《老子》五十九章。說明地位鞏固。⓮顧盼之間　轉眼之間。⓯苦身焦思　身體受苦，心思焦慮。指皇帝勤於政事。⓰須臾　一會兒，指時間短暫。⓱國兵　指唐朝廷軍隊。⓲駸駸　馬疾行的樣子。⓳趙人　指王承宗。⓴獻城十二　指德州領地安德、長河、平原、平昌、將陵、安陵六縣，以及棣州領地厭次、滴河、陽信、蒲臺、渤海五縣，加上東光，共十二縣獻給朝廷。㉑戊辰　四月十五日。㉒二紐　二盒；二組。㉓辟仗使　官名，北衙六軍的監軍稱辟仗使，由宦官充任，無印。㉔糾繩軍政　軍事、政治任務有權加以糾正。㉕事任專達　由宦官負責的事務，可以直接上達於皇帝。㉖洗雪　昭雪。

【校記】[1]庚辰　原誤作「庚戌」。據章鈺校，甲十一行本、乙十一行本皆作「庚辰」，今據校正。庚辰，四月二十七日。

【語譯】裴度在淮西時，平民柏耆向韓愈獻計策以謀求官職，說：「吳元濟被擒後，王承宗嚇破了膽。我希望能夠帶著宰相的書信前往勸說王承宗，可以不必煩勞朝廷兵馬而讓他歸順。」韓愈把這件事情告訴了裴度，裴度寫了封信派遣柏耆到王承宗那裡。王承宗很害怕，向田弘正哀求，請求用二個兒子作為人質，還向朝廷獻出德、棣二個州，向朝廷繳納賦稅，請朝廷委派官吏。田弘正為王承宗向朝廷上奏請求。憲宗起初不同意，田弘正相繼上表，憲宗難以違背田弘正的心意，於是就同意了。夏，四月初一日甲寅，田弘正派遣使者送王承宗的兒子王知感、王知信和德、棣二個州的地圖和印信到了京城長安。

幽州的大將譚忠勸劉總說：「自從元和以來，劉闢、李錡、田季安、盧從史、吳元濟憑藉著軍隊和地勢險要違抗朝廷，自認為根深蒂固，天下沒有人能使他們危亡。但是轉眼之間，他們身死家亡，這都是他們無自知之明，這不是人力能夠達到的，而是上天要殺戮他們。況且現在的天子神聖威武，身體受苦，心思焦慮，節衣縮食，來供養戰士，皇帝的這個志向，難道是片刻忘記了天下的安寧嗎！現在朝廷的兵馬迅疾向北而來，王承宗已經向朝廷獻出十二城，我譚忠深深為您的處境擔憂。」劉總流著眼淚向譚忠行禮說：「聽了先生的話，我的心意決定下來了！」於是一心一意歸順朝廷。

四月十五日戊辰，憲宗從宮內拿出兩枚廢棄了的印信，賜給左、右三軍辟仗使。以前的制度，以宦官為中央禁軍六軍的辟仗使，如同地方軍鎮的監軍，沒有印信。等到張奉國獲罪以後，到現在憲宗才賜給辟仗使印信，可以糾正軍政事務，負責的事務可以直接上達憲宗。

四月二十七日庚辰，憲宗下詔洗雪王承宗和成德軍將士的罪名，恢復他們的官職爵位。

李師道暗弱❶，軍府大事❷，獨與妻魏氏、奴胡惟堪、楊自溫、婢蒲氏、袁氏及孔目官王再升謀之，大將及幕僚莫得預❸焉。魏氏不欲其子入質，與蒲氏、袁氏言於師道曰：「自先司徒❹以來，有此十二州，柰何無故割而獻之！今計境內之兵不下數十萬，不獻三州，不過以兵相加❺。若力戰不勝，獻之未晚❻。」

師道乃大悔，欲殺李公度。幕僚賈直言謂其用事奴❼曰：「今大禍將至，豈非高沐冤氣所為！若又殺公度，軍府❽其危哉！」乃囚之❾。遷李英曇於萊州，未至，縊殺❿之。

李遜至鄆州，師道大陳兵迎之⓫。遜盛氣正色⓬，為陳禍福⓭，責其決語⓮，欲白天子⓯。師道退，與其黨謀之，皆曰：「弟⓰許之，它日正煩一表解紛⓱耳。」師道乃謝⓲曰：「曏以父子之私，且迫於將士之情，故遷延⓳未遣⓴。今重煩朝使，豈敢復有二三㉑！」遜察㉒師道非實誠，歸，言於上曰：「師道頑愚反覆㉓，恐必須用兵。」既而師道表言軍情，不聽納質割地㉔。上怒，決意討之。

賈直言冒刃諫師道者二㉕，輿櫬諫者一㉖，又畫縛載檻車妻子係纍者以獻㉗。師道怒，囚之。

五月丙申㉘，以忠武節度使李光顏為義成節度使，謀討師道也。以淮西節度使馬總為忠武節度使、陳・許・溵・蔡州觀察使。◯以申州㉙隸鄂岳，光州㉚隸淮南。

辛丑㉛，以知勃海國務大仁秀為勃海王。

以河陽都知兵馬使曹華為棣州㉜刺史，詔以河陽兵二千[1]送至滴河㉝。會縣為平盧兵㉞所陷，華擊卻之，殺二千餘人，復其縣以聞。詔加橫海節度副使。

六月癸丑朔㉟，日有食之。○丁丑㊱，復以烏重胤領懷州㊲刺史，鎮河陽。

秋，七月癸未朔㊳，徙李愬為武寧節度使㊴。○乙酉㊵，下制罪狀李師道，令宣武、魏博、義成、武寧、橫海兵共討之，以宣歙觀察使王遂㊶為供軍使㊷。遂，方慶之孫也。

上方委㊸裴度以用兵，門下侍郎、同平章事李夷簡自謂才不及度，求出鎮。辛丑㊹，以夷簡同平章事，充淮南節度使。

八月壬子朔㊺，中書侍郎、同平章事王涯罷為兵部侍郎。

【章旨】以上為第九段，寫李師道反覆無常，唐憲宗用兵淄青。

【注釋】❶暗弱　愚昧而懦弱。❷軍府大事　節度使府的重大事情。❸預　參與。❹先司徒　指李納。❺以兵相加　指朝廷派兵來討伐。❻未晚　不遲。❼用事奴　李師道主事的奴僕。❽軍府　指淄青李師道節度使。❾囚之　將李公度囚禁起來。❿縊殺　用繩子勒死。⓫大陳兵迎之　布列大量的軍隊迎接李遜。⓬盛氣正色　理直氣壯，神色莊重。⓭為陳禍福　為李師道分析利害關係。⓮責其決語　責令李師道明確表白。⓯欲白天子　打算稟告皇帝。⓰弟　姑且。⓱一表解紛　用一張奏表解決問題。⓲謝　致歉意。⓳遷延　耽擱時間。⓴未遣　未曾派出質子。㉑二三　指三心二意。㉒察　觀察。㉓反覆　反覆無常，不守信用。㉔納質割地　進人質，割領地。㉕冒刃諫師道者二　冒著刀鋒勸諫了兩次。㉖輿櫬諫者一　抬著棺材進諫了一次。輿櫬，表示必死之心。

㉗畫縛載檻車妻子係纍者以獻　賈直言又畫了一幅李師道被捆縛在囚車，妻子兒女也一同被囚禁的圖畫獻給了李師道。檻車，有柵欄的囚車。係纍，捆縛。㉘丙申　五月十三日。㉙中州　治所在今河南信陽。㉚光州

治所在今河南潢川縣。淮西申、光、蔡三州，自是分而治之，劃歸忠武、鄂岳、淮南三鎮。㉛辛丑　五月十八日。㉜棣州　治所在今山東惠民東南。㉝滳河　縣名，縣治在今山東商河縣。㉞平盧兵　指李師道之兵。㉟癸丑朔　六月初一日。㊱丁丑　六月二十五日。㊲懷州　州名，治所在今河南泌陽。㊳癸未朔　七月初一日。㊴徙李愬為武寧節度使　李愬平淮西領彰義節度使。因申、光、蔡分治，彰義節度使被裁撤，故徙李愬為徐濠泗節度使，即武寧軍。㊵乙酉　七月初三日。㊶王遂　武后聖曆中宰相王方慶之孫，官至沂兗海觀察使。傳見《舊唐書》卷一百六十二、《新唐書》卷一百十六。㊷供軍使　即行營糧料使，掌供應前線軍隊糧秣，事罷即省。㊸委　委任。㊹辛丑　七月十九日。㊺壬子朔　八月初一日。

【校　記】①二千　此二字原無。據章鈺校，甲十一行本、乙十一行本皆有此二字，張瑛《通鑑校勘記》同，今據補。

【語　譯】李師道愚昧懦弱，軍府大事，只與妻子魏氏，奴僕胡惟堪、楊自溫，婢妾蒲氏、袁氏，以及孔目官王再升商議，軍中的大將和幕僚們都不能參與。魏氏不想讓自己的兒子入朝做人質，就和蒲氏、袁氏向李師道說：「自從已故司徒以來，我們就擁有這十二個州，為什麼要無緣無故割讓出來獻給朝廷！現在合計境內的兵力不下幾十萬人，不獻出三州，朝廷不過以兵相加。如果我們拼出全力作戰不能獲勝，向朝廷獻出三個州也不遲。」李師道於是大為後悔，想殺了李公度。幕僚賈直言對李師道主事的奴僕說：「現在大禍即將臨頭，這難道不是高沐冤死的魂魄造成的嗎！如果又殺了李公度，軍府就危險了啊！」李師道於是把李公度囚禁起來。又遷調李英曇到萊州，李英曇沒有到萊州，就把他勒死了。

李遜到了鄆州，李師道陳列大量的軍隊迎接他。李遜理直氣壯，神色莊重，向李師道陳說利害禍福，責令他說句決定性的話，打算稟告天子。李師道回去後，和他的同伙商議這件事，大家都說：「姑且答應他，以後只需要用一紙奏表就解決問題。」於是李師道向李遜道歉說：「以前因為父子的私情，並且迫於將士們的情緒，所以就耽擱了時間，沒有派兒子入朝。現在又麻煩朝廷的使者，我怎麼敢再有三心二意！」李遜看出李師道沒有真正的誠意，回到朝廷，對憲宗說：「李師道愚昧頑固，反覆無常，恐怕須要動用武力。」不久，李師道上表說明軍中情況，將士們不讓自己向朝廷送去人質，割讓土地。憲宗很生氣，決心討伐李師道。

賈直言冒著刀鋒勸諫李師道兩次，抬著棺材死諫李師道一次，又畫了李師道被捆綁在囚車中，妻子兒女被囚禁的圖畫獻給李師道來勸止他。李師道很惱火，囚禁了賈直言。

五月十三日丙申，憲宗任命忠武節度使李光顏為義成節度使，策劃討伐李師道。任命淮西節度使馬總為忠武節度使和陳州、許州、溵州、蔡州觀察使。〇把申州隸屬於鄂岳觀察使，光州隸屬於淮南節度使。

五月十八日辛丑，憲宗冊封代理勃海國事務的大仁秀為勃海王。

憲宗任命河陽都知兵馬使曹華為棣州刺史，下詔用河陽的二千名士兵護送曹華到滴河去。正好滴河縣被李師道的軍隊攻下，曹華打退了李師道的軍隊，殺死兩千多人，收復了滴河縣，曹華把此事奏報朝廷。憲宗下詔加授曹華為橫海節度副使。

六月初一日癸丑，發生日蝕。〇二十五日丁丑，憲宗又任命烏重胤兼任懷州刺史，鎮守河陽。

秋，七月初一日癸未，調任李愬為武寧節度使。〇初三日乙酉，憲宗頒下制書列數李師道的罪狀，命令宣武、魏博、義成、武寧、橫海的軍隊共同討伐他，任命宣歙觀察使王遂為供軍使。王遂，是王方慶的孫子。

憲宗正委任裴度用兵討伐李師道，門下侍郎、同平章事李夷簡自認為才能趕不上裴度，要求外任節度使。七月十九日辛丑，憲宗任命李夷簡為同平章事，充任淮南節度使。

八月初一日壬子，中書侍郎、同平章事王涯被免去宰相職位，改任兵部侍郎。

吳元濟既平，韓弘懼，九月，自將兵擊李師道，圍曹州❶。

淮西既平，上浸驕侈❷。戶部侍郎、判度支皇甫鎛、衛尉卿❸、鹽鐵轉運使[1]程异曉其意❹，數進羨餘❺以供其費，由是有寵。鎛又以厚賂結吐突承璀。甲辰❻，鎛以本官❼、异以工部侍郎並同平章事，判使如故❽。制下，朝野駭愕❾，至於市井負販者⑩亦嗤之⑪。

裴度、崔羣極陳⑫其不可，上不聽。度恥與小人同列⑬，表求自退，不許。

度復上疏，以為：「鎛、异皆錢穀吏⑭，佞巧小人⑮。陛下一旦置之相位，中外無不駭笑⑯。況鎛在度支，專以豐取刻與⑰為務⑱，凡中外仰給度支之人無不思食其肉。比者⑲裁損淮西糧料⑳，軍士怨怒，會㉑臣至行營曉諭慰勉，僅無潰亂。今舊將舊兵悉向淄青㉒，聞鎛入相，必盡驚憂，知無可訴之地矣。程异雖人品庸下，然心事和平，可處煩劇㉓，不宜為相。至如鎛，資性狡詐，天下共知，唯能上惑聖聰㉔，足見姦邪之極㉕。臣若不退㉖，天下謂臣不知廉恥；臣若不言，天下謂臣有負恩寵㉗。今退既不許，言又不聽，臣如烈火燒心，眾鏑叢體㉘。所可惜者，淮西盪定㉙，河北底寧㉚，承宗斂手㉛削地，韓弘輿疾討賊㉜，豈朝廷之力能制其命哉？直以㉝處置得宜，能服其心耳。陛下建升平之業㉞，十已八九，何忍還自隳壞，使四方解體㉟乎！」上以度為朋黨，不之省㊱。

鎛自知不為眾所與㊲，益為巧諂㊳以自固，奏減內外官俸以助國用。給事中崔植㊴封還敕書㊵，極論之，乃止。植，祐甫之弟子也。

時內出㊶積年㊷繒帛付度支令賣，鎛悉以高價買之，以給邊軍。其繒帛朽敗㊸，隨手破裂，邊軍聚而焚之㊹。度因奏事言之。鏄於上前引㊺其足曰：「此靴亦內庫所出，臣以錢二千買之，堅完可久服㊻，度言不可信。」上以為然。由是鏄益無所憚㊼。程异亦自知不合眾心，能廉謹謙遜㊽，為相月餘，不敢知印秉筆㊾，故終免於禍。

五坊使㊿楊朝汶妄捕繫人51，迫以考捶，責其息錢52，遂轉相誣引，所繫近千人。中丞蕭俛劾奏其狀，裴度、崔羣亦以為言。上曰：「姑與卿論用兵事，此小事，朕自處53之。」度曰：「用兵事小，所憂不過山東耳。五坊使暴橫，恐亂輦轂54。」上不悅。退，召朝汶責之曰：「以汝故，令吾羞見宰相。」冬，十月，賜朝汶死，盡釋繫者55。

【章　旨】以上為第十段，寫唐憲宗驕侈，宦官得勢，奸邪小人為相，五坊使擅作威福。

【注　釋】❶曹州　州名，治所在今山東曹縣。❷上浸驕侈　憲宗慢慢地驕傲奢侈起來。❸衛尉卿　衛尉寺長官，掌器械文物，從三品。❹曉其意　瞭解憲宗的想法。❺數進羨餘　多次進奉租賦的積餘款。❻甲辰　九月二十三日。❼本官　指戶部侍郎。❽判使如故　判度支、判鹽鐵轉運使職務依舊。❾駭愕　驚訝。❿市井負販者　街市上的小販。⓫嗤之　嘲笑他。⓬陳　陳述。⓭同列　一起為相；同事。⓮錢穀吏　管財務的小官。⓯佞巧小人　奸佞巧偽的小人。⓰駭笑　驚異嘲笑。⓱豐取刻與　多多收取，刻薄付出。⓲為務　為自己職責。⓳比者　不久前。⓴裁損淮西糧料　指討吳元濟時任意減少淮西行營諸軍糧食、草料。㉑會　剛好。㉒悉向淄青　指討蔡之兵全部去討伐李師道。㉓可處煩劇　可以讓他擔任繁重的工作。㉔上惑聖聽　迷惑皇上的視聽。㉕姦邪之極　奸詐邪惡到極點。指憲宗英明，皇甫鎛亦能惑之，可見奸佞之甚。㉖退　退出朝廷，即退職、致仕。㉗有負恩寵　辜負皇帝的恩德和寵信。㉘眾鏑叢體　好像萬箭集射在身體上一樣。㉙盪定　掃蕩平定。㉚底寧　安寧。㉛斂手　束手。㉜輿疾討賊　用轎子抬著帶病之體，討伐李師道。㉝直以　正因為。㉞升平之業　天下太平，歌舞昇平的功業。㉟解體　分崩離析。㊱不之省　不覺悟。㊲不為眾所與　不被大家歡迎。㊳益為巧諂　更加投機取巧，諂媚奉承。㊴崔植　德宗朝宰相崔祐甫之姪，字公修，穆宗時官至宰相。傳見《舊唐書》卷一百十九、《新唐書》卷一百四十二。㊵封還敕書　退還皇帝的敕令。唐制，門下省給事中有封駁之權，可以退還敕書，請求覆議，稱為「塗歸」。㊶內出　從皇宮內藏庫拿出。㊷積年　多年。㊸朽敗　朽爛。㊹聚而焚之　堆積起來焚燒掉。㊺引　拉。㊻堅完可久服　牢固可以長久穿著。㊼益無所憚　更加沒有什麼懼怕。㊽廉謹謙遜　廉潔謹慎，謙虛禮讓。㊾知印秉筆　掌印提筆處理政事。唐制，當時宰相隔日知印秉筆。㊿五坊使　內官名，掌狩獵禽獸。五坊為鵰坊、鶻坊、鷂坊、鷹坊、狗坊。(51)妄捕繫人　隨便逮捕、關押人。(52)息錢　利息錢。(53)自處　自己處置。(54)恐亂輦轂　恐怕禍亂京城。(55)盡釋繫者　把所有被關押的人放掉。

【校　記】

1 鹽鐵轉運使　原脫「使」字。據章鈺校，甲十一行本、乙十一行本皆有「使」字，今據補。

【語　譯】

吳元濟被平定後，韓弘害怕了，九月，親自率領軍隊攻打李師道，包圍了曹州。

淮西被平定後，憲宗漸漸驕傲奢侈。戶部侍郎、判度支皇甫鎛和衛尉卿、鹽鐵轉運使程异瞭解憲宗的想法，多次進貢盈餘以供開銷，兩人因此有寵。皇甫鎛又用厚重禮物賄賂與吐突承璀交結。九月二十三日甲辰，皇甫鎛以現任官職、程异以工部侍郎的官職一同擔任同平章事，兩人的判度支、鹽鐵轉運使職務依舊。制書頒布，朝野驚訝，甚至於市井小販也嘲笑他們。

裴度和崔羣極力陳說這一任命不合適，憲宗沒有聽從。裴度恥於同小人平起平坐，上表請求自己辭去宰相職位，憲宗不同意。裴度又上疏，認為：「皇甫鎛和程异都是負責錢糧的官吏，是奸詐巧偽的小人。陛下一下子把他們安排在宰相職位上，朝廷內外沒有不驚異嘲笑的。何況皇甫鎛在度支任上，一味地以多多收取、刻薄付出為職事，凡是朝廷內外依靠度支撥給錢糧的人，沒有哪一個不想生吃了他的肉。不久前裁減進攻淮西各支軍隊的糧草，軍中將士怨恨憤怒，適逢臣下去行營開導慰勉，才得以軍隊沒有潰亂。現在攻打淮西的原班將領和士兵全去討伐李師道，他們聽說皇甫鎛入朝為相，一定全都吃驚憂慮，知道再沒有可以申訴的地方了。程异雖然人品庸下，但心地平和，可以把他安排在繁重的工作職位上，不適合做宰相。至於皇甫鎛，生性狡詐，天下的人都知道，他只會迷惑陛下的視聽，完全可以看出皇甫鎛奸詐邪惡到了極點。臣下如果不退位，天下的人認為臣下不知廉恥；臣下如果不向陛下說明，天下的人認為臣下辜負了陛下對我的恩寵。現今臣下退職，既然陛下不答應，臣下說的陛下又不接受，臣下猶如烈火燒心、萬箭穿體。最可惜的是，淮西的奸賊才清除，河北地區也才安寧，王承宗束手割地，韓弘用轎子抬著病體討伐李師道，這難道是朝廷的力量能控制他們的命運取得的嗎？這正因為對他們採取的措施合適，能夠讓他們從內心服從罷了。陛下要創建天下太平的功業，十分已經完成了八九分，怎麼能夠忍心返回去自行破壞，讓天下分崩離析呢！」憲宗認為裴度與人結成了朋黨，憲宗沒有覺悟過來。

皇甫鎛自己知道不被大家歡迎，更加投機取巧，諂媚奉承，以鞏固自己的地位，上奏減省朝廷內外官員的薪俸，來資助國家的開支。給事中崔植把憲宗批准皇甫鎛建議的詔書封好退回宮中，極力說明不能這樣做，憲宗才作罷。崔植，是崔祐甫弟弟的兒子。

當時，憲宗把宮廷內庫存的陳年絲帛交給度支讓他們出賣，皇甫鎛用度支的錢高價買了這些絲帛，把它撥給邊疆的軍隊。這些絲帛朽爛毀壞了，隨手一拿就破裂了，邊防軍把這些東西堆在一起焚燒了。裴度乘向憲宗奏事時說了這件事。皇甫鎛在憲宗的面前拉著腳說：「這雙靴子也是從宮廷內庫中來的，我用兩千錢買了它，結實牢固，可以長久穿著，裴度說的話不可信。」憲宗覺得皇甫鎛說得對。從此，皇甫鎛更加無所忌憚。程异也自知不合大家的心意，卻能夠廉潔謹慎，謙虛禮讓，做宰相一個多月，不敢掌印提筆處理政事，所以最終能免遭禍難。

五坊使楊朝汶隨便拘捕關押人，拷打刑問，索要利息錢，於是轉相誣陷牽連，囚禁了將近一千人。御史中丞蕭俛把這一事件彈劾上奏，裴度和崔羣也向憲宗說了這件事。憲宗說：「暫且與你們討論用兵的事情，這是件小事，我自己處理。」裴度說：「用兵的事情小，所擔憂的不過是太行山以東地區而已。五坊使殘暴橫行，恐怕要禍亂京城。」憲宗很不高興。退朝以後，召見楊朝汶，斥責他說：「因為你的緣故，使得朕羞於見宰相們。」冬，十月，憲宗賜令楊朝汶自殺，把所有關押的人放了出來。

上晚節❶好❷神仙，詔天下求方士❸。宗正卿❹李道古先為鄂岳觀察使，以貪暴❺聞，恐終獲罪，思所以自媚於上，乃因❻皇甫鎛薦山人❼柳泌，云能合長生藥。甲戌❽，詔泌居興唐觀❾煉藥。

十一月辛巳朔❿，鹽州奏吐蕃寇河曲⓫、夏州。靈武奏破吐蕃長樂州⓬，克其外城。

柳泌言於上曰：「天台山⓭神仙所聚，多靈草⓮。臣雖知之，力不能致。誠得為彼長吏⓯，庶幾可求。」上信之。丁亥⓰，以泌權知台州⓱刺史，仍賜服金紫⓲。諫官爭論奏，以為「人主喜方士，未有使之臨民⓳賦政⓴者。」上曰：「煩一州之力而能為人主致長生㉑，臣子亦何愛㉒焉！」由是羣臣莫敢言。

甲午㉓，鹽州奏吐蕃遁去。

【章旨】以上為第十一段，寫唐憲宗因驕侈而昏庸，好神仙，妄求長生，任用方士為刺史。

【注釋】❶晚節　晚年。❷好　喜歡，此指迷信。❸方士　好講神仙方術煉丹的人。❹宗正卿　官名，宗正寺長官，掌皇室宗族事務，從三品。❺貪暴　貪汙暴虐。❻因　通過。❼山人　方士。❽甲戌　十月二十四日。❾興唐觀　原本司農園地，在長樂坊，開元十八年（西元七三〇年）造。❿辛巳朔　十一月初一日。⓫河曲　地區名，在靈州以西。約今寧夏永寧黃河以西。⓬長樂州　州名，吐蕃所佔，約在今寧夏靈武黃河西。⓭天台山　山名，在今浙江臨海市。⓮靈草　仙草。⓯長吏　長官。⓰丁亥　十一月初七日。⓱台州　州名，治所在今浙江臨海市。⓲服金紫　指穿紫色衣、佩金帶，為三品以上服飾。⓳臨民　擔任地方州郡官吏。⓴賦政　施政。賦，布也。㉑致長生　達到長生不老。㉒何愛　有什麼值得愛惜的。㉓甲午　十一月十四日。

【語　譯】憲宗晚年喜歡神仙長生之術，下詔天下尋求方士。宗正卿李道古以前擔任鄂岳觀察使，以貪婪暴虐聞名，他害怕最後被治罪，就想辦法向皇帝獻媚，於是就通過皇甫鎛推薦了方士柳泌，說他能夠調製長生藥。十月二十四日甲戌，憲宗下詔命令柳泌住在興唐觀煉製長生藥。

十一月初一日辛巳，鹽州奏報吐蕃入侵河曲和夏州。靈武節度使奏報攻破吐蕃的長樂州，攻下了長樂州的外城。

柳泌對憲宗說：「天台山是神仙聚集的地方，靈草很多。臣下雖然知道這一情況，卻沒有能力弄來靈草。真的要是成了那裡的長官，差不多可以求到靈草。」憲宗相信柳泌說的話。十一月初七日丁亥，憲宗任命柳泌暫時代理台州刺史，還賜予金紫官服。諫官們爭相上奏勸阻，認為「君王喜歡方術之士，但沒有讓他們臨民施政的。」憲宗說：「煩勞一個州的人力物力，而能讓君王達到長生不老，做臣子的也還有什麼值得愛惜的呢！」從此以後，朝廷群臣沒有人敢說這件事。

十一月十四日甲午，鹽州奏報吐蕃軍隊逃走了。

壬寅❶，以河陽節度使烏重胤為橫海節度使。丁未❷，以華州刺史令狐楚為河陽節度使。重胤以河陽精兵三千赴鎮，河陽兵不樂去鄉里❸，中道❹潰歸，又不敢入城，屯于城北，將大掠。令狐楚適至❺，單騎出，慰撫之，與俱歸❻。

先是，田弘正請自黎陽❼渡河，會義成節度使李光顏討李師道。裴度曰：「魏博軍既度河，不可復退，立須進擊❽，方有成功。既至滑州，即仰給度支❾，徒有供餉之勞，更生觀望❿之勢。又或與李光顏互相疑阻⓫，益致遷延。與其度河而不進，不若養威⓬於河北。宜且使之秣馬厲兵⓭，俟霜降水落，自楊劉⓮度河，直指鄆州，得至陽穀⓯置營，則兵勢自盛，賊眾搖心矣。」上從之。是月，弘正將全師⓰自楊劉渡河，距鄆州⓱四十里築壘⓲，賊中大震⓳。

功德使⓴上言：「鳳翔㉑法門寺㉒塔有佛指骨，相傳三十年一開㉓，開則歲豐人安。來年應開，請迎之。」十二月庚戌朔㉔，上遣中使㉕帥僧眾迎之。

戊辰㉖，以春州司戶董重質為試太子詹事，委武寧軍驅使㉗，李愬請之也。

戊寅㉘，魏博、義成軍送所獲李師道都知兵馬使夏侯澄等四十七人，上皆釋弗誅，各付所獲行營驅使，曰：「若有父母欲歸者，優給遣之。朕所誅者，師道而已。」於是賊中聞之，降者相繼㉙。

初，李文會與兄元規皆在李師古幕下㉚。師古薨，師道立，元規辭去，文會屬㉛師道親黨請留。元規將行，謂文會曰：「我去，身退而安全；汝留，必驟貴㉜而受禍。」及㉝官軍四臨㉞，平盧㉟兵勢日蹙，將士喧然㊱，皆曰：「高沐、郭昈、李存為司空㊲忠謀，李文會奸佞㊳，殺沐，囚昕、存，以致此禍。」師道不得已，出文會攝登州刺史，召昕、存還幕府。

上常語宰相：「人臣當力為善，何乃㊴好立朋黨㊵！朕甚惡之。」裴度對曰：「方以類聚，物以羣分㊶。君子、小人志趣同者，勢必相合。君子為徒㊷，謂之同德；小人為徒，謂之朋黨。外雖相似，內實懸殊，在聖主辨其所為邪正耳。」

武寧節度使李愬與平盧兵十一戰，皆捷。己卯晦[1]，進攻金鄉㊸，克之。李師道性懦怯，自官軍致討，聞小敗及失城邑，輒憂悸成疾㊹，由是左右皆蔽匿㊺，不以實告。金鄉，兗州之要地也，既失之，其刺史驛騎㊻告急，左右不為通㊼，師道至死竟不知也。

【章旨】以上為第十二段，寫諸鎮討李師道，節節逼進。唐憲宗深忌朋黨。

【注釋】❶壬寅　十一月二十二日。❷丁未　十一月二十七日。❸去鄉里　離開故鄉。❹中道　中途；半路。❺適至　正好到來。❻與俱歸　與令狐楚一起回到河陽。❼黎陽　縣名，縣治在今河南浚縣東北。❽立須進擊　必須立即進攻。❾仰給度支　依靠國家供給。唐制，命藩鎮兵征討，未出境，芻糧自籌，已出境，芻糧皆仰給於度支。❿觀望　坐觀成敗，停留不進。⓫互相疑阻　互相懷疑猜忌。⓬養威　養精蓄銳。⓭秣馬厲兵　餵壯軍馬、磨礪兵器。指積極準備戰鬥。⓮楊劉　鎮名，在黃河岸邊，屬濟州，在今山東東阿北。因黃河改道，舊跡已不可考。⓯陽穀　縣名，縣治在今山東陽穀東北。⓰將全師　率領魏博全軍。⓱鄆州　州名，治所在今山東東平西北。⓲築壘　構築堡壘。⓳大震　大為震恐。⓴功德使　官名，掌僧尼屬籍及相關事務。㉑鳳翔　府名，治所在今陝西鳳翔。㉒法門寺　寺名，在今陝西扶風。法門寺有護骨真身塔，塔內放置釋迦牟尼佛指骨一節。㉓開　開塔。㉔庚戌朔　十二月初一日。㉕中使　由皇帝從宮禁中派出的宦官使者。㉖戊辰　十二月十九日。㉗驅使　效力。㉘戊寅　十二月二十九日。㉙降者相繼　投降的人不斷。㉚幕下　節度使幕府內。㉛屬　通「囑」。㉜驟貴　驟然得到顯貴。㉝及　等到。㉞四臨　從四面到達。㉟平盧　指李師道。㊱喧然　紛紛喧鬧的樣子。㊲司空　指李師道。李師道加檢校司空。㊳奸佞　奸猾邪佞。㊴何乃　為什麼。㊵好立朋黨　喜歡建立朋黨。㊶方以類聚二句　語出《易·繫辭上》。意謂事情的法則以類相聚，萬物按群體而區分。㊷為徒　成為同類。㊸金鄉　縣名，縣治在今山東金鄉。㊹憂悸成疾　憂愁驚恐而生病。㊺蔽匿　隱瞞軍情。㊻驛騎　驛站的騎卒。㊼不為通　不替他通報。

【校　記】①己卯晦　「己」字原誤作「乙」。據章鈺校，甲十一行本、乙十一行本皆作「己」，張敦仁《通鑑刊本識誤》同，今據改。十二月庚戌朔，晦日十二月三十日應為己卯。

【語　譯】十一月二十二日壬寅，憲宗任命河陽節度使烏重胤為橫海節度使。二十七日丁未，任命華州刺史令狐楚為河陽節度使。烏重胤率領河陽精兵三千人去橫海軍就職，河陽的士兵們不樂意離開故鄉，半路潰散後返了回來，他們又不敢進入城內，就駐紮在城外的北邊，準備大肆搶掠。正好令狐楚到了河陽城，他單人匹馬出到城外，慰問安撫潰散回來的士兵，與他們回到城內。

在此之前，田弘正請求從黎陽渡過黃河，會合義成節度使李光顏討伐李師道。裴度說：「魏博軍渡過黃河以後，不能再退回去，必須立即進攻李師道，才能有所成功。他們到了義成軍的治所滑州後，馬上就要依靠度支供應軍需物資，這樣，朝廷空有供應軍餉的煩勞，反而使魏博產生觀望的態勢。田弘正或許又與李光顏相互懷疑猜忌，更加拖延時間。與其讓他渡過黃河而不進軍，不如讓他在黃河以北養精畜銳。應該暫時讓他厲兵秣馬，等到霜降黃河水落，從楊劉鎮渡河，直指鄆州，能到陽穀縣境設置營壘，那麼軍勢自然強盛，敵人就會軍心動搖了。」憲宗採納了裴度的意見。這個月，田弘正率領全部軍隊從楊劉鎮渡過黃河，距離鄆州四十里修建營壘，敵人大受震驚。

功德使向憲宗進言：「鳳翔的法門寺塔中有佛祖的手指骨，相傳每隔三十年開塔一次，開塔就會莊稼豐收，百姓平安。明年應該開塔，請迎接佛祖的手指骨。」十二月初一日庚戌，憲宗派遣中使率領僧眾迎接佛祖手指骨。

十二月十九日戊辰，憲宗任命春州司戶董重質為試太子詹事一職，讓董重質去為武寧軍效勞，這是李愬請求的。

十二月二十九日戊寅，魏博和義成軍向朝廷送來抓獲的李師道的都知兵馬使夏侯澄等四十七人，憲宗都寬貸了他們，沒有處死，各自交給抓獲他們的行營去使用，說道：「他們中如果有父母在世想回家的，從優發給路費打發他們回家。我要誅殺的，師道一人而已。」這樣一來，敵人聽說了此事，投降的人前後相繼。

當初，李文會與哥哥李元規都在李師古的節度使幕府內任職。李師古去世後，李師道繼位，李元規辭職離去，李文會囑託李師道的親信請李元規留下來。李元規即將啟程，對李文會說：「我離開這裡，人一去就會獲得安全；你留下來，一定會驟然顯貴，但會遭受災禍。」等到朝廷軍隊從四面到達鄆州，平盧的軍事形勢日益窘困，將士們吵吵鬧鬧，都說：「高沐、郭昈、李存為李司空忠心耿耿地出謀劃策，李文會奸詐邪佞，殺害了高沐，囚禁了郭昈和李存，才導致了這場災禍。」李師道迫不得已，把李文會調出去代理登州刺史，召郭昈和李存返回幕府。

憲宗時常對宰相們說：「做人臣的應該竭力做好事，為什麼喜歡樹朋立黨呢！朕非常討厭這種事。」裴度回答說：「事情的法則是同一類別相聚一處，萬物是按著群體而區分。君子和小人，志向和趣味相同的，勢必互相結合在一起。君子成為同類，就稱他們是同德的人；小人成為同類，就稱他們是朋黨中人。兩者外表上雖然相似，但實質上有天壤之別，這就在於聖明的君主辨別他們是邪惡的，還是正派的而已。」

武寧節度使李愬與李師道的軍隊打了十一次仗，全都獲勝。十二月最後一天三十日己卯，李愬進攻金鄉縣，把它攻了下來。李師道生性膽小怯懦，自從朝廷討伐他以來，聽到打了小敗仗和失掉了城鎮，每每憂愁驚恐，以致生病，因此他身邊的人都隱瞞軍情，不把實情告訴他。金鄉縣是兗州的要害之地，失掉它以後，兗州刺史的驛站騎兵向鄆州告急，李師道身邊的人不替他通報，李師道到死也不知道這一情況。

十四年（己亥　西元八一九年）

春，正月辛巳❶，韓弘拔考城❷，殺二千餘人。○丙戌❸，師道所署❹沭陽❺令梁洞以縣降于楚州刺史李聽。

吐蕃遣使者論短立藏等來修好，未返❻，入寇河曲。上曰：「其國失信，其使何罪！」庚寅❼，遣歸國。○壬辰❽，武寧節度使李愬拔魚臺❾。

中使迎佛骨至京師，上留禁中❿三日，乃歷送諸寺⓫，王公士民瞻奉捨施⓬，惟恐弗及⓭，有竭產⓮充施者，有然香臂頂⓯供養者。

刑部侍郎韓愈上表切諫⓰，以為：「佛者，夷狄之一法⓱耳。自黃帝以至禹、湯、文、武，皆享壽考，百姓安樂。當是時，未有佛也。漢明帝時，始有佛法。其後亂亡相繼，運祚不長⓲。宋、齊、梁、陳、元魏已下，事佛漸謹⓳，年代尤促⓴。惟梁武帝在位四十八年，前後三捨身為寺家奴㉑，竟為侯景所逼，餓死臺城㉒，國亦尋滅㉓。事佛求福，乃更得禍。由此觀之，佛不足信亦可知矣！百姓愚冥㉔，易惑難曉㉕。苟見陛下如此，皆云『天子大聖[1]，猶一心敬信㉖；百姓微賤，於佛豈可更惜身命㉗？』佛本夷狄之人㉘，口不言先王之法言，身不服先王之法服，不知君臣之義㉙，父子之恩。假如其身尚在㉚，奉國命來朝京師㉛，陛下容而接之，不過宣政(32)一見，禮賓一設(33)，賜衣一襲(34)，衛而出之於境(35)，不令惑眾(36)也。況其身死已久，枯朽之骨，豈宜以入宮禁。古之諸侯行弔於國(37)，尚令巫祝[2]先以桃茢祓除不祥(38)。今無故取朽穢之物親視之(39)，巫祝不先，桃茢不用，羣臣不言其非，御史不舉其罪，臣實恥之。乞以此骨付有司(40)，投諸水火(41)，永絕根本，斷天下之疑，絕後代之惑，使天下之人知大聖人之所作為，出於尋常萬萬(42)也，豈不盛哉！佛如有靈，能作禍福，凡有殃咎(43)，宜加臣身(44)。」

上得表，大怒，出示宰相，將加愈極刑(45)。裴度、崔羣為言：「愈雖狂，發於忠懇(46)，宜寬容以開言路。」癸巳(47)，貶愈為潮州(48)刺史。

自戰國之世，老、莊(49)與儒者爭衡(50)，更相是非。至漢末，益之以佛(51)，然好者尚寡(52)。晉、宋以來，日益繁熾(53)，自帝王至于士民，莫不尊信。下者畏慕罪福(54)，高者論難空有(55)。獨愈惡其蠹財惑眾(56)，力排之(57)，其言多矯激太過(58)。惟送文暢師序最得其要，曰：「夫鳥俛而啄(59)，仰而四顧(60)，獸深居而簡出，懼物之為己害也(61)，猶且不免焉(62)。弱之肉，彊之食。今吾與文暢安居而暇食(63)，優游以生死，與禽獸異者，寧可不知其所自(64)邪！」

丙申(65)，田弘正奏敗淄青兵於東阿(66)，殺萬餘人。○滄州刺史李宗奭與橫海節度使鄭權不叶67，不受其節制，權奏之。上遣中使追之68。宗奭使其軍中留己，表稱懼亂未敢離州。詔以烏重胤代權，將吏懼69，逐宗奭。宗奭奔京師，辛丑70，斬于獨柳之下。○丙午71，田弘正奏敗平盧兵於陽穀。

【章　旨】以上為第十三段，寫韓愈上表諫阻唐憲宗迎佛骨，被貶潮州。

【注　釋】❶辛巳　正月初二日。❷考城　縣名，縣治在今河南民權東北。❸丙戌　正月初七日。❹署　任命。❺沭陽　縣名，縣治在今江蘇沭陽。❻未返　尚未回國。❼庚寅　正月十一日。❽壬辰　正月十三日。❾魚臺　縣名，縣治在今山東魚臺西。❿禁中　宮中。⓫歷送諸寺　遍送到各寺院傳觀。⓬瞻奉捨施　瞻仰、奉祀、布施錢財。⓭惟恐弗及　只怕得不到機會。⓮竭產　傾盡財產。⓯然香臂頂　在手臂上、頭頂上點燃香燭，以示志誠。然，通「燃」。⓰切諫　極力諫諍。⓱夷狄之一法　外國的一種道術。⓲運祚不長　國運不長。⓳事佛漸謹　信奉佛教漸漸恭謹起來。⓴促　短促。指宋、齊、梁、陳享國短促。㉑三捨身為寺家奴　指梁武帝蕭衍三次捨身同泰寺。㉒臺城　南朝京師金陵宮城。㉓尋滅　不久就滅亡。㉔愚冥　愚闇。㉕易惑難曉　容易被佛所迷惑而難以覺悟。㉖敬信　敬奉信仰。㉗身命　身家性命。㉘佛本夷狄之人　釋迦牟尼本是異族人。㉙君臣之義　為君和為臣的道理。㉚其身尚在　佛還在世。㉛奉國命來朝京師　奉國家命令來唐朝京都朝見。㉜宣政　宣政殿。唐時外國入貢使者，均在宣政殿引見。㉝禮賓一設　在禮賓院設一宴款待。㉞一襲　一套。㉟衛而出之於境　護衛著送他走出國境。㊱惑眾　迷惑群眾。㊲行弔於國　前往別國弔喪。㊳尚令巫祝先以桃茢祓除不祥　尚且讓巫祝先用桃劍與苕帚去驅逐不吉祥的鬼魂。桃，桃枝，削以為劍，可以驅鬼。茢，苕帚，用以掃不祥之氣。祓，祈禱。㊴親視之　指皇帝親自觀視佛骨。㊵有司　有關部門。㊶投諸水火　擲到水裡、火裡去。㊷出於尋常萬萬　高出於平常之人萬萬倍。㊸殃咎　災禍。㊹宜加臣身　應該加在我的身上。㊺將加愈極刑　將給韓愈以最嚴厲的殺頭處分。㊻發於忠懇　從忠誠懇切出發。㊼癸巳　正月十四日。㊽潮州　州名，治所在今廣東潮州。㊾老莊　指由老子、莊子倡導的道家學派。㊿爭衡　爭論抗衡。51益之以佛　增加了佛教。52好者尚寡　喜歡佛教的還比較少。53繁熾　興旺。54畏慕罪福　畏有罪，慕得福。55論難空有　佛教談空而難有，儒教談有而責空，互相爭辯。56蠹財惑眾　損害財物，惑亂群眾。57力排之　竭力排斥佛教。58矯激太過矯正之言激切而說過了頭。59佹而啄　低著頭啄食。60仰而四顧　仰起頭四面張望。61懼物之為己害也　害怕其他事物危害自己。62猶且不免焉　如此小心，還免不了要被害。63暇食　閒暇地進食。64所自　其原因何在。65丙申　正月十七日。66東阿　縣名，在今山東東阿。67不叶　不和協。68追之　召回李宗奭。69將吏懼　滄州將士懼怕陷於不義被治罪。70辛丑　正月二十二日。71丙午　正月二十七日。

【校　記】1大聖　此二字原無。據章鈺校，甲十一行本、乙十一行本皆有此二字，張瑛《通鑑校勘記》同，今據補。2令巫祝　此三字原無。據章鈺校，甲十一行本、乙十一行本皆有此三字，張瑛《通鑑校勘記》同，今據補。

【語　譯】十四年（己亥　西元八一九年）

春，正月初二日辛巳，韓弘攻取了考城縣，殺了兩千多人。〇初七日丙戌，李師道委任的沭陽縣令梁洞獻出縣城向楚州刺史李聽投降。

吐蕃派遣使者論短立藏等人前求建立和好關係，他們還沒有回去，吐蕃就入侵河曲。憲宗說：「這是他們的國家失去信用，使者有什麼罪過！」正月十一日庚寅，打發他們回國。〇十三日壬辰，武寧節度使李愬攻取了魚臺縣。

中使將佛祖手指骨迎回京城，憲宗把佛手指骨留在宮禁三天，才遍送各寺，王公大臣和士紳百姓瞻仰供奉佛指骨，進行施捨，惟恐沒有得到機會，有的人把財產全部施捨給了佛寺，有的人在手臂和頭頂上燃香供佛。

刑部侍郎韓愈上表極力勸諫，認為：「佛教是異族人的道術之一而已。從黃帝到夏禹、商湯、周文王、周武王，都享有高壽，百姓們安居樂業。在那時，還沒有佛教。漢明帝時，才開始有佛教。其後戰亂不斷，王朝相繼衰亡，國運不長。南朝宋、齊、梁、陳和北魏以來，君王信奉佛教漸漸恭謹，在位年數尤為短促。只有梁武帝在位四十八年，先後三次將自身施捨給寺廟做奴僕，竟被侯景逼迫，餓死臺城，國家不久也滅亡了。梁武帝信奉佛教是為了求福，卻反而得到了禍患。由此看來，佛教不值得信奉也就可知了！百姓愚昧無知，容易被迷惑而難以覺悟。他們如果看到陛下這樣信佛，都會說『天子是大聖人，還一心一意敬奉信仰佛教，百姓地位卑賤，對待佛祖怎麼能更愛惜身家性命呢？』佛祖本來是異族人，口裡不說先王的真言，身上不穿先王的禮服，不知道為君為臣的道理和父子之間的恩德。假如佛祖還在世的話，奉他們國王之命來京城朝見，陛下寬容而接見，不過是在宣政殿見他一面，在禮賓院設宴招待一次，賞賜給一套衣服，派人護送出國境，這是為了不讓佛祖迷惑群眾。況且佛祖已經死了很久，枯朽的骨頭，怎麼適宜進入宮禁呢。古時候，諸侯前往別國弔喪，都要先讓巫祝們用桃木和苕帚掃除不祥之氣。現在陛下無緣無故地拿朽爛汙穢之物親自察看，不讓巫祝們先用桃木、苕帚除邪，群臣不說這樣做是不對的，御史們不察舉其中的罪過，臣下實在是以此為恥。請求陛下把這根骨頭交給有關部門，投之於水火，永遠斷絕了根源，了結天下人的疑慮，杜絕後世人們的迷惑，讓天下的人都知道偉大的先聖先賢們的所作所為，高出一般人萬萬倍，這難道不是盛大的事情嗎！佛祖如果有靈，能夠左右福禍，所有的災禍，應該加在臣身上。」

憲宗拿到韓愈的表章，大為惱怒，出示給宰相們，準備對韓愈處以極刑。裴度和崔羣為韓愈求情說：「韓愈雖然狂妄，但出自忠誠，應該寬容對待，以便廣開言路。」正月十四日癸巳，憲宗把韓愈貶為潮州刺史。

自從戰國時期以來，老子和莊子的學說與儒家學說爭論抗衡，互相之間認為自己對，對方錯。到東漢末年，又增加了佛教，但當時喜歡的人還比較少。晉、宋以來，佛教日益興盛，從帝王到官吏百姓，沒有不尊崇信奉的。下層的人害怕獲罪和企求得福，高層的人就討論空無和實有的問題，只有韓愈一人憎恨佛教消損財物，惑亂百姓，竭力排斥，韓愈的矯正之言很多太激烈、太過分。只有〈送文暢師序〉一文最能抓住關鍵，說：「那鳥兒低頭啄食，抬頭四面張望，野獸深居簡出，這是害怕其他東西傷害自己，這樣還難以避免災禍。弱者的肉，是強者的食物。現在我與文暢安寧地居住，悠閒地進食，自由自在地生或死，和飛禽走獸不同，難道能不知道這種生活是怎麼來的嗎！」

正月十七日丙申，田弘正奏報在東阿縣打敗了李師道的軍隊，殺了一萬多人。○滄州刺史李宗奭與橫海節度使鄭權不和協，不接受鄭權的指揮，鄭權把這事上奏了朝廷。憲宗派中使召回李宗奭。李宗奭讓他的軍中將士挽留自己，他上表稱害怕軍中變亂，不敢離開滄州。憲宗詔令烏重胤替代鄭權，滄州將吏害怕了，驅逐了李宗奭。李宗奭跑往京城，二十二日辛丑，在獨柳之下被處死。○二十七日丙午，田弘正奏報在陽穀縣打敗了平盧李師道的軍隊。

【研　析】本卷研析三事：裴度督師討淮西，李愬雪夜取蔡州，韓愈諫阻憲宗迎佛骨。

裴度督師討淮西。吳元濟割據淮西，地處南北漕運交通線之側，正當唐王朝的心臟地區，威脅朝廷的生命線，征討吳元濟，勢在必行。淮西處在中原朝廷控制的各鎮包圍之中，朝廷取勝應在情理之中。憲宗意志堅決，起用主戰的裴度為相，主持征討大局。裴度，字中立，河東聞喜縣（今屬山西）人。貞元進士，由監察御史升為御史中丞。裴度力主削除藩鎮，憲宗任為宰相。淮西只有申、光、蔡三小州，朝廷動員了數倍於敵的十餘萬大軍，征討四年，不見成功。官軍眾不敵寡，有多種原因。其一，諸鎮出兵，總量多於敵，而各鎮分散，每一路官軍則少於敵，故常敗北。其二，神策軍與各鎮官兵待遇懸殊，影響士氣。其三，諸鎮互相觀望，莫肯先進。宣武鎮韓弘，兵力最強，又為行營都統，但韓弘不願速勝，存敵以為己功，作戰不肯賣力。其四，淄青、成德兩鎮為淮西聲援。李師道用游擊戰騷擾東都，派刺客殺害宰相武元衡，刺傷了裴度，企圖挫傷朝廷的作戰決心。其五，憲宗違眾，征討成德，兩線用兵，分散了力量。其六，朝廷遙控，監軍掣肘，將帥離心，這是官軍怠惰的根本原因。征討淮西，四年不決，雙方疲困。吳元濟請降，宰相三人，李逢吉、王涯力主罷兵，趁勢下坡，裴度堅決主戰，自請督師。裴度對憲宗說：「臣與賊勢不兩立。從吳元濟奏章看，賊已勢困，只是各鎮官軍主帥心不齊，吳元濟得以苟安。臣自請督師，集中力量進攻，定能取勝。如果臣消滅了吳元濟，那就回來見陛下，吳元濟不滅，臣就不會回朝。」裴度被刺，頭部受重傷，不但沒有被叛臣的刺刀嚇倒，而且更堅定了滅賊的決心。裴度自請督師，誓死效忠。憲宗這次做出了英明的決策，征討計畫，一一聽從裴度之請，撤了前線各鎮官兵監軍，齊心用力，一戰功成。其中李愬直搗叛賊巢穴，擒獲吳元濟，立下大功。吳元濟被滅，結束了淮西自李希烈以來四十餘年的割據，河北藩鎮大懼，多表示效順朝廷。唐朝藩鎮割據的局面，受到抑制，暫告結束。唐憲宗一朝的中興氣象達於鼎盛，裴度也以名臣垂名汗青。晚年因宦官專權，裴度辭官退居東都。

李愬雪夜取蔡州。李愬，字元直，唐洮州臨潭縣（今屬甘肅）人，中唐名將李晟之子，在朝做太子詹事，一個閒差小京官。李愬有籌略，胸懷壯志，他在等待時機，為國展力。憲宗元和八年（西元八一三年），官軍分東、西、南、北四道征討淮西吳元濟。征戰四年，官軍南、北兩路略有收穫，東、西兩路都吃敗仗。西路軍為主力，由山南東道節度使嚴綬統領。嚴綬連吃敗仗，元和十年，西路軍改由唐隨鄧節度使高霞寓指揮，也被吳元濟打敗。元和十一年，由袁滋接替高霞寓，袁滋更是一個窩囊廢，他不敢打仗，討好吳元濟。這年冬天，李愬請纓，宰相李逢吉推薦，憲宗委任李愬為唐鄧隨節度使。唐西路軍兩年內四易其帥，加之李愬素無名望，受到吳元濟的輕視。這時官軍加強了北路進攻。元和十二年，宰相裴度繼李愬之後，也是主動請纓到淮西督師，坐鎮北路。主戰場轉移到了北面，西路唐軍成為牽制淮西軍的側翼。

李愬到鎮，他利用吳元濟輕視自己，不用重兵防備的時機，進一步示弱麻痺敵人。李愬故意對迎接的人說：「皇上知道我能忍讓，派我來慰問你們，打仗，我是外行，皇上也沒有給我這個任務。」當時西路官軍連吃敗仗，士氣低落，聞敵色變，害怕打仗，李愬的一席話，給官軍吃了定心丸，大家安下心來。李愬親自勞問將士，撫恤傷病，受到大家的擁戴。

軍心安定以後，李愬利用淮西後防空虛的機會，大膽策劃深入巢穴、奇計破敵的戰略方針。達此目的，要有兩個條件，一是先打小仗，戰則必勝，提高士氣。二是「以敵制敵」，擒獲敵人勇將反為我用。淮西軍隊中有兩員勇將，一個低級軍官丁士良，一個中級軍官李祐，兩人作戰勇敢，生性殘暴，抓了官軍就加以殺害。官軍恨之入骨，又十分害怕。李愬用計擒獲了兩人，特地奏本憲宗赦免李祐。兩人感恩，決定改邪歸正，反戈一擊報效國家。丁士良，原本不是淮西人，十年前是安州的官兵，與淮西作戰被擒，吳少陽沒有殺他，他於是為吳氏父子賣命。如今被李愬擒獲，回到了官軍，李愬給他重新做人的機會，打仗更是勇氣倍增。

李愬接連攻佔了幾座淮西前哨敵柵，官軍士氣高漲，不害怕打仗，還爭先殺敵，立功受賞。李愬俘獲了幾千名淮西兵，他們長年打仗，有很強的戰鬥力。李愬安撫他們，從中挑選三千精兵，進行強化訓練，稱為

「突將」。做好這一切準備，奇襲蔡州的條件成熟。李祐瞭解蔡州部署，在李祐引導下，李愬選擇了一個大風雪的夜晚強行軍到蔡州城下，官軍已無後退之路，必須死戰取勝求活。這就是西漢名將韓信破趙置背水陣的策略，兵法上叫「置之死地而後生」。李愬，名將之後，不僅熟讀兵法，而且家風薰染，有謀略，有勇氣，在實戰中學習，先集小勝為大勝，打仗一次次升級，創造條件，然後奇襲。李愬不像趙括那樣紙上談兵，「以敵制敵」，活用兵法知彼知己，所以一戰功成。可以說李愬請纓，是「受任於敗軍之際，奉命於危難之間」，不負憲宗皇帝重託，奇襲蔡州，生擒吳元濟，結束了淮西數十年的割據，在中國軍事史上創造了雪夜奔襲，深入虎穴，出奇制勝的光輝戰例。

淮西亂平，憲宗進授李愬山南東道節度使，封涼國公。

韓愈諫阻憲宗迎佛骨。韓愈，字退之，唐代文學家、哲學家，河南河陽縣（今河南孟州）人。自稱郡望昌黎，世稱韓昌黎。貞元進士，任監察御史，憲宗朝官至刑部侍郎。卒諡文，世稱韓文公。政治上，韓愈反對藩鎮割據，思想上尊儒排佛，文學上主張散文，反對六朝以來的駢體文風。韓愈提倡古文運動，以先秦兩漢散文為基礎，創新發展，為文氣勢雄健，被尊為唐宋八大家之首，有《昌黎先生集》行於世。

唐憲宗取得淮西軍事勝利之後，河北諸鎮紛紛效順，逐漸產生了驕侈心，修道求長生不死。元和十五年，憲宗服藥中毒，被宦官殺死，享年四十三歲。一代本應大有作為之君，由於愚昧妄誕，英年被家奴所弒，黯然謝幕，出人意料，令人深思。

用兵淮西勝利以前，唐憲宗尚能納諫，依靠朝官和忠臣良將取得消滅藩鎮割據的勝利，由於長期戰爭，國窮民困，勝利後的要務是改善政治，舒緩民困，休養生息，鞏固統一。唐憲宗卻不是這樣，自以為立了大功，開始對朝官猜疑，回到寵信家奴的老路上，把一切權力都交給宦官，在宦官導引下享樂，再也不聽勸諫，由一個明君轉化為一個昏君，中唐政治急轉直下，唐憲宗死後，唐王室步入了晚唐。

功德使上奏憲宗，說：「法門寺塔中的佛指骨，每隔三十年打開一次，迎來京師供人觀覽供奉，可保年豐人安。」元和十三年十二月初一日，唐憲宗派宦官帶領一批僧人到鳳翔的法門寺迎接佛祖的手指骨。元和十四年正月十三日，佛指骨迎回京城，在皇宮中擺放了三天，然後送到各寺廟巡迴展放。王公大臣、士紳百姓瞻仰膜拜，唯恐落後。有的人把全部家產施捨給佛寺，有的人在手臂和頭頂上燃香供佛，把個京城鬧得烏煙瘴氣。憲宗以此為昇平景氣，替自己求福。

時任刑部侍郎的韓愈，拍案而起，奮筆疾書，上奏憲宗，極力陳詞佞佛禍國殃民，南朝宋齊梁陳，以及北魏佞佛而國運短祚，禹湯文武那時沒有佛教，國君高壽，國運昌盛。百姓佞佛，是愚昧無知，如果天子也一心敬佛，上行下效，整個社會就更加愚昧荒唐。韓愈請求憲宗把佛指骨交給有關部門銷毀，或投入水中，或用火化，永除禍患。佛祖果真有靈，降下災難，臣韓愈一人承擔。憲宗覽奏，大為惱怒，他把奏章給宰臣們傳觀，要處韓愈以極刑。裴度和崔羣兩位宰相極力勸解，說韓愈狂悖，一片忠心用錯了地方，皇上宜寬容，以廣開言路。此時的憲宗已聽不進勸諫了，礙於立大功者裴度的情面，韓愈才保住了性命，被貶為潮州刺史。

古籍今注新譯叢書

哲學類

新譯四書讀本　謝冰瑩等編譯
新譯學庸讀本　王澤應注譯
新譯論語新編解義　胡楚生編著
新譯孝經讀本　賴炎元等注譯
新譯易經讀本　郭建勳注譯
新譯乾坤經傳通釋　黃慶萱著
新譯易經繫辭傳解義　吳　怡著
新譯禮記讀本　姜義華注譯
新譯儀禮讀本　顧寶田等注譯
新譯孔子家語　羊春秋注譯
新譯老子讀本　余培林注譯
新譯老子解義　吳　怡著
新譯莊子讀本　黃錦鋐注譯
新譯莊子讀本　張松輝注譯
新譯莊子本義　水渭松注譯
新譯莊子內篇解義　吳　怡著
新譯列子讀本　莊萬壽注譯
新譯管子讀本　湯孝純注譯
新譯墨子讀本　李生龍注譯
新譯公孫龍子　丁成泉注譯
新譯晏子春秋　陶梅生注譯
新譯鄧析子　徐忠良注譯
新譯荀子讀本　王忠林注譯
新譯尹文子　徐忠良注譯
新譯尸子讀本　水渭松注譯
新譯鬼谷子　王德華等注譯
新譯韓非子　傅武光等注譯
新譯呂氏春秋　朱永嘉等注譯
新譯韓詩外傳　孫立堯注譯
新譯淮南子　熊禮匯注譯
新譯春秋繁露　朱永嘉等注譯
新譯新書讀本　饒東原注譯
新譯新語讀本　王　毅注譯
新譯潛夫論　彭丙成注譯
新譯論衡讀本　蔡鎮楚注譯
新譯申鑒讀本　林家驪等注譯
新譯人物志　吳家駒注譯
新譯張載文選　張金泉注譯
新譯近思錄　張京華注譯
新譯傳習錄　李生龍注譯
新譯呻吟語摘　鄧子勉注譯
新譯明夷待訪錄　李廣柏注譯

文學類

新譯詩經讀本　滕志賢注譯
新譯楚辭讀本　傅錫壬注譯
新譯文心雕龍　羅立乾注譯
新譯世說新語　劉正浩等注譯
新譯昭明文選　周啟成等注譯
新譯古文觀止　謝冰瑩等注譯
新譯古文辭類纂　黃　鈞等注譯
新譯樂府詩選　溫洪隆注譯
新譯古詩源　馮保善注譯
新譯千家詩　邱燮友等注譯
新譯詩品讀本　成　林等注譯
新譯花間集　朱恒夫注譯
新譯南唐詞　劉慶雲注譯
新譯唐詩三百首　邱燮友注譯
新譯宋詞三百首　汪　中注譯
新譯宋詞三百首　劉慶雲注譯
新譯元曲三百首　賴橋本等注譯
新譯明詩三百首　趙伯陶注譯
新譯清詩三百首　王英志注譯
新譯清詞三百首　陳水雲等注譯
新譯唐人絕句選　卞孝萱等注譯
新譯唐才子傳　戴揚本注譯
新譯拾遺記　石　磊注譯
新譯搜神記　黃　鈞注譯
新譯唐傳奇選　束　忱等注譯
新譯宋傳奇小說選　束　忱注譯
新譯明傳奇小說選　陳美林等注譯
新譯容齋隨筆選　朱永嘉等注譯
新譯明散文選　周明初注譯
新譯人間詞話　馬自毅注譯
新譯白香詞譜　劉慶雲注譯
新譯幽夢影　馮保善注譯

新譯菜根譚	吳家駒注譯
新譯小窗幽記	馬美信注譯
新譯圍爐夜話	馬美信注譯
新譯郁離子	吳家駒注譯
新譯歷代寓言選	黃瑞雲注譯
新譯賈長沙集	林家驪注譯
新譯揚子雲集	葉幼明注譯
新譯諸葛亮集	朱永嘉等注譯
新譯曹子建集	曹海東注譯
新譯建安七子詩文集	韓格平注譯
新譯阮籍詩文集	林家驪注譯
新譯嵇中散集	崔富章注譯
新譯陸機詩文集	王德華注譯
新譯陶淵明集	溫洪隆注譯
新譯江淹集	羅立乾等注譯
新譯庾信詩文選	歸　青注譯
新譯初唐四傑詩集	李福標注譯
新譯駱賓王文集	黃清泉注譯
新譯王維詩文集	陳鐵民注譯
新譯孟浩然詩集	楊　軍注譯
新譯李白詩全集	郁賢皓注譯
新譯李白文集	郁賢皓注譯
新譯杜甫詩選	張忠綱等注譯
新譯杜詩菁華	林繼中注譯
新譯高適岑參詩選	孫欽善等注譯
新譯昌黎先生文集	周啟成等注譯
新譯劉禹錫詩文選	閻　琦注譯
新譯柳宗元文選	卞孝萱等注譯
新譯白居易詩文選	陶　敏等注譯
新譯元稹詩文選	郭自虎注譯
新譯李賀詩集	彭國忠注譯
新譯杜牧詩文集	張松輝注譯
新譯李商隱詩選	朱恒夫等注譯
新譯范文正公選集	王興華等注譯
新譯蘇洵文選	羅立剛注譯
新譯蘇軾文選	滕志賢注譯
新譯蘇軾詞選	鄧子勉注譯
新譯蘇轍文選	朱　剛注譯
新譯曾鞏文選	高克勤注譯
新譯王安石文選	沈松勤注譯
新譯柳永詞集	侯孝瓊注譯
新譯李清照集	姜漢椿等注譯
新譯陸游詩文選	韓立平注譯
新譯辛棄疾詞選	聶安福注譯
新譯歸有光文選	鄔國平注譯
新譯徐渭詩文選	周　群等注譯
新譯薑齋文集	平慧善注譯
新譯顧亭林文集	劉九洲注譯
新譯方苞文選	鄔國平等注譯
新譯袁枚詩文選	王英志注譯
新譯聊齋誌異全集	袁世碩等注譯
新譯聊齋誌異選	任篤行等注譯
新譯閱微草堂筆記	嚴文儒注譯
新譯浮生六記	馬美信注譯
新譯弘一大師詩詞全編	徐正綸編著

歷史類

新譯史記	韓兆琦注譯
新譯漢書	吳榮曾等注譯
新譯後漢書	魏連科等注譯
新譯三國志	吳樹平等注譯
新譯資治通鑑	韓兆琦等注譯
新譯史記—名篇精選	韓兆琦注譯
新譯尚書讀本	吳　璵注譯
新譯尚書讀本	郭建勳注譯
新譯周禮讀本	賀友齡注譯
新譯逸周書	牛鴻恩注譯
新譯左傳讀本	郁賢皓等注譯
新譯公羊傳	雪　克注譯
新譯穀梁傳	顧寶田注譯
新譯春秋穀梁傳	周　何注譯
新譯戰國策	溫洪隆注譯
新譯國語讀本	易中天注譯
新譯說苑讀本	左松超注譯
新譯說苑讀本	羅少卿注譯
新譯新序讀本	葉幼明注譯
新譯吳越春秋	黃仁生注譯
新譯西京雜記	曹海東注譯
新譯列女傳	黃清泉注譯
新譯越絕書	劉建國注譯
新譯燕丹子	曹海東注譯

新譯東萊博議　李振興等注譯
新譯唐六典　朱永嘉等注譯
新譯唐摭言　姜漢椿注譯

【宗教類】

新譯金剛經　徐興無注譯
新譯高僧傳　朱恒夫等注譯
新譯碧巖集　吳　平注譯
新譯百喻經　顧寶田注譯
新譯楞嚴經　賴永海等注譯
新譯梵網經　王建光注譯
新譯法句經　劉學軍注譯
新譯六祖壇經　李中華注譯
新譯禪林寶訓　李中華注譯
新譯維摩詰經　陳引馳等注譯
新譯經律異相　顏洽茂注譯
新譯阿彌陀經　蘇樹華等注譯
新譯無量壽經　邱高興注譯
新譯妙法蓮華經　張松輝注譯
新譯景德傳燈錄　顧宏義注譯
新譯大乘起信論　韓廷傑注譯
新譯釋禪波羅蜜　蘇樹華注譯
新譯八識規矩頌　倪梁康注譯
新譯永嘉大師證道歌　蔣九愚注譯
新譯華嚴經入法界品　楊維中注譯
新譯地藏菩薩本願經　李承貴注譯
新譯悟真篇　劉國樑等注譯

新譯无能子　張松輝注譯
新譯坐忘論　張松輝注譯
新譯列仙傳　張金嶺注譯
新譯抱朴子　李中華注譯
新譯神仙傳　周啟成注譯
新譯性命圭旨　傅鳳英注譯
新譯老子想爾注　顧寶田等注譯
新譯周易參同契　劉國樑注譯
新譯道門觀心經　王　卡注譯
新譯養性延命錄　曾召南注譯
新譯樂育堂語錄　戈國龍注譯
新譯沖虛至德真經　張松輝注譯
新譯長春真人西遊記　顧寶田等注譯
新譯黃庭經・陰符經　劉連朋等注譯

【軍事類】

新譯司馬法　王雲路注譯
新譯尉繚子　張金泉注譯
新譯三略讀本　傅　傑注譯
新譯六韜讀本　鄔錫非注譯
新譯吳子讀本　王雲路注譯
新譯孫子讀本　吳仁傑注譯
新譯李衛公問對　鄔錫非注譯

【教育類】

新譯爾雅讀本　陳建初等注譯
新譯顏氏家訓　李振興等注譯
新譯聰訓齋語　馮保善注譯
新譯曾文正公家書　湯孝純注譯
新譯三字經　黃沛榮注譯
新譯百家姓　馬自毅等注譯
新譯幼學瓊林　馬自毅注譯
新譯增廣賢文・千字文　馬自毅注譯
新譯格言聯璧　馬自毅注譯

【政事類】

新譯商君書　貝遠辰注譯
新譯鹽鐵論　盧烈紅注譯
新譯貞觀政要　許道勳注譯

【地志類】

新譯山海經　楊錫彭注譯
新譯水經注　陳橋驛等注譯
新譯佛國記　楊維中注譯
新譯大唐西域記　陳　飛等注譯
新譯洛陽伽藍記　劉九洲注譯
新譯徐霞客遊記　黃　珅注譯
新譯東京夢華錄　嚴文儒注譯